소요리문답과 함께하는

365 교리묵상

◆

소요리문답과 함께하는
365 교리 묵상

임경근 지음

초판 1쇄 인쇄　2019년 12월 7일
초판 1쇄 발행　2019년 12월 20일

발행처　　도서출판 이레서원
발행인　　문영이
출판신고　2005년 9월 13일 제2015-000099호

편집장　　이혜성
편집　　　송혜숙, 오수현
영업　　　김정태
총무　　　곽현자

경기도 고양시 일산동구 중앙로 1160 오원플라자 801호
Tel. 02)402-3238, 406-3273 / Fax. 02)401-3387
E-mail : Jireh@changjisa.com
Website: Jireh.kr / Facebook: facebook.com/jirehpub

책값은 표지에 있습니다.
ISBN 978-89-7435-526-5　03230

신저작권법에 의해 한국 내에서 보호받는 저작물이므로 저작권자의 서면 허락 없이 이 책의 어떠한 부분이라도 전자적인 혹은 기계적인 형태나 방법을 포함해서 그 어떤 형태로든 무단 전재하거나 무단 복제하는 것을 금합니다.

이 도서의 국립중앙도서관 출판예정도서목록(CIP)은 서지정보유통지원시스템 홈페이지(http://seoji.nl.go.kr)와 국가자료공동목록시스템(http://www.nl.go.kr/kolisnet)에서 이용하실 수 있습니다. (CIP 제어번호: CIP2019048745)

소요리문답과 함께하는

365 교리 묵상

임경근 지음

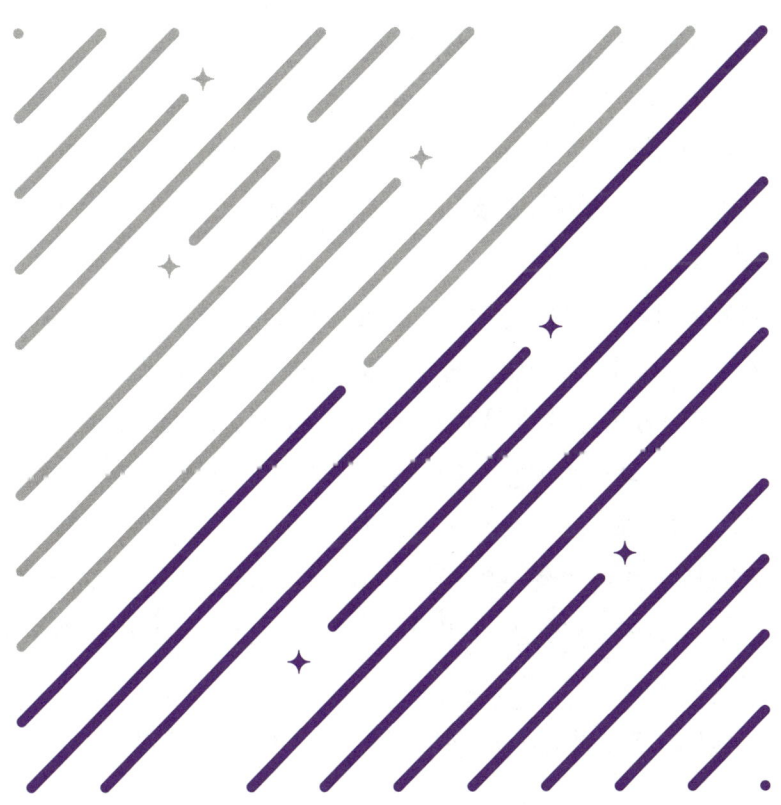

이레서원

머리말

필자는 2015년에 '하이델베르크 교리문답'을 기반으로 『교리와 함께하는 365 가정예배』(세움북스)를 출간하였습니다. 이 책은 지금까지 1만 3천 부 이상 팔리면서 뜨거운 반응을 얻고 있습니다. 아마도 '교리'라는 키워드 때문일 것입니다. 수많은 기독교 이단이 활개를 치고 있는 상황에서 올바른 '교리'를 배우는 것이 얼마나 필요한지 알게 된 것입니다. '가정예배'라는 제목도 흥행에 한몫했을 것입니다. 가정예배를 드리려고 계획했지만 마땅히 참고할 만한 책이 없으니 이 책에 손이 갔을 것입니다. 하지만, 매일 가정예배를 드리는 가정은 5%도 되지 않습니다.

그래서 더 많은 분들이 기독교 교리를 손쉽게 배울 수 있도록 『소요리문답과 함께하는 365 교리 묵상』을 집필하게 되었습니다. 이 책으로 날마다 '웨스트민스터 소요리문답'을 읽고, 묵상하고, 질문하고, 답하고, 찬송하고, 기도할 수 있습니다. 혹은 교회 전체가 이 책으로 매일 교리를 묵상한 후 주일에 각 부서별로 모여 '소그룹 교리 묵상'에 나오는 주제에 따라 토론을 할 수도 있습니다. 물론 가정예배 때도 이 책을 사용할 수 있습니다. 그날그날 문답의 내용에 맞추어 수록해 둔 '찬송'과 '성경' 구절, 그리고 '묵상' 질문과 '기도문'을 활용하면 됩니다.

이 책에서는 질문 밑에 바로 답이 나오는 기존의 교리문답 형식에서 벗어나 질문과 답을 분리했습니다. 질문과 답이 동시에 나오면 긴장감이 떨어지기 쉽고, 스스로 생각할 기회를 얻지 못합니다. 그저 텍스트만 읽고 넘어가는 경우가 생기기도 합니다. 그러한 점을 보완하고자 질문 다음에 그 질문을 설명하는 본문을 넣은 후 답을 제시했습니다. 이로써 독자들이 교리를 더 깊이 이해하고 자신의 삶에 더 잘 적용할 수 있기를 바랍니다.

"복 있는 사람은 … 오직 여호와의 율법을 즐거워하여 그의 율법을 주야로 묵상"(시 1:1-2)합니다. 우리도 복된 자로서 매일 이렇게 기도하면 좋겠습니다. "내 입의 말과 마음의 묵상이 주님 앞에 열납되기를 원하나이다"(시 19:14). 하나님은 매일 성도에게 말씀의 등불을 주셔서 어두운 세상에서도 하나님의 목적을 향해 한 걸음씩 내딛도록 하십니다. "주의 말씀은 내 발에 등이요, 내 길에 빛이니이다"(시 119:105).

이 책이 올바른 기독교 교리를 배우고 가르치는 일에 사용되어 한국 교회와 성도들이 진리 안에 굳건히 서기를 소망합니다.

임경근

차 례

- ♦ 머리말 ... 4

1일	최선이 최선일까?	13
2일	쓸모없는 목적	14
3일	포스트모던 삶의 목적	15
4일	자아실현	16
5일	사람의 제일 되는 목적	17
6일	받은 영광을 하나님께	18
7일	**1주차 모임** 인생의 제일 되는 목적	19
8일	오직 은혜를 누림으로 하나님께 영광을!	20
9일	몸으로 하나님께 영광을!	21
10일	하나님 즐기기	22
11일	소요리문답 제1문의 대표성	23
12일	특별한 사람만 최고의 목적을 이룰 수 있을까요?	24
13일	삶의 목적을 스스로 알 수 있나요?	25
14일	**2주차 모임** 받은 영광을 하나님께 돌려 드리는 삶	26
15일	자연 계시	27
16일	자연 계시로 충분한가?	28
17일	특별 계시가 필요해!	29
18일	하나님은 성경으로 말씀하십니다	30
19일	성경이 유일한 준칙	31
20일	성경이면 충분한데 교리는 왜?	32
21일	**3주차 모임** 삶의 표준	33
22일	성경의 핵심 내용	34
23일	믿음과 행위의 순서	35
24일	'하나님이 없다'라고 말하는 자	36
25일	하나님은 어떤 분인가	37
26일	하나님은 신이시다	38
27일	하나님의 비공유적 속성	39
28일	**4주차 모임** 하나님을 믿음과 인간의 행위	40
29일	하나님의 공유적 속성	41
30일	오직 한 분 하나님	42
31일	하나님의 신격	43
32일	삼위일체 교리의 잘못된 이해	44
33일	성자 하나님	45
34일	성령 하나님	46
35일	**5주차 모임** 삼위일체 하나님	47
36일	삼위일체 하나님의 일하심	48
37일	하나님의 작정	49
38일	우연이 있을까요?	50
39일	고난 가운데 빛나는 작정 교리	51
40일	하나님과 인간의 작정 차이	52
41일	인간의 자유의지	53
42일	**6주차 모임** 작정	54
43일	세상의 악은 하나님 책임이 아닌가요?	55
44일	작정의 근거와 목적	56
45일	작정과 예정의 차이	57
46일	작정을 어떻게 이루시나요?	58
47일	창조, 삼위 하나님의 일하심	59
48일	창조, 믿음으로만 아는 지식	60
49일	**7주차 모임** 창조와 섭리	61
50일	창조, 보시기에 매우 좋았어요	62
51일	창조, 아무것도 없는 중에	63
52일	창조, 말씀으로	64
53일	창조, 엿새 동안에	65
54일	창조와 과학	66
55일	남자와 여자	67
56일	**8주차 모임** 우주 창조	68

소요리문답과 함께하는
365 교리 묵상

57일	결혼		69
58일	아담과 하와는 성인으로 창조되었나요?		70
59일	하나님의 형상		71
60일	지식·의·거룩함		72
61일	섭리		73
62일	섭리의 범위		74
63일	9주차 모임 인간 창조		75
64일	섭리의 방법		76
65일	섭리와 이신론		77
66일	원시 복음에 나타난 섭리		78
67일	세상 왕이 고백한, 하나님의 섭리		79
68일	섭리와 자유의지		80
69일	섭리 교리를 아는 유익		81
70일	10주차 모임 섭리 신앙		82
71일	인간을 향한 특별한 섭리		83
72일	생명 언약		84
73일	완전한 순종		85
74일	불순종에 따른 사망의 벌		86
75일	창조받은 지위		87
76일	고귀한 지위에서 떨어지다		88
77일	11주차 모임 인간에게 행하신 섭리		89
78일	죄가 무엇입니까?		90
79일	선을 행할 줄 알고도 행하지 않으면		91
80일	조금이라도 부족하면		92
81일	죄의 정의		93
82일	죄의 내용		94
83일	죄의 모습과 원인		95
84일	12주차 모임 타락		96
85일	죄의 범위		98
86일	본래 죄인으로 태어나		99
87일	첫 아담: 인류의 대표(죄)		100
88일	죄의 영향		101
89일	마지막 아담: 택함받은 자		102
90일	원죄 없으신 그리스도		103
91일	13주차 모임 원죄의 유전		104
92일	그리스도는 단지 모방의 대상일 뿐이다?		105
93일	첫 아담과 마지막 아담		106
94일	죄의 결과		107
95일	죄의 실체		108
96일	악으로 기울어져 있는 본성		109
97일	원죄와 자범죄		110
98일	14주차 모임 죄와 비참		111
99일	전적 부패		112
100일	비참의 실체		113
101일	현재의 온갖 비참		114
102일	지옥의 고통		115
103일	천국과 지옥에 갔다 왔다는 사람		116
104일	인간에게 아무런 희망이 없다고?		117
105일	15주차 모임 비참한 존재		118
106일	은혜로운 선택과 언약		119
107일	무조건적 선택		120
108일	선택의 성경적 증거		121
109일	영원부터 선택하심		122
110일	은혜 언약		123
111일	언약과 그리스도		124
112일	16주차 모임 선택과 언약		125
113일	은혜 언약의 중심은 그리스도		126
114일	은혜 언약과 구약		127

7

일	제목	쪽
115일	은혜 언약과 신약	128
116일	언약 = 약속 + 요구	129
117일	구속자, 주 예수 그리스도	130
118일	성육신하신 구속주	131
119일	17주차 모임 하나님의 영원한 아들	132
120일	구속주의 정체: 한 위와 두 성	133
121일	성령으로 잉태되신 그리스도	134
122일	죄 없으신 그리스도	135
123일	그리스도의 삼중 직분	136
124일	삼중 직분의 근거	137
125일	삼중 직분으로 본 그리스도의 사역들	138
126일	18주차 모임 사람이 되신 예수님	139
127일	선지자의 직분	140
128일	성령님과 선지자 역할	141
129일	제사장의 직분	142
130일	구약의 제사장과 그리스도의 차이	143
131일	예수님의 제사장적 기도	144
132일	왕의 직분	145
133일	19주차 모임 그리스도의 삼중 직분과 선지자 직분	146
134일	다스리는 왕	147
135일	만물의 왕	148
136일	보호하는 왕	149
137일	그리스도의 낮아지심	150
138일	하나님의 진노와 십자가의 저주의 죽음	151
139일	십자가의 죽음이 주는 유익	152
140일	20주차 모임 그리스도의 제사장·왕 직분	153
141일	음부에 내려가시고	154
142일	높아지심	155
143일	부활의 유익	156
144일	승천의 유익	157
145일	하나님 우편에 앉으심의 유익	158
146일	심판의 유익	159
147일	21주차 모임 그리스도의 낮아지심과 높아지심	160
148일	성령님, 구속의 적용	161
149일	성령님, 새롭게 하심	162
150일	삼위일체 하나님에 의해 이루어지는 구원	163
151일	성령님은 어떻게 구원을 이루시나요?	164
152일	부르심의 방법: 말씀	165
153일	적극적인 사고가 믿음일까요?	166
154일	22주차 모임 구원	167
155일	누가 믿을까요?	168
156일	효력 있는 부르심의 효과	169
157일	효력 있는 부르심의 유익	170
158일	효력 있는 부르심 = 내적 소명	171
159일	칭의	172
160일	종교개혁과 이신칭의	173
161일	23주차 모임 효력 있는 부르심	174
162일	그리스도의 의를 돌려주심	175
163일	그리스도 속죄의 공로를 믿음으로	176
164일	입양	177
165일	외아들과 입양아	178
166일	그리스도인은 입양아	179
167일	그리스도인	180
168일	24주차 모임 칭의와 입양	181
169일	성화	182
170일	의인 된 죄인의 과제, 성화	183
171일	칭의의 목적, 성화	184
172일	완전 성화	185
173일	이생에서 누릴 복	186
174일	성도의 견인 교리	187
175일	25주차 모임 거룩하게 하시는 은혜	188
176일	가짜 복	189
177일	죽음도 복	190
178일	죽은 자에 대한 산 자의 태도	191
179일	신자의 부활	192

일차	제목	쪽
180일	부활의 영광	193
181일	믿음과 행함	194
182일	26주차 모임 하나님의 구원 역사로 얻는 유익	195
183일	순종, 피조물의 유일한 권리	197
184일	나타내 보이신 뜻에 순종	198
185일	순종할 규칙	199
186일	도덕법의 유익	200
187일	도덕법 = 십계명	201
188일	십계명의 강령 = 사랑	202
189일	27주차 모임 신자의 의무	203
190일	하나님 사랑과 이웃 사랑은 예배로	204
191일	십계명의 머리말	205
192일	옛 언약과 새 언약	206
193일	감사로 하나님께 영광을	207
194일	제1계명: 예배의 대상	208
195일	제1계명이 명하는 것	209
196일	28주차 모임 십계명의 기초	210
197일	제1계명이 금하는 것	212
198일	우상 숭배하지 말라	213
199일	질투의 하나님	214
200일	제2계명: 예배의 방법	215
201일	제2계명이 명하는 것	216
202일	제2계명이 금하는 것	217
203일	29주차 모임 사랑의 대상과 방법	218
204일	제2계명의 경고와 약속	220
205일	제3계명: 예배의 태도	221
206일	제3계명이 명하는 것	222
207일	제3계명이 금하는 것	223
208일	'하나님의 뜻입니다'라고 말하기만 하면 되나요?	224
209일	제3계명을 지킬 이유	225
210일	30주차 모임 사랑의 태도	226
211일	제4계명: 예배의 날	228
212일	주일, 구원의 은혜를 감사하는 시간	229
213일	제4계명이 명한 것	230
214일	안식일 → 주일	231
215일	주일 성수	232
216일	제4계명이 금하는 것	233
217일	31주차 모임 사랑의 시간	234
218일	제4계명을 지킬 이유	236
219일	제5계명: 부모 공경	237
220일	이웃 사랑? 자기 사랑부터!	238
221일	부모에게 맡겨진 권위	239
222일	부모 스스로 버린 권위	240
223일	부모를 공경하는 방법	241
224일	32주차 모임 부모를 공경하라	242
225일	제5계명이 명하는 것	243
226일	제5계명이 금하는 것	244
227일	권위자에게 순종하는 것이 복	245
228일	무조건 순종	246
229일	권위자의 무거운 책임	247
230일	제5계명을 지킬 이유	248
231일	33주차 모임 권위에 복종하라	249
232일	제6계명: 생명	251
233일	살인하면 안 되는 이유	252
234일	살인과 죽이는 것의 차이	253
235일	자살	254
236일	낙태	255
237일	제7계명: 결혼	256
238일	34주차 모임 생명과 결혼	257
239일	성관계는 오직 결혼의 범위 안에서	259
240일	성적 욕구의 신	260
241일	마음의 음욕	261
242일	제8계명: 재물	262
243일	불의한 재물로 친구를 사귀라	263
244일	빈손	264
245일	35주차 모임 재물	265
246일	마음에서 시작되는 도둑질	266
247일	부자입니까?	267
248일	가난한 자를 향한 하나님의 관심	268

249일	제9계명: 명예	269		282일	생명에 이르는 회개	303
250일	거짓 증언으로 나봇을 죽임	270		283일	회개와 죄 용서의 바른 관계	304
251일	거짓 증인이 되면 안 되는 이유	271		284일	회개 없는 죄 용서?	305
252일	36주차 모임 명예	272		285일	거짓 회개	306
253일	최초의 거짓 증언자	274		286일	하나님의 뜻대로 하는 근심	307
254일	죽어도 거짓 없어라!	275		287일	41주차 모임 회개	308
255일	순교적 삶	276		288일	은혜의 수단	309
256일	거짓말해도 된다고요?	277		289일	은혜의 수단을 잘못 사용함	310
257일	제10계명: 마음	278		290일	수단에 매이지 않으시는 성령님	311
258일	모든 죄의 근원, 마음	279		291일	성령의 말씀 사역	312
259일	37주차 모임 탐심	280		292일	설교	313
260일	자족하라	281		293일	설교와 회개	314
261일	탐심을 물리치라	282		294일	42주차 모임 은혜의 수단: 말씀	315
262일	왜 하나님은 마음을 요구하시나요?	283		295일	성경 읽기의 중요성	317
				296일	목사의 설교	318
263일	신자가 십계명을 완전히 지킬 수 있나요?	284		297일	설교가 나눔?	319
				298일	설교는 복음을 전해 구원에 이르게 한다	320
264일	그리스도인에게 선행의 의미	285				
265일	적절하지 않은 선행	286		299일	불신은 설교자의 책임?	321
266일	38주차 모임 무능력한 인간	287		300일	설교에 대한 태도(1): 부지런함	322
267일	큰 죄와 작은 죄	288		301일	43주차 모임 효력 있는 말씀	323
268일	작은 죄는 괜찮을까요?	289		302일	설교에 대한 태도(2): 준비와 기도	324
269일	죄의 삯	290		303일	설교에 대한 태도(3): 실천	325
270일	진노와 저주를 피하는 길	291		304일	설교와 성례	326
271일	구원을 위한 요구	292		305일	성례는 복지다!	327
272일	구원은 믿음과 회개라는 행위로 받나요?	293		306일	성례와 효력	328
				307일	성례와 성령	329
273일	39주차 모임 죄와 구원	294		308일	44주차 모임 성례	330
274일	믿음이란 무엇입니까?	295		309일	성례가 무엇입니까?	331
275일	믿음, 구원의 은혜	296		310일	성례는 새 언약의 표와 인	332
276일	거짓 믿음(1)	297		311일	성례를 주신 이유	333
277일	거짓 믿음(2)	298		312일	성례 = 세례와 성찬	334
278일	거짓 믿음(3)	299		313일	'할례→세례' / '유월절→성만찬'	335
279일	회개와 믿음, 동전의 양면	300		314일	세례가 무엇입니까?	336
280일	40주차 모임 믿음	301		315일	45주차 모임 신약의 성례	337
281일	회개란 무엇인가?	302		316일	성부·성자·성령의 이름 안으로	338

317일	세례가 표시하고 인 치는 것 … 339	344일	나라가 임하시오며 … 367
318일	세례의 대상 … 340	345일	하나님 나라의 특징 … 368
319일	유아세례 … 341	346일	하나님 나라와 교회 … 369
320일	성경에 유아세례가 나오나요? … 342	347일	뜻이 하늘에서 이루어진 것같이 땅에서도 이루어지이다 … 370
321일	주의 만찬 … 343	348일	감추어진 뜻과 나타난 뜻 … 371
322일	46주차 모임 성례: 세례 … 344	349일	하나님의 뜻대로 … 372
323일	살과 피를 먹어 … 345	350일	50주차 모임 첫째, 둘째, 셋째 간구 … 373
324일	성만찬의 과거와 미래 … 346	351일	오늘 우리에게 일용할 양식을 주시옵고 … 375
325일	성찬과 미사의 차이 … 347	352일	일용할 양식 … 376
326일	미사와 제사 … 348	353일	우리 죄를 사하여 주시옵고 … 377
327일	성찬은 만찬 … 349	354일	하루에 일곱 번이라도 용서해야 … 378
328일	성만찬은 그리스도와의 연합 … 350	355일	7×70번 용서 … 379
329일	47주차 모임 성례: 성만찬 … 351	356일	불쌍한 죄인 … 380
330일	성찬을 합당하게 받으려면 … 352	357일	51주차 모임 넷째, 다섯째 간구 … 381
331일	성찬에 참여할 수 없는 사람 … 353	358일	시험에 들게 하지 마시옵고 악에서 구하시옵소서 … 383
332일	믿음이 없는 자 … 354	359일	하나님도 우리를 시험하시나요? … 384
333일	회개, 사랑, 새로운 순종이 없는 자 … 355	360일	사탄의 공격에 어떻게 맞서야 할까? … 385
334일	기도가 무엇인가요? … 356	361일	나라와 권세와 영광이 아버지께 영원히 있사옵나이다 … 386
335일	기도는 그분의 뜻에 맞아야 합니다 … 357	362일	논리적인 기도 … 387
336일	48주차 모임 성만찬 참여 자격 … 358	363일	주기도문, 하나님의 영광을 위하여 … 388
337일	기도는 겸손과 감사로 … 359	364일	진실로 진실로 … 389
338일	기도는 감사 … 360	365일	52주차 모임 아멘 … 390
339일	기도의 방법: 주기도문 … 361		
340일	하늘에 계신 우리 아버지 … 362		
341일	이름이 거룩히 여김을 받으시오며 … 363		
342일	솔리 데오 글로리아 … 364		
343일	49주차 모임 기도 … 365		

이 책에 사용된 문답은 『웨스트민스터 소요리문답』(개혁신앙고백서 시리즈, 성약)에서 인용하였습니다.

최선이 최선일까?

- 성경: 시 127:1-2
- 찬송: 322장 "세상의 헛된 신을 버리고"

제1문: 사람의 제일 되는 목적이 무엇입니까?

　사람은 왜 존재할까요? 수많은 철학자가 "인간이란 누구인가?"라는 질문을 하고 이런저런 답을 내놓았습니다. 그러나 인간 스스로 자신의 기원을 알지 못하는데 어떻게 그 삶의 목적(end)과 끝(end)을 알 수 있을까요? '삶의 목적'에서 '목적'은 영어로 'end'인데 여기에는 '마지막'이라는 의미도 있습니다. 인간의 마지막은 인간의 처음을 알지 못하면 알 수 없습니다. 인간의 기원과 목적을 알지 못하면, 현재의 삶을 어떻게 살아야 할지도 알 수 없습니다.

　인간의 존재 목적과 그 처음과 끝도 모른 채 살아간다면 너무나 비참하지 않을까요? 사실은 그런 삶의 의미를 생각해 볼 겨를도 없이 바쁘게 살아가는 것이 우리의 현실입니다. 비록 삶의 목적을 알 수 없다 해도 '최선을 다해'(doing one's best) 산다면 그것만으로도 삶이 고귀하고 소중하다 할 수 있지 않을까요?

　하지만, 정말 그런 것인지 생각해 봅시다. 성경은 "여호와께서 집을 세우지 아니하시면 세우는 자의 수고가 헛되며 … 너희가 일찍이 일어나고 늦게 누우며 수고의 떡을 먹음이 헛되도다"(시 127:1-2)라고 가르칩니다. 아무리 열심히 최선을 다해 노력해도 그 노력이 헛수고일 수 있습니다. 새벽같이 일어나 학교에 가고 회사에 출근하며 저녁 늦게 집에 들어오는 생활이 매일 이어지지만 헛된 삶일 수 있습니다. 여호와를 알지 못한다면 말입니다.

답: 사람의 제일 되는 목적은 하나님을 영화롭게 하고 하나님을 영원토록 즐거워하는 것입니다.

묵상
＋
기도

1. 나는 삶의 목적을 발견했나요? 그 목적대로 살아가고 있나요?
2. 열심히 노력했지만 결국 헛수고였던 일에 대해 생각해 보고 써 보세요.

하나님, 최선을 다하더라도 여호와를 알지 못하면 아무 의미가 없음을 알게 해 주셔서 감사합니다. 하나님을 잘 알아 헛된 삶을 살지 않게 하소서. 아멘!

쓸모없는 목적

- 성경: 눅 12:13-21 • 찬송: 343장 "시험받을 때에"

제1문: 사람의 제일 되는 목적이 무엇입니까?

"나는 무엇을 위해 사나요?" "내 삶의 목표는 무엇인가요?" "난 왜 이 일을 하고 있는 것일까요?" 바쁘게 생활하다 보면 '왜?', '무엇을 위해?'라는 질문도 던지지 못하고 그 답을 알지도 못한 채 살아갑니다. 중년이 되어서야 '내가 무엇을 위해 살아가고 있는가' 하고 스스로에게 묻고는 그 답을 찾아보기도 하지만, 이미 긴 세월을 허송한 후입니다.

중고등학생 겨울 수련회에서 '어떻게 공부할 것인가?'라는 주제로 강의를 한 적이 있습니다. 하지만, '어떻게'(how)라는 강의를 시작할 수 없었습니다. 학생들이 공부의 목적을 알지 못하고 있었기 때문입니다. 그들은 '왜'(why) 공부를 하고 '무엇'(what)을 위해 공부하는지 진지하게 질문해 본 적이 없었습니다. 단지 '부모님이 시켜서', '친구들이 하니까', '명문 대학에 들어가 돈을 많이 벌고 싶어서' 공부한다고 했습니다. 그리스도인 부모를 둔 학생들의 학업 목적을 듣고 저는 많이 안타까웠습니다.

대부분의 인간은 성경에 나오는 어리석은 부자처럼 살아갑니다. "영혼아! 여러 해 쓸 물건을 많이 쌓아 두었으니, 평안히 쉬고 먹고 마시고 즐거워하자"(눅 12:19). 하나님은 그런 자를 어리석다고 말씀하십니다. "오늘 밤에 네 영혼을 도로 찾으리니 그러면 네 준비한 것이 누구의 것이 되겠느냐?"(눅 12:20) 우리에게는 고귀한 목적이 하나님 앞에서는 쓸모없는 목적에 불과할 수 있습니다.

답: 사람의 제일 되는 목적은 하나님을 영화롭게 하고 하나님을 영원토록 즐거워하는 것입니다.

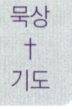

묵상 † 기도

1. 나는 왜(why), 무엇을 위해(for what) 공부하나요(일하나요)?
2. 아무 쓸모도 없는 목적을 위해 달려가고 있는 것은 아닌지 생각해 보세요.

하나님, 제가 코앞에 닥친 세속적 목적을 위해 살아가지 않고 오직 하나님의 영광을 위하며 하나님을 기뻐하는 삶을 살게 하소서. 아멘!

포스트모던 삶의 목적

● 성경: 롬 1:21, 28   ● 찬송: 450장 "내 평생 소원 이것뿐"

제1문: 사람의 제일 되는 목적이 무엇입니까?

'값싼'(cheap)과 '제일 되는'(chief)의 영어 단어의 음가(音價)는 똑같이 '취프'입니다. 물론 'p'와 'f'의 발음 차이는 분명히 있지만 말입니다. 사람은 저마다 인생 최고의 목적을 위해 살고 싶어 합니다. 하지만, 가만히 생각해 보면 그런 목적이 사람의 눈에는 귀해 보이더라도 하나님의 눈에는 전혀 그렇게 보이지 않을 수도 있습니다. 인간은 일반적으로 명예, 건강, 재물 같은 것을 삶의 중요한 목적으로 생각합니다. 또한 누구나 헌신을 추구합니다. 심지어 어떤 사람은 타인의 행복을 위해 헌신하기도 합니다. 이타적 헌신은 상당히 고귀해 보입니다. 그런데 사람이 최고(chief) 목적이라고 생각하는 것들에는 공통점이 있습니다. 그것은 인간 스스로가 정한 것이고 인간 안에 머물러 있다는 것입니다.

그리스 철학자 프로타고라스(Protagoras)는 "인간은 만물의 척도다"라고 했습니다. 포스트모던 시대를 살아가는 우리에게 그의 말은 더 실감납니다. 현대인에게 판단의 기준은 자기 자신입니다. 그러나 과연 인간이 자기 자신의 존재 목적을 알 수 있을까요? "사람의 제일 되는 목적"을 알고 실행할 수 있을까요? 불가능합니다. 혹시 하나님의 창조 목적을 알 수 있을지는 몰라도 하나님을 인정하지 않고 싫어합니다. "하나님을 알되 하나님을 영화롭게도 아니하며 … 그들이 마음에 하나님 두기를 싫어하매"(롬 1:21, 28). 인간은 헛된 목적을 향해 달려갈 뿐입니다.

답: 사람의 제일 되는 목적은 하나님을 영화롭게 하고 하나님을 영원토록 즐거워하는 것입니다.

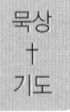

묵상 + 기도

1. 내가 중요하게 여기는 최고의 목적은 무엇인가요? 여러 가지를 생각해 보세요.
2. 하나님께서 중요하게 생각하시는 인간의 존재 목적은 무엇일까요?

하나님, 세상의 것에 집착하지 말고 하나님의 창조 목적을 잘 알고 살아가게 하소서. 아멘!

4일 자아실현

- 성경: 롬 1:22-25 · 찬송: 521장 "구원으로 인도하는"

제1문: 사람의 제일 되는 목적이 무엇입니까?

중학교 도덕 교과서에서는 인간 삶의 목적이 '자아실현'(self-realization)이라고 가르칩니다. '자아실현'이란 자기 능력을 마음껏 발휘하면서 자신의 꿈을 이루는 것입니다. 자아실현을 하려면 먼저 '자아'를 발견해야 합니다. "나는 누구인가?" "내가 가진 능력은 무엇인가?" 가까운 사람이나 선생님, 그리고 전문가에게 도움을 받아 이러한 것들을 알아 갈 수 있습니다. 자아실현을 하기 위한 방법은 꾸준히 최선을 다하고 노력하는 것이라고 합니다. 그렇게 하면 정말 자기 자신을 실현할 수 있을까요? 요즘은 소위 '인공 지능'(AI: Artificial Intelligence)을 개발해서 뭐든지 만들 수 있다고 합니다. 정말 인간이라는 존재가 대단해 보입니다.

하지만, 성경은 인간이 어리석다고 말합니다. 인간의 지혜는 하나님의 어리석음보다 못합니다(고전 1:25). "스스로 지혜 있다 하나 어리석게 되어, 썩어지지 아니하는 하나님의 영광을 썩어질 사람과 새와 짐승과 기어 다니는 동물 모양의 우상으로 바꾸었느니라"(롬 1:22-23). 하나님께서는 미련해 보이는 방법으로 인간을 구원하시고 인간에게 삶의 제일 되는 목적을 가르쳐 주십니다. 그 '미련해 보이는 방법'이 바로 설교입니다. 고린도전서 1장에 나오는 "전도의 미련한 것"(고전 1:21)은 설교(preaching, 선포)라는 미련해 보이는 방법을 말합니다. 하나님께서는 설교라는 선포를 통해 인간의 삶의 목적을 가르쳐 주기를 원하십니다.

답: 사람의 제일 되는 목적은 하나님을 영화롭게 하고 하나님을 영원토록 즐거워하는 것입니다.

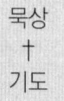

묵상 † 기도

1. 그리스도인은 '자아실현'을 어떻게 받아들이고 적용해야 할까요?
2. 나는 '설교'를 듣고 묵상하면서 내 인생의 목적을 발견하고 있나요?

하나님, 자아실현이라는 개념의 허구를 깨닫게 하시고, 설교를 통해 선포되는 하나님의 말씀만 붙잡고 의지하게 하소서. 아멘!

사람의 제일 되는 목적

• 성경: 롬 5:2 • 찬송: 72장 "만왕의 왕 앞에 나오라"

제1문: 사람의 제일 되는 목적이 무엇입니까?

웨스트민스터 소요리문답은 왜 "사람의 제일 되는 목적"을 제일 처음으로 질문할까요? 우리는 대개 '자신의 존재 목적'에는 관심이 없습니다. "어떻게 하면 시험을 잘 볼 수 있을까?" "어떻게 하면 진급을 할 수 있을까?" "어떻게 하면 주식이나 부동산 투자에서 이윤을 많이 남길 수 있을까?" 이렇게 실제적인 문제에 관심이 더 많습니다.

그런데도 소요리문답은 이 질문을 가장 처음에 두었습니다. 그 이유는 이 질문이 가장 중요한 주제이기 때문입니다. 하나님이 사람을 창조하신 목적을 알지 못하면 헛되게 살 수밖에 없기 때문입니다. 그래서 소요리문답은 "사람의 제일 되는 목적이 무엇입니까?"라고 묻습니다.

이 답은 인간 자신이 찾을 수 없습니다. 인간을 만드신 분만 그 목적을 압니다. 오직 하나님만 아십니다. 하나님의 인간 설계도를 보아야 합니다. 감사하게도 하나님은 그 비밀을 사람에게 공개하셨습니다. 공개된 비밀입니다. 그것이 바로 성경입니다. '오직 성경'(sola scriptura)에서만 인간의 존재 목적을 알 수 있습니다. 소요리문답은 '성경 전체'(tota scriptura)를 살펴본 후 이렇게 정리합니다. "사람의 제일 되는 목적은 하나님을 영화롭게 하고 하나님을 영원토록 즐거워하는 것입니다." 바울의 고백을 들어 보십시오. "또한 그로 말미암아 … 하나님의 **영광**을 바라고 **즐거워하느니라**"(롬 5:2).

답: 사람의 제일 되는 목적은 하나님을 영화롭게 하고 하나님을 영원토록 즐거워하는 것입니다.

묵상
†
기도

1. 소요리문답에서는 인간의 존재 목적과 관련된 궁극적 문제를 어떻게 질문하나요?
2. 그 답을 어디에서 얻을 수 있나요? 그 답을 소리 내서 말해 보고 묵상해 보세요.

하나님, 저는 저 자신만 생각했습니다. 하나님께서 저를 만드신 궁극적 목적을 잘 알게 하사 하나님께 영광을 돌리며 하나님만을 기뻐하게 해 주세요. 아멘!

받은 영광을 하나님께

● 성경: 시 86:12-13 ● 찬송: 85장 "구주를 생각만 해도"

제1문: 사람의 제일 되는 목적이 무엇입니까?

소요리문답은 인간이 창조된 목적이 "하나님을 영화롭게" 하는 것이라고 분명하게 정의합니다. 불신자는 이 답을 인정할 수 없습니다. 오직 신자만 믿음으로(sola fide) 이를 받아들일 수 있습니다. '영화롭게 한다'는 것은 '받은 영광을 돌려 드린다'는 의미입니다. 타락한 인간 속에는 하나님께 드릴 영광이 없습니다. 하나님으로부터 영광을 받지 못하면 드릴 것도 없습니다. 하나님을 영화롭게 하려면 우리가 먼저 영화를 받아야 합니다.

그리스도인은 하나님으로부터 영화를(영광을) 받은 자입니다. 바울은 하나님이 "또 미리 정하신 그들을 또한 부르시고, 부르신 그들을 또한 의롭다 하시고, 의롭다 하신 그들을 또한 영화롭게 하셨느니라"(롬 8:30)라고 선언합니다. 인간은 본래 받았던 영광을 에덴동산에서 잃어버렸습니다. 하나님께서 택하고 부르신 성도는 잃어버린 영광을 예수 그리스도 안에서 다시 받았습니다. 이제는 그 영광을 하나님께 돌려 드릴 수 있습니다. 어떤 영광인가요? '사탄의 자녀'였다가 이제 '하나님의 자녀'가 된 영광입니다. "주 나의 하나님이여, 내가 전심으로 주를 찬송하고 영원토록 주의 이름에 영광을 돌리오리니, 이는 내게 향하신 주의 인자하심이 크사 내 영혼을 깊은 스올에서 건지셨음이니이다"(시 86:12-13). 영광의 면류관을 받은 그리스도인의 삶의 목표는 그분에게 그 영광을 다시 돌려 드리는 것입니다.

답: 사람의 제일 되는 목적은 하나님을 영화롭게 하고 하나님을 영원토록 즐거워하는 것입니다.

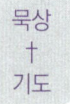

1. 어떤 사람만이 하나님을 영화롭게 할 수 있나요?
2. 나는 하나님을 영화롭게 하는 사람인가요? 깊이 묵상해 보세요.

하나님께 받은 영광을 다시 하나님께 돌려 드리는 삶을 살기 원합니다. 아멘!

1주차 모임

인생의 제일 되는 목적

● 성경: 눅 15:19-20   ● 찬송: 322장 "세상의 헛된 신을 버리고"

함께 읽어 봅시다

제1문: 사람의 제일 되는 목적이 무엇입니까?
답: 사람의 제일 되는 목적은 하나님을 영화롭게 하고 하나님을 영원토록 즐거워하는 것입니다.

함께 나누어 봅시다

1. 내가 지금 진행하고 있는 일을 중요한 순서대로 나열해 봅시다. 무엇이 가장 중요한 자리에 있나요?

   _____
   _____

2. 나는 삶의 목적을 발견했나요? 그 목적에 맞게 살아가고 있나요?

   _____
   _____

3. 열심히 노력했지만 나중에 알고 보니 헛수고한 것이 있는지 생각해 보세요.

   _____
   _____

함께 기도합시다

하나님께 받은 영광으로 다시 하나님을 영화롭게 할 수 있도록 기도합시다.

오직 은혜를 누림으로 하나님께 영광을!

● 성경: 눅 15:22   ● 찬송: 40장 "찬송으로 보답할 수 없는"

제1문: 사람의 제일 되는 목적이 무엇입니까?

하나님이 우리에게 주신 자녀 됨의 영광이 얼마나 크고 놀라운지요! 이 영광을 알지 못하면 하나님을 영화롭게 한다는 것이 무슨 뜻인지 알 수 없습니다. 우리가 받는 영광이 무엇인지 한번 볼까요? 하나님은 창세전에 우리를 죄와 비참에서 구원하기로 그리스도 안에서 미리 정하셨고(predeterminate), 영적으로 죽은 우리를 부르시고(call), 의롭다 하시고(justify), 영화롭게 하셨습니다(glorify)(롬 8:30). 하나님께서는 본래 창조받은 영광스러운 지위에서 떨어진(fall) 우리에게 그 영광을 회복시켜 주셨습니다(give).

돌아온 탕자 비유(눅 15:11-32)를 생각해 봅시다. 둘째 아들은 아버지를 떠나 다른 나라로 가서 살았습니다. 이 장면은 타락한 인간의 모습을 떠올리게 합니다. 둘째 아들은 아버지가 주신 유산을 탕진하고 폐인이 됩니다. 그리고 그제야 아버지 집으로 돌아옵니다. 아버지 집에서 종으로 살더라도 그게 더 좋겠다는 낮아진 마음을 가지고 말입니다. 하지만, 아버지는 놀랍게도 탕자에게 아들의 영광을 회복시켜 줍니다. 아무런 조건이 없습니다. 그야말로 은혜(sola gratia)입니다. 아들이 아버지를 영화롭게 하려면 아버지가 주신 영광의 지위(눅 15:22)를 누리면서 은혜에 감사하고 그 은혜를 찬양하며 살면 됩니다. 둘째 아들처럼 성도는 잃어버린 영광을 예수 그리스도 안에서 다시 받은 자입니다. 성도는 자신이 받은 영광을 하나님께 되돌려 드려야 합니다.

답: 사람의 제일 되는 목적은 하나님을 영화롭게 하고 하나님을 영원토록 즐거워하는 것입니다.

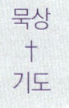

묵상 † 기도

1. 사람이 하나님께 받은 영광은 무엇입니까?
2. 그 영광을 어떻게 해야 하나님께 다시 돌려 드릴 수 있을까요?

하나님, 탕자와 같은 저를 아들(딸)로 받아 주시고 영광을 주시니 감사합니다. 하나님께 그 영광을 다시 돌려 드립니다. 아멘!

 # 몸으로 하나님께 영광을!

• 성경: 고전 6:20; 10:31   • 찬송: 69장 "온 천하 만물 우러러"

제1문: 사람의 제일 되는 목적이 무엇입니까?

바울이 하나님을 영화롭게 하는 방법을 알려 줍니다. "너희는 너희 자신의 것이 아니라. 값으로 산 것이 되었으니, 그런즉 너희 몸으로 하나님께 영광을 돌리라"(고전 6:19-20). 우리 몸으로 하나님을 영화롭게 할 수 있습니다. 죄로 인해 죽었던 죄인을 위해 예수님이 십자가에서 죽으셨고, 그 은혜로 말미암아 우리는 하나님의 자녀가 되었습니다. "그런즉 너희가 먹든지 마시든지 무엇을 하든지 다 하나님의 영광을 위하여 하라"(고전 10:31). 구원받은 그리스도인은 자신의 몸과 모든 삶을 하나님을 영화롭게 하는 일에 사용해야 합니다.

먼저 주일 예배가 중요합니다. 우리가 주 안에서 은혜를 누림이 하나님께 영광이 되기에, 일하지 않고 하루 쉬는 것이 중요합니다. 그리고 교회에 모여 성도가 함께 하나님께 예배하는 것이 하나님께 영광을 돌리는 지름길입니다. 찬송, 기도, 봉헌은 하나님을 영화롭게 하는 기회입니다. 나아가서, 우리는 일상에서 하나님을 영화롭게 해야 합니다. 가정에서, 직장에서, 학교에서, 친구와의 관계에서, 우리가 살아가는 모든 영역에서 하나님께 영광을 돌려 드릴 수 있습니다. '하나님의 영광'은 하나님의 이름이 담고 있는 명예와 관련 있습니다. 하나님의 자녀로서 우리가 하나님과 어떤 관계를 맺고 있으며(예배), 삶 가운데서 어떤 생각과 말과 행동을 하느냐가 하나님의 명예에 영향을 줍니다. "너희 몸을 하나님이 기뻐하시는 거룩한 산 제물로 드리라. 이는 너희가 드릴 영적 예배니라"(롬 12:1).

답: 사람의 제일 되는 목적은 하나님을 영화롭게 하고 하나님을 영원토록 즐거워하는 것입니다.

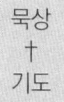
묵상 † 기도

1. 나는 무엇으로 하나님을 영화롭게 할 수 있을까요?
2. 예배와 삶의 영역에서 나는 어떻게 하나님을 영화롭게 하고 있나요?

오늘도 예배와 삶으로 하나님의 명예를 높여 드리고 하나님을 영화롭게 하게 하소서. 아멘!

하나님 즐기기

● 성경: 시 16:9, 11; 계 18:20 ● 찬송: 235장 "보아라 즐거운 우리 집"

제1문: 사람의 제일 되는 목적이 무엇입니까?

사람의 궁극적 목적이 "하나님을 영화롭게 하고 하나님을 영원토록 즐거워하는 것"이라고 합니다. 하나님을 위한 삶은 억지로, 또는 강요에 의해 살 수 있는 것이 아닙니다. 아버지가 탕자 아들을 받아 주고 그에게 옷을 입히고 반지를 끼우고 신을 신기고 영광을 회복시켜 주셨습니다. 이에 탕자 아들은 마음속에서 아버지를 향한 감사가 우러나올 수밖에 없습니다. 아들은 아버지가 베풀어 주시는 잔치를 부담스러워하지 않고 맘껏 즐기며 누립니다.

"즐거워하는 것"은 영어로 '엔조이'(enjoy)입니다. 사람은 하나님이 주신 것을 천진난만하게 좋아하고 즐길 수 있습니다. 그 기쁨과 행복을 영원히(forever) 누릴 수 있습니다. 이 '엔조이'는 강요가 아니라 자발적인 것입니다. 조건이 아니라 결과입니다. 성경도 하나님을 즐거워함에 대해 이렇게 노래합니다. "이러므로 나의 마음이 기쁘고 나의 영도 즐거워하며 내 육체도 안전히 살리니 … 주의 앞에는 충만한 기쁨이 있고 주의 오른쪽에는 영원한 즐거움이 있나이다"(시 16:9, 11). 구원의 영광을 선물로 받은 자는 '기쁨'과 '즐거움'을 자연스럽게 누립니다. 마지막 사탄의 멸망으로 인해 그 즐거움이 극에 달할 것입니다. "하늘과 성도들과 사도들과 선지자들아, 그로 말미암아 즐거워하라. 하나님이 너희를 위하여 그에게 심판을 행하셨음이라"(계 18:20).

답: 사람의 제일 되는 목적은 하나님을 영화롭게 하고 하나님을 영원토록 즐거워하는 것입니다.

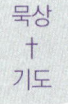

묵상 † 기도

1. 하나님을 '즐거워한다'는 것은 어떤 의미인가요?
2. 나는 그 즐거움과 기쁨을 어떻게 누리고 있나요?

하나님, 하나님을 즐거워한다는 것이 결코 불경한 것이 아님을 알았습니다. 아버지 하나님을 영원히 기뻐할 수 있음이 제게는 무한한 영광입니다. 아멘!

소요리문답 제1문의 대표성

● 성경: 눅 2:10   ● 찬송: 482장 "참 즐거운 노래를"

제1문: 사람의 제일 되는 목적이 무엇입니까?

"사람의 제일 되는 목적은 하나님을 영화롭게 하고 하나님을 영원토록 즐거워하는 것입니다"라는 진술은 성경과 소요리문답 전체(제1-107문)를 요약하는 내용입니다. "하나님을 영원토록 즐거워하는 것"에 대해서는 소요리문답 전반부(제1-38문)의 마지막 부분에서 정확하게 진술됩니다. "신자는 … **영원토록 하나님을 충만하게 즐거워하면서 완전한 복을 누릴 것입니다**"(제38문). 전반부는 '인간이 하나님에 대하여 믿을 것이 무엇인지'에 관한 내용입니다. 하나님으로부터 구원의 영광을 얻은 성도는 영원토록 즐거워할 수 있습니다. 자신의 죄와 비참이 얼마나 심각한지를 알고 구원의 감격을 아는 자만이 즐거움을 누릴 수 있습니다. 이는 하나님과 그분의 구원에 관한 지식을 알게 될 때 누리는 즐거움입니다.

"하나님을 영화롭게 하는 것"에 대해서는 소요리문답 후반부(제39-107문)의 마지막 부분에서 정확하게 진술되고 있습니다. 이는 '하나님께서 사람에게 요구하시는 본분은 무엇인지'에 관한 내용입니다. "…우리로 하여금 … **영광을 하나님께 돌림으로써**…"(제107문). 소요리문답 후반부에는 십계명과 주기도문이 나옵니다. 신자가 하나님의 명령에 따라 살면 하나님께 영광이 됩니다. 하나님이 우리에게 아들의 영광을 주셨다면, 아들 된 우리는 아들답게 살아야 하나님을 영화롭게 할 수 있습니다.

답: 사람의 제일 되는 목적은 하나님을 영화롭게 하고 하나님을 영원토록 즐거워하는 것입니다.

묵상 + 기도

1. 소요리문답 제1문의 대표성에 대해 생각해 보십시오.
2. "하나님을 즐거워하는 것"과 "하나님을 영화롭게 하는 것"은 소요리문답의 전체 구조와 어떻게 연결되나요?

하나님, 소요리문답 제1문으로 복음이 무엇인지 배우게 하시니 감사합니다. 아멘!

특별한 사람만 최고의 목적을 이룰 수 있을까요?

● 성경: 눅 10:21　● 찬송: 27장 "빛나고 높은 보좌와"

제2문: 하나님을 영화롭게 하고 즐거워하는 것을 지도하시려고 하나님께서 우리에게 주신 준칙은 무엇입니까?

　창조주와 구원자이신 하나님을 영화롭게 하고 즐거워한다는 것은 어떤 의미일까요? 이것은 공부를 많이 한 사람이 받는 축복일까요? 가문과 배경이 훌륭한 자만이 누릴 수 있는 특권일까요? 부자에게 주어지는 복일까요? 세상 욕심을 버리고 금욕 생활을 하는 종교인에게 주어지는 보상일까요? 아주 신비한 지식을 소유한 자만 받는 상일까요? 누가 하나님을 영화롭게 하고 즐거워할 수 있나요? 예수님의 말씀을 들어 보십시오. "아버지여, 이것을 지혜롭고 슬기 있는 자들에게는 숨기시고 어린아이들에게는 나타내심을 감사하나이다. 옳소이다. 이렇게 된 것이 아버지의 뜻이니이다"(눅 10:21). 예수님의 제자들은 높은 지위에 있는 자, 부자, 박사, 종교 지도자가 아니었습니다. 처음부터 대단한 열정을 가진 자들도 아니었습니다. 그들은 대부분 어부였고 평범했습니다.

　과연 누가 하나님을 영화롭게 하고 즐거워할 수 있을까요? 바로 예수 그리스도를 영접하는 자, 곧 그 이름을 믿는 자입니다. 보혜사 성령님이 우리가 예수님을 믿고 회개하도록 도와주셔서 우리를 영광스러운 하나님의 자녀로 만들어 주시면, 바로 우리가 하나님을 영화롭게 하고 그분을 즐거워할 수 있습니다. 하늘의 영광을 경험하면 누구나 이 최고의 목적을 이룰 수 있습니다.

답: 하나님을 영화롭게 하고 즐거워하는 것을 지도하시려고 하나님께서 우리에게 주신 유일한 준칙은 구약과 신약에 기록된 하나님의 말씀입니다.

묵상 + 기도

1. 누가 하나님을 영화롭게 하고 즐거워할 수 있나요?
2. 나는 예수님의 이름을 믿고 하나님을 즐거워하나요?

하나님, 바로 제가 '사람의 제일 되는 목적을' 이룰 당사자임을 알게 해 주시니 감사합니다. 아멘!

13일 삶의 목적을 스스로 알 수 있나요?

● 성경: 롬 1:21 ● 찬송: 199장 "나의 사랑하는 책"

제2문: 하나님을 영화롭게 하고 즐거워하는 것을 지도하시려고 하나님께서 우리에게 주신 준칙은 무엇입니까?

소요리문답 제2문은 하나님을 영화롭게 하고 즐거워하는 방법을 사람이 찾아야 한다고 말하지 않습니다. 오히려 하나님이 사람에게 '준칙'(準則, rule)을 '주신다'(to give)고 합니다. 그런 의미에서 하나님이 주시는 준칙은 사람에게 '선물'입니다. 독일어 '가베'(gabe, 선물)는 '주다'(geben)라는 동사에서 파생되었습니다. 하나님이 사람에게 주시고, 사람이 하나님께 받은 준칙은 복된 선물입니다. 사람은 철학과 여러 종교를 통해 삶의 목적을 찾으려고 애쓰지만 실상은 헛된 "수고의 떡"(시 127:2)만 먹을 뿐입니다. 사람이 만든 도덕이나 종교는 착하게 열심히 최선을 다해 살아가게 하는, 인류 공존을 위한 윤리 같은 것에 관심을 둡니다. 스스로 이룰 수 있는 목적(end)과 방법(rule)을 찾게 합니다. 그러나 그런 노력은 헛될 뿐입니다.

사람은 절대 스스로 하나님을 발견할 수도, 알 수도 없습니다. 왜 그럴까요? 사람은 피조물이고 하나님은 창조자이시기 때문입니다. 사람은 죄인이고 하나님은 거룩하시기 때문입니다. 혹여 자기 존재의 목적을 일부분 알게 되었다고 해도 사람은 그 지식으로 하나님께 영광을 돌리거나 즐거워하지 않습니다. "하나님을 알되 하나님을 영화롭게도 아니하며 감사하지도 아니하고 오히려 그 생각이 허망하여지며 미련한 마음이 어두워졌나니"(롬 1:21). 소요리문답의 제1문을 실행할 수 있는 방법이 제2문에 나옵니다. 그 방법은 하나님께서 우리에게 주신 성경입니다.

답: 하나님을 영화롭게 하고 즐거워하는 것을 지도하시려고 하나님께서 우리에게 주신 유일한 준칙은 구약과 신약에 기록된 하나님의 말씀입니다.

묵상 † 기도

1. 사람이 스스로 사람의 제일 되는 목적을 발견하고 그 목적대로 행할 수 있을까요?
2. 하나님께서 사람의 창조 목적을 사람에게 알려 주시지 않으면, 사람은 어떻게 살아갈 수밖에 없나요?

하나님, 만약 하나님께서 우리에게 구약과 신약 성경을 주지 않으셨다면 우리는 온갖 우상을 섬기면서 헛되게 살았을 것입니다. 하나님, 감사합니다. 아멘!

14일 *2주차 모임*

받은 영광을 하나님께 돌려 드리는 삶

● 성경: 고전 6:20 ● 찬송: 40장 "찬송으로 보답할 수 없는"

함께 읽어 봅시다

제1문: 사람의 제일 되는 목적이 무엇입니까?

답: 사람의 제일 되는 목적은 하나님을 영화롭게 하고 하나님을 영원토록 즐거워하는 것입니다.

함께 나누어 봅시다

1. 내가 하나님께 받은 영광이 무엇인지 묵상하고 서로 나누어 봅시다.

_____

2. 하나님을 영화롭게 하는 것이 삶의 최고의 목적이라면 나는 구체적으로 어떻게 살아가야 할까요?

_____

3. 하나님을 '즐기는 것'(enjoy)을 삶에서 누리려면 어떻게 해야 할까요?

_____
_____

함께 기도합시다

세상이 주는 기쁨이 아니라, 하나님 안에서 즐거워하는 행복을 누리게 해 달라고 기도합시다.

# 15일 자연 계시

● 성경: 시 19:1; 롬 1:20 ● 찬송: 478장 "참 아름다워라"

제2문: 하나님을 영화롭게 하고 즐거워하는 것을 지도하시려고 하나님께서 우리에게 주신 준칙은 무엇입니까?

하나님은 우리가 삶의 궁극적 목적을 알고 지킬 수 있는 방법(준칙)을 어떻게 알려 주실까요? 공상 과학 영화를 보면 로봇이 인류를 지배하는 내용이 자주 나옵니다. 로봇이 마치 신처럼 행동합니다. 하지만, 현실에서 로봇은 그것을 만든 제작자의 설계 범위 안에서만 활동할 뿐입니다. 로봇은 자신의 제작 목적을 알 수 없습니다. 제작자(maker)인 인간이 그 목적을 로봇에게 심어 준 경우에만 알 수 있습니다.

하나님은 인간을 창조하신 후 두 가지 방법으로 삶의 목적을 알 수 있게 하셨습니다. 첫째는 일반(자연) 계시이고 둘째는 특별(초자연) 계시입니다. '계시'(revelation)란 하나님이 당신 자신을 알리시는 것(reveal)을 뜻합니다. 자연 계시는 하나님의 창조물인 자연에(in nature) 포함되어 있는(contained) 계시입니다. "하늘이 하나님의 영광을 선포하고 궁창이 그의 손으로 하신 일을 나타내는도다"(시 19:1). 인간은 자연 계시로 하나님과 피조물(인간+생물+세계)에 대해 많은 것을 알 수 있습니다. "하나님을 알 만한 것"(롬 1:19)이 자연 속에 있습니다. 자연 계시는 하나님의 영광을 인간에게 보여 줄 뿐만 아니라, 하나님을 경배하고 섬겨야 한다는 것을 알려 줍니다(행 17:27). 하나님의 "영원하신 능력과 신성이 그가 만드신 만물에 분명히 보여 알려졌나니", 사람은 그것을 모른다고 핑계할 수 없습니다(롬 1:20). 하지만 인간은 하나님께 영광을 돌리지 않으려 합니다(롬 1:21).

답: 하나님을 영화롭게 하고 즐거워하는 것을 지도하시려고 하나님께서 우리에게 주신 유일한 준칙은 구약과 신약에 기록된 하나님의 말씀입니다.

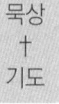
묵상 + 기도

1. 하나님이 그분 자신과 사람에 대해 계시하시는 방법에는 어떤 것이 있나요?
2. 자연(일반) 계시의 결과로 인간은 무엇을 알게 되었나요?

하나님! 온 세상 피조물에 나타난 하나님의 존재와 하나님의 일을 보게 하시니 감사합니다. 아멘!

자연 계시로 충분한가?

● 성경: 롬 2:14-15 ● 찬송: 278장 "여러 해 동안 주 떠나"

제2문: 하나님을 영화롭게 하고 즐거워하는 것을 지도하시려고 하나님께서 우리에게 주신 준칙은 무엇입니까?

자연(일반) 계시는 두 종류로 나눌 수 있습니다. 첫째는 '인간 안에 있는 본성의 참된 빛'이고, 둘째는 '창조 세계'입니다. 인간 본성의 빛이란 인간의 지성과 마음에 심겨진 하나님의 일반 계시를 말합니다. 예를 들면, 사람에게는 양심이 있고 여러 종교에도 기본적으로 도덕법이 존재합니다. "율법 없는 이방인이 본성으로 율법의 일을 행할 때에는 이 사람은 율법이 없어도 자기가 자기에게 율법이 되나니, 이런 이들은 그 양심이 증거가 되어 그 생각들이 서로 혹은 고발하며 혹은 변명하여 그 마음에 새긴 율법의 행위를 나타내느니라"(롬 2:14-15). 사람은 하나님을 알 만한 것을 자기 속에 가지고 있습니다. 그것을 '본성의 빛'이라고 합니다.

그런데 왜 사람은 하나님을 알지 못할까요? 자연 계시가 불완전하기 때문일까요? 그렇지 않습니다. 문제는 인간에게 있습니다. 인간이 타락하여 영적으로 죽었기 때문입니다. 죽은 사람은 본성의 빛이 오염되어 있기에 창조 세계를 통해 알게 된 하나님을 영화롭게 하지도 않고 하나님을 즐거워하지도 않습니다. 오히려 도덕적으로 타락합니다(롬 1:24-32). 그 결과 자연 세계를 우상으로 섬깁니다. 인간은 핑계할 수 없습니다. 하나님의 자연 계시가 부족하기 때문이 아니라, 인간이 타락하여 하나님을 알지 못하게 된 것입니다.

답: 하나님을 영화롭게 하고 즐거워하는 것을 지도하시려고 하나님께서 우리에게 주신 유일한 준칙은 구약과 신약에 기록된 하나님의 말씀입니다.

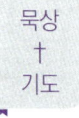

묵상 ✝ 기도

1. 일반 계시는 두 종류로 나눌 수 있습니다. 각각 무엇인가요?
2. '인간 본성의 빛'은 무엇이며, 나는 그것을 어떤 모습으로 가지고 있나요?

하나님께서는 저와 세상을 아름답게 창조하셨으나, 제가 타락하여 제 영적 눈이 어두워졌습니다. 그 아름다운 모습을 회복하여 하나님을 찬양하게 하소서. 아멘!

17일 특별 계시가 필요해!

● 성경: 딤후 3:17   ● 찬송: 201장 "참 사람 되신 말씀"

제2문: 하나님을 영화롭게 하고 즐거워하는 것을 지도하시려고 하나님께서 우리에게 주신 준칙은 무엇입니까?

타락한 인간은 자연 계시를 보아도 삶의 목적을 알 수 없고 어떻게 살아가야 할지도 모릅니다. 그래서 하나님이 초자연적 계시, 즉 특별 계시를 주십니다. 구약과 신약에 기록된 하나님의 말씀이 바로 하나님을 영화롭게 하고 즐거워하는 것을 지도해 주는 유일한 '방법'(way, 道)입니다. 인간은 피조물이므로 창조주이신 하나님이 직접 알려 주셔야만 삶의 궁극적인 목적을 깨달을 수 있습니다. 삶의 목적을 알 수 있는 유일한 준칙이 바로 특별 계시입니다.

자연(일반) 계시는 인간에게 삶의 목적을 이룰 수 있는 충분한 능력을 주지 못합니다. 하지만, 특별 계시는 성령의 도우심으로 말미암아 인간이 삶의 궁극적인 목적을 이룰 수 있는 힘을 줍니다. 그래서 특별 계시는 인간에게 반드시 필요한, 하나님의 선물입니다. 이 특별 계시가 바로 신구약 성경입니다. 성경이 얼마나 소중한지요! 특별 계시는 자연 계시의 의미를 제대로 깨닫게 합니다.

두 계시에는 약간의 차이가 있습니다. 자연 계시는 모든 사람에게 제공되지만, 특별 계시는 선택된 사람에게만 주어집니다. 자연 계시는 하나님의 심판에 대해 핑계하지 못하게 하는 심판의 도구이지만, 특별 계시는 인간을 구원하기에 충분한 은혜의 계시입니다. 특별 계시는 자연 계시보다 훨씬 더 분명하고 명백한 진리를 제공합니다.

답: 하나님을 영화롭게 하고 즐거워하는 것을 지도하시려고 하나님께서 우리에게 주신 유일한 준칙은 구약과 신약에 기록된 하나님의 말씀입니다.

묵상
†
기도

1. 특별 계시는 구체적으로 무엇입니까?
2. 일반 계시와 특별 계시의 차이점과 그 차이점이 갖는 의미를 생각해 보세요.

하나님, 특별 계시인 성경 말씀을 주셔서 하나님의 은혜를 깨닫게 하시니 참 감사합니다. 아멘!

1日일 하나님은 성경으로 말씀하십니다

● 성경: 딤후 3:16-17   ● 찬송: 563장 "예수 사랑하심을"

제2문: 하나님을 영화롭게 하고 즐거워하는 것을 지도하시려고 하나님께서 우리에게 주신 준칙은 무엇입니까?

성경은 하나님이 사람에게 주신 특별 계시입니다. 그래서 성경을 하나님의 계시라고 부릅니다. 소요리문답 제2문의 답인 "구약과 신약에 기록된 하나님의 말씀"에서 "기록된"에 해당하는 영어 단어는 "contained"입니다. 우리말로 번역하면 '포함된'입니다. 그런데 이 단어를 오해하는 사람들이 있습니다. 첫 번째 오해는, 성경에 사람의 말도 있고 하나님의 말도 포함되어 있다는 생각입니다. 어떤 성경을 보면 예수님이 하신 말씀만 붉은색으로 표시되어 있기도 합니다. 마치 그 부분만 하나님의 말씀인 것처럼 보입니다. 두 번째 오해는, 첫 번째의 주장을 받아들이면서 동시에 하나님이 사람의 말을 하나님의 참된 말씀으로 만들어 주신다고 보는 것입니다. 성경은 하나님이 직접 하신 말씀은 아니지만(not be), 성경이 하나님의 말씀이 된다(become)고 합니다.

하지만, '오직 성경으로'(sola scriptura)를 외치는 정통 종교 개혁자들은 그렇게 믿지 않습니다. 성령 하나님께서 성경 기록자들에게 영감을 불어넣어 성경을 기록하게 하셨기에 성경 전체가 하나님의 말씀입니다. "모든 성경은 하나님의 감동으로 된 것으로 교훈과 책망과 바르게 함과 의로 교육하기에 유익하니"(딤후 3:16). 성경은 하나님의 말씀을 일부 포함했거나, 하나님의 말씀이 되는 것이 아니라, 성경 전체가 하나님의 말씀입니다. 그러므로 '포함된'이라는 표현은 "기록된"이라고 이해할 수 있습니다.

답: 하나님을 영화롭게 하고 즐거워하는 것을 지도하시려고 하나님께서 우리에게 주신 유일한 준칙은 구약과 신약에 기록된 하나님의 말씀입니다.

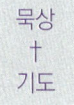

묵상 + 기도

1. 디모데후서 3:15-17을 소리 내어 읽어 보세요.
2. '모든 성경이 하나님의 말씀'이라는 말의 의미를 생각해 보세요.

하나님, 우리에게 진리의 말씀인 성경을 주셔서 감사합니다. 아멘!

성경이 유일한 준칙

● 성경: 계 22:18-19 ● 찬송: 203장 "하나님의 말씀은"

제2문: 하나님을 영화롭게 하고 즐거워하는 것을 지도하시려고 하나님께서 우리에게 주신 준칙은 무엇입니까?

우리는 하나님의 말씀을 듣고 읽음으로써 하나님의 인도를 받을 수 있습니다. 성경은 우리가 하나님을 영화롭게 하고 즐거워하도록 우리를 지도하시려고 하나님이 주신 유일한 준칙입니다. 유일한 준칙인 성경은 세 가지 특징이 있습니다.

첫째, 성경은 하나님을 영화롭게 하고 즐거워하는 방법을 가르쳐 주는, 오류가 없는 하나님 말씀입니다. 하지만, 성경이 우리의 궁금증을 모두 해결해 줄 수 있는 과학책이나 백과사전이라는 말은 아닙니다.

둘째, 성경은 모호하지 않고 명료합니다. 사람의 지성으로 이해할 수 있습니다. 하지만, 인간의 지혜가 아니라 성령의 감동으로 기록되었기에 성령의 도우심이 있어야 분명하게 이해할 수 있습니다.

셋째, 성경은 죄인을 구원하기에 충분합니다. 어떤 사람은 성경만으로는 죄인을 구원하기에 부족하기 때문에 무언가 더 있어야 한다고 생각합니다. 로마 천주교회는 성경에다가 '전통'(tradition)을 덧붙였고, 몰몬교는 '새로운 계시'를 끼워 넣었습니다. 현대인은 '과학'을 덧붙입니다. 하지만, 참된 신자는 성경만으로 충분하다고 믿습니다.

답: 하나님을 영화롭게 하고 즐거워하는 것을 지도하시려고 하나님께서 우리에게 주신 유일한 준칙은 구약과 신약에 기록된 하나님의 말씀입니다.

묵상 † 기도

1. 소요리문답 제2문의 답을 암송해 보세요.
2. 성경이 어떤 특징이 있는지 묵상해 보세요.

하나님, 성경이 하나님이 우리에게 주신, 삶의 유일한 준칙이라는 사실이 놀랍고 신기합니다. 감사합니다. 아멘!

# 성경이면 충분한데 교리는 왜?

● 성경: 딤전 1:3, 10   ● 찬송: 453장 "예수 더 알기 원하네"

제3문: 성경이 가장 중요하게 가르치는 것이 무엇입니까?

본서는 365일 동안 교리를 묵상하도록 만들어졌습니다. '성경이 유일한 준칙'인데 왜 교리를 배워야 할까요? 이 질문은 우리가 많이 오해하는 주제 중 하나입니다. 물론 성경과 교리는 그 권위가 다릅니다. 성경은 하나님의 말씀이기에 그 자체로 권위가 있지만, 교리는 성경의 교훈을 잘 밝혀 준다는 전제 안에서만 권위가 있습니다.

우리는 왜 교리를 가르치고 배울까요? 그 답을 소요리문답 제3문에서 찾을 수 있습니다. "성경이 가장 중요하게 가르치는 것이 무엇입니까?" 왜 이러한 질문을 할까요? 우리는 각자 자기 소견에 옳은 대로 성경을 읽기 쉽습니다. 성경을 읽고 가지각색으로 이해합니다. 똑같은 구절을 읽고도 서로 다르게 해석하기도 합니다. 바로 이 지점에서 이단이 등장합니다. 거짓된 "다른 교훈"을 가르치는 거짓 선생들이 활동하는 영역입니다(딤전 1:3). 교회는 성경과 그 복음을 바르게 정리하여 "바른 교훈"을 보존하고 전해야 합니다(딤전 1:10). 여기서 "교훈"(라틴어: doctrina)으로 번역된 단어가 바로 '교리'(영어: doctrine)입니다. 소요리문답 제3문에 대한 답을 보십시오. "성경이 가장 중요하게 가르치는 것은 사람이 하나님에 대하여 믿을 것은 무엇이며, 하나님께서 사람에게 요구하시는 본문은 무엇인가 하는 것입니다." 정확한 질문이고 명료한 대답입니다. 이것이 교리를 배우는 이유이고, 교리를 배울 때의 유익입니다.

답: 성경이 가장 중요하게 가르치는 것은 사람이 하나님에 대하여 믿을 것은 무엇이며, 하나님께서 사람에게 요구하시는 본문은 무엇인가 하는 것입니다.

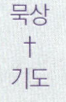
묵상 + 기도

1. 성경이 유일한 준칙인데 왜 교리도 배워야 하나요?
2. 같은 성경을 읽지만 "다른 교훈"을 가르치는 자들이 주변에 있나요?

하나님, 바른 교리를 배우도록 인도해 주세요. 아멘!

21일

3주차 모임

삶의 표준

- 성경: 딤전 1:3, 10
- 찬송: 563장 "예수 사랑하심을"

함께 읽어 봅시다

제2문: 하나님을 영화롭게 하고 즐거워하는 것을 지도하시려고 하나님께서 우리에게 주신 준칙은 무엇입니까?

답: 하나님을 영화롭게 하고 즐거워하는 것을 지도하시려고 하나님께서 우리에게 주신 유일한 준칙은 구약과 신약에 기록된 하나님의 말씀입니다.

함께 나누어 봅시다

1. 인간은 자연 계시를 통해 하나님에 대해 어느 정도까지 알 수 있을까요?

2. 특별 계시인 성경이 왜 우리 삶에서 중요할까요? 나는 성경을 삶의 표준으로 두고 살아가고 있나요?

3. 성경과 교리 문서의 차이와 역할에 대해 정리해 보세요.

함께 기도합시다

말씀이 우리 삶의 표준(등불)이니 말씀만 따라 살게 해 달라고 기도합시다.

22일 성경의 핵심 내용

- 성경: 딤후 3:14-16
- 찬송: 600장 "교회의 참된 터는"

제3문: 성경이 가장 중요하게 가르치는 것이 무엇입니까?

구약과 신약 성경 66권 전체는 무엇을 가장 중요하게 가르칠까요? "성경이 가장 중요하게 가르치는 것은 사람이 하나님에 대하여 믿을 것은 무엇이며, 하나님께서 사람에게 요구하시는 본분은 무엇인가 하는 것입니다." 첫째는 사람이 하나님에 대하여 믿어야 할 내용(content)이고, 둘째는 사람이 해야 할 본분(duty)에 관한 것입니다. 성경의 수많은 내용 중 그 핵심을 두 가지로 정리한, 종교개혁 신앙을 따르는 웨스트민스터 총회에 참여한 목사님들의 지혜는 감동적입니다.

소요리문답을 정리하면 다음과 같습니다.

> 서론, 사람의 제일 되는 최고 목적과 성경: 제1-3문
> 첫째, 사람이 하나님에 대하여 믿어야 할 것(믿음): 제4-38문
>   1. **성부 하나님**과 그분의 일하심: 제4-12문
>   2. 사람의 죄와 비참: 제13-20문
>   3. **성자 하나님**과 구원 사역: 제21-28문
>   4. **성령 하나님**과 구원의 적용 사역: 제29-38문
> 둘째, 하나님이 사람에게 요구하시는 본분(행위): 제39-107문
>   1. 십계명: 제39-81문
>   2. 믿음과 회개: 제82-87문
>   3. 은혜의 수단(말씀+성례+기도): 제88-107문

답: 성경이 가장 중요하게 가르치는 것은 사람이 하나님에 대하여 믿을 것은 무엇이며, 하나님께서 사람에게 요구하시는 본분은 무엇인가 하는 것입니다.

묵상 † 기도

1. 성경에서는 수많은 주제를 다룹니다. 그중 가장 중요한 가르침은 무엇입니까?
2. 제3문은 소요리문답 전체(제4-107문)의 내용을 요약합니다. 마음속으로 전체 구조를 대략 그려 보세요.

하나님! 하나님이 어떤 분이시며, 무엇을 행하셨으며, 우리가 하나님을 위해 어떻게 살아야 하는지를 성경을 통해 알려 주시니 참 감사합니다. 아멘!

# 믿음과 행위의 순서

23일

● 성경: 롬 16:26   ● 찬송: 464장 "믿음의 새 빛을"

제3문: 성경이 가장 중요하게 가르치는 것이 무엇입니까?

성경은 '믿음'(롬 3:28)이 중요하다고 말하기도 하고, '행하라'(약 2:17)라고 명령하기도 합니다. 소요리문답은 인간의 '행위'보다 '믿음'을 먼저 언급합니다. 믿음과 행위의 관계는 마치 기초와 건물의 관계와 같습니다. 믿음이라는 기초 위에 행위라는 건물이 세워집니다.

어떤 사람은 "중요한 것은 교리가 아니라, 삶이야!"라고 주장합니다. 아마도 교리에 대해 부정적인 선입견이 있나 봅니다. 성경은 우리가 무엇을 믿어야 할지를 정리한 교리를 말하고 있고, 이를 믿는 신자가 어떻게 살아야 하는지에 대해 명령합니다. 믿음과 행위는 분리될 수 없는 하나입니다.

그런데도 어느 것이 우선하며 중요하냐고 묻는다면 어떻게 대답해야 할까요? 건물은 기초 없이 세워질 수 없습니다. 반대로, 기초는 건물이 없으면 의미가 없습니다. 건물도 기초도 모두 중요합니다. 그러나 논리적 순서를 생각하면 기초가 먼저이고 건물이 나중입니다. 믿음과 행위의 관계도 마찬가지입니다. 논리적 순서로 보자면 믿음이 먼저입니다. 그리고 믿음은 반드시 그에 합당한 행위를 낳게 되어 있습니다. 그래서 성경에서도 "행함이 없는 믿음은 그 자체가 죽은 것이라"(약 2:17)라고 합니다. 그러니 믿음과 행위, 모두 중요합니다.

답: 성경이 가장 중요하게 가르치는 것은 사람이 하나님에 대하여 믿을 것은 무엇이며, 하나님께서 사람에게 요구하시는 본분은 무엇인가 하는 것입니다.

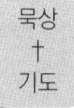

묵상 † 기도

1. 소요리문답에서는 왜 '믿음'(신앙)을 '행위'(의무)보다 먼저 언급할까요?
2. 소요리문답은 성경이 가장 중요하게 가르치는 것을 몇 가지로 설명하나요?

하나님의 자녀답게 행하며 살게 하소서. 아멘!

# '하나님이 없다'라고 말하는 자

● 성경: 시 53:1   ● 찬송: 59장 "하나님 아버지 어둔 밤이 지나"

제4문: 하나님은 어떤 분이십니까?

불신자는 "하나님은 없다"라고 주장하면서 때로 신자를 향해 "하나님이 있다면 내게 보여 줘 봐!"라고 놀리기도 합니다. 그럴 때면 우리는 '하나님이 속 시원하게 한번 나타나셨으면 좋겠다'라고 생각하기도 합니다. 성경은 하나님의 존재를 그리 열심히 증명하지 않습니다. 오히려 '하나님이 계신다'라는 전제를 기정사실화하고 시작합니다. "태초에 하나님이 천지를 창조하시니라"(창 1:1). 하나님의 존재가 당연하기 때문에 애써 증명하지 않는 것입니다. 성경은 단지 "어리석은 자는 그의 마음에 이르기를 하나님이 없다"(시 53:1)라고 할 뿐입니다. 정말 그렇습니다. "하나님이 없다"라고 말하는 자는 그 말을 함으로써 자신의 어리석음을 드러냅니다. 아름답게 건설된 도시 한가운데를 거닐고 있으면서 "이 도시를 만든 사람은 없어!"라고 말한다면 바보이지요. 하나님께서는 하늘과 땅을 창조하셨고 사람을 만드셔서 세상을 다스리도록 하셨습니다. 그런 곳에 살면서 "하나님은 계시지 않아!"라고 말한다면 얼마나 어리석습니까?

진화론자와 무신론자는 하나님이 없다고 말합니다. 모든 것이 우연이랍니다. 그들은 각자의 삶을 스스로 책임져야 하기에 무지 수고하고 애써야 합니다. "수고의 떡"(시 127:2)을 먹지만 헛고생만 합니다. 그러니 삶이 허무할 수밖에 없습니다.

답: 하나님은 신이십니다. 그분의 존재와 지혜와 권능과 거룩하심과 의로우심과 선하심과 인자하심과 진실하심은 무한하시며 무궁하시며 불변하십니다.

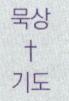
1. "하나님이 없다"라고 말하는 자들의 어리석음에 대해 생각해 보세요.
2. "하나님이 없다"라고 말하는 대표적인 사람들은 누구입니까? 그들의 삶의 고단함을 상상해 보세요.

하나님, 하나님의 존재는 당연합니다. 그러기에 성경도 하나님이 어떻게 계시는지 묻지 않고 대답도 하지 않습니다. 하나님이 계시기에 저는 행복합니다. 아멘!

25일 하나님은 어떤 분인가

● 성경: 딤전 6:15-16 ● 찬송: 8장 "거룩 거룩 거룩 전능하신 주님"

제4문: 하나님은 어떤 분이십니까?

"하나님은 어떤 분인가?"라는 질문은 매우 중요합니다. 사람에게는 '본성의 빛'이 남아 있습니다. 하나님을 알 만한 지식이 있지만, 그 본성의 빛이 오염되어 바르게 작동하지 않습니다. 그러니 피조물을 하나님으로 예배하고 섬깁니다. 세상 사람들이 믿는 종교들이 그 결과입니다.

"하나님은 어떤 분인가?"라는 질문의 답은 오직 성경에서만 발견할 수 있습니다. 우리는 앞으로 '하나님의 존재'(being)에 대해서는 제4-6문에서 배우고, '하나님의 일'(work)에 대해서는 제7-11문에서 배울 것입니다. 웨스트민스터 총회에 참석한 믿음의 선배들이 하나님의 존재를 어떻게 정리했는지 보십시오. "하나님은 신이십니다. 그분의 존재와 지혜와 권능과 거룩하심과 의로우심과 선하심과 인자하심과 진실하심은 무한하시며 무궁하시며 불변하십니다." 명확하게 구분하기가 쉽지는 않지만, 하나님과 인간이 함께 가진 '공유적 속성'과 하나님만 소유하고 계신 '비공유적 속성'을 살펴보면, 하나님이 어떤 분인지를 이해할 수 있습니다.

하나님(비공유)	공유	인간(비공유)
무한·무궁·불변	존재·지혜·권능·거룩함·의·선·인자·진실	유한·일시·가변

답: 하나님은 신이십니다. 그분의 존재와 지혜와 권능과 거룩하심과 의로우심과 선하심과 인자하심과 진실하심은 무한하시며 무궁하시며 불변하십니다.

묵상 † 기도

1. 우리가 본성의 빛으로 알 수 있는, 하나님에 관한 지식은 무엇일까요?
2. 성경이 가르치는 하나님의 존재에 관한 진실을 묵상해 보세요.

하나님, 하나님의 존재와 지혜, 권능과 거룩함, 의로우심과 선하심, 인자하심과 진실하심이 무한하고 무궁하고 불변하심을 알게 하시니 감사합니다. 아멘!

# 하나님은 신이시다

- 성경: 요 4:24
- 찬송: 38장 "예수 우리 왕이여"

제4문: 하나님은 어떤 분이십니까?

하나님은 어떤 분일까요? 하나님은 신(Godhead)이십니다. 신은 육체가 없고, 눈으로 볼 수 없고(요 1:18; 요일 4:12), 형상이나 그림으로 만들 수 없습니다(출 20:4). 영어 원본 소요리문답에서는 제3문의 답이 '하나님은 영(a spirit)이시다'라고 되어 있습니다. 성경에 기록된 "하나님은 영이시니, 예배하는 자는 영과 진리로 예배할지니라"(요 4:24)라는 말씀과 같습니다. '하나님은 영이시다'라는 말은 하나님이 사람처럼 육체를 가진 분이 아니라는 뜻입니다. 하나님은 피조물과 달리 모양이 없으십니다. 그렇지만 성경에서는 천사도 영으로 묘사되고(히 1:14) 사람도 영으로 표현되므로(고전 2:11), '하나님은 신이시다'라고 번역하는 것이 오해를 피할 수 있습니다.

사람은 하나님의 형상대로 창조되었습니다. 그래서 사람에게도 영이 있습니다. 사람은 영적인 존재입니다. 사람의 영은 눈으로 볼 수 없고 손으로 만질 수도 없습니다. 어떤 형상도 없습니다. 사람의 영이 구체적으로 무엇인지는 정의 내리기가 쉽지 않습니다. 과학에서는 '심리' 혹은 '정신'이라고 표현하기도 하지만, 우리 입장에서는 잘 모른다고 하는 편이 낫습니다. 인간은 영이신 하나님을 다 이해할 수 없습니다. "그런즉 너희가 하나님을 누구와 같다 하겠으며, 무슨 형상을 그에게 비기겠느냐?"(사 40:18) 하나님은 신이십니다.

답: 하나님은 신이십니다. 그분의 존재와 지혜와 권능과 거룩하심과 의로우심과 선하심과 인자하심과 진실하심은 무한하시며 무궁하시며 불변하십니다.

묵상 + 기도

1. '하나님은 영이시다'라는 말은 무슨 뜻인가요?
2. '하나님은 신이시다'라고 번역한 이유는 무엇입니까? 그 의미를 묵상해 보세요.

창조주인 하나님은 피조물인 인간과 다르십니다. 하나님은 영이시며 신이십니다. 아멘!

하나님의 비공유적 속성

● 성경: 창 6:6 ● 찬송: 197장 "은혜가 풍성한 하나님은"

제4문: 하나님은 어떤 분이십니까?

하나님은 신(Godhead)이십니다. 사람과 다릅니다. 하나님의 존재와 능력은 사람과 다릅니다. 하나님은 사람과 공유할 수 없는 비공유적 속성을 가지고 계십니다.

첫째, 하나님은 존재, 지혜, 권능, 거룩함, 의로우심, 선하심, 인자하심, 진실하심에 있어 '**무한**'(無限)하십니다. 하나님은 거대하시며 크십니다(광대성, immensity). 또한 어디에나 계십니다(편재성, omnipresence).

둘째, 하나님은 존재, 지혜, 권능, 거룩함, 의로우심, 선하심, 인자하심, 진실하심에 있어 '**무궁**'(無窮)하십니다. 하나님은 시간적으로 제한받지 않으십니다(시간의 무한성). 하나님의 시간 개념으로는 천 년이 하루 같고 하루가 천 년 같습니다. 시간을 창조하셨지만, 시간에 매이지 않으십니다.

셋째, 하나님은 존재, 지혜, 권능, 거룩함, 의로우심, 선하심, 인자하심, 진실하심에 있어 '**불변**'(不變)하십니다. 하나님은 인간처럼 변화무쌍하지 않으십니다. 성경에는 "땅 위에 사람 지으셨음을 한탄하사 마음에 근심하시고"(창 6:6)라는 말씀처럼, 하나님이 변할 수 있는 분인 것처럼 묘사하는 구절들이 여러 개 있습니다. 이는 유한한 사람이 살고 있는 시간과 공간 안에서 하나님과 사람 사이의 관계에 변화가 있음을 표현한 것일 뿐 하나님의 속성이 변했다고 말하는 것은 아닙니다. 또 하나님을 사람이 이해할 수 있는 수준에서 표현한 것일 뿐입니다. 이것을 신인동형동성론적(神人同形同性論的, anthropomorphic) 표현이라고 합니다.

답: 하나님은 신이십니다. 그분의 존재와 지혜와 권능과 거룩하심과 의로우심과 선하심과 인자하심과 진실하심은 무한하시며 무궁하시며 불변하십니다.

묵상 † 기도

1. 하나님의 비공유적 속성에는 무엇이 있나요?
2. 성경에 나오는, 하나님의 속성이 변하는 것처럼 표현한 구절을 어떻게 이해해야 하나요?

무한하시고 무궁하시며 불변하시는 하나님을 찬양합니다. 아멘!

2日일

4주차 모임

하나님을 믿음과 인간의 행위

● 성경: 롬 16:26   ● 찬송: 600장 "교회의 참된 터는"

함께 읽어 봅시다

제3문: 성경이 가장 중요하게 가르치는 것이 무엇입니까?

답: 성경이 가장 중요하게 가르치는 것은 사람이 하나님에 대하여 믿을 것은 무엇이며, 하나님께서 사람에게 요구하시는 본분은 무엇인가 하는 것입니다.

함께 나누어 봅시다

1. 제3문을 바탕으로, 소요리문답 전체 내용을 자신의 말로 정리해 보세요.

2. 나는 믿음이 더 중요하다고 생각하는 편인가요, 아니면 행위가 더 중요하다고 여기는 편인가요? 왜 그렇게 생각하는지 말해 봅시다.

3. 왜 교리를 가르치고 배워야 할까요?

함께 기도합시다

믿음과 행위의 관계를 잘 깨달아서 신앙생활을 잘하게 해 달라고 기도합시다.

하나님의 공유적 속성

● 성경: 렘 32:17 ● 찬송: 2장 "찬양 성부 성자 성령"

제4문: 하나님은 어떤 분이십니까?

하나님의 속성에는 사람과 공유하는 공유적 속성이 있습니다. 인간은 하나님의 형상대로 창조되었기 때문에 하나님의 속성을 가지고 있습니다. 그 속성은 존재, 지혜, 권능, 거룩함, 의로움, 선함, 인자함, 진실함입니다. 하나님은 '존재'(being) 자체이십니다. "나는 스스로 있는 자이니라"(출 3:14). 인간은 하나님의 '존재'로부터 파생된 '존재'일 뿐입니다. 하나님은 '지혜'(wisdom)가 무궁하십니다(시 147:5). 하나님은 '권능'(power)이 크십니다. "주 여호와여, 주께서 큰 능력과 펴신 팔로 천지를 지으셨사오니, 주에게는 할 수 없는 일이 없으시니이다"(렘 32:17). 하나님은 '거룩'(holy)하십니다(사 6:3). 거룩함은 '구별'이라는 뜻입니다. 하나님은 '의'(justice)로우십니다(롬 3:26). 죄인을 멸하시고 회개하는 자를 용서하시는 것이 하나님의 '의'입니다. 하나님은 '선'(goodness)하십니다(시 34:8). 하나님이 좋아하시는(good) 모든 일이 '선'입니다. 하나님은 '인자'(자비, mercy)하십니다. 하나님은 '진실'(truth)하십니다(딛 1:2). 하나님에게는 거짓이 조금도 없으십니다.

이 모든 공유적 속성이 인간에게도 어느 정도 있지만, 한계가 있고(finite) 일시적이며(temporal) 변화무쌍할(changeable) 뿐입니다. 그러나 하나님의 존재, 지혜, 권능, 거룩하심, 의로우심, 선하심, 인자하심, 진실하심은 무한하시고 무궁하시며 불변하십니다.

답: 하나님은 신이십니다. 그분의 존재와 지혜와 권능과 거룩하심과 의로우심과 선하심과 인자하심과 진실하심은 무한하시며 무궁하시며 불변하십니다.

1. 하나님의 공유적 속성에는 무엇이 있나요?
2. 사람과 하나님의 공유적 속성은 어떻게 다른가요?

하나님의 속성인 '존재, 지혜, 권능, 거룩하심, 의로우심, 선하심, 인자하심, 진실하심'을 사모합니다. 아멘!

오직 한 분 하나님

● 성경: 신 6:4   ● 찬송: 11장 "홀로 한 분 하나님께"

제5문: 하나님 한 분 외에 다른 하나님이 있습니까?

왜 이런 질문이 필요할까요? 세상에는 여러 종교가 있기 때문입니다. 각각의 종교는 자기만의 신을 만들어 섬깁니다. 그런 신들을 통칭하여 보통 명사 'God'으로 표현합니다. 성경에 주로 나오는 하나님의 이름이 두 개 있습니다. 보통 명사 '엘로힘'(Elohim)은 만물의 창조주와 왕 되심을 나타내는 하나님의 이름입니다. 언약 백성 이스라엘의 하나님을 표현하는 이름은 '여호와'(Jehovah)입니다. "나는 스스로 있는 자"(출 3:14)에서 온 이름입니다. 이것은 "영원한 이름이요, 대대로 기억할 칭호"(출 3:15)인데, 특별히 언약의 하나님을 의미합니다. 새 언약의 하나님도 오직 한 분 하나님이십니다. 하나님 외에 다른 하나님은 없습니다.

이스라엘의 "하나님 여호와는 오직 유일한 여호와"(신 6:4)이십니다. "유일"은 '하나'(One)라는 뜻입니다. 한 분인 하나님은 살아 계시고 참되신 분입니다.

한글 성경의 '하나님'이라는 이름은 하나님이 오직 한 분밖에 없다는 사실을 잘 표현합니다. 우리나라에는 예로부터 '상제'(上帝), '천주'(天主), 혹은 '신'(神)이라는 단어가 있었습니다. 로마 천주교회는 앞의 용어들을 통칭하는 단어로 '하느님'을 사용하지만, 개신교에서는 '유일'(唯一)이라는 의미의 '하나'에 높임의 뜻을 더하는 '님'을 붙여서 '하나+님'이라고 부릅니다. 참 좋은 이름입니다. 하나님은 지금도 살아 계시고 거짓이 없으신 분입니다. 하나님 외에 다른 신은 없습니다.

답: 오직 한 분 하나님, 살아 계시고 참되신 하나님만 계십니다.

묵상 + 기도

1. 하나님이 한 분이시라는 것은 어떤 의미인가요?
2. 개신교는 '하나님'이라는 이름에서 어떤 점을 강조하나요?

하나님, 하나님은 세상에 하나밖에 없는 유일한 신이십니다. 아멘!

하나님의 신격

● 성경: 고후 13:13　● 찬송: 3장 "성부 성자와 성령"

제6문: 하나님의 신격에는 몇 위가 계십니까?

　하나님은 오직 한 분이십니다(신 4:35). 그런데 신기하게도 하나님의 신격(Godhead)에는 성부 · 성자 · 성령, 이렇게 삼위(three subsistences)가 계십니다. 이 삼위는 세 신(神)이 아니라, 한 하나님입니다. 삼위 하나님은 본질(essence)이 동일합니다. 삼위는 권능과 영광이 동등합니다. 이 하나님을 '삼위일체'(三位一體)라고 표현합니다. 하나님이 한 분이라는 것은 잘 알겠는데, 한 분이면서 '삼위'로 계신다는 것은 이해하기가 어렵습니다.

　'위'(位)는 '자리'(place)라는 뜻입니다. '위'에 해당하는 영어 단어가 두 개 있습니다. 하나는 'Person'입니다. 라틴어 '페르소나'(persona=mask, position)에서 유래했지요. '인격'으로 번역되는데, 이 단어는 오히려 '삼위'에 대한 이해를 어렵게 합니다. 다른 하나는 'Subsistence'입니다. 헬라어 '휘포스타시스'(hypostasis)에서 유래했고, '실재'로 번역됩니다. 곧 '아래(sub; hypo)에 위치하다(sistence; stasis)'라는 뜻으로, '본질(essence) 아래 위치하는 실재'를 말합니다. 그러므로 하나님은 '본질'에 있어서는 한 분이지만, '실재'에 있어서는 세 위로 계신다고 보면 됩니다. 한 본질 안에 '구별'되는 세 실재가 존재하는데, 이 삼위는 '분리'되지 않습니다. 삼위일체(Trinity)는 '삼위'(tri)이면서도 동시에 '일체'(unity)라는 뜻입니다. 우리는 삼위일체 하나님을 완전하게 이해할 수는 없지만, 성경에 나오는 그대로 믿으면 됩니다.

답: 하나님의 신격에는 성부·성자·성령 삼위가 계십니다. 이 삼위는 한 하나님이며, 본질이 동일하시고 권능과 영광이 동등하십니다.

묵상 † 기도

1. 성경에는 '삼위일체'라는 단어가 나오지 않습니다. 나는 삼위일체 교리를 어떻게 생각하고 있나요?
2. 삼위일체 교리를 어떻게 받아들여야 할까요?

하나님, 하나님이 삼위일체 하나님으로 계신다는 사실이 신기하고 신비할 뿐입니다. 아멘!

삼위일체 교리의 잘못된 이해

● 성경: 빌 2:6-8 ● 찬송: 4장 "성부 성자와 성령"

제6문: 하나님의 신격에는 몇 위가 계십니까?

하나님은 한 분이신데 삼위(성부 하나님, 성자 하나님, 성령 하나님)가 계십니다. 이 삼위는 한 하나님이고 본질이 동일하시고 권능과 영광이 동등하십니다. 이 교리를 잘못 이해하면 이단에 빠질 수 있습니다. 삼위일체 교리를 잘못 설명하는 그럴듯한 이론 중 하나는 한 하나님이 나타나는 '양식과 형태'(mode)가 세 가지라는 것(modalism/tritheism)입니다. 구약 시대에는 성부, 신약 시대에는 성자, 교회 시대에는 성령으로 활동한다는 이론입니다. 혹은 태양에 빗대어, 빛과 열과 적외선을 이용해 삼위일체 개념을 설명하기도 합니다. 그럴듯해 보이지만, 이런 이론은 삼위가 너무 구별되어 완전히 분리된다는 점이 문제입니다. 삼위 하나님은 서로 구별되지만 동시에 일하십니다(창 1:1-3; 마 3:16-17). 또 다른 잘못된 설명은 한 사람이 동시에 아빠, 과장, 집사인 것과 같다고 설명하는 것입니다. 이 경우에는 삼위의 구별이 모호해집니다. 또 다른 경우는 삼위 가운데 성부가 군주(monarch)이고 성자와 성령은 그 아래 종속된다고 보는 것(subordinationism)입니다. 이 경우에는 삼위의 본질과 권능과 영광이 동일하지 않습니다. 이 이론에서 예수님이 입양되었다거나, 혹은 인간 가운데 최고의 존재라는 식의 주장들이 나왔습니다. 유대교, 이슬람, 여호와의증인, 몰몬교가 이와 비슷한 입장을 따릅니다. 성경은 예수님이 하나님과 동등하시지만, 성자의 위격으로 동등 됨을 취하지 않았다고 말씀합니다(빌 2:6).

사람의 이성으로는 하나님의 존재를 합리적으로 모두 이해할 수는 없습니다. 우리는 성경이 보여 주는 만큼만 알 수 있을 뿐입니다.

답: 하나님의 신격에는 성부·성자·성령 삼위가 계십니다. 이 삼위는 한 하나님이며, 본질이 동일하시고 권능과 영광이 동등하십니다.

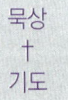

묵상
†
기도

1. 삼위일체 교리를 잘못 이해하는 경우의 예를 들어 보세요.
2. 나는 삼위일체 하나님에 대해 오해하고 있는 부분이 없나요?

하나님, 제가 삼위일체 하나님의 개념을 다는 이해할 수 없을지라도, 성경에 기록된 말씀 그대로의 하나님을 믿습니다. 아멘!

# 성자 하나님

• 성경: 요 1:1, 18   • 찬송: 137장 "하나님의 아들이"

제6문: 하나님의 신격에는 몇 위가 계십니까?

　예수님을 하나님으로 보지 않고 사람 가운데 최고일 뿐이라고 생각하는 사람이 많습니다. 예수님을 단순히 도덕적 모범 정도로 여길 뿐, 그분을 하나님으로 믿지는 않습니다. 성경은 예수님이 하나님이라고 분명하게 선언합니다(요 20:28). "태초에 말씀이 계시니라. 이 말씀이 하나님과 함께 계셨으니, 이 말씀은 곧 하나님이시니라"(요 1:1). 예수님은 말씀이신 하나님이십니다. "본래 하나님을 본 사람이 없으되 아버지 품속에 있는 독생하신 하나님이 나타내셨느니라"(요 1:18). 웨스트민스터 신앙고백 2:3은 "성자는 아버지에게서 영원히 나셨고"라고 표현합니다. 예수님이 마리아의 몸에서 태어나신 것과 혼동하지 않도록 '영원히' 태어나셨다고 합니다. 성부로부터 영원히 (인간의 시간 개념을 초월) 태어나신 성자 하나님은 마리아의 몸을 통해서 인간의 역사 속에 '나타나셨습니다.'

　성자 하나님에게는 생명이 있고(요 1:4; 5:26), 그분은 어디에나 계시고(마 28:20), 태초에도 계셨고(요 1:1), 만물을 창조하셨고(요 1:3), 만물을 붙드시고(골 1:17; 히 1:3), 아버지의 일을 하십니다(요 5:19). 곧, 예수 그리스도는 우리의 성부 하나님과 동등한 하나님이십니다.

답: 하나님의 신격에는 성부·성자·성령 삼위가 계십니다. 이 삼위는 한 하나님이며, 본질이 동일하시고 권능과 영광이 동등하십니다.

묵상 + 기도

1. 요한복음 10:30을 소리 내어 읽어 보세요.
2. 예수님이 하나님이라는 증거는 무엇인가요?

성자 예수 그리스도는 영원 속에서 하나님으로부터 나신 하나님이십니다. 아멘!

# 성령 하나님

● 성경: 요 15:26 ● 찬송: 195장 "성령이여 우리 찬송 부를 때"

제6문: 하나님의 신격에는 몇 위가 계십니까?

하나님의 신격(Godhead)에서 가장 오해가 많은 위격은 성령 하나님입니다. 부흥회 같은 집회에 가면 "성령 받으라!"라는 말을 종종 듣습니다. 그때 '성령'은 하나님이 아니라, 하나님으로부터 발현되는 '힘과 능력' 정도로만 취급받는 셈입니다. 성령님을 전능하신 하나님으로 여긴다면 그렇게 말할 수 없습니다.

성령님은 성부·성자와 함께 본질이 동일하시고 영광과 권능이 동등하십니다. 콘스탄티노플 공의회(381년)는 니케아 신조(325년)의 성령에 관한 고백을 분명하게 확정했습니다. "…또 (우리는) 성령을 (믿습니다). 그는 주님이시고 생명을 주시며 아버지와 독생자로부터 **나오시고** 아버지 및 아들과 함께 경배와 영광을 받으시며 선지자들을 통하여 말씀하셨습니다." 웨스트민스터 신앙고백 2:3도 이렇게 정리합니다. "…성령은 성부와 성자에게서 영원히 **나오십니다**." 성령이 성부와 성자로부터 나오신다는 것이 무슨 뜻인지 다는 이해할 수 없지만, 성경은 그렇게 말씀합니다. "내가 아버지께로부터 너희에게 보낼 보혜사, 곧 아버지께로**부터 나오시는 진리의 성령**이 오실 때에"(요 15:26). 성령 하나님이 오순절 강림 이후 또 다른 보혜사로 우리에게 오셔서 우리 가운데에서 일하십니다. 성령님은 성부와 성자와 한 본질로서 동일하시되, 분리되지 않습니다. 단지 구별될 뿐입니다.

답: 하나님의 신격에는 성부·성자·성령 삼위가 계십니다. 이 삼위는 한 하나님이며, 본질이 동일하시고 권능과 영광이 동등하십니다.

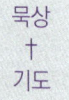
묵상
†
기도

1. "성령 받으라!"라는 말은 성령의 존재를 어떻게 생각하는 것일까요?
2. 성령님이 참하나님이신 것이 맞나요? 그렇다면, 우리는 그분께도 기도할 수 있나요?

성령님, 성령님께서는 우리 가운데 계시는, 전능하셔서 영광과 찬송을 받으실 하나님이심을 믿습니다. 아멘!

5주차 모임

삼위일체 하나님

● 성경: 요 4:24 ● 찬송: 4장 "성부와 성자와 성령"

함께 읽어 봅시다

제4문: 하나님은 어떤 분이십니까?
답: 하나님은 신이십니다. 그분의 존재와 지혜와 권능과 거룩하심과 의로우심과 선하심과 인자하심과 진실하심은 무한하시며 무궁하시며 불변하십니다.

제5문: 하나님 한 분 외에 다른 하나님이 있습니까?
답: 오직 한 분 하나님, 살아 계시고 참되신 하나님만 계십니다.

제6문: 하나님의 신격에는 몇 위가 계십니까?
답: 하나님의 신격에는 성부·성자·성령 삼위가 계십니다. 이 삼위는 한 하나님이며, 본질이 동일하시고 권능과 영광이 동등하십니다.

함께 나누어 봅시다

1. 하나님이 어떤 분이신지 알면 알수록 인간이 어떤 존재인지 더 잘 알 수 있습니다. 하나님과 인간에 대해 아는 대로 말해 보세요.

2. 하나님은 한 분이시지만, 동시에 삼위로 계신다는 것을 증명하는 성경 구절을 최대한 많이 찾아보세요.

3. 하나님이 실제로 존재한다는 것을 어떻게 알 수 있나요? 내가 하나님을 믿는 근거는 무엇인가요?

함께 기도합시다

영으로 계시고 삼위일체로 계신 신비로운 하나님을 알고 믿고 예배하게 해 달라고 하나님께 기도합시다.

삼위일체 하나님의 일하심

● 성경: 막 1:9-11 ● 찬송: 9장 "하늘에 가득 찬 영광의 하나님"

제6문: 하나님의 신격에는 몇 위가 계십니까?

삼위일체 하나님은 삼위로 계시며, 본질이 동일하시고, 권능과 영광도 동등하십니다. 그와 동시에 삼위는 한 하나님이시며 함께 일하십니다. 정말 그렇습니다. 우리를 향한 하나님의 은혜는 성부 하나님으로부터(from), 성자 하나님을 통해(through), 성령 하나님 안에서(in) 일어납니다. "내가 아버지께로부터 너희에게 보낼 보혜사, 곧 아버지께로부터 나오시는 진리의 성령이 오실 때에 그가 나를 증언하실 것이요"(요 15:26). 성자 하나님은 성부 하나님으로부터(from) 태어났고 성령으로(by) 일하십니다. 성령님은 성부와 성자로부터(from) 명령을 받아 일하십니다. 이렇게 하나님은 존재에 있어서는 삼위로 구별되지만, 사역에 있어서는 분리되지 않고 밀접하게 연결됩니다. 마리아의 몸에서 태어나신 성자는 성부와 성령과 구별됩니다. 그러나 삼위 하나님은 함께 일하시는, 한 하나님입니다. "나와 아버지는 하나이니라"(요 10:30).

예수님이 세례를 받으실 때 성령이 비둘기같이 내려오시고 하늘로부터 "너는 내 사랑하는 아들이라"라는 말씀이 들렸습니다(막 1:9-11). 이는 삼위 하나님이 구별되지만 분리될 수는 없는 존재임을 나타냅니다. 창조 때에도 삼위 하나님이 함께하셨습니다(창 1:1-3). "하나님"(성부), "하나님의 영"(성령), "이르시되"(성자[말씀], 요 1:1-3)로 함께하셨습니다. 그러므로 우리는 '성부와 성자와 성령의 이름으로'(마 28:19) 세례를 받습니다.

답: 하나님의 신격에는 성부·성자·성령 삼위가 계십니다. 이 삼위는 한 하나님이며, 본질이 동일하시고 권능과 영광이 동등하십니다.

묵상 † 기도

1. 삼위 하나님의 존재는 각각 어떻게 구별되나요?
2. 삼위 하나님이 한 하나님으로 일하신다는 것을 성경에서 증명해 보세요.

삼위일체 하나님! 저를 구원해 주실 때에도 삼위 하나님이 함께 일하셨지요. 영광스럽고 감사합니다. 아멘!

하나님의 작정

● 성경: 엡 1:11   ● 찬송: 382장 "너 근심 걱정 말아라"

제7문: 하나님의 작정이 무엇입니까?

우리는 소요리문답 제4-6문에서 하나님이 어떤 분(who)이신지(being)를 배웠습니다. 제7-12문은 하나님이 무엇(what)을 하시는지(working)를 가르칩니다. 그 첫 주제가 '하나님의 작정'입니다. '작정'(作定, decree, decretum)은 '사정을 잘 헤아려서 알맞게 결정하다'라는 뜻입니다. 세상에 일어날 모든 일을 하나님이 영원 가운데 정하셨다는 뜻입니다. 어떻게 그럴 수가 있을까요? 지금 저 차가 내 앞으로 지나간 것은 우연이 아니라, 지나가기로 미리 계획되어 있었다는 뜻인데, 그런 일은 믿기도 어렵고 이해하기도 어렵습니다. '하나님의 작정' 교리는 인간이 믿기가 참 힘듭니다.

맞습니다. 성경을 믿는 믿음 없이는 하나님의 작정 교리를 받아들일 수 없습니다. 이 교리는 하나님의 존재를 믿고 그분을 인격적으로 받아들이면서 그분과 영적으로 교제하는 신자만 이해할 수 있습니다. 하나님을 믿지 않는 친구와 작정 교리에 대해 이야기를 나누는 것은 지혜롭지 못한 행동입니다. 싸움만 날 뿐입니다. 하나님을 믿고 알고자 하는 친구에게는 하나님의 작정 교리를 알려 주어도 됩니다. 하나님께서는 일어나는 모든 일을 자기의 영광을 위하여 미리 정하셨습니다. 에베소서를 읽어 보십시오. "모든 일을 그의 뜻의 결정대로 일하시는 이의 계획을 따라 우리가 예정을 입어 그 안에서 기업이 되었으니"(엡 1:11). 하나님이 계획 없이 일하신다고 생각해 보세요. 그것은 받아들여지나요?

답: 하나님의 작정은 그분의 뜻대로 계획하신 영원한 목적입니다. 그 목적을 따라서, 하나님께서는 일어나는 모든 일을 자기의 영광을 위하여 미리 정하셨습니다.

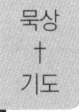

1. 믿지 않는 자들과 하나님의 작정에 대해 이야기하면 어떻게 될까요?
2. 하나님은 일하시기 전에 무엇을 먼저 하시나요? 그것은 어떤 의미가 있나요?

하나님, 저는 하나님이 일어날 모든 일을 미리 작정하셨다는 것이 믿어집니다. 고맙습니다. 아멘!

# 3日일 우연이 있을까요?

● 성경: 잠 16:33   ● 찬송: 406장 "곤한 내 영혼 편히 쉴 곳과"

제7문: 하나님의 작정이 무엇입니까?

우리 주변에서는 우연한 일이 많이 일어나는 것 같습니다. 우연히 로또 복권을 샀는데 10억 원에 당첨되었다는 사람도 있습니다. 우리는 예상한 것처럼 되지 않으면 우연이라고 생각합니다. 그런데 사람이 우연이라고 생각하는 것이 하나님께도 그러할까요? 하나님은 세상에서 일어나는 일을 모르고 있다가 우연히 문제가 생기면 그제야 개입하시는 것일까요? 그렇지 않습니다. 하나님의 존재와 지혜와 권능과 거룩하심과 의로우심과 선하심과 인자하심과 진실하심은 무한하시며 무궁하시며 불변하십니다(제4문). 하나님은 작정하신 후에 일하시는 분입니다.

성경은 이렇게 말합니다. "제비는 사람이 뽑으나 모든 일을 작정하기는 여호와께 있느니라"(잠 16:33). 제비를 뽑았는데, 어떤 사람이 걸렸습니다. 우리는 그것이 우연이라고 생각합니다. 그러나 그것은 우연이 아니라 하나님의 작정 속에서 일어난 일입니다. 우연처럼 보이는 사건이라도 하나님의 뜻과 계획과 영원한 목적 속에 있습니다. 북이스라엘의 왕 아합이 전쟁터에서 죽는 장면을 보십시오. 아합은 변장을 하고, 여호사밧 왕은 왕복을 그대로 입고 전쟁터에 들어갔는데, 한 사람이 무심코 쏜 화살에 맞아 아합만 죽고 맙니다(왕상 22:34). 사람이 우연이라고 생각하는 모든 일을 하나님은 이미 알고 계시며, 그 모든 일은 그분의 작정 속에 포함되어 있습니다. 하나님에게는 그 어떤 것도 우연이 아닙니다.

답: 하나님의 작정은 그분의 뜻대로 계획하신 영원한 목적입니다. 그 목적을 따라서, 하나님께서는 일어나는 모든 일을 자기의 영광을 위하여 미리 정하셨습니다.

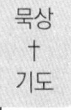
묵상 † 기도

1. 사람이 우연이라고 생각하는 일들을 하나님도 그렇게 여기실까요?
2. 엄밀한 의미에서 우연이 있을 수 있나요?

하나님, 우리에게 일어나는 모든 일이 우연이 아니라 하나님의 작정 속에 이미 있다고 하니, 왜 이렇게 든든하고 의지가 되는지요. 감사합니다. 아멘!

고난 가운데 빛나는 작정 교리

● 성경: 롬 8:28 ● 찬송: 382장 "너 근심 걱정 말아라"

제7문: 하나님의 작정이 무엇입니까?

하나님께서 모든 일을 미리 작성하신다고 믿을 때, 내게 좋은 일이 일어난다면 문제될 것이 없습니다. 그러나 불행한 사고나 재난을 당할 때는 마음이 더 힘들어집니다. 하나님이 그 불행한 일까지도 미리 작정하셨다고 하면 하나님이 너무 무자비한 분처럼 보입니다. 그럼에도 불구하고 하나님의 작정 교리를 믿어야 할까요? 물론입니다. 성경은 하나님의 작정을 분명하게 가르칩니다. 하나님의 작정은 "그분의 뜻대로 계획하신 영원한 목적"입니다.

하나님의 작정을 더 잘 이해하기 위해 '뜻'(will)과 '계획'(counsel)을 구분해 봅시다. 하나님이 우리를 사랑할 것이라는 '뜻'이 있다면, 그것을 어떻게 실행하실 것인지의 '계획'도 있습니다. 하나님의 사랑이라는 '뜻'을 이루기 위한 구체적인 '계획'에는 여러 방법이 있겠지요. 성경을 읽어 보면 하나님의 사랑(뜻)이 '창조와 타락과 구속과 영화'의 단계(계획)로 이루어져 감을 알 수 있습니다. 이 모든 계획을 우리가 다는 이해할 수 없습니다. 그렇지만 우리가 하나님의 사랑은 이해할 수 있습니다. 우리는 개인적으로 큰 고난을 당할 수도 있습니다. 그렇지만 하나님의 작정을 안다면 큰 위로를 받을 수 있습니다. 하나님의 작정 속에 있는 하나님의 사랑을 믿으면 우리에게 큰 힘이 됩니다.

답: 하나님의 작정은 그분의 뜻대로 계획하신 영원한 목적입니다. 그 목적을 따라서, 하나님께서는 일어나는 모든 일을 자기의 영광을 위하여 미리 정하셨습니다.

묵상 † 기도

1. 하나님의 작정을 왜 믿어야 할까요?
2. 큰 고난을 당했을 때 하나님의 뜻과 계획을 구분하는 것이 왜 중요한가요?

하나님, 작정 교리를 배움으로써, 고난과 슬픔을 당할 때에 하나님의 사랑으로 큰 힘을 얻었습니다. 감사합니다. 아멘!

40일 하나님과 인간의 작정 차이

● 성경: 시 33:11 ● 찬송: 39장 "주 은혜를 받으려"

제7문: 하나님의 작정이 무엇입니까?

어떤 사람이 집을 지으려고 작정한다고 합시다. 먼저 돌을 좀 가져와서 쌓아 보다가 마음에 안 들면 다 부수고, 또 흙을 이겨서 집을 짓다가 부숴 버리고, 다음에는 콘크리트로 기둥을 세워 보다가 지쳐서 집 짓기를 포기해 버리는 사람이 있을까요? 일단 집을 지을 작정(뜻)이라면, 먼저 설계를 해야 합니다. 그 후에 비로소 건축을 시작합니다. 집을 짓다가 더 좋은 아이디어가 떠오르면 설계를 변경할 수도 있겠지요. 이와 마찬가지로, 하나님도 사람처럼 먼저 작정을 하시고 일을 하십니다.

하지만, 작정에 있어 하나님과 인간은 근본적 차이가 있습니다. 첫째, 하나님의 작정은 영원합니다(eternal). 사람의 설계도는 한계가 있고 일시적이며 변화무쌍합니다. 하지만, 하나님의 작정은 때에 따라 변하지 않고 영원합니다. "여호와의 계획은 영원히 서고 그의 생각은 대대에 이르리로다"(시 33:11). 둘째, 하나님의 작정은 절대적입니다(absolute). 인간의 작정은 허술하며 흠이 있고 비효율적인 것들이 많지만, 하나님의 작정은 빈틈이 없고 완벽합니다. "만군의 여호와께서 맹세하여 이르시되, 내가 생각한 것이 반드시 되며 내가 경영한 것을 반드시 이루리라"(사 14:24). 하나님의 작정 교리는 이상한 것이 아니라, 자연스러운 교리입니다. 하나님의 작정 교리를 믿지 않는 것이 오히려 이상할 뿐입니다.

답: 하나님의 작정은 그분의 뜻대로 계획하신 영원한 목적입니다. 그 목적을 따라서, 하나님께서는 일어나는 모든 일을 자기의 영광을 위하여 미리 정하셨습니다.

묵상 + 기도

1. 사람도 집을 지을 작정이면 먼저 설계를 합니다. 하물며 하나님은 어떠실까요?
2. 하나님의 작정을 믿고 내가 인내해야 할 일은 무엇인가요?

하나님의 작정은 선하고 저의 유익을 위한 것입니다. 고맙습니다, 하나님. 아멘!

# 41일 인간의 자유의지

● 성경: 행 2:23 ● 찬송: 327장 "주님 주실 화평"

제7문: 하나님의 작정이 무엇입니까?

하나님이 모든 것을 미리 작정하셨다면 인간에게 자유는 없는 것일까요? 인간은 그저 하나님의 작정에 따라 움직이는 로봇에 불과할까요? 논리적으로는 그렇게 보입니다. 하지만, 그렇지 않습니다. 하나님은 자신의 형상대로 사람을 만드셨습니다. 사람은 하나님처럼 존재와 지혜와 권능과 거룩함과 의로움과 선함과 인자함와 진실함으로 살아갈 수 있습니다. 사람은 <u>스스로</u> 자유롭게 결정하며 살아갑니다. 하나님은 위협하거나 강요하지 않으십니다. 하나님은 인간에게 모든 능력을 주신 후 자유롭게 선택하게 하십니다.

그런데 신기하게도 하나님은 인간의 자유로운 선택이라는 방법으로 당신의 작정을 이루십니다. 사람은 <u>스스로</u> 선과 악을 선택합니다. 그런데 이 선택 또한 하나님의 작정 가운데 있습니다. 사람은 <u>스스로</u> 생각하고 고민하고 판단한 후에 결정하고 행동합니다. 소위 자유의지가 있습니다. 하나님은 인간의 자유의지를 제한하지 않으면서도 작정을 이루십니다. 인간이 결정하는 모든 것이 하나님의 작정 가운데 있습니다.

이 두 가지가 베드로의 설교에서 어떻게 나타나는지 보십시오. "그가 하나님께서 **정하신 뜻과 미리 아신 대로** 내준 바 되었거늘 너희가 법 없는 자들의 손을 빌려 못 박아 죽였으나"(행 2:23). 인간은 하나님의 로봇이 아니라, 스스로의 자유로운 의지로 행동합니다. 이 모든 일이 하나님의 작정 안에 있습니다.

답: 하나님의 작정은 그분의 뜻대로 계획하신 영원한 목적입니다. 그 목적을 따라서, 하나님께서는 일어나는 모든 일을 자기의 영광을 위하여 미리 정하셨습니다.

묵상 † 기도

1. 하나님이 모든 것을 미리 작정하셨다면 인간은 스스로의 생각과 의지대로 움직일 수 없는 로봇일 뿐일까요?
2. 하나님의 작정과 인간의 자유의지는 어떤 관계에 있나요?

우리가 스스로 선택하는 모든 것이 하나님의 작정 안에 있습니다. 감사합니다. 아멘!

42일 / 6주차 모임

작정

- 성경: 엡 1:11
- 찬송: 382장 "너 근심 걱정 말아라"

함께 읽어 봅시다

제7문: 하나님의 작정이 무엇입니까?
답: 하나님의 작정은 그분의 뜻대로 계획하신 영원한 목적입니다. 그 목적을 따라서, 하나님께서는 일어나는 모든 일을 자기의 영광을 위하여 미리 정하셨습니다.

함께 나누어 봅시다

1. 세상에서는 우연처럼 보이는 일들이 많이 일어납니다. 내가 경험했던 것을 이야기해 보세요.

2. 하나님의 작정과 인간이 경험하는 우연한 현상을 어떻게 정리하고 이해하면 좋을까요?

3. 인간의 자유의지는 하나님의 작정 안에서 어떻게 작동되는 것일까요? 토론해 보세요.

함께 기도합시다

"뜻이 하늘에서 이루어진 것같이 땅에서도 이루어지이다"라고 기도합시다.

43일 세상의 악은 하나님 책임이 아닌가요?

● 성경: 유 1:4 ● 찬송: 507장 "저 북방 얼음산과"

제7문: 하나님의 작정이 무엇입니까?

　인간의 타락도 하나님의 작정 가운데 있다면 하나님이 인간의 죄에 대해 책임을 져야 하지 않을까요? 하나님이 인간을 악하게 창조하셨고 죄를 짓도록 작정하셨으니, 죄의 책임은 하나님께 있지 않나요?

　하나님이 '세상에서 일어나는 모든 일'을 작정하셨기에 당연히 인간의 타락도 하나님의 작정에 포함됩니다. 그러나 죄의 책임은 하나님에게 있지 않습니다. 이것은 인간의 이성으로 이해하기가 어렵습니다. 하지만, 성경은 이 점을 분명하게 말합니다. 우리가 아는 하나님은 선하셔서(good) 죄가 없으신 분입니다. 하나님이 창조하신 세계는 매우 좋았습니다. 죄는 하나님으로부터 온 것이 아니라 사탄에게서 왔습니다. 죄의 조성자는 하나님이 아니라 사탄입니다. 타락은 하나님의 작정 속에 있지만, 그 죄의 책임은 사탄에게 있고, 더 나아가 하나님의 말씀에 순종하지 않은 사람(약 1:13-14)에게 있습니다. 하나님에게는 죄의 책임이 없습니다(전 7:29). 유다서를 보십시오. "이는 가만히 들어온 사람 몇이 있음이라 그들은 옛적부터 이 판결을 받기로 미리 기록된 자니, 경건하지 아니하여 우리 하나님의 은혜를 도리어 방탕한 것으로 바꾸고 홀로 하나이신 주재 곧 우리 주 예수 그리스도를 부인하는 자니라"(유 1:4). 하나님의 작정에는 하나님의 은혜롭고 영광스러운 구원도 포함되어 있습니다. "영생을 주시기로 작정된 자는 다 믿더라"(행 13:48).

답: 하나님의 작정은 그분의 뜻대로 계획하신 영원한 목적입니다. 그 목적을 따라서, 하나님께서는 일어나는 모든 일을 자기의 영광을 위하여 미리 정하셨습니다.

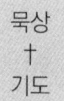

묵상 † 기도

1. 작정 교리는 하나님을 죄의 책임자로 여기도록 하지 않나요?
2. 타락한 인간을 위해 하나님은 어떤 계획을 작정해 놓으셨나요?

하나님, 죄는 사탄과 인간의 합작품입니다. 우리의 죄를 용서해 주시옵소서. 아멘!

44일 작정의 근거와 목적

● 성경: 엡 1:5-6 ● 찬송: 14장 "주 우리 하나님"

제7문: 하나님의 작정이 무엇입니까?

하나님은 왜(why) 작정하신 후에 일하실까요? 그리고 그렇게 하시는 의도와 목적은 무엇일까요? 먼저 하나님은 작정의 근거를 '선하시고 기쁘신 뜻'에 둡니다. 바울은 이렇게 말합니다. "그 기쁘신 뜻대로 우리를 예정하사 예수 그리스도로 말미암아 자기의 아들들이 되게 하셨으니"(엡 1:5). 하나님의 작정 가운데는 선택과 유기가 있습니다. 선택은 구원하기로 작정하신 것이고, 유기는 내버려 두기로 작정하신 것입니다. 그것은 사람의 선행과 악행에 근거한 것이 아닙니다. 그저 하나님이 그분의 뜻대로 그렇게 작정하신 것입니다.

하나님은 무엇을 위해(for what) 작정하고 일하실까요? 사람의 행복을 위해서일까요? 아닙니다. '하나님의 영광을 위하여'(for His glory)입니다. "이는 그가 사랑하시는 자 안에서 우리에게 거저 주시는 바 그의 은혜의 영광을 찬송하게 하려는 것이라"(엡 1:6). 사람을 창조하신 목적과 동일합니다. 인간의 제일 되는 목적과 행복은 하나님의 영광을 위해 사는 것입니다. 하나님을 즐거워하는 것이 우리에게 가장 큰 행복입니다. 천국에서 이십사 장로들이 이렇게 노래합니다. "우리 주 하나님이여! 영광과 존귀와 권능을 받으시는 것이 합당하오니"(계 4:11). 하나님이 하시는 모든 일이 선하고 복됩니다. 그분의 작정은 말할 것도 없습니다.

답: 하나님의 작정은 그분의 뜻대로 계획하신 영원한 목적입니다. 그 목적을 따라서, 하나님께서는 일어나는 모든 일을 자기의 영광을 위하여 미리 정하셨습니다.

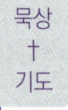

묵상 † 기도

1. 하나님은 왜 작정하고 일하시나요?
2. 하나님은 무엇을 위하여 작정하고 일하시나요?

하나님, 모든 일을 미리 계획하고 일하시니 감사합니다. 우리의 삶이 하나님의 손안에 있으니 우리가 얼마나 안전한지요. 아멘!

45일 작정과 예정의 차이

● 성경: 롬 9:11-14   ● 찬송: 319장 "말씀으로 이 세상을"

제8문: 하나님께서 그분의 작정을 어떻게 이루십니까?

'작정'(decree)은 그분의 뜻대로 계획하신 영원한 목적입니다. 하나님은 그 목적을 따라서 세상에 일어나는 모든 일을 자기의 영광을 위하여 미리 정하셨습니다. 그런데 성경에는 이와 비슷한 '예정'(豫定, predestination)이라는 단어가 나옵니다. 두 단어 모두 미리 정한다는 뜻이라서 헷갈리기도 합니다. 두 단어는 그 범위에 있어서 구별됩니다. '작정'은 모든 우주에 관한 계획이고, '예정'은 천사와 인간에 관한 계획입니다. 이 작정을 믿는 자는 그 어떤 위협과 위험과 박해 속에서도 위로와 소망과 힘을 얻습니다.

'예정'은 다시 '선택'(選擇, election)과 '유기'(遺棄, probation)로 나뉩니다. '선택'은 인간이 타락으로 말미암아 멸망했지만, 하나님의 은혜로 말미암아 그리스도 안에서 구원하기로 정하셨다는 것입니다. '선택'을 믿으면, 그 이면의 '유기'도 인정해야 합니다. '유기'는 하나님이 죄인을 죄와 형벌 가운데 그대로 두기로(pass by, 내버려 둠, 지나감) 미리 정하셨다는 것입니다. 이 복음은 사람이 만든 것이 아니라 성경에 근거합니다. "그 자식들이 아직 나지도 아니하고 무슨 선이나 악을 행하지 아니한 때에 택하심을 따라 되는 하나님의 뜻이 행위로 말미암지 않고 오직 부르시는 이로 말미암아 서게 하려 하사, 리브가에게 이르시되 큰 자가 어린 자를 섬기리라 하셨나니, 기록된 바 내가 야곱은 사랑하고 에서는 미워하였다 하심과 같으니라"(롬 9:11-13).

답: 하나님께서 그분의 작정을 창조와 섭리의 일로써 이루십니다.

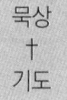

묵상
†
기도

1. 작정과 예정의 차이점을 설명해 보세요.
2. 예정을 두 가지로 나누어 설명해 보세요.

하나님께서 저를 창세전에 선택해 주셔서 제가 지금 예수 그리스도를 믿고 하나님의 은혜 가운데에 있습니다. 감사합니다. 아멘!

46일 작정을 어떻게 이루시나요?

● 성경: 계 4:11   ● 찬송: 132장 "주의 영광 빛나니"

제8문: 하나님께서 그분의 작정을 어떻게 이루십니까?

우리는 하나님의 작정이 있다는 것을 성경을 통해 알 수 있지만, 그 내용은 알 수 없습니다. 그 내용은 감추어져 있습니다(신 29:29). 비밀입니다. 그러나 우리는 하나님의 작정이 이루어지는 때와 그 장소에서 하나님과 그분의 작정을 경험할 수 있습니다. 그것이 바로 '창조와 섭리'입니다. '작정'이 시간을 초월한 영원에서 이루어진다면, '창조와 섭리'는 정해진 시간과 장소 안에서 이루어지는 하나님의 일입니다.

'창조'는 하나님의 작정의 결과입니다. '창조'는 아무런 계획 없이 우연히 이루어진 것이 아닙니다. 이 사실은 세상과 생명이 우연히 생겨났다고 하는 진화론적 세계관을 정면으로 반박합니다. 창조는 하나님의 철저한 계획 속에서 진행되었습니다. "주께서 만물을 지으신지라. 만물이 주의 뜻대로 있었고 또 지으심을 받았나이다 하더라"(계 4:11).

'섭리'는 하나님의 작정의 결과입니다. 하나님의 섭리가 있기 때문에 세상에 일어나는 모든 일이 우연히 된 것이 아니라 "그의 뜻의 결정대로" 일어난다는 것을 믿을 수 있습니다. 하나님은 "모든 일을 그의 뜻의 결정대로"(엡 1:11) 하십니다.

답: 하나님께서 그분의 작정을 창조와 섭리의 일로써 이루십니다.

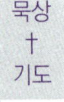

묵상 † 기도

1. 하나님의 작정은 시간을 초월해서 이루어지는데, 정해진 시간 안에서 일어나는 작정의 실행을 무엇이라고 부르나요?
2. 하나님의 작정과 하나님의 창조 및 섭리의 관계를 설명해 보세요.

하나님, 창조와 섭리로써 하나님의 작정을 우리에게 나타내 보이시니 감사합니다. 할렐루야, 아멘!

창조, 삼위 하나님의 일하심

● 성경: 고전 8:6   ● 찬송: 14장 "주 우리 하나님"

제9문: 하나님께서 창조하신 일이 무엇입니까?

세상과 인간을 창조하신 것은 성부 하나님의 주요 사역이지만, 사실은 성자 하나님과 성령 하나님도 창조 사역에 함께하셨습니다. 세상과 인간 창조는 성부 하나님으로부터, 성자 하나님을 통해, 성령 안에서 이루어졌습니다.

성부 하나님이 세상을 창조하셨습니다. "그러나 우리에게는 **한 하나님, 곧 아버지**가 계시니, 만물이 그에게서 났고 우리도 그를 위하여 있고"(고전 8:6). 그와 동시에 성자 하나님도 창조에 함께하셨습니다. "또한 **한 주 예수 그리스도**께서 계시니 만물이 그로 말미암고 우리도 그로 말미암아 있느니라"(고전 8:6). 요한도 그리스도가 창조 사역에 함께하셨음을 증언합니다. "만물이 **그로 말미암아 지은 바** 되었으니, 지은 것이 하나도 그가 없이는 된 것이 없느니라"(요 1:3). 마지막으로, 성령 하나님도 창조 사역에 참여하셨습니다. "땅이 혼돈하고 공허하며 흑암이 깊음 위에 있고 **하나님의 영**은 수면 위에 운행하시니라"(창 1:2). 시편에서도 증언합니다. "**주의 영**을 보내어 그들을 창조하사 지면을 새롭게 하시나이다"(시 104:30). 이렇게 온 세상을 창조하실 때 삼위일체 하나님이 함께하셨음을 우리는 성경에서 분명하게 확인할 수 있습니다.

답: 하나님께서 창조하신 일은 엿새 동안에 아무것도 없는 중에서 그분의 능력의 말씀으로 만물을 지으신 것인데, 하나님 보시기에 모든 것이 매우 좋았습니다.

1. 삼위일체 하나님은 천지 창조 사역에 각각 어떻게 관여하셨나요?
2. 창조가 삼위 하나님의 사역이라는 것이 나에게 어떤 의미가 있을까요?

하나님, 이 세상을 창조하실 때 성부, 성자, 성령 하나님이 함께하셨다니, 얼마나 마음이 든든하고 기쁜지요. 아멘!

4日일 창조, 믿음으로만 아는 지식

● 성경: 히 11:3   ● 찬송: 79장 "주 하나님 지으신 모든 세계"

제9문: 하나님께서 창조하신 일이 무엇입니까?

성경은 이 세상과 우주 만물이 어떻게 생겨났는지를 아주 분명하게 알려 줍니다. "하나님께서 창조하신 일은 엿새 동안에 아무것도 없는 중에서 그분의 능력의 말씀으로 만물을 지으신 것인데, 하나님 보시기에 모든 것이 매우 좋았습니다." 하나님과 그분의 말씀을 믿지 않는 자들에게는 이 비밀이 숨겨져 있기에 그들은 알지 못합니다. 지금도 하나님이 세상을 창조하셨다는 사실을 믿지 않는 사람들이 있습니다. 그들은 온 우주가 우연히 생겼다고 생각합니다. 하나님의 창조를 비웃습니다. "창세로부터 그의 보이지 아니하는 것들, 곧 그의 영원하신 능력과 신성이 그가 만드신 만물에 분명히 보여 알려졌나니"(롬 1:20). 하나님을 알 만한 것을 그들에게 보여 주시고(자연 계시) 또 그들 속에 주셨지만(본성의 빛), 그들의 생각이 미련하여 어두워짐으로써 하나님과 그분의 일하심을 알지 못합니다.

하나님의 창조는 사람의 머리와 지식으로는 알 수 없습니다. 오직 믿음으로만 알 수 있을 뿐입니다. "믿음으로 모든 세계가 하나님의 말씀으로 지어진 줄을 우리가 아나니, 보이는 것은 나타난 것으로 말미암아 된 것이 아니니라"(히 11:3). 하나님께서는 믿는 자에게만 참지식을 주십니다. 이 지식은 뛰어난 석학이라고 해도 알 수 없기도 하고, 아주 어린 아이라 해도 알 수 있기도 합니다. 우주 창조의 비밀은 오직 하나님을 믿는 자만이 알 수 있습니다. 얼마나 감사한지요!

답: 하나님께서 창조하신 일은 엿새 동안에 아무것도 없는 중에서 그분의 능력의 말씀으로 만물을 지으신 것인데, 하나님 보시기에 모든 것이 매우 좋았습니다.

묵상 † 기도

1. 하나님의 창조가 어떻게 이루어졌는지 설명해 보세요.
2. 하나님의 창조를 아는 지식은 어떤 사람만 가질 수 있는 특권인지 생각해 보고, 그 의미를 생각해 보세요.

하나님, 저에게 하나님 창조의 비밀을 알게 해 주시고 믿음을 주셔서 감사합니다. 아멘!

4일차

1주차 모임

창조와 섭리

● 성경: 계 4:11 ● 찬송: 132장 "주의 영광 빛나리"

함께 읽어 봅시다

제8문: 하나님께서 그분의 작정을 어떻게 이루십니까?
답: 하나님께서 그분의 작정을 창조와 섭리의 일로써 이루십니다.

함께 나누어 봅시다

1. 하나님의 작정과 뜻은 두 종류가 있습니다(신 29:29). '나타난 것'과 '숨겨진 것'입니다. 각각 예를 들어 보세요.

   _____
   _____

2. 하나님의 작정은 두 형태로 실행됩니다. '창조'와 '섭리'입니다. 두 가지를 설명하고 예를 들어 보세요.

   _____
   _____

3. 작정과 예정의 관계에 대해 토론해 보세요.

   _____
   _____

함께 기도합시다

하나님은 모든 것을 작정하시고 창조와 섭리로써 이루시는 분입니다. 하나님의 작정이 이루어지기를 기도합시다.

창조, 보시기에 매우 좋았어요

● 성경: 창 1:31   ● 찬송: 478장 "참 아름다워라"

제9문: 하나님께서 창조하신 일이 무엇입니까?

하나님이 세상과 우주 만물을 창조하셨습니다. "하나님 보시기에 모든 것이 매우 좋았습니다." 우리가 창조 때의 상황을 어떻게 알 수 있습니까? 성경이 창조에 대해 친절하게 알려 줍니다. "하나님이 지으신 그 모든 것을 보시니 보시기에 심히 좋았더라"(창 1:31). 창조물을 보시며 하나님이 매우 좋아하셨다는 것을 아는 것이 중요합니다. 서양의 플라톤과 동양의 마니교적 철학은 인간의 영과 육을 분리해서 육체와 창조 세계를 불완전하고 악한 것으로 봅니다(이원론). 특히 플라톤 철학은 기독교에 나쁜 영향을 주었는데, 물질세계가 죄와 악의 보균자이기에 열등하다고 여기는 영과 육의 이원론적 삶을 살도록 했습니다. 수도원 운동의 배경에는 이런 이원론이 도사리고 있습니다. 성경에서 가르치는, 신자의 삶에 나타나는 '영과 육의 싸움'은 플라톤의 이원론과 다릅니다. 바울은 영과 육의 싸움을 하나님께 속한 것과 타락한 인간성의 싸움으로 볼 뿐입니다.

성경은 영만 우월하고 재물과 육체는 열등하다고 가르치지 않습니다. 성경은 인간에게 피조물을 잘 관리하라고 명령합니다. 인간의 육체는 멸망해 버릴 헛된 것이 아닙니다. 인간의 육체는 다시 부활할 것입니다. 하나님은 피조물을 아름답게 창조하셨고 그것을 보고 매우 좋아하셨습니다. 인간의 육체와 결혼 관계, 그리고 세상의 모든 것은 하나님의 선한 피조물로서 다 거룩합니다(딤전 4:4). 단지 죄인인 인간이 그것을 잘못 사용할 뿐입니다.

답: 하나님께서 창조하신 일은 엿새 동안에 아무것도 없는 중에서 그분의 능력의 말씀으로 만물을 지으신 것인데, 하나님 보시기에 모든 것이 매우 좋았습니다.

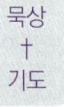

묵상 + 기도

1. 하나님 보시기에 모든 것이 매우 좋았다는 고백은 어떤 의미가 있나요?
2. 이원론적 관점으로, 하나님의 창조물 중에서 열등하다고 여긴 것들이 있나요?

하나님, 세상을 매우 좋게 창조해 주셔서 감사합니다. 제가 그 사실을 잊고 하나님의 창조물을 잘못 사용하기도 합니다. 용서해 주세요. 아멘!

창조, 아무것도 없는 중에

● 성경: 계 4:11   ● 찬송: 20장 "큰 영광 중에 계신 주"

제9문: 하나님께서 창조하신 일이 무엇입니까?

우주의 기원을 연구하는 과학자들은 팽창 우주론인 '빅뱅 이론'(Big Bang Theory)을 가장 신뢰하는 것 같습니다. 빅뱅 이론은 응축된 단일점이 150억 년 전에 폭발하여 현재의 우주가 만들어졌다는 이론으로, 과학자들은 지금도 그 팽창을 관찰할 수 있다고 주장합니다. 하지만, 그 이론은 왜 빅뱅이 일어났으며, 그 단일점이 어떻게 생겨났는지는 설명해 주지 못합니다.

성경은 분명하게 가르칩니다. 하나님은 "아무것도 없는 중에서 … 만물을 지으신 것"이라고 말입니다. 아우구스티누스는 하나님이 우주를 기존의 재료나 물질을 가지고 창조하신 것이 아니라, 무(無)로부터(ex nihilo) 창조하셨다고 말합니다. 이 점이 바로 창조주 하나님과 피조물 인간의 차이점입니다. 예술가나 건축가는 이미 존재하는 재료를 사용해서 창작 활동을 합니다. 그것을 우리는 종종 '창조'(creation)라고 높여 부르기도 합니다. 하지만, 진정한 창의적(creative) 작업이란 아무것도 없는 가운데 새로운 것을 만드신 하나님의 창조에서만 볼 수 있습니다. "아무것도 없는 중에서"라는 말은 하나님 자신도 없었다는 뜻이 아닙니다. 범신론은 창조자와 피조물이 동등하다고 봅니다. 이는 매우 위험한 생각입니다. 인간과 만물은 하나님이 지으신 피조물입니다. 하나님께서 그 피조물을 지금도 다스리십니다. 인간은 창조주 하나님을 떠나서는 올바르게 움직일 수 없습니다. 창의적인 인간이 되고 싶다면 창조주 하나님께로 돌아가야 합니다.

답: 하나님께서 창조하신 일은 엿새 동안에 아무것도 없는 중에서 그분의 능력의 말씀으로 만물을 지으신 것인데, 하나님 보시기에 모든 것이 매우 좋았습니다.

묵상 † 기도

1. 만물이 아무것도 없는 중에 창조되었다는 것은 무슨 의미가 있나요?
2. 피조물인 인간이 창조적일 수 있을까요? 창조적인 인간이 되려면 어떻게 해야 할까요?

하나님, 하나님은 아무것도 없는 가운데 만물을 지으셨습니다. 우리가 창조라고 말하는 것들은 사실 모조품에 불과합니다. 창조주 하나님을 찬양합니다. 아멘!

52일 창조, 말씀으로

- 성경: 시 33:6, 9
- 찬송: 133장 "하나님의 말씀으로"

제9문: 하나님께서 창조하신 일이 무엇입니까?

하나님은 아무것도 없는 중에서 어떻게 만물을 창조하신 걸까요? 성경은 **능력의 말씀으로 만물을** 지었다고 전합니다. 하나님은 전능하신 분입니다. 하나님이 말씀하시면 그대로 됩니다. 성경은 이렇게 말합니다. "여호와의 말씀으로 하늘이 지음이 되었으며, 그 만상을 그의 입 기운으로 이루었도다. 그가 말씀하시매 이루었으며 명령하시매 견고히 섰도다"(시 33:6, 9). 창세기 1장의 창조 기사는 "하나님이 이르시되"(창 1:3, 6, 9, 11, 14, 20, 24, 26, 29)의 연속입니다.

요한은 예수님이 말씀 그 자체라고 밝힙니다. "태초에 말씀이 계시니라. 이 말씀이 하나님과 함께 계셨으니, 이 말씀은 곧 하나님이시니라. 그가 태초에 하나님과 함께 계셨고, 만물이 그로 말미암아 지은 바 되었으니, 지은 것이 하나도 그가 없이는 된 것이 없느니라"(요 1:1-3). 예수님이 폭풍우 치는 바다를 향하여 "잠잠하라, 고요하라"(막 4:39)라고 말씀하시자, 바람이 그치고 잔잔해졌습니다. 예수님이 죽은 나사로를 향하여 "나사로야, 나오라"(요 11:43)라고 명령하시자, 죽은 지 나흘이나 지난 시체가 다시 살아나 무덤 밖으로 걸어 나왔습니다. 이것이 창조주 하나님의 능력이고 말씀의 능력입니다.

답: 하나님께서 창조하신 일은 엿새 동안에 아무것도 없는 중에서 그분의 능력의 말씀으로 만물을 지으신 것인데, 하나님 보시기에 모든 것이 매우 좋았습니다.

묵상 + 기도

1. 하나님은 아무것도 없는 중에서 어떻게 만물을 창조하셨나요?
2. 예수님의 사역에서 창조주의 능력을 볼 수 있는 것들을 찾아보세요.

하나님, 말씀으로 온 세상을 창조하셨음이 너무나 신기하고 놀랍습니다. 아멘!

창조, 엿새 동안에

● 성경: 창 1:31   ● 찬송: 76장 "창조의 주 아버지께"

제9문: 하나님께서 창조하신 일이 무엇입니까?

    기독교 내부에 존재하는 세상의 창조에 대한 이견은 대체로 창조의 시기와 기간에 관한 것입니다. 세상의 창조가 약 137억 년 전부터 천천히 일어났다고 믿거나, 아니면 수천 년 전부터 진행되었다고 믿습니다. 소요리문답은 세상 창조의 기간을 아주 분명하게 "엿새 동안에"라고 합니다.

    중세의 로마 천주교회는 천동설을 주장했습니다. 그러면서 지동설을 주장하는 학자들을 정죄했습니다. 중세 교회가 과학의 영역까지 간섭한 것은 실수였습니다. 성경은 과학백과사전이 아닙니다. 예를 들면, 성경은 사람이 일상에서 경험하는 대로 태양의 움직임을 표현할 뿐입니다. "태양이 … 내려가지 아니하였다"(수 10:13). 성경 해석과 과학적 이론이 충돌하는 상황이 발생하기도 합니다. 그럴 때 우리는 어떤 입장을 취해야 할까요? 과학은 지구의 나이에 대해 여러 가지 가설을 내놓습니다. "창세기 1-2장에 나오는 날(day)은 긴 시대를 의미할 거야." 혹은 "창세기 1장 1절과 2절 사이에는 긴 시간의 간격이 있을 거야"라고요. 현대 과학은 지구의 역사가 오래되었다는 근거를 찾았다고 주장합니다. 하지만, 그리스도인은 과학을 참고하고 유익을 누리기도 하지만, 이를 믿음의 근거로 여기지는 않습니다. 창조의 시기와 기간에 대해 인간이 왜, 어떻게, 언제를 증명할 수 있을까요? 아마 불가능할 겁니다. 성경이 "저녁이 되고 아침이 되니 이는 여섯째 날이니라"(창 1:31)라고 기록하니, 우리는 그대로 알고 믿을 뿐입니다.

답: 하나님께서 창조하신 일은 엿새 동안에 아무것도 없는 중에서 그분의 능력의 말씀으로 만물을 지으신 것인데, 하나님 보시기에 모든 것이 매우 좋았습니다.

1. 창조의 기간을 성경 말씀대로 믿는 데 가장 큰 걸림돌이 되는 것은 무엇입니까?
2. 우리가 '6일 창조'를 믿으면 안 되는 이유가 있나요?

하나님이 능력의 말씀으로 엿새 만에 세상을 창조하셨다는 것을 믿습니다. 아멘!

54일 창조와 과학

● 성경: 히 11:3 ● 찬송: 78장 "저 높고 푸른 하늘과"

제9문: 하나님께서 창조하신 일이 무엇입니까?

창세기 1장은 온 우주와 지구, 그리고 생물과 인간의 창조에 관해 증언합니다. 이 말씀은 진리이며 역사적 사실입니다. 어떤 사람의 주장처럼 신화나 문학적 드라마가 아닙니다. '진화론자'는 과학적 이론을 바탕으로 창조를 부정하고, 소위 '창조 과학자'는 과학적인 방법으로 창조를 증명하려고 애씁니다. 하지만, 이런 접근은 모두 창조를 과학이라는 기준으로 판단하는 것입니다. 과학은 절대적 진리가 아니라 상대적 진리입니다. 과학으로는 창조를 부정할 수도 없고 증명할 수도 없습니다. 창조는 믿음으로 받아들일 때만 이해할 수 있습니다.

창조는 인간이 경험하고 인식하는 시간과 공간을 초월하는 하나님의 작업입니다. 피조물은 그분이 만드신 예술 작품이고, 하나님은 위대한 예술가이십니다. 피조물은 하나님의 그 모든 창조의 신비를 설명할 수도 없고 그 비밀을 풀 수도 없습니다. 우리는 단지 창세기 1장에 나오는 빛, 물질, 우주, 생명, 인간에 대한 창조 기사를 읽으며 믿음으로 받아들일 뿐입니다. 과학이 하나님과 성경과 무관하다는 말이 아닙니다. 과학은 하나님이 만드신 창조 세계에 포함되는 아름다운 선물입니다. 성도는 과학을 공부함으로써 하나님의 창조의 신비를 발견할 수 있고 하나님께 영광을 돌릴 수 있습니다. 과학을 이용하여 편리한 도구를 발명할 수도 있습니다. 과학은 유용합니다. 하지만, 성경은 과학책이 아닙니다. "태양이 머물고 달이 멈추기를"(수 10:13)이라는 구절을 과학적으로 분석하고 해석할 필요는 없습니다.

답: 하나님께서 창조하신 일은 엿새 동안에 아무것도 없는 중에서 그분의 능력의 말씀으로 만물을 지으신 것인데, 하나님 보시기에 모든 것이 매우 좋았습니다.

묵상
+
기도

1. 하나님의 창조를 과학이라는 방법으로 접근하여 폄하하려는 사람들이 있습니다. 누구일까요?
2. 성경과 과학을 어떤 관계로 이해해야 할까요?

하나님이 과학을 창조하셨지만, 과학으로 하나님의 창조를 다 증명할 수는 없습니다. 최고의 예술가이신 하나님을 찬송합니다. 아멘!

55일 남자와 여자

- 성경: 창 1:27
- 찬송: 603장 "태초에 하나님이"

제10문: 하나님께서 사람을 어떻게 지으셨습니까?

하나님께서는 사람을 남자와 여자로 지으셨습니다(창 1:27). 하나님은 남자를 흙으로 만드시고 생기를 그 코에 불어넣어 생령이 되게 하셨습니다(창 2:7). 하나님만이 하실 수 있는 창조입니다. 여자는 흙이 아니라 남자의 갈빗대로 지으셨지만(창 2:21-22) 역시 하나님의 작품입니다. 현대인은 남자와 여자의 성(性) 구별을 없애려 하고 유니섹스(unisex)를 주장합니다. 이것은 하나님의 창조를 왜곡하는 것입니다.

여자는 남자의 "돕는 배필"(창 2:20)입니다. 남편은 아내를 사랑해야 하고 아내는 남편에게 복종해야 합니다(엡 5:22-33). "남자가 여자에게서 난 것이 아니요 여자가 남자에게서 났으며, 또 남자가 여자를 위하여 지음을 받지 아니하고 여자가 남자를 위하여 지음을 받은 것이니"(고전 11:8-9). 남자와 여자는 존재에 있어서 동등하지만 역할이 구별됩니다. "각 남자의 머리는 그리스도요, 여자의 머리는 남자요, 그리스도의 머리는 하나님이시라"(고전 11:3). 성자 하나님의 머리가 성부 하나님이시고, 성령님은 성부와 성자 하나님에게서 나오시지만, 삼위는 동등하신 것과 같은 원리입니다. 이런 삼위일체 하나님이 분리되지 않으시는 것처럼 남자와 여자가 합하여 둘이 한 몸을 이룹니다. 여자는 남자보다 결코 열등하지 않습니다. 여자는 남자의 노예가 아닙니다. 여자는 남자와 함께 동등하게 세상의 통치권을 부여받았습니다.

답: 하나님께서는 사람을 남자와 여자로 지으시되, 자기의 형상대로, 지식과 의와 거룩함으로 창조하시어, 피조물을 다스리게 하셨습니다.

묵상
+
기도

1. 하나님은 남자와 여자를 한 몸으로 창조하셨습니다. 어떤 원리와 비슷합니까?
2. 남자와 여자의 존재와 역할에 대해 성경이 무엇이라고 가르치는지 정리해 보세요.

하나님, 남자(여자)로 태어나게 해 주셔서 감사합니다. 내가 받은 역할을 잘 감당함으로써 하나님께 영광 돌리고 하나님을 즐거워하게 하소서. 아멘!

56일 *8주차 모임*

우주 창조

● 성경: 히 11:3   ● 찬송: 78장 "저 높고 푸른 하늘과"

함께 읽어 봅시다

제9문: 하나님께서 창조하신 일이 무엇입니까?

답: 하나님께서 창조하신 일은 엿새 동안에 아무것도 없는 중에서 그분의 능력의 말씀으로 만물을 지으신 것인데, 하나님 보시기에 모든 것이 매우 좋았습니다.

함께 나누어 봅시다

1. 삼위일체 하나님이 창조에 개입하신 것을 성경의 증거를 들어 말해 보세요.

2. 창조 과학자들이 주장하는 것처럼 창조를 과학으로 증명할 수 있을까요? 창조와 믿음의 관계를 토론해 봅시다.

3. 그리스도인들은 창조와 과학을 어떤 관점에서 이해해야 할까요?

함께 기도합시다

이 우주 만물을 창조하신 하나님께 감사드리는 기도를 합시다.

결혼

● 성경: 창 2:22-25   ● 찬송: 605장 "오늘 모여 찬송함은"

제10문: 하나님께서 사람을 어떻게 지으셨습니까?

하나님은 왜 사람을 남자와 여자로 지으셨을까요? 그 이유는 결혼해서 한 몸을 이루어 살도록 하시기 위함입니다. 하나님은 아담을 만드신 후 아담이 "혼자 사는 것이 좋지"(창 2:18) 않다고 여기셨습니다. 그래서 하와를 만드셔서 아담에게 데려오자 아담은 "이는 내 뼈 중의 뼈요, 살 중의 살이라"(창 2:23)라고 고백합니다. 이렇게 최초의 결혼 예식이 에덴동산에서 있었습니다. "이러므로 남자가 부모를 떠나 그의 아내와 합하여 둘이 한 몸을 이룰지로다"(창 2:24). 요즘 결혼을 미루거나 결혼 자체를 거부하는 경향이 있는데, 그것은 비성경적입니다.

하나님은 아담과 하와에게 복을 주시면서 소위 '문화 명령'도 내리셨습니다. "생육하고 번성하여 땅에 충만하라, 땅을 정복하라, 바다의 물고기와 하늘의 새와 땅에 움직이는 모든 생물을 다스리라"(창 1:28). 세상을 창조하신 하나님은 만물을 남자와 여자에게 맡겨서 다스리게 하셨습니다. 그 일을 감당하기 위해서는 자녀를 출산해야 합니다. 자녀 출산이 먼저 언급된 후 땅을 정복하고 다스리라는 명령이 나옵니다. 결혼해서 가정을 이루어 자녀를 낳는 것이 첫 임무이고, 그다음에 세상에 나가 땅에 충만하고 땅을 정복하고 다스리는 일을 해야 합니다. 이 명령은 그동안 단 한 번도 폐기된 적이 없습니다. 지금도 여전히 유효합니다. 이 말씀은 자녀 출산을 꺼리는 이 시대에 던져 주는 의미가 큽니다.

답: 하나님께서는 사람을 남자와 여자로 지으시되, 자기의 형상대로, 지식과 의와 거룩함으로 창조하시어, 피조물을 다스리게 하셨습니다.

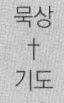

1. 하나님이 사람을 남자와 여자로 만드신 목적은 무엇입니까?
2. 결혼한 부부가 받은 명령은 무엇이며, 오늘날 우리에게 이 명령은 어떤 의미가 있나요?

하나님, 결혼 제도를 창조해 주셔서 감사합니다. 결혼의 참된 의미를 잘 이해할 수 있도록 도와주세요. 아멘!

아담과 하와는 성인으로 창조되었나요?

- 성경: 창 2:7   • 찬송: 594장 "감사하세 찬양하세"

제10문: 하나님께서 사람을 어떻게 지으셨습니까?

유신론적 진화론자들은 하나님이 천지를 창조하신 후 오랜 진화 과정을 통해 지금의 상태가 되었다고 주장합니다. 그리고 인간의 육체는 '단세포→다세포→동물→인간'의 과정을 거쳐 진화되었고 영혼만 하나님에게서 왔다고 믿고 싶어 합니다. 나중에야 하나님의 형상을 가진 존재가 되었다는 논리입니다. 이 주장이 현재의 과학 이론과 모순되지 않고 성경과도 조화된다고 여겨서 이를 따르는 사람들이 많습니다. 하지만 성경은 분명히 하나님이 한순간에 사람을 창조하셨다고 증언합니다. "여호와 하나님이 땅의 흙으로 사람을 지으시고 생기를 그 코에 불어넣으시니 사람이 생령이 되니라"(창 2:7). 인간은 진화가 오랜 기간 진행되다가 나중에 '생령'(生靈)이 된 것이 아닙니다.

그뿐만 아니라, 인간은 육체와 영혼, 곧 전인으로 창조되었습니다. 이 둘이 분리되었다가 나중에 만나서 하나가 된 것이 아닙니다. "몸은 죽여도 영혼은 능히 죽이지 못하는 자들을 두려워하지 말고 오직 몸과 영혼을 능히 지옥에 멸하실 수 있는 이를 두려워하라"(마 10:28). 인간은 아기 같은 모습으로 창조되지 않았습니다. 아담과 하와는 처음부터 완전한 능력을 소유한 성인으로 창조되었습니다. 인간은 창조된 후에 바로 에덴동산을 경작하고 지키고 다스리는 일을 해야 했습니다. 아담은 동물들에게 이름을 지어 주는 엄청난 일을 했습니다.

답: 하나님께서는 사람을 남자와 여자로 지으시되, 자기의 형상대로, 지식과 의와 거룩함으로 창조하시어, 피조물을 다스리게 하셨습니다.

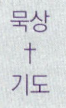

묵상
+
기도

1. 아담과 하와가 처음부터 성인으로 창조된 것의 의미는 무엇일까요?
2. 인간에게 영혼이 있음을 실감한 적이 있나요? 있다면, 어떤 경우였나요?

하나님, 하나님께서는 인간을 창조하시고 매우 기뻐하셨지요! 인간의 존재를 그렇게 귀하게 여겨 주시니, 감사합니다. 아멘!

# 59일 하나님의 형상

● 성경: 창 1:27; 골 3:10; 엡 4:24 ● 찬송: 131장 "다 나와 찬송 부르세"

제10문: 하나님께서 사람을 어떻게 지으셨습니까?

하나님은 사람을 "자기의 형상대로 지식과 의와 거룩함으로 창조"하셨습니다. "자기의 형상", 곧 하나님의 형상은 무엇일까요? 하나님에게 형상이 있나요? 하나님은 사람에게 그 모습을 보여 주신 적이 없습니다. 하나님은 형상을 만들어 섬기지 말라고 명령하셨습니다(출 20:4). 그러면 도대체 "하나님이 자기 형상 곧 하나님의 형상대로 사람을 창조하시되 남자와 여자를 창조"(창 1:27)하셨다는 구절은 무슨 뜻일까요? 사람은 하나님의 모습을 상상해서 그분의 형상을 멋대로 만들어 섬겨서는 안 됩니다. 하나님의 형상이 무엇인지에 대한 답은 성경에서 찾아야 합니다.

우리가 그리스도 안에서 새롭게 창조될 때 하나님의 형상을 회복한다는 말씀에서 하나님의 형상이 곧 "지식과 의와 거룩함"임을 발견할 수 있습니다. "새 사람을 입었으니 이는 자기를 창조하신 이의 형상을 따라 **지식**에까지 새롭게 하심을 입은 자니라"(골 3:10)에서 "지식"을 하나님의 형상으로 볼 수 있습니다. "하나님을 따라 의와 진리의 거룩함으로 지으심을 받은 새 사람을 입으라"(엡 4:24)에서는 "**의**"와 "**거룩함**"을 하나님의 형상으로 봅니다. 즉, '지식과 의와 거룩함'이 하나님의 형상입니다. 아담과 하와는 '선지자(지식), 왕(의), 제사장(거룩함)'의 직분을 부여받았습니다. 이 직분으로 땅을 정복하고 생물을 다스려야 합니다. 이렇게 사람은 하나님의 형상대로 창조되었습니다. 얼마나 큰 영광인지요!

답: 하나님께서는 사람을 남자와 여자로 지으시되, 자기의 형상대로, 지식과 의와 거룩함으로 창조하시어, 피조물을 다스리게 하셨습니다.

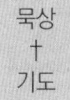
묵상 † 기도

1. 사람에게 있는 하나님의 형상은 무엇일까요? 성경에서 찾아보세요.
2. 인간이 하나님의 형상으로 창조되었다는 말씀의 의미를 생각해 봅시다.

하나님, 제가 하나님의 형상대로 창조되었다니, 무한한 영광입니다. 의롭고 거룩한 삶을 살아가도록 도와주세요. 아멘!

지식·의·거룩함

● 성경: 창 1:27-28   ● 찬송: 21장 "다 찬양하여라"

제10문: 하나님께서 사람을 어떻게 지으셨습니까?

하나님의 형상은 "지식"과 "의"와 "거룩함"입니다. 아담과 하와는 선지자(지식)와 왕(의)과 제사장(거룩함)의 직분을 하나님께 부여받았습니다.

첫째, 사람은 선지자로서 창조주 하나님과 영적인 일들에 대해 참되고 건전한 지식을 가지고 있었습니다. 그런 지식을 바탕으로 아담은 생물들의 이름을 짓는 사역을 감당할 수 있었습니다(창 2:20; 고전 2:10-11).

둘째, 사람은 왕으로서 공의롭게 다스릴 수 있었습니다(요일 3:7). 사람은 하나님께 위임받은 왕으로서 공의를 행해야 합니다. 공의는 하나님의 말씀대로 행하는 것입니다. 사람은 하나님의 말씀에 따라 온 세상을 통치하는 왕이어야 합니다. 무엇보다도 자기 자신을 잘 다스려야 하며 오직 하나님께만 순종해야 합니다.

셋째, 사람은 제사장으로서 거룩했습니다. 거룩하다는 것은 깨끗하고 구별된다는 뜻입니다. 사람은 다른 피조물들과 완전히 구별되는 존재입니다. 인간은 하나님의 형상으로 창조된 거룩한 존재입니다. 다른 피조물을 다스리는 특별한 존재가 바로 사람입니다. 그러므로 인간은 하나님께 능동적으로 감사의 제사와 찬송을 드릴 수 있었습니다. 하나님을 사랑하고 이웃을 사랑할 수 있었습니다. 더 나아가서, 이러한 지식과 의와 거룩함을 가지고 피조물을 다스릴 수 있었습니다. "땅을 정복하라. 바다의 물고기와 하늘의 새와 땅에 움직이는 모든 생물을 다스리라"(창 1:28).

답: 하나님께서는 사람을 남자와 여자로 지으시되, 자기의 형상대로, 지식과 의와 거룩함으로 창조하시어, 피조물을 다스리게 하셨습니다.

묵상 † 기도

1. 하나님의 형상대로 지음받은 사람은 본래 어떤 삶을 살아야 했나요?
2. 지식과 의와 거룩함을 받은 인간이 부여받은 역할은 무엇입니까? 나는 그 역할을 올바로 감당하고 있나요?

하나님, 하나님의 형상대로 지어진 제가 선지자와 왕과 제사장의 직분을 잘 감당하게 해 주세요. 아멘!

# 섭리

- 성경: 느 9:6
- 찬송: 19장 "찬송하는 소리 있어"

제11문: 하나님께서 섭리하시는 일이 무엇입니까?

하나님은 세상에서 일어나는 모든 일을 자기의 영광을 위하여 미리 정하셨습니다. 이것을 '작정'이라고 합니다. 이 작정을 '창조'와 '섭리'의 일로 이루십니다. 하나님은 창조된 우주 만물을 그대로 내버려 두지 않으시고 세심하게 관리하십니다. 그것을 '섭리'라고 부릅니다. '섭리'는 '다스릴 섭(攝)'과 '다스릴 리(理)'로 구성되어 있습니다. 영어로는 '프로비던스'(providence)인데, 라틴어 'pro'(앞으로)+'videre'(보다)의 합성어로, '앞으로(미리) 보다'라는 뜻입니다. 이 단어에서 'provide', 곧 '공급하다'라는 동사가 나왔습니다. 정리하면 '섭리'는 미리 앞을 내다보고 필요한 것을 공급해 주며 피조 세계를 보존하고 통치하는 것을 의미합니다. 사실 '섭리'는 하나님에게만 적절한 단어입니다. 사람에게도 이런 능력이 전혀 없지는 않습니다. 사람도 앞을 예상하여 준비하고 계획하며 필요를 공급하고 피조 세계를 다스리기도 합니다. 하지만, 인간의 능력은 하나님과 비교할 때 너무나도 초라할 뿐입니다. "하나님께서 섭리하시는 일은 모든 피조물과 그 모든 활동을, 가장 거룩하고 지혜롭고 능력 있게, 보존하시며 통치하시는 것입니다."

미국 로드아일랜드(Rhode Island) 주에는 '프로비던스'(Providence)라는 도시가 있습니다. 1636년 6월에 청교도인 로저 윌리엄스(R. Williams, 1603-1683)가 잉글랜드 국교회의 박해를 피해 그곳에 정착했는데, 그때 지은 지명이 지금까지 내려오고 있습니다. 그들이 미국에 정착하게 된 것은 하나님의 섭리라는 뜻입니다.

답: 하나님께서 섭리하시는 일은 모든 피조물과 그 모든 활동을, 가장 거룩하고 지혜롭고 능력 있게, 보존하시며 통치하시는 것입니다.

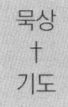
1. 하나님은 그분의 작정을 어떻게 이루시나요?
2. 하나님의 '섭리'란 구체적으로 무슨 뜻인가요?

하나님, 하나님의 작정을 창조와 섭리로 이루시니 감사합니다. 어떤 상황에서도 하나님의 섭리를 꼭 붙들고 의지하게 해 주세요. 아멘!

62일 섭리의 범위

● 성경: 롬 11:33 ● 찬송: 66장 "다 감사드리세"

제11문: 하나님께서 섭리하시는 일이 무엇입니까?

하나님이 창조물을 섭리하시는 대상(범위)은 어디까지일까요? "하나님께서 섭리하시는 일은 **모든 피조물과 그 모든 활동**을, 가장 거룩하고 지혜롭고 능력 있게, 보존하시며 통치하시는 것입니다." "모든 피조물"에는 거대한 우주로부터 시작해서 물질의 아주 작은 단위인 소립자까지도 포함됩니다. 영적인 것과 물질적인 것도 포함됩니다. 영물인 천사와 심지어 사탄까지도 하나님의 섭리 대상에 포함됩니다. 예를 들면, 하나님은 어떤 천사는 타락하는 것을 허용하십니다. 이것도 결국은 하나님의 영광을 위한 것입니다. 어떤 천사는 거룩하고 복되게 하셔서 하나님의 능력과 지배와 공의의 관리를 위해 하나님이 기쁘신 뜻대로 사용하십니다(대요리문답 제19문).

섭리의 대상에는 "그 모든 활동"도 포함됩니다. 하나님은 피조물의 생각과 말, 행동까지도 섭리하십니다. 피조물의 죄와 벌과 죽음까지도 섭리의 대상에 속합니다. 세상에 죄가 어떻게 들어오게 되었으며, 죄의 결과가 무엇인지, 그리고 그 죄와 죄책 때문에 인간이 어떻게 되는지 등을 하나님이 섭리로써 다스리십니다. 왜 아버지가 그렇게 일찍 돌아가셨는지, 왜 어머니가 그때 아프셨는지도, 넓게 보면 하나님의 섭리에 포함됩니다. 우리가 하나님의 그 깊으신 섭리를 다 이해할 수는 없습니다. 섭리는 만 개의 퍼즐 조각을 맞추는 것과도 같습니다. 우리는 원래 그림을 알지 못합니다. 그러나 하나님께서 직접 그 퍼즐을 맞추고 계십니다. 언젠가 우리는 하나님이 완성하신 퍼즐을 보며 하나님의 섭리에 감사하게 될 것입니다.

답: 하나님께서 섭리하시는 일은 모든 피조물과 그 모든 활동을, 가장 거룩하고 지혜롭고 능력 있게, 보존하시며 통치하시는 것입니다.

묵상 + 기도

1. 하나님의 섭리의 대상과 범위는 어디까지인가요?
2. 인간이 하나님의 섭리를 다 이해할 수는 없습니다. 이 상황을 무엇에 비유할 수 있을까요?

하나님, 제가 하나님의 섭리를 다 이해할 수는 없습니다. 다만 하나님의 뜻이 이루어지게 해 달라고 기도할 뿐입니다. 아멘!

9주차 모임

인간 창조

● 성경: 창 1:27-28　● 찬송: 603장 "태초에 하나님이"

함께 읽어 봅시다

제10문: 하나님께서 사람을 어떻게 지으셨습니까?
답: 하나님께서는 사람을 남자와 여자로 지으시되, 자기의 형상대로, 지식과 의와 거룩함으로 창조하시어, 피조물을 다스리게 하셨습니다.

함께 나누어 봅시다

1. 피조물 가운데 인간의 존재는 어떤 의미가 있는지 다른 피조물들과 비교하면서 설명해 보세요.

2. 현대인들은 결혼을 어떻게 생각하는지 말해 보고, 성경이 말하는 결혼의 의미를 정리해 보세요.

3. 하나님의 형상은 무엇이며, 그것을 지금 인간에게서 발견할 수 있나요?

함께 기도합시다

인간을 하나님의 형상으로 창조해 주심을 감사하고, 그 창조 목적대로 살아갈 수 있게 해 달라고 기도합시다.

64일 섭리의 방법

● 성경: 시 104:24-29   ● 찬송: 132장 "주의 영광 빛나니"

제11문: 하나님께서 섭리하시는 일이 무엇입니까?

하나님은 어떻게(how) 섭리하실까요? 하나님이 보존하시고 통치하시는 방법(way)은 무엇일까요? 하나님은 "가장 거룩하고 지혜롭고 능력 있게" 모든 피조물과 그 모든 활동을 보존하시고 통치하십니다. 섭리는 창조의 법칙과 별개로 움직이지 않습니다. 성령 하나님도 일하실 때 창조의 법칙을 무시하지 않고 이용하십니다. 하나님은 가축을 위한 풀과 사람을 위한 채소를 자라게 하십니다(시 104:14). 사람의 마음에 기쁨을 주시기 위해 포도주를, 사람의 얼굴을 빛나게 하기 위해 기름을, 사람의 마음을 힘 있게 하기 위해 양식을 주십니다(시 104:15). 104편 시인은 이렇게 노래합니다. "이것들은 다 주께서 때를 따라 먹을 것을 주시기를 바라나이다. 주께서 주신즉 그들이 받으며 주께서 손을 펴신즉 그들이 좋은 것으로 만족하다가, 주께서 낯을 숨기신즉 그들이 떨고 주께서 그들의 호흡을 거두신즉 그들은 죽어 먼지로 돌아가나이다"(시 104:27-29).

사람도 거룩하고 지혜롭고 능력 있게 일합니다. 이는 하나님과 인간의 공유적 속성입니다. 그러나 하나님의 거룩함과 지혜와 능력은 무한하고 무궁하고 불변하십니다. 섭리는 만 개의 퍼즐 조각을 맞추는 것과 같다고 했습니다. 하나님이 원본 그림을 가지고 계십니다. 그것이 하나님의 작정입니다. 인간은 퍼즐 조각 하나의 의미를 이해하지 못합니다. 하나님은 가장 거룩하고 지혜롭고 능력 있게 일하십니다. 하나님의 섭리는 빈틈이 없고 완벽합니다.

답: 하나님께서 섭리하시는 일은 모든 피조물과 그 모든 활동을, 가장 거룩하고 지혜롭고 능력 있게, 보존하시며 통치하시는 것입니다.

묵상 † 기도

1. 하나님이 섭리하시는 방법은 무엇입니까? 혹시 자연법칙은 하나님의 섭리에 속하지 않는 것인가요?
2. 우리 삶의 만 개의 퍼즐 조각을 맞추시는 하나님의 섭리를 우리는 어떻게 받아들여야 할까요?

하나님, 저를 하나님의 능력으로 보존하시고 통치하시니 감사합니다. 고통과 어려움 중에도 하나님의 섭리를 받아들일 수 있는 믿음을 주세요. 아멘!

섭리와 이신론

- 성경: 시 139:1-10
- 찬송: 17장 "사랑의 하나님"

제11문: 하나님께서 섭리하시는 일이 무엇입니까?

세상에는 유신론(有神論, theism)과 무신론(無神論, atheism)이 있습니다. 유신론 가운데는 이신론(理神論, deism)도 있습니다. 이신론은 하나님의 존재와 창조를 믿기는 하지만, 하나님의 섭리는 믿지 않습니다. 이신론은 17-18세기 계몽주의 시대 때 그리스도인으로 자랐지만 결국 신앙을 버린 지성인들에 의해 생긴 철학입니다. 이들은 기적과 이적, 그리고 성경의 계시를 믿지 않습니다. 하나님의 섭리를 부정하기 때문에 인간 스스로 모든 역사를 만들어 가야 한다고 생각합니다. 이들의 사상과 행동의 결과가 바로 미국 독립 선언과 독립 전쟁, 그리고 프랑스 혁명입니다. 이들은 자신들의 사상 체계를 시계로 설명합니다. 시계를 만든 후 태엽을 감아 놓으면 스스로 알아서 작동합니다. 시계공은 더 이상 시계를 돌보지 않아도 됩니다. 이신론자들은 세상도 이와 같다고 여깁니다. 세상은 정해진 법칙에 의해 돌아가고 있으니, 사람은 자연법칙을 잘 이해하고 순응하면 된다고 합니다. 필요하다면 자연 질서를 혁명적인 방법으로 바꿀 수도 있다고 말합니다.

이러한 이신론적 사상과 행동이 현대인의 마음을 사로잡았습니다. 일부 그리스도인들 안에도 상당히 깊숙이 침투해 있습니다. 하지만, 성경은 하나님의 섭리를 분명하게 가르칩니다. "여호와여, 주께서 나를 살펴보셨으므로 나를 아시나이다. 주께서 내가 앉고 일어섬을 아시고 멀리서도 나의 생각을 밝히 아시오며"(시 139:1-2). 섭리 교리는 하나님의 따뜻한 사랑을 체험하게 합니다.

답: 하나님께서 섭리하시는 일은 모든 피조물과 그 모든 활동을, 가장 거룩하고 지혜롭고 능력 있게, 보존하시며 통치하시는 것입니다.

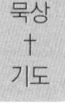

1. 이신론자들의 주장은 무엇이며, 그것이 현대인에게 왜 매력 있게 보일까요?
2. 하나님은 이신론에 대해 어떻게 말씀하실까요? 섭리 교리로 설명해 보세요.

하나님, 하나님이 온 세상의 역사를 직접 통치하고 계신다는 사실이 우리에게 얼마나 큰 위안이 되는지요. 감사합니다. 아멘!

66일 원시 복음에 나타난 섭리

● 성경: 창 3:15　● 찬송: 585장 "내 주는 강한 성이요"

제11문: 하나님께서 섭리하시는 일이 무엇입니까?

　섭리는 하나님의 일이기에 우리가 그 섭리를 사전에 인지하기는 어렵습니다. 그렇다고 아무것도 모를 수는 없습니다. 하나님이 성경을 통해 우리에게 섭리의 계획을 알려 주시기 때문입니다. 또 역사가 하나님의 섭리를 고스란히 보여 줍니다. 창세기 3:15에 나오는, 소위 원시 복음을 보십시오. "내가 너로 여자와 원수가 되게 하고 네 후손도 여자의 후손과 원수가 되게 하리니, 여자의 후손은 네 머리를 상하게 할 것이요, 너는 그의 발꿈치를 상하게 할 것이니라." 이 말씀은 이후에 여자의 후손으로 오실 예수 그리스도를 계시합니다. 성자 하나님이 뱀, 곧 사탄의 머리를 상하게 할 것이라는 하나님의 섭리가 역사 속에서 실현됩니다.

　아브라함에게 언약을 맺으며 주신 약속을 보십시오. "네 씨로 말미암아 천하 만민이 복을 받으리니"(창 22:18). 그 과정이 쉽지는 않았습니다. 아브라함의 후손인 이스라엘 백성은 이집트에서 400년 이상 고생한 후 모세의 인도로 출애굽 해서 언약 백성이 되고 가나안 땅으로 돌아옵니다. 그리고 기나긴 세월이 지난 후 마리아의 몸을 통해 예수 그리스도가 세상에 오십니다. 그분은 성자 하나님으로서 모든 택한 백성의 죄와 죄책을 없애기 위해 십자가에서 죽으셨습니다. 그리스도는 사탄의 결정적인 무기였던 정죄를 없앰으로써 뱀(사탄)의 머리를 강타했습니다. 사탄은 패배했습니다. 치명적인 상처를 가진 패잔병이지만 사탄은 여전히 교회와 성도를 핍박하고 있습니다. 하지만, 하나님은 교회를 든든히 보호하시고 다스리실 것입니다.

답: 하나님께서 섭리하시는 일은 모든 피조물과 그 모든 활동을, 가장 거룩하고 지혜롭고 능력 있게, 보존하시며 통치하시는 것입니다.

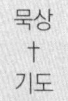

묵상 † 기도

1. 창세기 3:15에 기록된 하나님의 계획은 역사 속에서 어떻게 실현되었나요?
2. 창세기 3:15의 섭리를 아는 것은 지금 우리에게 어떤 의미와 유익이 있나요?

하나님이 저를 구원하신 섭리가 놀랍습니다. 사탄을 완전히 멸하시고 교회를 통해 당신의 택한 백성을 구원하신 하나님, 영광과 찬송을 받으시옵소서. 아멘!

세상 왕이 고백한, 하나님의 섭리

● 성경: 단 4:1-4, 25-26, 37   ● 찬송: 132장 "주의 영광 빛나니"

제11문: 하나님께서 섭리하시는 일이 무엇입니까?

민주주의 국가에서는 국민이 투표를 해서 나라의 일꾼을 직접 뽑습니다. 선거에서 선출된 자는 자기의 유익이 아니라 국민을 위해 봉사해야 합니다. 위정자는 국민이 뽑아 세웠기 때문입니다. 하지만, 성경에서는 투표는 사람이 하지만, 뽑으시는 분은 하나님이라고 합니다. 하나님이 권력자와 위정자를 세우십니다. "권세는 하나님으로부터 나지 않음이 없나니, 모든 권세는 다 하나님께서 정하신 바라"(롬 13:1).

남왕국 유다는 주전 586년에 멸망했고, 백성은 포로가 되어 바벨론으로 끌려갔습니다. 사실은 이 비참한 일도 하나님의 섭리 안에서 일어났습니다. 그런데 바벨론 왕 느부갓네살은 자신의 힘이 대단해서 대제국을 건설한 것으로 착각했습니다. 하나님께서 느부갓네살 왕에게 꿈으로 그 교만을 알리셨습니다. 왕의 꿈을 해석하면서 다니엘이 말합니다. "지극히 높으신 이가 사람의 나라를 다스리시며 자기의 뜻대로 그것을 누구에게든지 주시는 줄을 아시리이다"(단 4:25). 느부갓네살 왕은 7년 동안 왕위를 빼앗겼다가 다시 찾게 되었습니다. 그때 불신자 느부갓네살 왕이 고백합니다. "그러므로 지금 나 느부갓네살은 하늘의 왕을 찬양하며 칭송하며 경배하노니 그의 일이 다 진실하고 그의 행하심이 의로우시므로 교만하게 행하는 자를 그가 능히 낮추심이라"(단 4:37).

영광을 누렸다가 사라진 페르시아와 로마 제국뿐 아니라 현재로 이어지는 인류의 모든 역사가 하나님의 섭리 가운데 있습니다. 하나님의 섭리는 진행 중입니다.

답: 하나님께서 섭리하시는 일은 모든 피조물과 그 모든 활동을, 가장 거룩하고 지혜롭고 능력 있게, 보존하시며 통치하시는 것입니다.

묵상 † 기도

1. 우리가 투표로 나라의 일꾼을 뽑을 때 그 결과는 누가 결정하는 걸까요?
2. 세상의 역사는 누가 섭리하시나요? 역사 공부를 할 때 가져야 할 바른 시각은 무엇일까요?

하나님, 불신자도 하나님의 섭리와 다스림을 인정했습니다. 저에게도 하나님의 다스림을 전적으로 인정할 수 있는 믿음을 주세요. 아멘!

68일 섭리와 자유의지

● 성경: 마 10:29-30; 창 45:7-8   ● 찬송: 588장 "공중 나는 새를 보라"

제11문: 하나님께서 섭리하시는 일이 무엇입니까?

　세상 모든 일이 하나님의 섭리 가운데 있다면 인간에게는 아무런 자유의지가 없다는 뜻일까요? 인간은 종종 하나님의 섭리를 거부하기도 하고 받아들이기 힘들어하기도 합니다. 섭리 교리를 인정하면 인간의 자유의지를 부인해야 할 것 같고, 또 인간의 죄에 대한 책임이 하나님께 있다고 생각됩니다. 하나님의 섭리와 인간의 자유의지가 모순되는 것 같습니다. 그러나 그렇지 않습니다.

　사람에게는 스스로 결정하고 판단할 수 있는 의지의 자유가 있습니다. 사람은 무엇을 먹을까 무엇을 입을까 걱정하며 준비하고 계획하고 행동으로 옮깁니다. 하나님의 강요에 의해 움직이지 않습니다. 악한 행동도 자신의 자유로운 의지의 결과입니다. 신기한 것은 하나님의 섭리가 이 인간의 자유로운 의지를 모두 포함한다는 것입니다. 형들이 요셉을 팔아 버린 악한 행동은 그들 자신의 자유로운 결정(의지)에 따른 것이었지만, 하나님의 섭리는 그것으로 하나님의 큰 구원을 이루었습니다(창 45:7-8). 하나님은 인간의 죄까지도 섭리하십니다. 그러나 하나님에게는 인간의 죄에 대한 책임이 없습니다. 자유의지는 죄에 대한 책임이 하나님이 아니라 사람에게 있음을 보여 줍니다. 그러므로 하나님의 섭리는 모든 피조물과 그 모든 활동을 가장 거룩하고 지혜롭고 능력 있게 보존하시며 통치하십니다. "그러나 너희 아버지께서 허락하지 아니하시면 그 하나도 땅에 떨어지지 아니하리라. 너희에게는 머리털까지 다 세신 바 되었나니"(마 10:29-30).

답: 하나님께서 섭리하시는 일은 모든 피조물과 그 모든 활동을, 가장 거룩하고 지혜롭고 능력 있게, 보존하시며 통치하시는 것입니다.

묵상 † 기도

1. 하나님이 섭리하신다면 인간에게는 의지의 자유가 없다는 뜻일까요?
2. 하나님이 섭리하신다면 인간의 죄의 책임도 하나님께 있는 것이 아닐까요?

하나님, 우리가 자유롭게 결정하지만, 그 모든 것까지도 하나님의 섭리 안에 포함되어 있다는 것이 신기하고 놀랍습니다. 하나님의 섭리에 감사합니다. 아멘!

# 섭리 교리를 아는 유익

● 성경: 욥 1:21-22 ● 찬송: 25장 "면류관 벗어서"

제11문: 하나님께서 섭리하시는 일이 무엇입니까?

　우리는 어떤 일을 겪으며 종종 '우연'(偶然)이라는 말을 씁니다. "이건 정말 우연이야!" 그러나 이것은 사람의 관점에서 본 것일 뿐 하나님께 우연이란 없습니다. 영어권에 있는 경건한 그리스도인은 '우연히'(by chance)라는 말을 '하나님의 섭리로'(by the providence of God)라고 표현합니다. 하나님은 시간과 장소를 초월해 일하십니다. 홍수와 가뭄, 풍년과 흉년, 건강과 질병, 부와 가난 등 참으로 이 모든 것은 우연이 아니라, 하나님의 섭리 가운데 우리에게 일어납니다. 이 섭리 교리를 알면 몇 가지 유익이 있습니다.

　첫째, 어떠한 역경 속에서도 인내할 힘을 얻습니다. 욥이 이루 말할 수 없는 고통 속에서도 하나님을 원망하지 않고 죄를 짓지 않을 수 있었던 이유는 바로 이 섭리 교리를 알았기 때문입니다.

　둘째, 형통할 때 감사하게 됩니다. 사람은 일이 잘되면 자기 공로(능력과 의, 참고. 신 8:17; 9:4-5)로 돌리고, 일이 잘 안되면 하나님 탓을 합니다. 그러나 섭리 교리를 알면 형통하게 된 공을 자기에게 돌리지 않고 하나님께 감사합니다.

　셋째, 앞으로 일어날 일에 대해 하나님의 섭리를 신뢰함으로써 든든히 설 수 있습니다. 미래를 궁금해하며 점쟁이를 찾지 않습니다. 아버지의 손을 잡고 담대히 걸어가는 아이처럼 확신을 가지고 미래를 향해 걸어갑니다.

답: 하나님께서 섭리하시는 일은 모든 피조물과 그 모든 활동을, 가장 거룩하고 지혜롭고 능력 있게, 보존하시며 통치하시는 것입니다.

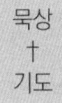
1. 세상에 우연이 있을까요? 우연처럼 보이는 일을 우리는 어떻게 설명할 수 있을까요?
2. 섭리 교리를 알고 믿을 때 얻게 되는 유익을 생각하고 나누어 보세요.

하나님, 제가 섭리 교리를 믿음으로써 고난 중에 즐거워하고 형통 가운데 겸손하며 미래에 대해 확신을 가지고 살 수 있게 해 주세요. 아멘!

70일

10주차 모임

섭리 신앙

● 성경: 롬 11:33   ● 찬송: 66장 "다 감사드리세"

함께 읽어 봅시다

제11문: 하나님께서 섭리하시는 일이 무엇입니까?
답: 하나님께서 섭리하시는 일은 모든 피조물과 그 모든 활동을, 가장 거룩하고 지혜롭고 능력 있게, 보존하시며 통치하시는 것입니다.

함께 나누어 봅시다

1. 섭리를 나타내는 영어 단어 providence로 섭리의 의미를 설명해 보세요.

2. 섭리는 우리 삶의 만 개의 퍼즐 조각을 하나님이 그분의 그림대로 맞추어 가시는 것과 같습니다. 그 퍼즐 조각 하나가 우리 각자일 수도 있습니다. 이 부분에 대하여 이야기해 보세요.

3. 섭리 신앙과 하나님의 섭리를 부정하는 이신론을 비교해서 설명해 보세요.

함께 기도합시다

나를 향한 하나님의 섭리에 감사하고, 그 섭리에 믿음으로 순종하게 해 달라고 기도합시다.

인간을 향한 특별한 섭리

● 성경: 사 43:1-7 ● 찬송: 16장 "은혜로신 하나님 우리 주 하나님"

제12문: 사람이 창조받은 지위에 있을 때에 하나님께서 그에게 행하신 특별한 섭리는 무엇입니까?

하나님은 온 피조물을 그분의 작정 가운데 창조하시고 섭리하십니다. 그중 가장 귀하고 특별한 창조와 섭리가 무엇일까요? 바로 인간의 창조와 그 모든 활동에 대한 섭리입니다. 인간에 대한 섭리를 특별하다고 볼 수 있을까요? 물론입니다. 특별한 섭리라고 부를 수 있습니다. 하나님은 사람과 '생명 언약'을 맺으셨습니다. 하나님과 언약을 맺는다는 것은 그분과의 특별한 관계 안에 들어간다는 뜻입니다. 영어 표현은 이렇습니다. "God entered into a covenant of life with him." 사람도 한낱 피조물에 불과합니다. 그런데 하나님은 특별히 사람을 언약이라는 끈으로 당신 자신에게 꼭 묶어 두셨습니다. 하나님이 인간과 언약을 맺으신 것은 인간에게 놀라운 복입니다. 피조물인 인간은 아무런 자격도 없습니다. 하나님이 사람과 생명 언약을 맺으신 것은 하나님의 일방적인 (짝)사랑이고 복의 시여(施與)입니다.

왜 언약 자체가 복일까요? 그것은 "사람이 창조받은 지위"(Man in the estate in which he was created)에 있기 때문입니다. 다시 말하면, 사람은 모든 피조물과 다를 바 없는 존재이고 하나님은 창조자의 지위에 있다는 뜻입니다. 그런데 창조자가 피조물을 특별히 사랑하셔서 언약 관계에 들어오셨으니 이것은 피조물에게 복입니다. "네가 내 눈에 보배롭고 존귀하며 내가 너를 사랑하였은즉"(사 43:4).

답: 하나님께서 사람을 창조하신 후에 완전한 순종을 조건으로 생명 언약을 맺으시고 선악을 알게 하는 나무의 열매 먹는 것을 사망의 벌로써 금하셨습니다.

묵상 † 기도

1. 왜 인간에 대한 하나님의 섭리를 특별하다고 할 수 있을까요?
2. 사람이 "창조받은 지위"에 있다는 표현은 무엇을 말하고자 하는 것일까요?

하나님, 저를 사랑하셔서 생명 언약으로 저와 친밀한 관계를 맺어 주셔서 감사합니다. 아멘!

생명 언약

● 성경: 창 2:16 ● 찬송: 20장 "큰 영광 중에 계신 주"

제12문: 사람이 창조받은 지위에 있을 때에 하나님께서 그에게 행하신 특별한 섭리는 무엇입니까?

하나님은 창조주이시고 인간은 피조물입니다. 하나님은 인간을 당신의 형상대로 창조하시고 생기를 불어넣으신 후 생령이 되게 하셨습니다. 그뿐만 아니라 모든 만물을 다스리게 하셨습니다. 이것만 해도 사람은 어마어마한 복을 받은 것입니다. 모두 공짜로, 은혜로 받았습니다. 그런데 거기에다가 하나님께서 사람과 '생명 언약'을 맺으셨습니다. 하나님이 인간이 사는 곳으로 내려오셔서 언약 관계 안에 들어오셨습니다. "완전한 순종을 조건으로 '생명 언약'을" 맺으신 것입니다.

'생명 언약'이라는 단어는 성경에 나오지 않습니다. 완전한 순종을 조건으로 '생명'을 주겠다고 약속하신 내용을 바탕으로 삼아 만든 용어입니다. 이를 '창조 언약'이라고도 합니다. '행위 언약' 혹은 '에덴 언약'이라고 부르기도 합니다. 인간의 행위를 요구한 것 때문에 '은혜 언약'과 대비되는 개념으로 사용합니다. 같은 개념으로 '아담 언약'이라는 표현은 호세아 6:7에서 유추한 것입니다. "그들은 아담처럼 언약을 어기고 거기에서 나를 반역하였느니라." '생명 언약'은 창세기 2:16-17에 나옵니다. "여호와 하나님이 그 사람에게 명하여 이르시되, 동산 각종 나무의 열매는 네가 임의로 먹되, 선악을 알게 하는 나무의 열매는 먹지 말라. 네가 먹는 날에는 반드시 죽으리라." 하나님께 순종하기만 하면 생명을 보장받습니다. 인간은 피조물로서 하나님께 마땅히 순종해야 합니다. 그렇게 순종할 때 하나님은 사람에게 영원한 생명을 상으로 주실 예정이었습니다.

답: 하나님께서 사람을 창조하신 후에 완전한 순종을 조건으로 생명 언약을 맺으시고 선악을 알게 하는 나무의 열매 먹는 것을 사망의 벌로써 금하셨습니다.

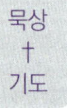

묵상 + 기도

1. 하나님이 인간과 '생명 언약'을 맺으셨다는 것은 인간에게 어떤 의미가 있나요?
2. '생명 언약'을 통해 나는 하나님께 어떤 복을 받았는지 묵상해 보세요.

우리의 시조 아담에게 영원한 생명을 주려고 생명 언약을 맺으신 하나님께 감사드립니다. 아멘!

완전한 순종

● 성경: 전 7:29   ● 찬송: 208장 "내 주의 나라와"

제12문: 사람이 창조받은 지위에 있을 때에 하나님께서 그에게 행하신 특별한 섭리는 무엇입니까?

우리는 이렇게 질문할 수 있습니다. "'완전한 순종'은 너무 부담스러운 조건 아닌가요?" "하나님이 인간에게 너무 엄격한 조건을 내세우시는 것은 아닌가요?" "완전하게 순종할 수 있는 인간이 있을까요?" 좋은 질문입니다. 일단, 생명 언약이 누구에게, 언제 주어졌는지를 생각해 봅시다. 생명 언약은 에덴동산에 살고 있는 아담과 하와에게 주어진 것입니다. 타락 전에 주어진 명령이지요. 최초의 인간 아담과 하와는 하나님의 형상대로 지식과 의와 거룩함으로 완전하게 창조되었습니다. 그렇기 때문에 생명 언약을 완전하게 순종할 수 있었습니다. 아담과 하와에게는 진정한 의미의 '자유의지'가 있었습니다. 죄를 지을 자유도 있고, 죄를 짓지 않을 자유도 있었습니다. 죄를 짓지 않을 수 있는 상태(posse non peccare)였지만, 죄를 지을 수 없는 상태(non posse peccare)는 아니었습니다. 죽지 않을 수 있는 상태(posse non mori)였지만, 죽을 수 없는 상태(non posse mori)는 아니었습니다.

사람은 피조물로서 스스로 기쁜 마음으로 하나님의 명령에 순종할 수 있습니다. 순종하는 것은 우리에게 행복입니다. 또 "동산 각종 나무의 열매는 네가 임의로 먹되"(창 2:16)라는 명령에는 충분하고도 차고 넘치는 순종의 자유가 있었습니다. 하나님의 말씀에 순종하기만 하면 영원한 생명을 얻을 수 있었습니다. 하나님은 이 생명 언약으로 창조주와 피조물의 관계를 유지하려고 하셨습니다. 안타깝게도, 완전한 순종이 가능했던 아담과 하와는 하나님과의 언약을 어기고 맙니다.

답: 하나님께서 사람을 창조하신 후에 완전한 순종을 조건으로 생명 언약을 맺으시고 선악을 알게 하는 나무의 열매 먹는 것을 사망의 벌로써 금하셨습니다.

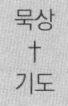

묵상 + 기도

1. 아담과 하와는 완전하게 순종할 수 있었나요? 그런 순종이 어떻게 가능했나요?
2. "완전한 순종을 조건으로" 언약을 맺은 것은 하나님의 과한 요구인가요? 아니면 우리에게 은혜로운 일인가요?

새 언약의 시대에 살고 있는 저는 기꺼이 하나님의 명령에 순종하겠습니다. 아멘!

불순종에 따른 사망의 벌

- 성경: 창 2:17　● 찬송: 463장 "신자 되기 원합니다"

제12문: 사람이 창조받은 지위에 있을 때에 하나님께서 그에게 행하신 특별한 섭리는 무엇입니까?

하나님이 아담과 하와와 맺은 '행위 언약'은 그들에게 사망을 주려는 것이 아니라 생명을 주시기 위함입니다. 하나님의 형상을 지닌 인간은 불순종하기보다는 순종하도록 참지식과 의와 거룩함으로 창조되었습니다. 타락한 인간은 참지식과 의와 거룩함을 이룰 수 있는 능력이 없어서 죄로 기울어진 본성을 가지고 있지만, 타락 전 인간은 그렇지 않았습니다. 그러므로 행위 언약, 생명 언약, 아담 언약, 창조 언약은 '은혜 언약'이라고 불러야 마땅합니다. 말하자면 '은혜로운 행위 언약'입니다. 언약에는 언제나 '약속'과 '요구'가 함께합니다. 순종(요구)하면 생명을 얻고(약속) 불순종(요구)하면 사망을 얻게 된다(약속)는 것이 언약입니다.

이미 언급한 것처럼, 하나님이 언약을 맺으시고 사망의 벌로써 선악을 알게 하는 나무의 열매를 먹지 못하도록 한 것은 복이지 저주가 아닙니다. 어떤 이들은 열매 하나 따 먹었다고 사망의 벌을 내리신 하나님이 무자비하다고 비난합니다. 그러나 전혀 그렇지 않습니다. 하나님은 사랑과 은혜가 무한하신 분입니다. 창조주는 피조물에게 무엇이 가장 좋고 무엇이 가장 나쁜지 아십니다. 불순종에 따르는 벌을 경고하신 것은 전능하신 하나님의 배려이고 사랑입니다. 부모가 어린아이에게 차도로 다니면 죽는다고 경고하는 것은 아이를 위한 것이지 겁을 주려는 무자비한 행동이 아닙니다.

답: 하나님께서 사람을 창조하신 후에 완전한 순종을 조건으로 생명 언약을 맺으시고 선악을 알게 하는 나무의 열매 먹는 것을 사망의 벌로써 금하셨습니다.

묵상 + 기도

1. '행위 언약'도 은혜로운 이유는 무엇일까요?
2. 언약의 두 요소를 말해 보고, 그 의미를 묵상해 보세요.

하나님의 언약에는 약속과 요구가 있습니다. 하나님, 저는 하나님의 약속을 굳게 믿고 하나님의 요구대로 행하고 싶습니다. 도와주세요. 아멘!

# 75일 창조받은 지위

● 성경: 전 7:29 ● 찬송: 18장 "성도들아 찬양하자"

제13문: 우리 시조가 창조받은 지위에 그대로 있었습니까?

어떤 이들은 "왜 하나님은 인간이 타락하지 않도록 창조하지 않았을까?"라며 따집니다. 이 질문에는 '하나님의 창조가 좀 불완전했던 것이 아닌가?' 하는 불만 어린 의심도 묻어 있습니다. 한편으로는 인간의 타락에 대한 책임을 하나님께 돌리고자 하는 의도도 엿보입니다. 이런 질문을 하는 것 자체가 인간이 타락했음을 보여 줍니다.

하나님은 사람을 남자와 여자로, 이성적인 존재로, 사라지지 않는 영혼을 가지도록 창조하시고, 하나님의 영광을 따라 지식과 의와 거룩함으로 입히시어 인간의 마음에 하나님의 법을 기록하시고, 그것을 수행할 수 있는 힘도 주셨습니다. 그리고 각자 의지대로 행할 수 있는 자유도 주셨습니다. 즉 아담과 하와는 죄를 지을 수도 있고 짓지 않을 수도 있었습니다. 선악을 알게 하는 나무의 열매 먹는 것을 사망의 벌로써 금하신 것을 순종하면 하나님과 사귀면서 복을 누릴 수 있었습니다.

하나님이 사랑으로 인간에게 인격을 주시고 자유도 주셨습니다. 인간을 기계와 로봇처럼 만들지 않으셨습니다. 하나님은 아들이 십자가에 못 박히는 아픔을 감내하면서도 인간의 자유의지를 박탈하지 않으셨습니다. 이것이 인간이 받은 고귀한 지위입니다. 놀랍고 감사하지 않나요?

답: 우리 시조는 의지의 자유를 받았으나, 하나님께 범죄함으로써 창조받은 지위에서 타락하였습니다.

묵상
十
기도

1. 인간이 타락한 것으로 보아 하나님의 인간 창조가 애초부터 불완전한 것은 아닌가요?
2. 인간의 자유의지를 보면 무엇을 알 수 있나요? 묵상해 보세요.

하나님, 인간을 이렇게 존귀하게 창조하셨다니, 놀랍고 감사합니다. 아멘!

76일 고귀한 지위에서 떨어지다

● 성경: 롬 5:12   ● 찬송: 76장 "창조의 주 아버지께"

제13문: 우리 시조가 창조받은 지위에 그대로 있었습니까?

창조받은 사람의 지위는 본래 매우 높았습니다. 하나님께 사랑을 듬뿍 받았습니다. 사람이 피조물 가운데 가장 고귀하고 고상했습니다. 하나님의 형상대로, 지식과 의와 거룩함으로 창조되었습니다. 하나님과 생명 언약의 관계에 있었습니다. 그런데 "우리 시조는 하나님께 범죄함으로써 창조받은 지위에서 타락하였습니다."

'타락'은 '떨어질 타(墮)'와 '떨어질 락(落)'입니다. 영어로도 '타락'은 떨어진다는 뜻의 'fall'로 씁니다. 사람이 어디로부터 떨어졌을까요? 창조받은 높은 지위로부터 떨어졌습니다. 본래 높은 곳에 있었는데 낮은 곳으로 떨어진 것입니다. 인간은 만물을 다스릴 수 있는 능력과 지위를 가졌습니다. 그래서 사람을 '만물의 영장'(靈長)이라고 부르기도 합니다.

어떻게 해서 창조받은 높은 지위에서 낮은 곳으로 떨어지게 되었습니까? "하나님께 범죄함으로써" 타락했습니다. 전능하신 하나님은 인간이 죄짓지 못하도록 하실 수도 있었습니다. 그러나 하나님은 인간의 타락을 막지 않으셨습니다. 인간이 자유의지를 사용하도록 하셨습니다. "그러므로 한 사람으로 말미암아 죄가 세상에 들어오고 죄로 말미암아 사망이 들어왔나니"(롬 5:12).

답: 우리 시조는 의지의 자유를 받았으나, 하나님께 범죄함으로써 창조받은 지위에서 타락하였습니다.

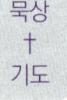

묵상 † 기도

1. 사람이 타락했다는 것은 어디로부터 떨어졌다는 의미인가요?
2. 왜 사람은 창조받은 고귀한 지위에서 떨어졌나요?

하나님, 인간은 본래 고귀한 존재로 지음받았으나, 죄로 말미암아 타락했습니다. 믿음이 없어서입니다. 우리의 믿음 없음을 불쌍히 여겨 주소서. 아멘!

11주차 모임

인간에게 행하신 섭리

- 성경: 창 2:17 • 찬송: 463장 "신자 되기 원합니다"

함께 읽어 봅시다

제12문: 사람이 창조받은 지위에 있을 때에 하나님께서 그에게 행하신 특별한 섭리는 무엇입니까?

답: 하나님께서 사람을 창조하신 후에 완전한 순종을 조건으로 생명 언약을 맺으시고 선악을 알게 하는 나무의 열매 먹는 것을 사망의 벌로써 금하셨습니다.

함께 나누어 봅시다

1. 하나님이 '생명 언약', 곧 '행위 언약'을 맺으신 것이 인간에게는 어떤 의미가 있나요?

2. 완전한 순종이 조건인 '아담 언약'은 인간에게 너무 부당하지 않나요?

3. 아담과 하와에게는 '에덴 언약'을 지킬 수 있는 능력이 있었나요?

함께 기도합시다

나와 언약을 맺어 주신 하나님께 감사함으로 기도드리고 찬송합시다.

죄가 무엇입니까?

● 성경: 레 5:17   ● 찬송: 510장 "하나님의 진리 등대"

제14문: 죄가 무엇입니까?

　죄가 무엇입니까? 죄는 상대적인 개념입니다. 어떤 나라에서는 죄로 취급하는 행위를 다른 나라에서는 죄로 여기지 않는 경우도 있습니다. 죄의 기준이 사람마다, 지역마다, 시대마다 다릅니다. 그래도 공통되는 기준이 하나 있습니다. 바로 법입니다. 각 나라마다 법이 있는데 그 법을 어기는 것이 죄입니다. 여러 나라가 공통으로 지키는 법도 있지만, 그 나라만 지키는 고유한 법도 있습니다. 절대적인 죄의 기준을 정하기는 어렵습니다. 어떤 나라는 고속도로 속도 제한이 100km이지만, 어떤 나라는 130km이거나 무제한입니다. 법이 상대적이니 죄도 상대적입니다.

　그러나 성경은 죄의 기준을 이렇게 밝힙니다. "만일 누구든지 여호와의 계명 중 하나를 부지중에 범하여도 허물이라 벌을 당할 것이니"(레 5:17). 그러므로 "죄는 하나님의 율법을 조금이라도 부족하게 지키거나 그 법을 어기는 것입니다." 죄의 기준이 하나님입니다. 이 세상의 죄의 기준은 사람입니다. 사람도 하나님의 형상을 지녔기 때문에 하나님과 공유하는 속성이 있으니 어느 정도 양심의 법을 가지고 있습니다. 그러나 성경의 기준과 근본적으로 다릅니다. 성경이 말하는 죄의 기준은 하나님입니다. 하나님의 율법을 조금이라도 부족하게 지키면 그것이 죄입니다.

답: 죄는 하나님의 율법을 조금이라도 부족하게 지키거나 그 법을 어기는 것입니다.

묵상 † 기도

1. 각 나라마다 법이 다릅니다. 그러니 죄의 기준도 달라집니다. 그 법을 누가 정하나요?
2. 성경에 의하면 죄의 기준은 누가 정하나요? 죄의 기준으로서 하나님과 인간의 차이는 무엇일까요?

하나님, 저는 스스로의 죄에 너무나도 관대합니다. 하나님의 말씀을 조금이라도 부족하게 지키는 것이 죄입니다. 저의 죄를 용서해 주소서! 아멘!

선을 행할 줄 알고도 행하지 않으면

● 성경: 약 4:17 ● 찬송: 268장 "죄에서 자유를 얻게 함은"

제14문: 죄가 무엇입니까?

성경에서는 어떤 것을 죄라고 하나요? "하나님의 율법을 조금이라도 부족하게 지키는 것을" 죄라고 합니다. 아담과 하와가 에덴동산에서 쫓겨난 이유는 어떤 면에서는 무슨 대단한 죄를 지어서가 아닙니다. 그들이 살인을 한 것도 아니고 간음을 한 것도 아니었습니다. 그런데도 아담은 하나님께 버림받고 영적으로 죽어 비참한 처지로 전락했습니다. 하나님이 너무 과하게 대하신 건 아닌가요? 하나님은 정말 무자비한 분일까요? 이런 생각과 질문을 하게 되는 것 자체가 인간이 죄인이기 때문입니다. 원죄를 가지고 태어나는 인간의 관점에서 보면 에덴동산에서 있었던 사건은 불공평해 보입니다.

아담과 하와는 지식과 의와 거룩함으로 창조되어, 자신의 창조주 하나님을 바르게 알고 마음으로 사랑하며 영원한 복락 가운데서 그분과 함께 살고, 그리하여 그분께 찬양과 영광을 돌릴 수 있었습니다(하이델베르크 요리문답 제6문). 아담에게는 선을 행할 능력이 있었습니다. 그런데도 스스로 악을 택했습니다. 하나님은 "사람이 선을 행할 줄 알고도 행하지 아니하면 죄니라"(약 4:17)라고 말씀하십니다. 아담이 생명언약을 어김으로써 죽음에 이르는 벌을 받고 비참한 죄인의 상태에 빠지게 된 것은 당연한 결과입니다. 사람이 생각하는 죄와 하나님이 생각하는 죄는 완전히 다릅니다. 사람은 선을 행할 줄 알고도 하나님께 죄를 지어 타락하게 된 것입니다.

답: 죄는 하나님의 율법을 조금이라도 부족하게 지키거나 그 법을 어기는 것입니다.

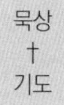

묵상 † 기도

1. 아담이 지은 죄가 에덴동산에서 쫓겨날 정도로 큰가요?
2. 성경에서는 무엇을 죄라고 하나요?

하나님, 저는 선을 행할 줄 알면서도 악을 선택합니다. 이런 믿음 없는 모습을 용서해 주시고, 선을 택할 만한 믿음과 용기를 주소서. 아멘!

조금이라도 부족하면

● 성경: 약 2:10 ● 찬송: 144장 "예수 나를 위하여"

제14문: 죄가 무엇입니까?

우리 주변에는 꽤 착하게 살아가는 이들이 있습니다. 도둑질도 하지 않고, 거짓말도 하지 않고, 법도 비교적 잘 지켜서 법 없이도 살 사람이라는 말을 듣습니다. 가난한 이웃을 잘 돕고 수재민에게 구제품을 보내기도 합니다. 이런 사람도 죄인이라고 할 수 있을까요? 네, 그렇습니다. 하나님 보시기에는, 하나님의 율법을 조금이라도 부족하게 지키는 것이 죄입니다. "누구든지 온 율법을 지키다가 그 하나를 범하면 모두 범한 자가 되나니"(약 2:10). 바울도 "누구든지 율법 책에 기록된 대로 모든 일을 항상 행하지 아니하는 자는 저주 아래에 있는 자라"(갈 3:10)라고 했습니다. 항상 말씀대로 살지 않으면 그것이 바로 죄입니다. 죄의 기준은 참 높습니다.

그러면, 율법을 모르는 사람은 어떻게 되나요? 그런 사람에게는 자기 양심이 법입니다(롬 2:14-15). "무릇 율법 없이 범죄한 자는 또한 율법 없이 망하고 무릇 율법이 있고 범죄한 자는 율법으로 말미암아 심판을 받으리라"(롬 2:12). 인간은 자기 양심의 법도 제대로 지키지 못합니다.

그러므로 양심의 법이든 율법이든 조금이라도 부족하게 지키면 그것이 죄를 짓는 것입니다. 컵에 든 깨끗한 생수에 잉크가 한 방울이라도 떨어진다면 그 생수는 더 이상 마실 수 없습니다. 아주 조금이라도 죄를 지었다면 그 사람은 분명히 죄인입니다. 하나님이 정하신 죄의 범위에 의하면, 하나님의 말씀을 조금이라도 부족하게 지키면 그것이 죄입니다.

답: 죄는 하나님의 율법을 조금이라도 부족하게 지키거나 그 법을 어기는 것입니다.

묵상 † 기도

1. 세상에는 착한 사람들이 많습니다. 그들도 죄인입니까?
2. 하나님의 율법을 모르는 이방인은 무슨 법을 적용해서 판결을 받나요?

하나님, 저의 생각과 말과 행동은 하나님의 율법에 한참 못 미칩니다. 저는 죄인입니다. 용서받고 싶습니다. 아멘!

 # 죄의 정의

● 성경: 요일 3:4 ● 찬송: 254장 "내 주의 보혈은"

제14문: 죄가 무엇입니까?

죄가 무엇인지를 생각하면서 열심히 파고들어 배우는 것이 신나는 일은 아닙니다. 그렇지만, 죄에 대해 깊이 알면 알수록 하나님의 은혜가 소중함을 더 알게 되어 더 감사할 수 있습니다.

하나님의 율법을 조금이라도 부족하게 지키는 죄와 그 법을 어기는 죄는 비슷하게 들리지만, 그 의미는 좀 다릅니다. 전자가 '죄의 상태'를 말한다면, 후자는 '죄의 행위'를 의미합니다. 전자가 태만한 것이라면, 후자는 지나친 것입니다. 전자가 소극적이라면, 후자는 적극적입니다. 전자가 하나님의 법을 적극적으로 순종하지 않는 것이라면, 후자는 하나님의 법을 아예 불순종하는 것입니다.

만약 "너는 이방 나그네를 **압제하지 말라**. 너희가 애굽 땅에서 나그네 되었었은즉 나그네의 사정을 아느니라"(출 23:9)라는 말씀을 보고 나그네를 적극적으로 사랑하지 않으면 전자에 속합니다. 나그네를 압제한다면, 후자에 속합니다. 다른 성경에는 "너희는 나그네를 사랑하라. 전에 너희도 애굽 땅에서 나그네 되었음이니라"(신 10:19)라고 말씀하고 있기 때문입니다. 죄의 정의는 "하나님의 율법을 조금이라도 부족하게 지키거나 그 법을 어기는 것입니다." "죄를 짓는 자마다 불법을 행하나니, 죄는 불법이라"(요일 3:4).

답: 죄는 하나님의 율법을 조금이라도 부족하게 지키거나 그 법을 어기는 것입니다.

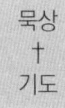 묵상 † 기도

1. 죄의 정의 가운데 전자와 후자를 비교해서 생각해 보세요. 차이가 보이나요?
2. 나는 주로 어떤 죄에 잘 넘어집니까?

하나님, 죄에 대해 알면 알수록 하나님의 은혜가 크고 놀랍다는 사실을 깨닫게 됩니다. 감사합니다. 아멘!

죄의 내용

- 성경: 창 3:1-6
- 찬송: 276장 "아버지여 이 죄인을"

제15문: 우리 시조가 창조받은 지위에서 타락하게 된 죄는 무엇입니까?

소요리문답 제14문이 '죄의 정의'에 대한 것이라면, 제15문은 '죄의 내용', 제16문은 '죄의 범위'에 관한 것입니다. "우리의 시조(始祖)가 창조받은 지위에서 타락하게 된 죄는 무엇입니까?" 여기서 "우리의 시조"란 영어 원본에서 'Our first Parents'인데, 인간의 첫 번째 조상인 아담과 하와를 말합니다. 우리의 시조는 하나님이 "금하신 열매를" 먹음으로써 창조받은 지위에서 타락하였습니다. '금하신 열매를 먹은 것'은 하나님의 율법을 어긴 것입니다. '하나님의 첫 율법'은 "여호와 하나님이 그 사람에게 명하여 이르시되, 동산 각종 나무의 열매는 네가 임의로 먹되, 선악을 알게 하는 나무의 열매는 먹지 말라. 네가 먹는 날에는 반드시 죽으리라, 하시니라"(창 2:16-17)입니다.

그들은 "하나님과 같이"(창 3:5) 될 욕심으로 본래 하나님이 아름답게 창조하신 법을 어기고 하나님의 명령을 버리고 뱀의 말에 순종함으로써 죄를 지었습니다. "여자가 그 열매를 따 먹고 자기와 함께 있는 남편에게도 주매 그도 먹은지라"(창 3:6). 그들은 단순히 하나님이 "금하신 열매"를 먹은 것이 아니라, 그들을 창조하신 하나님을 거절하고 하나님의 말씀(명령)을 어긴 것입니다. 말씀이 곧 법인데, 법을 부족하게 지킨 것뿐만 아니라, "금하신 열매"를 먹음으로써 그 법을 적극적으로 어겼습니다.

답: 우리 시조가 창조받은 지위에서 타락하게 된 죄는 금하신 열매를 먹은 것입니다.

묵상 + 기도

1. 우리의 시조가 지은 죄의 내용은 무엇입니까? 그 내용을 가만히 묵상해 보세요.
2. 아담과 하와는 하나님이 "금하신 열매"를 먹음으로써 어떤 죄를 지은 것인가요?

하나님, 아담과 하와가 죄를 지을 때 우리도 같이 죄를 지었습니다. 그것이 원죄입니다. 용서해 주십시오. 아멘!

죄의 모습과 원인

● 성경: 롬 11:32 ● 찬송: 279장 "인애하신 구세주여"

제15문: 우리 시조가 창조받은 지위에서 타락하게 된 죄는 무엇입니까?

하나님은 사람을 지식과 의와 거룩함으로 아주 멋지게 창조하셨습니다. 그런데 어떻게 사람 속에 죄로 향하는 마음이 생겨서 사람이 사탄의 말을 듣고 하나님이 금하신 나무 열매를 먹게 되었을까요? 본질상 진노의 자녀인 우리는 완전한 모습으로 창조된 아담과 하와를 이해하기가 어렵습니다. 성경이 이 부분에 대해 정확하게 말하지 않기 때문에 우리는 알 수 없습니다. 성경이 명백하게 말하지 않은 것을 알려고 하는 것은 경건한 자세가 아닙니다. 그것은 하나님의 영역에 속한 것이기 때문입니다. 우리는 그저 "옳소이다. 이렇게 된 것이 아버지의 뜻이니이다"(마 11:26)라고 말하는 것이 지혜롭습니다.

성경은 아담과 하와의 죄가 무엇인지 분명하게 보여 줍니다. 한 나무의 열매를 먹는 것과 먹지 않는 것은 도덕적으로 선하지도 악하지도 않습니다. 하나님이 그 열매를 먹지 말라고 하신 명령의 핵심적인 뜻은 두 가지입니다. 첫째, 아담과 하와가 하나님을 창조주로 인정하고 신뢰하면서 하나님께 충성된 삶을 사는지를 시험하신 것입니다. 둘째, 하나님의 뜻에 순종할 것인지, 아니면 그들 자신의 뜻에 (사탄의 유혹을 통해) 순종할 것인지를 시험하신 것입니다. 아담과 하와는 금단의 열매를 먹음으로써 불신앙과 불순종의 죄를 지었습니다. 창조물과 피조물의 관계에서 가장 중요한 신뢰와 순종을 버리고 불신과 불순종을 택한 것이 죄의 실제 모습입니다.

답: 우리 시조가 창조받은 지위에서 타락하게 된 죄는 금하신 열매를 먹은 것입니다.

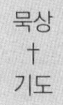

묵상 † 기도

1. 완전한 피조물인 사람에게 어떻게 죄가 들어오게 되었을까요?
2. 하나님이 금하신 열매를 먹은 우리의 시조가 지은 죄의 실제 모습은 무엇입니까?

하나님, 아담과 하와는 하나님을 신뢰하고 순종하지 않았습니다. 우리는 그런 죄를 반복하지 않게 해 주옵소서. 아멘!

84일

12주차 모임

타락

- 성경: 롬 3:23
- 찬송: 76장 "창조의 주 아버지께"

함께 읽어 봅시다

제13문: 우리 시조가 창조받은 지위에 그대로 있었습니까?
답: 우리 시조는 의지의 자유를 받았으나, 하나님께 범죄함으로써 창조받은 지위에서 타락하였습니다.

제14문: 죄가 무엇입니까?
답: 죄는 하나님의 율법을 조금이라도 부족하게 지키거나 그 법을 어기는 것입니다.

제15문: 우리 시조가 창조받은 지위에서 타락하게 된 죄는 무엇입니까?
답: 우리 시조가 창조받은 지위에서 타락하게 된 죄는 금하신 열매를 먹은 것입니다.

함께 나누어 봅시다

1. 아담과 하와가 본래 창조받은 지위에서 가진 능력은 무엇입니까? 특별히 자유 의지와 관련해서 말해 보세요. 타락한 이후의 인간과 어떤 차이가 있나요?

2. 죄가 무엇입니까? 인간이 생각하는 죄와 성경이 말하는 죄에는 어떤 차이가 있나요?

3. 아담이 지은 죄와 내가 짓는 죄에 차이가 있나요? '타락'의 한자어 '墮落'과 영어 'fall'의 의미로 죄를 설명해 보세요.

_____

_____

함께 기도합시다

타락한 상태에 있는 나를 구원해 달라고 하나님께 기도합시다.

05일 죄의 범위

- 성경: 롬 5:12   • 찬송: 281장 "요나처럼 순종 않고"

제16문: 아담의 첫 범죄 때에 모든 사람이 타락하였습니까?

소요리문답 제16문은 '죄의 범위'에 관한 내용입니다. "아담과 맺으신 언약은 아담 한 사람만이 아니라, 그의 후손까지 위한 것이므로, 보통 출생법으로 아담의 후손이 된 모든 인류는 아담의 첫 범죄 때에 그의 안에서 죄를 짓고 그와 함께 타락하였습니다."

사람은 누구나 작든지 크든지 죄를 짓습니다. 사람은 죄인이 분명합니다. 이것에는 아무도 이의를 달지 않습니다. 그런데 어떻게 죄를 짓게 되는지에 대해서는 이견이 있습니다. 불신자는 나쁜 환경의 영향을 받거나 못된 사람을 보고 죄를 배우게 된다고 주장합니다. 다른 말로 하면, 사람은 본래 깨끗한데 나중에 죄를 배워서 악하게 생각하고 말하고 행동한다는 것입니다. 대표적인 이론이 존 로크(John Locke)의 '백지설'(Theory of Tabula rasa)입니다. 그러므로 '교육'(education)이란 나쁜 영향으로부터 보호하고 본래 사람 속에 잠재되어 있는 좋은 것을 꺼내(라틴어: educare) 계발해 주는 것이라고 생각합니다. 세상(가정·학교·사회·국가·직장)은 사람의 본성을 긍정적으로 보고 매사에 적극적으로 살 것을 가르칩니다. 주변에서 일어나는 온갖 더럽고 추악하고 나쁜 죄를 반면교사로 삼아 역지사지로 살면 멋진 인생을 살 수 있다고 계몽합니다. 그런 내용을 담은 자기 계발서들이 서점에서 인기입니다. 그런데 성경은 정반대로 말합니다. "인류는 아담의 첫 범죄 때에 그의 안에서 죄를 짓고 그와 함께 타락하였습니다."

답: 아담과 맺으신 언약은 아담 한 사람만이 아니라, 그의 후손까지 위한 것이므로, 보통 출생법으로 아담의 후손이 된 모든 인류는 아담의 첫 범죄 때에 그의 안에서 죄를 짓고 그와 함께 타락하였습니다.

묵상 † 기도

1. 인간의 타고난 마음은 백지와 같다는, 존 로크의 백지설을 어떻게 생각하나요?
2. 성경은 인간이 어떤 존재라고 말하나요?

하나님, 우리는 본래 태어날 때부터 선하지 않습니다. 교육을 통해 죄를 없앨 수도 없습니다. 이 사실을 인정합니다. 아멘!

본래 죄인으로 태어나

● 성경: 시 51:5; 58:3   ● 찬송: 295장 "큰 죄에 빠진 나를"

제16문: 아담의 첫 범죄 때에 모든 사람이 타락하였습니까?

성경은 본래 사람이 죄인이기 때문에 죄를 짓는다고 가르칩니다. "악인은 모태에서부터 멀어졌음이여 나면서부터 곁길로 나아가 거짓을 말하는도다"(시 58:3). 아담은 타락 후 자기의 모양과 같은 자녀를 낳습니다. 부패한 조상이 부패한 후손을 낳습니다. "아담은 백삼십 세에 자기의 모양, 곧 **자기의 형상**과 같은 아들을 낳아 이름을 셋이라 하였고"(창 5:3). 아담은 하나님의 형상이 아니라 자기의 형상, 곧 타락한 후손을 낳고 있습니다. 아담의 타락이 자식에게 유전됩니다. 이어지는 아담의 계보를 보면, 아담만 죽었다고 하는 것이 아니라, 그의 자손도 "죽었더라"(창 5:5-31)를 반복합니다. 아담의 죄와 죄의 책임이 자손에게 이어집니다.

다윗은 밧세바를 빼앗고 그녀의 남편 우리아를 죽이는 악한 죄를 지었습니다. 나단 선지자의 지적을 받은 후 그는 회개하고 시편 51편을 썼습니다. "내가 죄악 중에서 출생하였음이여, 어머니가 죄 중에서 나를 잉태하였나이다"(시 51:5). 다윗은 어머니도 죄인이었고, 그로부터 자신이 잉태되었다고 합니다. 어머니의 어머니도 죄인이었습니다. 그렇게 계속 올라가면 하와와 아담에게 다다릅니다. 죄가 유전되고 있습니다. 부패한 조상이 부패한 후손을 낳기에 아담의 모든 후손은 아담에게서 나온 부패함을 이어받습니다.

답: 아담과 맺으신 언약은 아담 한 사람만이 아니라, 그의 후손까지 위한 것이므로, 보통 출생법으로 아담의 후손이 된 모든 인류는 아담의 첫 범죄 때에 그의 안에서 죄를 짓고 그와 함께 타락하였습니다.

묵상
†
기도

1. 아담의 죄와 죄책이 유전되고 있다는 것을 어떻게 알 수 있나요?
2. 다윗은 시편 51편에서 그 점을 어떻게 표현하고 있나요?

하나님, 죄를 지어 죄인이 되는 것이 아니라, 죄인이라서 죄를 짓는다는 말이 진실이었네요. 나 같은 죄인을 용서해 주시고 구원해 주셔서 감사합니다. 아멘!

첫 아담: 인류의 대표(죄)

• 성경: 롬 5:12-21   • 찬송: 305장 "나 같은 죄인 살리신"

제16문: 아담의 첫 범죄 때에 모든 사람이 타락하였습니까?

사람은 본래부터 죄인으로 태어나며, 그렇기 때문에 죄를 짓습니다. 이것을 더 잘 이해하기 위해서는 '대표의 원리'를 알아야 합니다. 로마서 5:12-21을 읽어 보면, 아담은 한 개인이지만 동시에 모든 인류의 '머리'이며 '대표'입니다. 하나님은 아담을 온 인류의 머리와 대표로 세우시고 그와 생명 언약(아담 언약, 창조 언약, 행위 언약, 에덴 언약)을 맺으셨습니다. 언약을 맺으실 때 아담은 모든 인류의 대표였습니다. 그 언약의 결과는 모든 인류에게 미칩니다. 좋은 결과이든 나쁜 결과이든 모두 말입니다.

왜 아담이 온 인류의 대표일까요? 우리가 아담을 대표로 세운 적이 없는데, 어떻게 우리의 머리이며 대표일까요? 이해하기 어렵습니다. 그러나 중요한 것은 우리의 판단이 아니라 하나님의 생각입니다. 하나님이 아담을 인류의 머리와 대표로 정하셨습니다. "그러므로 한 사람으로 말미암아 죄가 세상에 들어오고 죄로 말미암아 사망이 들어왔나니, 이와 같이 모든 사람이 죄를 지었으므로 사망이 모든 사람에게 이르렀느니라"(롬 5:12). "아담과 맺으신 언약은 아담 한 사람만이 아니라, 그의 후손까지 위한 것"입니다. 우리는 '잘되면 내 탓이고 못되면 조상 탓'을 하다 보니, 이 '대표의 원리'를 이해하기 어렵습니다만, 성경은 분명히 그 점을 가르칩니다.

답: 아담과 맺으신 언약은 아담 한 사람만이 아니라, 그의 후손까지 위한 것이므로, 보통 출생법으로 아담의 후손이 된 모든 인류는 아담의 첫 범죄 때에 그의 안에서 죄를 짓고 그와 함께 타락하였습니다.

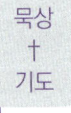

1. 사람은 죄를 짓기 때문에 죄인이 아니라, 죄인이기 때문에 죄를 짓습니다. 왜 그럴까요?
2. 우리가 아담을 인류의 대표로 뽑은 일이 없는데, 왜 아담이 대표가 되었나요?

하나님, 제가 아담과 함께 죄를 짓고 아담과 함께 타락한 것을 알고, 회개합니다. 아멘!

죄의 영향

- 성경: 롬 5:13-14, 17   • 찬송: 284장 "오랫동안 모든 죄 가운데 빠져"

제16문: 아담의 첫 범죄 때에 모든 사람이 타락하였습니까?

하나님이 아담에게 주신 것은 모든 인류를 위한 것입니다. 지식과 의와 거룩함이라는 하나님의 형상도 하나님께서 주신 것이고 오늘 우리에게까지 왔습니다. 마찬가지로, 아담이 생명 언약을 어긴 그 결과도 오늘 우리에게까지 왔습니다. 인류를 한 가족이라고 생각하면 하나의 거대한 나무로 표현할 수 있습니다. 아담이 뿌리이고 우리는 잎이 달린 작은 가지입니다. 뿌리가 오염되면 가지와 잎에 영향을 줍니다. 아담의 죄는 모든 인류에게 영향을 미칩니다.

모든 인간이 죽는 이유도 아담이 지은 죄에 대한 대가를 치러야 하기 때문입니다. "죄가 율법 있기 전에도 세상에 있었으나, 율법이 없었을 때에는 죄를 죄로 여기지 아니하였느니라. 그러나 아담으로부터 모세까지 아담의 범죄와 같은 죄를 짓지 아니한 자들까지도 사망이 왕 노릇 하였나니"(롬 5:13-14).

엄마의 배 속에서 죽는 아기도 있고, 혹은 태어난 후 죄를 지을 새도 없이 바로 죽는 아기도 있습니다. 이는 원죄의 영향이 영아에게도 끼치고 있음을 보여 줍니다. "한 사람의 범죄로 말미암아 사망이 그 한 사람을 통하여 왕 노릇 하였은즉"(롬 5:17).

답: 아담과 맺으신 언약은 아담 한 사람만이 아니라, 그의 후손까지 위한 것이므로, 보통 출생법으로 아담의 후손이 된 모든 인류는 아담의 첫 범죄 때에 그의 안에서 죄를 짓고 그와 함께 타락하였습니다.

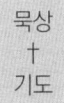

묵상 + 기도

1. 아담의 원죄가 우리에게까지 이어지고 있음을 증명하는 것들은 무엇인가요?
2. 내 속에 있는 원죄의 모습을 생각해 보세요.

하나님, 원죄의 영향이 저에게 분명하게 나타나고 있습니다. 원죄를 용서받고 싶습니다. 아멘!

89일 마지막 아담: 택함받은 자

● 성경: 롬 5:17-19; 고전 15:22, 45　　● 찬송: 313장 "내 임금 예수 내 주여"

제16문: 아담의 첫 범죄 때에 모든 사람이 타락하였습니까?

우리가 죄인으로 태어났기에 죄를 짓는다는 것을 아담의 대표성 원리로 설명하니, 왠지 억울하다는 생각이 듭니다. 하나님이 공의로우신 분이 아닌 것 같습니다. 그러나 그렇지 않습니다. 하나님은 공의로우신 분인 동시에 사랑의 신이십니다. 우리의 구원도 대표성의 원리로 이루어지기 때문입니다.

첫째 아담이 온 인류의 대표로 죽음을 선사했다면, 마지막 아담은 모든 택함받은 자의 죄 때문에 그들의 대표로 죽으심으로써 생명을 선물하십니다. 죄가 대표 원리로 전가된다면, 의도 대표 원리로 전가됩니다. "한 사람의 범죄로 말미암아 **사망**이 그 **한 사람**을 통하여 왕 노릇 하였은즉, 더욱 **은혜와 의의 선물을 넘치게 받는 자들은 한 분 예수 그리스도**를 통하여 생명 안에서 왕 노릇 하리로다. 그런즉 한 범죄로 많은 사람이 정죄에 이른 것같이 **한 의로운 행위**로 말미암아 많은 사람이 의롭다 하심을 받아 생명에 이르렀느니라. **한 사람**이 순종하지 아니함으로 많은 사람이 죄인 된 것같이 **한 사람**이 순종하심으로 많은 사람이 의인이 되리라"(롬 5:17-19).

아담(첫째 아담) = 온 인류의 대표	예수(마지막 아담) = 택함받은 자의 대표
아담(불순종)을 통해 **사망**이 왕 노릇	예수(순종)를 통해 **생명**이 왕 노릇
한 범죄 → 정죄 → 죽음	한 의로운 행위 → 칭의 → 생명
한 불순종 → 죄인	한 순종 → 의인

답: 아담과 맺으신 언약은 아담 한 사람만이 아니라, 그의 후손까지 위한 것이므로, 보통 출생법으로 아담의 후손이 된 모든 인류는 아담의 첫 범죄 때에 그의 안에서 죄를 짓고 그와 함께 타락하였습니다.

묵상 + 기도

1. 사람에게 죄를 전가하는 대표 원리가 사람에게 의를 전가하는 원리도 됩니다. 하나가 없으면 다른 것도 없습니다. 성경은 이 부분에 대해서 어떻게 설명하나요?
2. 첫째 아담과 마지막 아담의 역할을 비교해서 묵상해 보세요.

하나님, 죄가 전가되고 유전되었음을 인정할 수 있는 것은 의가 전가되고 믿음으로 주어진다는 것을 믿기 때문입니다. 감사합니다. 아멘!

원죄 없으신 그리스도

● 성경: 히 4:15 ● 찬송: 426장 "이 죄인을 완전케 하시옵고"

제16문: 아담의 첫 범죄 때에 모든 사람이 타락하였습니까?

첫 아담의 죄와 죗값은 "보통 출생법으로 아담의 후손이 된 모든 인류"에게 전가되었습니다. 이 말은 예수 그리스도는 제외된다는 뜻입니다. 예수님은 "보통 출생법으로" 태어나지 않고 성령으로 잉태되어 태어나셨습니다. 그러므로 예수 그리스도는 원죄가 없으십니다. 그리스도는 하나님의 독생자이십니다. 예수 그리스도는 인성을 취하여 모든 점에서 우리와 같지만, 죄는 없으십니다. "우리에게 있는 대제사장은 우리의 연약함을 동정하지 못하실 이가 아니요, 모든 일에 우리와 똑같이 시험을 받으신 이로되 **죄는 없으시니라**"(히 4:15). 예수 그리스도는 완전한 사람이면서 동시에 완전한 하나님이십니다. 죄가 없으신 그리스도께서 십자가에서 죽으심(순종)으로 말미암아 우리의 죄가 믿음으로 하나님 앞에서 용서받습니다.

그리스도의 인성은 아담으로부터 온 것이지만, 그분의 인격은 아담으로부터 온 것이 아닙니다. 첫째 아담이 범한 죄와 그 값이 모든 사람에게 전가되었지만, 죄 없으신 마지막 아담(예수 그리스도)이 모든 택한 자의 죄와 죗값을 당신의 어깨에 지시고 십자가에서 죽으심으로써 성부 하나님으로부터 얻으신 의를 우리에게 전가시켜 주십니다. 사람은 누구든지 아담의 대표성 아래서 원죄와 자범죄를 가지지만, 그리스도께서는 완전한 사람이셔도 첫째 아담의 범위 아래 있지 않으시고, 둘째 아담, 곧 모든 믿는 자의 대표로서 원죄가 없고 자범죄도 없습니다.

답: 아담과 맺으신 언약은 아담 한 사람만이 아니라, 그의 후손까지 위한 것이므로, 보통 출생법으로 아담의 후손이 된 모든 인류는 아담의 첫 범죄 때에 그의 안에서 죄를 짓고 그와 함께 타락하였습니다.

1. 예수님은 인간이신데 왜 원죄가 없으신가요? 예수님이 십자가에서 돌아가신 일은 인간에게 무슨 의미가 있나요?
2. 대표성의 원리로 볼 때, 예수님에게 원죄와 자범죄가 없다는 것이 인간에게 어떤 의미가 있나요?

하나님, 예수 그리스도는 인간이시지만, 아담의 죄를 유전받지 않으셔서 우리의 죄를 용서할 수 있는 흠 없는 어린 속죄양의 자격이 있습니다. 감사합니다. 아멘!

며1일

13주차 모임

원죄의 유전

● 성경: 롬 5:17-19　　● 찬송: 313장 "내 임금 예수 내 주여"

함께 읽어 봅시다

제16문: 아담의 첫 범죄 때에 모든 사람이 타락하였습니까?

답: 아담과 맺으신 언약은 아담 한 사람만이 아니라, 그의 후손까지 위한 것이므로, 보통 출생법으로 아담의 후손이 된 모든 인류는 아담의 첫 범죄 때에 그의 안에서 죄를 짓고 그와 함께 타락하였습니다.

함께 나누어 봅시다

1. 아담의 죄가 왜 내 죄가 되는지 이해하기 힘듭니다. 성경에서는 그 이유를 어떻게 설명하나요?

2. "인간이 죄를 짓는 것은 죄인이기 때문이다"라는 말을 설명해 보세요.

3. 첫 아담의 원죄가 유전되는 것과 마지막 아담(그리스도)의 공로가 믿는 자에게 전가되는 것의 원리에 대해 말해 보세요.

함께 기도합시다

그리스도 안에서 우리의 원죄와 자범죄를 용서해 달라고 하나님께 기도합시다.

그리스도는 단지 모방의 대상일 뿐이다?

• 성경: 요 14:6　　• 찬송: 254장 "내 주의 보혈은"

제16문: 아담의 첫 범죄 때에 모든 사람이 타락하였습니까?

　펠라기우스(Pelagius, 주후 360?-418?)는 아담의 원죄를 부인했습니다. 본래 인간은 선하게 태어나지만 부모 세대와 사회의 악한 것들을 모방함으로 죄를 짓게 된다고 말했습니다. 아우구스티누스는 펠라기우스의 교리가 잘못되었다고 주장했으며, 카르타고 공의회(주후 418년)는 펠라기우스의 교리를 이단으로 정죄했습니다. 16-17세기에 아르미니우스(J. Arminius, 주후 1560-1609)는 펠라기우스의 생각을 반(semi) 정도 받아들입니다. 인간이 스스로 할 수 없지만, 내적으로 하나님이 도와주시면 인간이 협력해서 구원을 이룰 수 있다는 것입니다. 로마 천주교회도 이 입장을 취합니다. 아담의 타락으로 사람의 자유의지가 조금 손상되었을 뿐 전적 타락(무능)은 아니라고 합니다. 그리고 인간 스스로의 선한 의지로 구원에 이를 수 있다고 가르칩니다. 자신의 죄 때문에 죽는 것이지, 원죄 때문은 아니라고 합니다.

　오늘날에도 이러한 생각을 하는 교인들이 꽤 많습니다. 자신의 죄만 해결하면 된다고 생각합니다. 자신의 존재 자체가 죄인인 것을 모릅니다. 자신의 존재가 어떤 상태인지에 대해서는 관심이 없고, 무엇을 해야 하는지 무엇을 하지 말아야 하는지에만 관심이 있습니다. 예수님을 자신의 모델로 삼습니다. 그분의 행동을 모방합니다. 물론 예수님은 인간으로서 최고의 모범을 보여 주셨지만 인간이 그분의 십자가 희생까지 모방할 수는 없습니다. 예수님은 우리의 길이요, 진리요, 생명이십니다. 우리는 그분을 믿음으로써 구원을 얻고 그분 안에서 은혜로 살아갑니다.

답: 아담과 맺으신 언약은 아담 한 사람만이 아니라, 그의 후손까지 위한 것이므로, 보통 출생법으로 아담의 후손이 된 모든 인류는 아담의 첫 범죄 때에 그의 안에서 죄를 짓고 그와 함께 타락하였습니다.

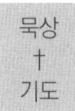

1. 사람이 자신의 죄 때문에 죽는다는 생각에는 무엇이 빠져 있나요?
2. 자기의 죄만 해결하면 모든 죄의 문제가 해결되나요? 또 무엇이 남아 있나요?

하나님, 예수님을 모방함으로써 구원을 얻는 것이 아니라, 그분을 믿음으로써 구원을 얻는 것이 얼마나 감사하고 귀한지 모릅니다. 할렐루야! 아멘!

첫 아담과 마지막 아담

● 성경: 마 3:17-4:11　　● 찬송: 276장 "아버지여 이 죄인을"

제16문: 아담의 첫 범죄 때에 모든 사람이 타락하였습니까?

인류 역사가 시작된 이후로 인간이 지속적으로 추구하고 확보하려는 것이 있는데 그것은 바로 '자유'입니다. 인간은 외부로부터의 법을 거절하고 스스로(auto)가 법(norm)이 되는 자율적(autonomous) 삶을 좋아합니다. 철학에서도 '자유'야말로 구원이고 복이라고 말합니다. 이러한 사상은 아주 오래전부터 존재했습니다. 인류의 시조가 빠진 함정도 하나님 혹은 하나님의 법으로부터의 자유입니다. 그러나 하나님으로부터 자유로운 것이 타락입니다.

첫 사람 아담(고전 15:45)은 에덴동산의 시험에서 "하나님과 같이 되어"(창 3:5) 자유롭게 살고 싶었습니다. 인간은 피조물로서 혼자 스스로 살 수 없는 존재입니다. 인간은 하나님과의 관계에서만 비로소 의미 있는 삶을 사는 피조물입니다. 하나님을 떠나면 그것이 곧 죄입니다.

마지막 아담(고전 15:45)이신 예수님은 하나님의 "사랑하는 아들"(마 3:17)이시지만 유대 광야에서 첫 아담처럼 시험을 받으셨습니다. 그러나 예수님은 "하나님의 입으로부터 나오는 모든 말씀으로 살 것이라"(마 4:4)라고 대답하시며 승리하셨습니다. 첫 아담은 "하나님의 말씀"을 떠나 자유로워지려고 했지만, 마지막 아담은 "하나님의 말씀"에 복종하셨습니다. 첫 아담이 실패한 시험에서 마지막 아담은 승리하셨습니다. 할렐루야!

답: 아담과 맺으신 언약은 아담 한 사람만이 아니라, 그의 후손까지 위한 것이므로, 보통 출생법으로 아담의 후손이 된 모든 인류는 아담의 첫 범죄 때에 그의 안에서 죄를 짓고 그와 함께 타락하였습니다.

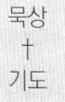

1. 인류 역사를 살펴볼 때 사람들은 인간의 복이 어디에서 온다고 생각했나요?
2. 첫 아담과 마지막 아담이 하나님의 시험에 어떻게 대응했는지 비교해 보세요.

하나님, 첫 아담이 실패한 시험에서 마지막 아담이신 예수 그리스도께서 승리하신 것이 얼마나 감사한지요. 할렐루야! 아멘!

94일 죄의 결과

● 성경: 창 3:16-19, 23   ● 찬송: 89장 "샤론의 꽃 예수"

제17문: 타락으로 말미암아 인류는 어떠한 처지에 떨어지게 되었습니까?

'타락'(fall)으로 인류는 어떤 상태가 되었을까요? 세상을 보고 우리 주변을 보면 '그래도 살 만하다' 싶습니다. 봄이 오면 만물이 소생하고 사람의 마음도 희망으로 가득해집니다. 국민은 선거를 통해 나라의 일꾼을 정하고, 국회는 국민을 위해 새로운 법을 만듭니다. 점점 살기 좋아지는 것 같습니다. 우리나라도 이제 선진국으로 발전해 갑니다. 세상은 점점 좋아지고 있는데, 삶을 마냥 부정적으로 볼 필요가 있을까요?

정말 그럴까요? 세상은 정말 좋은 곳일까요? 그렇지 않습니다. 인류는 근세에 두 번에 걸쳐 처참한 전쟁을 겪어야 했습니다. 제1차 세계 대전에서 약 1천만 명, 제2차 세계 대전에서 약 2천 5백만 명이 전사했습니다. 지금도 세계 여러 곳에서 피비린내 나는 전쟁이 계속되고 있습니다. 우리 주변에서 일어나는 수많은 범죄와 악행이 날마다 매스컴에 보도됩니다. 이런 아픔과 고통과 슬픔은 왜 생겨나는 것일까요? 성경은 그 원인이 인간의 타락으로 말미암는다고 가르칩니다. "타락으로 말미암아 인류는 죄와 비참한 처지에 떨어지게 되었습니다." 피조물인 사람은 창조주인 하나님을 알면서도 그분을 인정하지 않고 불순종합니다. 그렇게 살면 행복할 줄 알지만 사실 그것은 멸망의 길일 뿐입니다. 사람은 모두 '죄와 비참'으로 떨어졌습니다. 본래 멋지게 창조되었지만, 그 귀한 지위에서 떨어져 죄인이 되었고 비참한 처지에 이르게 되었습니다. 그러므로 세상은 비극 그 자체입니다.

답: 타락으로 말미암아 인류는 죄와 비참한 처지에 떨어지게 되었습니다.

묵상 † 기도

1. 점점 살기 좋아지고 기술도 진보하는데, 세상을 비관적으로 보아야 할까요?
2. 인류가 타락했음이 세상에서 어떤 모습으로 나타나고 있나요?

하나님, 세상은 희망적인 것처럼 보이지만, 하나님을 떠나서는 그 어떤 위로와 평강도 없음을 고백합니다. 아멘!

죄의 실체

● 성경: 롬 3:10-19　● 찬송: 369장 "죄 짐 맡은 우리 구주"

제18문: 사람이 그 타락한 처지에서 죄 되는 것은 무엇입니까?

우리는 소요리문답 제17문에서 사람이 타락하여 죄와 비참한 처지에 떨어지게 되었다고 배웠습니다. 이어서 제18문은 '죄의 실체'를 가르치고, 제19문은 '비참의 실체'를 정리합니다. "사람이 그 타락한 처지에서 죄 되는 것은 무엇"일까요? 그것은 "아담의 첫 범죄의 죄책과 원시 의(原始 義)가 없는 것과 온 성품이 부패한 것인데, 이것이 보통 '원죄'라 하는 것이고, 아울러 이 죄로 말미암아 나오는 모든 '자범죄'입니다."

"아담의 첫 범죄의 죄책"(The Guilt of Adam's first Sin)이란 아담의 '첫 범죄', 곧 하나님이 사망의 벌로써 금하신 선악을 알게 하는 나무의 열매를 먹은 것입니다. '범죄'(crime)보다는 '죄'(sin)라고 번역하는 것이 더 좋았을 것 같습니다. '범죄'와 '죄'는 다릅니다. 국가가 예배를 금지하거나 신사참배를 강요하는 것을 신자가 거절하면 국가에 대한 '범죄'이겠지만, 하나님께 대한 '죄'는 아닙니다. 물론 '죄책'(guilt)이라는 단어와 함께 사용되어 죄를 실행한 것이 포함되기 때문에 '범죄'라고 번역해도 큰 문제는 없습니다. '죄책'(罪責)은 죄에 대한 책임(責任)을 의미합니다. 법원에서 '유죄'(有罪)라는 판결을 받으면 그에 상응하는 벌을 받습니다. 그것이 '죄책'입니다. 아담은 '죄책'으로 비참한 상태에 이르게 되었습니다. 그 비참한 실체가 제19문에 상세하게 나옵니다.

답: 사람이 그 타락한 처지에서 죄 되는 것은 아담의 첫 범죄의 죄책과 원시 의가 없는 것과 온 성품이 부패한 것인데, 이것이 보통 원죄라 하는 것이고, 아울러 이 죄로 말미암아 나오는 모든 자범죄입니다.

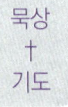
묵상 ✝ 기도

1. 제17문과 제18문, 그리고 제19문 사이의 관계와 차이를 설명해 보세요.
2. '죄'(sin)와 '범죄'(crime)와 '죄책'(guilt)을 구분해 보세요.

하나님, 죄에 대해서는 반드시 책임을 져야 합니다. 하지만, 예수 그리스도께서 그 죄책을 대신 지셨으니, 얼마나 감사한지요. 고맙습니다. 아멘!

악으로 기울어져 있는 본성

● 성경: 엡 2:3   ● 찬송: 379장 "내 갈 길 멀고 밤은 깊은데"

제18문: 사람이 그 타락한 처지에서 죄 되는 것은 무엇입니까?

사람은 왜 악할까요? 외부에서 악한 것이 인간 내부로 들어와 죄가 생긴 것일까요? 성경은 죄가 인간 내부에 있다고 말합니다. 사람이 본래 죄인(원죄)이기 때문에 죄를 짓는다고 합니다(자범죄). 죄를 지어 죄인인 것과 죄인이기에 죄를 짓는 것에는 큰 차이가 있습니다. 전자의 입장은 사람에 대해 긍정적이지만, 후자의 입장은 사람에 대해 부정적입니다.

모든 사람은 죄악 중에서 잉태되며, 본질상 진노의 자녀입니다. 구원받기 위해 선을 행할 만한 능력이 없습니다. 사람은 악으로 기울어져 있습니다. 사람은 죄 가운데 있으며, 죄의 노예로 살다가 죽습니다. 그렇습니다. 우리는 죄를 짓기 원해서 죄를 짓습니다. 본성상 죄에 대한 욕구가 있습니다. 본성이 악으로 기울어져 있습니다.

죄는 사람들에게 매력적입니다. 사람들은 죄악을 행함으로써 큰 쾌감을 느낍니다. 누구나 고통은 최대한 피하고 쾌락은 최대한 즐기기를 원합니다. 우리는 죄의 쾌감이 우리를 행복하게 해 준다는 것을 경험적으로 알고 있기에 그렇게 죄를 범하며 살아갑니다. 불신과 불순종이 기쁨과 행복을 가져다준다는 사탄의 말에 아담이 속았던 것처럼 우리도 마찬가지입니다. 중생하지 못한 사람은 하나님께 순종하는 것이 기쁨과 행복을 가져다준다는 사실을 절대로 믿지 않습니다. 그것이 죄의 증거입니다.

답: 사람이 그 타락한 처지에서 죄 되는 것은 아담의 첫 범죄의 죄책과 원시 의가 없는 것과 온 성품이 부패한 것인데, 이것이 보통 원죄라 하는 것이고, 아울러 이 죄로 말미암아 나오는 모든 자범죄입니다.

1. 사람은 왜 죄를 지을까요?
2. 사람이 정말 죄짓는 것을 좋아할까요? 악을 행하며 쾌감을 느낀 적이 있나요?

하나님, 저는 하나님의 말씀에 순종하는 것이 기쁨이고 복임을 압니다. 알면서도 순종하지 못할 때가 있습니다. 저를 도와주세요. 아멘!

원죄와 자범죄

- 성경: 창 8:21　● 찬송: 381장 "나 캄캄한 밤 죄의 길에"

제18문: 사람이 그 타락한 처지에서 죄 되는 것은 무엇입니까?

　죄인의 모습은 어떤가요? 머리에 뿔이 있거나 악마의 모습을 하고 있을까요? 아닙니다. 겉모습은 멀쩡합니다. 심지어 선하게 보일 때도 있습니다. 죄는 겉으로 잘 드러나지 않습니다. 하지만, 죄는 인간의 전체(total) 인격에 영향을 미칩니다. 죄는 마치 눈에 보이지 않는 두 개의 뿔과 같습니다. 인간이 타락한 상태에서 죄 되는 것은 첫째는 '원죄'(original sin)이고, 둘째는 '자범죄'(actual transgression)입니다.

　'원죄'는 죄책과 원시 의가 없는 것과 온 성품이 부패한 것입니다. 아담의 후손은 아담이 가졌던 최초의 의로움(원시 의[原始 義])을 잃어버렸습니다. 그뿐만 아니라, 사람의 "온 성품이 부패"했습니다. '온 성품이 부패했다'는 것은 질적인 것이 아니라 그 범위를 말하는 것입니다. 사람이 착한 일을 전혀 할 수 없다는 뜻이 아닙니다. 인간은 질서도 지키고 자선 활동도 합니다. '온 성품이 부패했다'는 것은 죄로 오염된 상태이기 때문에 무슨 일을 하든지 자기중심적이고 이기적이며 하나님의 영광과 그분을 기뻐하는 것을 고려하지 않는다는 뜻입니다.

　'자범죄'는 원죄로부터 나옵니다. '자범죄'는 '실제적으로 사람 자신이 짓는 죄'입니다. 'Actual transgression'을 '자범죄'(自犯罪)라고 번역하니 약간의 오해가 생길 수도 있습니다. 원죄는 내가 짓지 않았다는 인상을 줍니다. 그러나 아담이 죄를 지을 때 우리도 같이 죄를 지었다고 보아야 합니다.

답: 사람이 그 타락한 처지에서 죄 되는 것은 아담의 첫 범죄의 죄책과 원시 의가 없는 것과 온 성품이 부패한 것인데, 이것이 보통 원죄라 하는 것이고, 아울러 이 죄로 말미암아 나오는 모든 자범죄입니다.

묵상 † 기도

1. 죄인의 모습은 어떻습니까?
2. '온 성품이 부패했다'는 것은 무슨 의미입니까?

하나님, 저는 전적으로 타락하여 온 성품이 부패했습니다. 예수 그리스도께서 베푸시는, 새롭게 하시는 중생의 은혜가 없었다면 사망의 음침한 곳에 머물 수밖에 없었을 것입니다. 감사합니다. 아멘!

9日일

14주차 모임

죄와 비참

● 성경: 롬 3:10-12　● 찬송: 379장 "내 갈 길 멀고 밤은 깊은데"

함께 읽어 봅시다

제17문: 타락으로 말미암아 인류는 어떠한 처지에 떨어지게 되었습니까?
답: 타락으로 말미암아 인류는 죄와 비참한 처지에 떨어지게 되었습니다.
제18문: 사람이 그 타락한 처지에서 죄 되는 것은 무엇입니까?
답: 사람이 그 타락한 처지에서 죄 되는 것은 아담의 첫 범죄의 죄책과 원시 의가 없는 것과 온 성품이 부패한 것인데, 이것이 보통 원죄라 하는 것이고, 아울러 이 죄로 말미암아 나오는 모든 자범죄입니다.

함께 나누어 봅시다

1. 원죄가 무엇인지 말해 보고, 성경에서 발견한 원죄와 우리가 실생활에서 경험하는 원죄에 대해 이야기해 보세요.

_____
_____

2. 자범죄의 영어 표현을 생각해 보고, 원죄와의 관계를 설명해 보세요.

_____
_____

3. 인간의 '전적 부패'(Total Depravity)에 대해 서로 이야기해 보세요.

_____
_____

함께 기도합시다

내가 죄인임을 고백하고 인정하는 기도를 합시다.

전적 부패

● 성경: 롬 3:10-12   ● 찬송: 438장 "내 영혼이 은총 입어"

제18문: 사람이 그 타락한 처지에서 죄 되는 것은 무엇입니까?

'인간의 온 성품이 부패했다'는 것을 '전적 부패'(Total Depravity)라는 단어로 설명합니다. 정말 인간이 완전히 부패해서 아무런 의도 행할 수 없다는 뜻일까요? 그렇지는 않습니다. 인간도 선한 일을 하기는 합니다. 하나님은 인간이 타락한 후에도 '본성의 빛'이라는 것을 남겨 주셨습니다. 그래서 인간은 하나님과 자연, 그리고 선과 악의 차이에 대해 약간의 지식을 가지고 있습니다. 이것을 '양심'이라고 부르기도 합니다. 그렇지만 이 '본성의 빛'은 하나님이 주시는 구원의 지식을 완전히 알게 하지는 못합니다. 사람을 참된 회심으로 인도하지도 못합니다.

지금도 인간에게는 스스로 선과 악을 택할 수 있는 자유가 있습니다. 그러나 자신을 구원으로 이끌어 가는 행동과 의지와 능력은 없습니다. 인간은 악을 행하는 쪽으로 기울어져 있기 때문에 하나님의 도움이 없이는 하나님을 위한 그 어떤 선도 행할 수 없습니다.

'본성의 빛'은 단지 인간의 죄를 억제할 뿐입니다. 시민 정부가 악을 징벌하기 위해 통치자들을 세웁니다(롬 13:1-5). 사람들은 죄의 결과인 죽음을 무서워하기도 합니다(히 2:15). 가족 제도, 교육, 사회 활동 등이 인간의 마음과 삶에서 죄의 활동을 억제하기는 하지만, 이는 불완전합니다. 인간의 외부로부터, 곧 하나님으로부터 도움이 오지 않으면 인간 스스로는 선을 행할 능력과 의지를 가질 수 없습니다(창 6:5; 삼상 16:7; 시 58:3). 그리스도인은 인간의 '전적 부패'를 믿습니다.

답: 사람이 그 타락한 처지에서 죄 되는 것은 아담의 첫 범죄의 죄책과 원시 의가 없는 것과 온 성품이 부패한 것인데, 이것이 보통 원죄라 하는 것이고, 아울러 이 죄로 말미암아 나오는 모든 자범죄입니다.

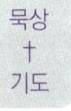

1. '전적 부패'라는 말의 의미를 설명해 보세요.
2. '본성의 빛'은 인간의 죄에 대해 어떤 역할을 하나요?

하나님, 저는 인간의 전적 부패를 인정합니다. 우리의 부패함을 용서해 주십시오. 아멘!

# 비참의 실체

● 성경: 엡 2:3 ● 찬송: 265장 "주 십자가를 지심으로"

제19문: 사람이 그 타락한 처지에서 비참한 것은 무엇입니까?

　어떤 정치가가 "사람이 희망이다"라는 말을 했습니다. 이것은 사람만이 사람에게 희망을 줄 수 있다는 말일 것입니다. 정말 사람에게 희망이 있을까요? 사람의 비참을 안다면 그렇게 말할 수 없을 것입니다. 혹시 사람이 죄인임을 안다 하더라도 하나님을 알지 못하면 어쩔 수 없이 "그래도 사람이 희망이다"라고 말할 수밖에 없을 것입니다.

　소요리문답 제19문은 인간의 비참에 대해서 성경을 바탕으로 삼아 이렇게 답합니다. "모든 인류는 타락함으로 말미암아 하나님과 교제가 끊어졌고, 하나님의 진노와 저주 아래 있으며, 그로 말미암아 이 세상에서 온갖 비참함을 겪다가 결국 죽음에 이르고 영원히 지옥의 고통에 떨어집니다." 사람은 창조주 하나님과 관계가 끊어지면 죽은 것입니다. 시조 아담이 죄를 지음으로 하나님과 교제가 끊어진 후 사람에게는 희망이 없습니다. 사람은 하나님과 관계가 끊어져서 진노와 저주 아래에 있습니다. 하나님의 사랑을 받는 관계가 아니라 하나님의 진노와 저주 아래에 있으니 비참할 수밖에 없습니다. 사람이 하는 모든 노력과 애씀이 헛될 뿐입니다. 사람의 오락과 재물과 명예와 행운도 헛됩니다. "우매자의 웃음소리는 솥 밑에서 가시나무가 타는 소리 같으니, 이것도 헛되니라"(전 7:6). 사람은 스스로 헛되게 살고, 사탄은 계속 그렇게 살라고 사람을 부추깁니다. 생명나무에 접근할 수 없는 인간은 죽음의 저주 아래에 있습니다. 이렇게 사람은 본질상 진노의 자녀(엡 2:3)입니다.

답: 모든 인류는 타락함으로 말미암아 하나님과 교제가 끊어졌고, 하나님의 진노와 저주 아래 있으며, 그로 말미암아 이 세상에서 온갖 비참함을 겪다가 결국 죽음에 이르고 영원히 지옥의 고통에 떨어집니다.

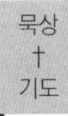
1. 사람의 비참함을 생각할 때, 그래도 사람이 희망을 줄 수 있다고 말할 수 있을까요?
2. 사람의 비참한 처지를 실제로 경험한 적이 있나요?

하나님, 저는 본질상 진노의 자녀였습니다. 예수 그리스도의 보혈이 아니고는 아무런 희망이 없습니다. 아멘!

현재의 온갖 비참

• 성경: 롬 1:18-32 • 찬송: 272장 "고통의 멍에 벗으려고"

제19문: 사람이 그 타락한 처지에서 비참한 것은 무엇입니까?

불교에서는 인간이 살면서 겪는 고통을 '생로병사'(生老病死)로 구분합니다. 인간의 비참한 현실을 네 개의 한자어로 표현한 것입니다. 틀린 표현이 아닙니다. "사람은 고생을 위하여 났으니 불꽃이 위로 날아가는 것 같으니라"(욥 5:7). 세상은 질병과 기근과 전쟁과 재난으로 가득합니다. 부조리도 편만합니다. 악인이 의인보다 더 행복한 삶을 사는 것 같습니다. 그런 점이 우리를 더 비참하게 합니다.

이렇게 현재 살아가면서 겪는 온갖 비참을 '내적인 것'과 '외적인 것'으로 구분할 수 있습니다. 내적인 것으로는 '정신이 우둔해지는 것'이 있습니다. 감각과 마음이 타락한 것입니다. 죄를 향한 방종을 말합니다. '강한 유혹과 망상' 역시 온갖 비참 중 하나입니다. 세상 사람들은 진화론을 굳게 믿습니다. 제2차 세계 대전 때 독일의 나치 정권은 자신들이 가장 우수한 인종이라는 신념을 가지고 유대인을 학살했습니다. '마음이 굳어지는 것'도 비참함입니다. '회개하라'는 복음의 초청을 거절하고 무관심합니다. 그렇지만 마음 저 깊은 곳에는 막연하게나마 하나님의 심판에 대한 공포가 있습니다. 사악한 마음과 부끄러운 욕심(롬 1:28)도 우리의 비참한 모습입니다. 외적인 것으로는 사람의 죄 때문에 임한 하나님의 저주와 죽음을 포함해서, 육체적인 질병들과 세상의 재난들이 있습니다. 인간은 이런 비참한 실상을 늘 경험하며 살아갑니다.

답: 모든 인류는 타락함으로 말미암아 하나님과 교제가 끊어졌고 하나님의 진노와 저주 아래 있으며, 그로 말미암아 이 세상에서 온갖 비참함을 겪다가 결국 죽음에 이르고 영원히 지옥의 고통에 떨어집니다.

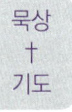

묵상
†
기도

1. 이 세상에서 겪는 내적인 비참함은 무엇입니까?
2. 이 세상에서 겪는 외적인 비참함은 무엇입니까?

하나님, 제가 현실 속에서 겪는 온갖 비참함은 바로 저의 죄로부터 온 것임을 인정합니다. 아멘!

 # 지옥의 고통

● 성경: 막 9:45-50; 마 25:46 ● 찬송: 522장 "웬일인가 내 형제여"

제19문: 사람이 그 타락한 처지에서 비참한 것은 무엇입니까?

인간이 죽은 뒤 겪는 비참 중 하나는 천국의 행복을 잃어버리는 것입니다. 다시 말하면 하나님과 멀리 떨어지는 것이 가장 큰 비참입니다. 본래 창조받은 지위에서 떨어진 자는 지옥 불에서 영원한 고통을 겪습니다. 그 고통은 영혼과 육체에 모두 임합니다(마 5:29-30; 10:28; 계 20:13-15).

죽으면 모든 것이 끝이라고 믿는 이들이 있습니다. 그러나 그렇지 않습니다. 또 하나님은 사랑이 많으시기 때문에 모든 사람을 구원하신다고(만인 구원론) 주장하는 이들도 있습니다. 그러나 그렇지 않습니다. 하나님은 사랑이시며 동시에 공의이십니다. 또 '연옥'에 들어갔다가 나중에 천국으로 갈 수 있다고 가르치는 이들도 있습니다. 이는 성경에 없는 교리를 지어 낸 것입니다. 사람의 생각으로 이렇게 저렇게 말하고 가르치면 안 됩니다. 하나님께서 성경에서 무엇이라고 말씀하시느냐가 기준입니다.

타락한 사람은 '영원한 벌'(마 25:46)에 들어갑니다. 이런 지옥의 공포가 예수 그리스도를 믿어야 할 유일한 동기는 아니지만, 인간의 죄와 비참의 결과가 무엇인지를 알려 줍니다. 성령님은 이러한 동기를 사용하셔서 불신자를 부르기도 하십니다.

답: 모든 인류는 타락함으로 말미암아 하나님과 교제가 끊어졌고 하나님의 진노와 저주 아래 있으며, 그로 말미암아 이 세상에서 온갖 비참함을 겪다가 결국 죽음에 이르고 영원히 지옥의 고통에 떨어집니다.

 묵상 † 기도

1. 죄와 비참함에 빠진 사람의 최종 모습은 어떤가요?
2. 성경에서는 사람이 죽은 이후에 어떻게 된다고 말하나요?

하나님, 제 주변에 있는 불신자가 지옥이 있음을 믿게 해 주세요. 그래서 그가 하나님 앞으로 나올 수 있도록 해 주세요. 아멘!

103일 천국과 지옥에 갔다 왔다는 사람

• 성경: 눅 16:19-31   • 찬송: 637장 "주님 우리의 마음을 여시어"

제19문: 사람이 그 타락한 처지에서 비참한 것은 무엇입니까?

　적지 않은 사람들이 사후 세계를 체험했다고 하면서 책을 내기도 하고 간증을 하고 다니기도 합니다. 얼핏 들어 보면 꽤 구체적이고 신비한 내용도 많습니다. 우리는 이들의 말을 믿어야 할까요? 이러한 체험을 받아들이고 믿기 시작하면 참과 거짓을 분별하기가 힘듭니다. 우리는 기적과 신기한 체험이 아니라 성경 말씀을 믿어야 합니다.

　성경에는 예수님이 들려주신, 부자와 나사로 이야기가 실려 있습니다. 부자와 거지 나사로가 둘 다 죽었습니다. 부자는 지옥에 가고, 거지는 천국에 갔습니다. 부자는 지옥에서 너무나 고통스러웠습니다. 그래서 아직 세상에 살고 있는 자신의 형제 다섯에게 지옥이라는 존재를 알려 주고 싶어 합니다. 부자는 나사로를 다시 살려서 세상으로 보내어 자신의 형제 다섯에게 증언하게 하면 그들이 이렇게 고통스러운 지옥에 오지 않게 될 것이라고 기대합니다. 그때 아브라함이 대답합니다. "그들에게 모세와 선지자들이 있으니, 그들에게 들을지니라 … 이르되 모세와 선지자들에게 듣지 아니하면 비록 죽은 자 가운데서 살아나는 자가 있을지라도 권함을 받지 아니하리라"(눅 16:29-31). 우리는 천국이나 지옥에 갔다 왔다는 이들의 말을 믿을 필요가 없습니다.

답: 모든 인류는 타락함으로 말미암아 하나님과 교제가 끊어졌고 하나님의 진노와 저주 아래 있으며, 그로 말미암아 이 세상에서 온갖 비참함을 겪다가 결국 죽음에 이르고 영원히 지옥의 고통에 떨어집니다.

1. 사후 세계를 경험했다고 하는 사람들의 이야기를 들어 본 적이 있나요?
2. 우리는 그들의 말을 어떻게 받아들여야 하나요? 우리가 믿어야 할 것은 무엇인가요?

하나님, 여러 가지 신비한 체험을 하고 기적을 경험했다는 이들의 말에 현혹되지 않게 해 주세요. 아멘!

인간에게 아무런 희망이 없다고?

● 성경: 롬 3:23   ● 찬송: 488장 "이 몸의 소망 무언가"

제20문: 하나님께서 모든 인류를 죄와 비참한 처지에서 멸망하게 버려두셨습니까?

지금까지 배운 내용(소요리문답 제13-19문)으로 보면 인간에게는 아무런 희망이 없습니다. "모든 인류는 타락함으로 말미암아 하나님과 교제가 끊어졌고 하나님의 진노와 저주 아래 있으며, 그로 말미암아 이 세상에서 온갖 비참함을 겪다가 결국 죽음에 이르고 영원히 지옥의 고통에 떨어질 것"(제19문)이기 때문입니다. 이렇게 된 것은 하나님 탓이 아니라, 전적으로 인간 책임입니다. 인간은 부패하여 선을 행할 수 없고 온갖 악만 행하는 성향을 가지고 있습니다. 물론 사람 속에는 '본성의 빛'이 약간 남아 있어서 적절한 생각과 말과 행동을 하려고 애쓰기는 하지만, 그것으로는 구원의 지식과 참된 회개에 이를 수 없습니다. 타락한 죄인의 본성은 죄로 기울어져 있습니다. 인간 스스로 죗값을 완전히 치르고 구원에 이를 수가 없습니다. 오히려 날마다 자신의 죄책을 증가시킬 뿐입니다.

피조물 가운데 어떤 존재도 죄에 대한 하나님의 영원한 진노의 짐을 감당할 수 없고, 인간을 구원할 수도 없습니다. 이 부분에 대해 분명하게 정리가 되어 있지 않으면 다음 단계로 나아갈 수 없습니다. "모든 사람이 죄를 범하였으매 하나님의 영광에 이르지 못하더니"(롬 3:23). 인간 밖에서 하나님이 구원의 손길을 내밀지 않으시면 인간에게는 그 어떤 희망도 없습니다. 성령 하나님이 영적으로 죽은 우리를 새롭게 출생시키지 않으시면 희망이 없습니다.

답: 하나님께서는 영원부터 오직 그분의 선하신 뜻대로 어떤 사람들을 영생에 이르도록 선택하셨고, 구속자로 말미암아 그들을 죄와 비참한 처지에서 건져 내어 구원의 지위에 이르게 하시려고 은혜 언약을 세우셨습니다.

1. 모든 인류에게는 정말 희망이 없습니까?
2. 만약 우리 밖에서 도움의 손길이 오지 않는다면 우리는 어떠한 처지가 될까요? 이 점을 아는 것이 왜 중요한지 묵상해 보세요.

하나님, 제 안에는 그 어떤 구원의 방법도 없음을 인정합니다. 밖에서 하나님으로부터 오는 도움만이 저를 살릴 수 있음을 믿습니다. 아멘!

15주차 모임

비참한 존재

● 성경: 롬 1:18-32 ● 찬송: 272장 "고통의 멍에 벗으려고"

함께 읽어 봅시다

제19문: 사람이 그 타락한 처지에서 비참한 것은 무엇입니까?

답: 모든 인류는 타락함으로 말미암아 하나님과 교제가 끊어졌고, 하나님의 진노와 저주 아래 있으며, 그로 말미암아 이 세상에서 온갖 비참함을 겪다가 결국 죽음에 이르러 영원히 지옥의 고통에 떨어집니다.

함께 나누어 봅시다

1. 인간이 얼마나 비참한 존재인지에 대해 내적인 면과 외적인 면으로 설명해 보세요.

2. 천당이나 지옥에 갔다 왔다는 이들의 말에 우리는 어떻게 반응해야 할까요?

3. '사람이 희망입니다'라는 말의 오류는 무엇입니까?

함께 기도합시다

내가 처한 비참한 현실을 직시하게 해 달라고 하나님께 기도합시다.

# 은혜로운 선택과 언약

● 성경: 신 7:6 ● 찬송: 29장 "성도여 다 함께"

제20문: 하나님께서 모든 인류를 죄와 비참한 처지에서 멸망하게 버려두셨습니까?

하나님은 모든 인류를 죄와 비참한 처지에서 멸망하게 버려두지 않으셨습니다. "하나님께서는 영원부터 오직 그분의 선하신 뜻대로 어떤 사람들을 영생에 이르도록 선택하셨고, 구속자로 말미암아 그들을 죄와 비참한 처지에서 건져 내어 구원의 지위에 이르게 하시려고 은혜 언약을 세우셨습니다." 하나님은 모든 인류 가운데 어떤 사람들을 영생에 이르도록 선택하셨습니다. 모든 사람이 죄와 비참으로 멸망할 것인데 그중 일부를 구원하기로 선택하셨다는 뜻입니다. 놀라운 은혜입니다. 본래 사람에게는 아무런 희망이 없습니다. 자기 죄 때문에 지옥의 형벌을 영원히 받게 될 것입니다. 악한 죄인을 구원하지 않으셔도 그것이 하나님의 책임은 아닙니다. 그런데 "어떤 사람들을 영생에 이르도록 선택"하셨습니다. 그것은 "오직 그분의 선하신 뜻"에 따른 은혜입니다.

하나님은 '선택'한 사람들을 구원하기 위해 '언약'이라는 방법을 사용하십니다. "구속자로 말미암아 그들을 죄와 비참한 처지에서 건져 내어 구원의 지위에 이르게 하시려고 은혜 언약을 세우셨습니다." 선택은 하나님의 작정 속에 있습니다. 그 선택이 역사 가운데에 실행될 때 언약이라는 방법으로 이루어집니다. 하나님이 택하신 구원의 방법이 언약입니다. 이것이 구원의 원리이고 신비입니다.

답: 하나님께서는 영원부터 오직 그분의 선하신 뜻대로 어떤 사람들을 영생에 이르도록 선택하셨고, 구속자로 말미암아 그들을 죄와 비참한 처지에서 건져 내어 구원의 지위에 이르게 하시려고 은혜 언약을 세우셨습니다.

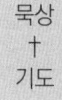**묵상 † 기도**

1. 하나님께서는 희망이 없는 인간에게 어떤 방법으로 영생을 주려고 계획하셨나요?
2. 하나님께서는 구원을 어떻게 실행하시나요?

하나님, 죄와 비참으로 아무런 희망이 없던 저를 구원하기로 창세전에 선택하시고 새 언약을 통해 실제로 구원해 주시니, 참 감사합니다. 아멘!

107일 무조건적 선택

• 성경: 롬 9:16 • 찬송: 16장 "은혜로신 하나님 우리 주 하나님"

제20문: 하나님께서 모든 인류를 죄와 비참한 처지에서 멸망하게 버려두셨습니까?

1618-1619년에 네덜란드 도르트에서 열린 범(汎)개신교회 총회는 7개월 동안 154번 회의를 하면서 값진 신앙고백을 만들었습니다. 그 내용이 '도르트 신조'(The Canons of Dort)입니다. 이 회의가 열린 이유는 우리가 고백한 대로 "하나님께서는 영원부터 오직 그분의 선하신 뜻대로 어떤 사람들을 영생에 이르도록 선택"하신다는 교리에 반대하는 무리가 있었기 때문입니다. 5세기 수도승 펠라기우스(Pelagius)는 원죄를 인정하지 않았고, 인간의 자유의지로 선을 행함으로써 구원을 받을 수 있다고 했습니다. 16-17세기 네덜란드에도 이와 비슷한 주장을 하는 이들이 있었습니다. 코른헤르트(D. V. Coornhert)와 아르미니우스(J. Arminius)는 인간에게 원죄가 있기는 하지만, 남아 있는 본성의 빛으로 구원에 이를 수 있다고 주장했습니다.

그러나 성경은 그렇게 말하지 않습니다. 성경은 인간이 전적으로 타락했기에(Total Depravity) 구원의 지식과 참된 회개에 이를 수 없다고 가르칩니다. 인간은 할 수 없지만, 하나님은 하실 수 있습니다. 하나님은 기쁘신 뜻과 은혜로 선택하신 사람들을 구원하기로 작정하셨습니다. 아르미니우스주의자들은 하나님께 선택받으려면 먼저 인간의 자유의지로 믿어야 한다고 가르쳤지만, 하나님의 선택에는 조건이 없습니다. 그래서 도르트 신조의 첫 번째 교리가 '무조건적 선택'(Unconditional Election)에 관한 것입니다. "그런즉 원하는 자로 말미암음도 아니요, 달음박질하는 자로 말미암음도 아니요, 오직 긍휼히 여기시는 하나님으로 말미암음이니라"(롬 9:16).

답: 하나님께서는 영원부터 오직 그분의 선하신 뜻대로 어떤 사람들을 영생에 이르도록 선택하셨고, 구속자로 말미암아 그들을 죄와 비참한 처지에서 건져 내어 구원의 지위에 이르게 하시려고 은혜 언약을 세우셨습니다.

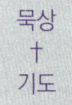

1. 사람은 완전히 타락했으므로 오직 하나님의 은혜만 구원에 이를 수 있는데, 아르미니우스주의자들은 이 부분을 어떻게 가르치나요?
2. 도르트 신조는 이 내용을 어떻게 정리했나요?

하나님, 오직 하나님의 은혜로 구원받게 되었음을 알게 해 주시니 감사합니다. 아멘!

선택의 성경적 증거

● 성경: 신 7:7 ● 찬송: 383장 "눈을 들어 산을 보니"

제20문: 하나님께서 모든 인류를 죄와 비참한 처지에서 멸망하게 버려두셨습니까?

'무조건적 선택'을 믿으면 선행을 하는 데 게을러지지는 않을까요? 그렇지 않습니다. 만약 자신이 이미 선택되었기 때문에 선행을 할 필요가 없다고 여기고 방종한 삶을 산다면 그는 참된 믿음을 가진 사람이 아닙니다. 참된 믿음은 하나님의 은혜에 감사하고 진심으로 회개하며 선행의 열매를 맺습니다. 좋은 나무가 좋은 열매를 맺는 것과 같습니다. 그러므로 열매로 참과 거짓을 알 수 있습니다.

성경에는 선택에 관한 구절이 많습니다. 몇 가지만 살펴봅시다.

"너는 여호와 네 하나님의 **성민이라**. 네 하나님 여호와께서 지상 만민 중에서 너를 **자기 기업의 백성으로 택하셨나니**, 여호와께서 너희를 기뻐하시고 너희를 **택하심**은 너희가 다른 민족보다 수효가 많기 때문이 아니니라. 너희는 오히려 모든 민족 중에 가장 적으니라"(신 7:6-7). "너희가 나를 택한 것이 아니요, 내가 너희를 택하여 세웠나니"(요 15:16). "그런즉 이와 같이 지금도 은혜로 택하심을 따라 **남은 자가** 있느니라"(롬 11:5). "곧 창세전에 그리스도 안에서 우리를 택하사, 우리로 사랑 안에서 그 앞에 거룩하고 흠이 없게 하시려고, 그 기쁘신 뜻대로 우리를 예정하사, 예수 그리스도로 말미암아 자기의 아들들이 되게 하셨으니"(엡 1:4-5).

답: 하나님께서는 영원부터 오직 그분의 선하신 뜻대로 어떤 사람들을 영생에 이르도록 선택하셨고, 구속자로 말미암아 그들을 죄와 비참한 처지에서 건져 내어 구원의 지위에 이르게 하시려고 은혜 언약을 세우셨습니다.

1. 선택 교리와 신자의 선행의 관계에 대해 묵상해 보세요.
2. 하나님의 선택에 대해 설명하는 성경 구절을 찾아보세요.

하나님, 성경은 하나님의 선택에 관해 수없이 증언합니다. 비록 우리의 이성과 이해의 범위를 넘어서는 부분이 있지만, 성경에 나오는 진리를 믿게 하소서. 아멘!

영원부터 선택하심

● 성경: 히 3:13　● 찬송: 573장 "말씀에 순종하여"

제20문: 하나님께서 모든 인류를 죄와 비참한 처지에서 멸망하게 버려두셨습니까?

하나님이 영원부터 어떤 사람을 영생에 이르도록 선택하셨다면 인간 입장에서는 따로 할 일이 없다고 오해하기 쉽습니다. '영원부터(from all Eternity) … 선택했다(elected)'고 하니 '운명론'과 차이가 없어 보입니다. 우리는 영원을 과거라고 생각해서 하나님께 모든 책임을 떠넘기는 경향이 있습니다. 그러나 성경에서 말하는 하나님의 영원은 인간의 과거 · 현재 · 미래를 초월합니다. 하나님의 시간 개념으로는, 하루가 천 년 같고 천 년이 하루 같습니다. "사랑하는 자들아, 주께는 하루가 천 년 같고 천 년이 하루 같다는 이 한 가지를 잊지 말라"(벧후 3:8).

성경은 하나님이 창세전에 우리를 선택하셨다고 합니다. "곧 창세전에 그리스도 안에서 우리를 택하사 … 자기의 아들들이 되게 하셨으니"(엡 1:4-5). 그리고 성경은 현재의 선택을 굳게 하라고 명령합니다. "그러므로 형제들아, 더욱 힘써 너희 부르심과 택하심을 굳게 하라. 너희가 이것을 행한즉 언제든지 실족하지 아니하리라"(벧후 1:10). 마지막으로 미래적 과제도 줍니다. "끝까지 견고히 잡고 있으면 그리스도와 함께 참여한 자가 되리라"(히 3:14). 영원한 선택은 과거 · 현재 · 미래의 범위를 모두 포함합니다. 영원한 선택에는 우리가 어떻게 행동할 것인가 하는 문제까지도 포함되어 있습니다.

답: 하나님께서는 영원부터 오직 그분의 선하신 뜻대로 어떤 사람들을 영생에 이르도록 선택하셨고, 구속자로 말미암아 그들을 죄와 비참한 처지에서 건져 내어 구원의 지위에 이르게 하시려고 은혜 언약을 세우셨습니다.

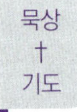

1. 선택이 과거의 어느 한 시점에 행해졌다면 운명론과 차이가 없습니다. '영원부터'를 어떻게 이해해야 할까요?
2. 성경에서는 선택이 '영원'에서 이루어진다고 합니다. 그렇다면 인간의 시간 개념으로는 언제 이루어질까요? 묵상해 보세요.

하나님, 저를 영생에 이르도록 선택해 주셔서 감사합니다. 하지만 시공간의 한계에 갇힌 저로서는 '영원부터' 선택하셨다는 것을 이해하기가 힘듭니다. 믿음을 주소서. 아멘!

 # 110일 은혜 언약

● 성경: 창 17:6　● 찬송: 232장 "유월절 때가 이르러"

제20문: 하나님께서 모든 인류를 죄와 비참한 처지에서 멸망하게 버려두셨습니까?

　우리의 창조주 하나님은 영원부터 어떤 사람을 영생에 이르도록 선택하기로 작정하시고는 뒷짐만 지고 계시는 분이 아닙니다. 하나님은 그 작정을 창조와 섭리의 일로써 이루십니다.

　더 구체적으로 말하면, 하나님은 언약이라는 방식으로 일하십니다. 하나님은 "구속자로 말미암아 그들을 죄와 비참한 처지에서 건져 내어 구원의 지위에 이르게 하시려고 은혜 언약을 세우셨습니다." '은혜 언약을 세우셨다'를 영어로 표현하면 'God entered into a covenant of grace'입니다. 하나님이 은혜 언약 '안으로'(into) '들어가십니다'(enter). 택한 자를 죄와 비참한 처지에서(out of the estate of sin and misery) 건져 내어 구원의 지위에 이르게 하시려고(to bring them into an estate of salvation) 그렇게 은혜 언약 안으로 들어가신 것입니다.

　그러면 '언약'이 무엇일까요? '언약'은 위대하신 하나님이 피조물인 인간과 관계를 맺기 위해 스스로 낮추셔서, 인간이 믿고 순종할 때 복과 상급을 주겠다고 맹세하시는 것입니다. 언약에는 아담과 맺으신 '생명 언약'을 비롯해서 '노아 언약', '아브라함 언약', '모세 언약', '다윗 언약', '옛 언약', '새 언약' 등 다양한 언약이 있습니다. 이 모든 언약은 기본적으로 '은혜 언약'입니다. 죄인을 향한 하나님의 은혜로부터 온 것입니다.

답: 하나님께서는 영원부터 오직 그분의 선하신 뜻대로 어떤 사람들을 영생에 이르도록 선택하셨고, 구속자로 말미암아 그들을 죄와 비참한 처지에서 건져 내어 구원의 지위에 이르게 하시려고 은혜 언약을 세우셨습니다.

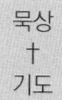

1. 선택을 이루시기 위해 하나님이 어디로 들어가셨습니까?
2. 언약은 기본적으로 모두 은혜 언약입니다. 왜 그렇습니까?

하나님, 영원부터 선택하신 것을 이 땅과 이 시대에 이루시기 위해 인간과 은혜 언약을 맺어 주셔서 감사합니다. 아멘!

111일 언약과 그리스도

● 성경: 고전 15:45 ● 찬송: 208장 "내 주의 나라와"

제20문: 하나님께서 모든 인류를 죄와 비참한 처지에서 멸망하게 버려두셨습니까?

하나님은 에덴동산에서 아담 안에서 모든 인류와 '행위(생명·아담·창조) 언약'(Foedus Operum)을 맺으셨습니다. 아담은 그 언약에 순종(행위)하면 영생과 영광된 삶을 얻을 수 있었습니다. 그런데 그는 불순종함으로 말미암아 실패합니다. 인간은 영적으로 죽고 죄와 비참 가운데로 떨어집니다(fall). 인간 스스로 생명을 얻을 수 없습니다.

하나님이 그리스도 안에서 '은혜 언약'(Foedus Gratiae)을 맺으십니다. 첫째 아담은 하나님과 맺은 '행위 언약'을 지키는 데 실패하지만, 마지막 아담은 '은혜 언약'에 성공하십니다. 하나님은 첫째 아담을 모든 인류의 대표자로 세우고 행위 언약을 맺으신 것처럼, 마지막 아담(그리스도)을 모든 택하신 사람의 대표자로 세우고 은혜 언약을 맺으십니다. 그러므로 이 은혜 언약은 하나님이 택하신 모든 백성과 맺은 것입니다. 첫 아담이 언약에 불순종함으로써 모든 사람이 죄인 되었지만, 마지막 아담은 언약에 순종함으로써 의를 얻으셨습니다. 그 의를 택하신 백성에게 주셨습니다. 하나님은 죄인에게 그리스도로 말미암는 생명과 구원을 조건 없이 제시하십니다. 사람은 그저 그리스도를 믿기만 하면 영생과 구원을 얻습니다. 하나님은 성령 하나님을 보내셔서 사람이 자발적으로 믿도록 하십니다. 이 모든 것이 공로 없이 주어지기에 '은혜로운 언약', 곧 '은혜 언약'이라고 부릅니다.

답: 하나님께서는 영원부터 오직 그분의 선하신 뜻대로 어떤 사람들을 영생에 이르도록 선택하셨고, 구속자로 말미암아 그들을 죄와 비참한 처지에서 건져 내어 구원의 지위에 이르게 하시려고 은혜 언약을 세우셨습니다.

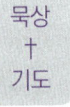

1. 아담이 실패한 언약을 하나님께서 어떻게 해결하십니까?
2. 하나님께서 은혜 언약을 이루어 가시는 방식은 무엇입니까?

하나님, 마지막 아담이신 예수 그리스도가 이루신 은혜 언약의 혜택을 저에게 거저 베풀어 주시니 감사합니다. 아멘!

112일

16주차 모임

선택과 언약

● 성경: 엡 1:4-5 ● 찬송: 208장 "내 주의 나라와"

함께 읽어 봅시다

제20문: 하나님께서 모든 인류를 죄와 비참한 처지에서 멸망하게 버려두셨습니까?

답: 하나님께서는 영원부터 오직 그분의 선하신 뜻대로 어떤 사람들을 영생에 이르도록 선택하셨고, 구속자로 말미암아 그들을 죄와 비참한 처지에서 건져 내어 구원의 지위에 이르게 하시려고 은혜 언약을 세우셨습니다.

함께 나누어 봅시다

1. '선택과 언약'은 비참에 빠진 백성에게 베푸시는 하나님의 은혜입니다. 이 두 개념의 관계에 대해 설명해 보세요.

2. '무조건적 선택'(Unconditional Election) 교리는 인간에게 엄청난 복음입니다. 하지만 이 교리를 잘못 이해하면 어떻게 살게 될까요?

3. '오직 은혜'(sola gratia) 교리 역시 엄청난 복음입니다. 이 교리를 받아들이면 어떤 유익을 얻을 수 있나요?

함께 기도합시다

나를 선택해 주시고 언약을 맺으셔서 구원해 주신 하나님께 감사드리는 기도를 하십시오.

은혜 언약의 중심은 그리스도

● 성경: 히 12:24 ● 찬송: 92장 "위에 계신 나의 친구"

제20문: 하나님께서 모든 인류를 죄와 비참한 처지에서 멸망하게 버려두셨습니까?

　은혜 언약이란 무엇입니까? 최초의 은혜 언약이 창세기 3:15에 나옵니다. "내가 너로 여자와 원수가 되게 하고 네 후손도 여자의 후손과 원수가 되게 하리니, 여자의 후손은 네 머리를 상하게 할 것이요, 너는 그의 발꿈치를 상하게 할 것이니라." 여기에서 '여자의 후손'이 바로 그리스도입니다. 하나님의 아들 그리스도는 죄의 쇠사슬에 매여 포로가 된 이들을 마귀로부터 해방하십니다. "하나님의 아들이 나타나신 것은 마귀의 일을 멸하려 하심이라"(요일 3:8). 이렇게 그리스도는 하나님과 죄인의 중간에서 중보자(中保者)의 역할을 하십니다. 성경에서는 그리스도를 일컬어 "새 언약의 중보자"(히 12:24)라고 합니다. 은혜 언약은 중보자 되신 그리스도에 의해서만 효력이 있습니다.

　구약의 옛 언약은 은혜 언약의 중보자 그리스도가 필요하며 그분이 오시리라는 것을 보여 줍니다. 구약 시대의 성도들은 각 시대에 주신 언약을 붙잡고 중보자 그리스도를 기대하며 기다렸습니다. 신약의 새 언약은 은혜 언약의 중보자 그리스도께서 오셨고 언약의 조건을 완성하셨음을 보여 줍니다. 신약 시대의 성도들은 오신 그리스도를 믿음으로써 구원을 얻습니다. 이렇게 옛 시대와 새 시대의 중심은 그리스도이십니다. 은혜 언약의 중심은 그리스도입니다.

답: 하나님께서는 영원부터 오직 그분의 선하신 뜻대로 어떤 사람들을 영생에 이르도록 선택하셨고, 구속자로 말미암아 그들을 죄와 비참한 처지에서 건져 내어 구원의 지위에 이르게 하시려고 은혜 언약을 세우셨습니다.

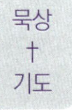

1. 예수님 이전 구약 성도들은 어떻게 구원을 얻습니까?
2. 예수님 이후 신약 성도들은 어떻게 구원을 얻습니까?

하나님, 은혜 언약의 중보자로 오신 예수 그리스도를 알게 하시고 믿게 하심을 감사드립니다. 아멘!

114일 은혜 언약과 구약

● 성경: 히 13:8 ● 찬송: 248장 "언약의 주 하나님"

제20문: 하나님께서 모든 인류를 죄와 비참한 처지에서 멸망하게 버려두셨습니까?

성경은 한 권이지만, 구약과 신약, 이렇게 둘로 나뉩니다. 일반적으로는 '구·신약 성경'이라고 하지 않고 '신·구약 성경'이라고 부릅니다. '신약'이 '구약'보다 더 중요해서일까요? 그렇지 않습니다. 구약과 신약 둘 다 '언약'(Testament)입니다. 한 언약입니다. 구약과 신약에서 말하는 중보자도 한 분이고, 구원의 방법도 하나이고, 믿음도 하나입니다. 그리스도는 어제나 오늘이나 영원토록 동일하십니다(히 13:8). 하나님은 구약 시대 때 은혜 언약을 약속, 예언, 제사, 할례, 유월절, 그리고 여러 표상을 통해 이루셨습니다. 구약의 여러 표상들은 장차 오실 그리스도를 예표(豫表)했습니다. 하나님이 아브라함, 모세, 다윗과 맺은 언약도 모두 그리스도를 가리킵니다. "네 씨가 그 대적의 성문을 차지하리라. 또 네 씨로 말미암아 천하 만민이 복을 받으리니"(창 22:17-18). 구약의 제사 제도는 그리스도의 대속의 죽음을 그림처럼 잘 보여 줍니다. 할례와 유월절에 담긴 의미도 그리스도의 속죄를 예표합니다. 구약의 왕, 제사장, 선지자는 참된 왕, 참된 제사장, 참된 선지자로 오실 그리스도를 바라보게 합니다. 이런 모든 것을 통해 하나님은 죄의 완전한 용서와 영원한 구원, 그리고 약속된 메시아에 대한 신앙을 선택된 자들에게 일으키셨습니다. "너희 조상 아브라함은 나의 때 볼 것을 즐거워하다가 보고 기뻐하였느니라"(요 8:56). 구약(Old Testament)도 은혜 언약입니다.

답: 하나님께서는 영원부터 오직 그분의 선하신 뜻대로 어떤 사람들을 영생에 이르도록 선택하셨고, 구속자로 말미암아 그들을 죄와 비참한 처지에서 건져 내어 구원의 지위에 이르게 하시려고 은혜 언약을 세우셨습니다.

묵상 † 기도

1. 구약은 신약보다 열등한 언약인가요?
2. 그렇지 않다면 구약은 어떤 의미가 있나요?

하나님, 구약 성경을 읽으면 예수 그리스도를 상징하는 수많은 은혜 언약을 발견할 수 있습니다. 은혜로운 언약을 통해 날 구원하신 하나님께 감사합니다. 아멘!

115일 은혜 언약과 신약

● 성경: 요 4:21-23   ● 찬송: 201장 "참 사람 되신 말씀"

제20문: 하나님께서 모든 인류를 죄와 비참한 처지에서 멸망하게 버려두셨습니까?

신약 시대에는 구약에 예시된 그리스도께서 오셨고, 또한 구약 시대에 약속된 말씀이 성취되었습니다. 신약은 구약에 숨어 있고, 구약은 신약에서 분명하게 드러납니다. 구약과 신약이 동일한 은혜 언약이지만, 언약이 시행되는 방법에서 차이가 납니다. 신약 시대에는 '말씀'을 선포하고 '세례'와 '성찬'을 시행함으로써 은혜와 구원이 더욱 충만하고 분명하게 나타납니다. 구약 시대 언약의 수준이 어린아이와 같다면, 신약 시대는 어른이라고 볼 수 있습니다. 예를 들면, 구약 시대 때는 '성막과 성전'을 중심으로 예배를 드렸다면 신약 시대 때는 '성령과 진리'로 예배합니다(요 4:21-23). 구약이 그림자라면 신약은 실체입니다.

옛 언약 (Vetus Testamentum)	새 언약 (Novum Testamentum)
오실 그리스도를 믿음(미래형)	오신 그리스도를 믿음(과거형)
이스라엘	모든 나라의 교회
제사 의식들	세례와 성찬
더 희미함	더 분명함
그림자/약속(구원)	실체/성취(구원)
옛 경영(경륜)	새 경영(경륜)
옛 시행	새 시행
율법 시대	복음 시대

답: 하나님께서는 영원부터 오직 그분의 선하신 뜻대로 어떤 사람들을 영생에 이르도록 선택하셨고, 구속자로 말미암아 그들을 죄와 비참한 처지에서 건져 내어 구원의 지위에 이르게 하시려고 은혜 언약을 세우셨습니다.

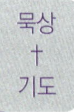
묵상
†
기도

1. 신약과 구약의 차이점을 생각해 보세요.
2. 하나님 계시의 정도가 신약 시대에 더 풍성하고 영적이라는 것을 어떻게 알 수 있습니까?

하나님, 옛 언약(구약)과 새 언약(신약)의 의미를 알게 해 주셔서 감사합니다. 아멘!

116일 언약 = 약속 + 요구

● 성경: 창 15:6 ● 찬송: 545장 "이 눈에 아무 증거 아니 뵈어도"

제20문: 하나님께서 모든 인류를 죄와 비참한 처지에서 멸망하게 버려두셨습니까?

하나님께는 인간과 언약을 맺을 그 어떤 의무도 없습니다. 하지만, 하나님은 인간을 사랑하셨기에 인간을 구원하려고 언약을 맺으셨습니다. 이 언약은 하나님으로부터 일방적으로 시작된 것입니다. '원시 복음'(창 3:15)도 그렇고, '노아 언약'(창 6:18; 9:9), '아브라함 언약'(창 17:1-9), '모세 언약'(출 19:1-21), '다윗 언약'(삼하 7장)을 포함한 모든 언약은 하나님의 일방통행입니다. 한편 은혜 언약은 쌍방적입니다. 언약은 언제나 당사자가 있습니다. 하나님과 인간, 이렇게 둘이 당사자입니다.

하나님은 언약을 맺으시면서 복을 '약속'(하나님 편)하시고 순종을 '요구'(사람 편)하십니다. 순종하면 복이 있고, 불순종하면 저주가 있습니다. 첫 언약(구약)도 그렇고 새 언약(신약)도 마찬가지입니다. 구약 시대 때 언약을 믿지 않고 불순종한 사람은 복을 받지 못했습니다. 신약 시대 때도 새 언약의 복음을 믿지 않고 순종하지 않으면 멸망합니다.

첫째 아담은 행위 언약을 지키는 데 실패했지만, 마지막 아담이신 그리스도는 하나님의 요구를 성취하셨습니다. 그리스도가 순종하심으로 말미암아 하나님의 언약적 요구를 완전히 이루셨습니다. 인간은 예수 그리스도를 믿기만 하면(창 15:6; 롬 1:17) 그분이 이루신 은혜로운 덕을 얻습니다. 이것이 언약의 약속, 곧 복음입니다. 언약에는 약속과 요구가 모두 포함됩니다.

답: 하나님께서는 영원부터 오직 그분의 선하신 뜻대로 어떤 사람들을 영생에 이르도록 선택하셨고, 구속자로 말미암아 그들을 죄와 비참한 처지에서 건져 내어 구원의 지위에 이르게 하시려고 은혜 언약을 세우셨습니다.

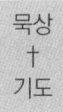

묵상 + 기도

1. 은혜 언약은 일방적이면서도 쌍방적입니다. 어떤 의미에서 그렇습니까?
2. 우리는 어떻게 해야 언약의 요구를 이룰 수 있을까요?

하나님, 저는 언약적 요구를 성취할 수 없습니다. 하지만, 그리스도께서 언약적 요구를 완전히 이루셨기에 이를 믿기만 하면 하나님의 은혜를 받습니다. 아멘!

117일 구속자, 주 예수 그리스도

● 성경: 행 4:12 ● 찬송: 31장 "찬양하라 복되신 구세주 예수"

제21문: 하나님께서 선택하신 사람들의 구속자는 누구이십니까?

삼위일체 하나님은 영원에서 '구속 협약'(Pactum Salutis, 참고. 슥 6:13)을 맺으시고 그리스도 안에서 어떤 사람들을 선택하여 구원하기로 작정하십니다. 하나님은 이 선택을 은혜 언약이라는 방법을 통해 이루십니다. 하나님의 이 일하심을 '구속 역사'(Historia Salutis)라고 부릅니다. 이 내용이 구약과 신약 성경에 잘 기록되어 있습니다. 우리는 이 복음의 말씀을 듣고 믿음으로써 구원을 얻습니다.

복음의 말씀에서 알려 주는, 선택받은 사람들의 구속자(Savior)는 누구입니까? 우리의 구속자는 오직 주 예수 그리스도뿐이십니다. "내가 곧 길이요, 진리요, 생명이니, 나로 말미암지 않고는 아버지께로 올 자가 없느니라"(요 14:6). 어떤 사람은 하나님께 갈 수 있는 여러 길과 종교가 존재한다고 주장합니다. 하지만 성경은 이 점을 너무나도 분명하게 밝힙니다. "다른 이로써는 구원을 받을 수 없나니, 천하 사람 중에 구원을 받을 만한 다른 이름을 우리에게 주신 일이 없음이라"(행 4:12). 여호와의 증인은 그리스도를 하나님으로 믿지 않습니다. 예수님을 그저 한 신적인 존재(a god)로만 볼 뿐입니다. 그리스도는 하나님의 영원한 아들이십니다(사 9:6; 요 1:1-3; 2:24-25; 5:21; 20:28; 골 1:16; 계 5:12-14). 즉 성자 하나님은 성부 하나님과 본질이 동일하십니다. 성자 하나님은 성부로부터 나셔서 영원한 아들로 계십니다.

답: 하나님께서 선택하신 사람들의 구속자는 오직 주 예수 그리스도이십니다. 그분은 하나님의 영원한 아들로서 사람이 되셨고, 한 위에 양성을 가지신 하나님이시고 사람이셨으며, 지금도, 그리고 영원토록 그러하십니다.

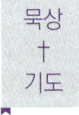
묵상 † 기도

1. 하나님께서 우리를 죄와 비참한 처지에서 구원하여 주시려고 은혜 언약을 맺으셨는데, 그 일을 누구를 통해 하십니까?
2. 예수 그리스도를 그저 위대한 성인으로, 또는 신적인 존재로 여기는 것에 대해 어떻게 생각하세요?

하나님, 저의 구원자 예수 그리스도를 보내 주셔서 감사합니다. 아멘!

11日 성육신하신 구속주

● 성경: 요 1:14 ● 찬송: 115장 "기쁘다 구주 오셨네"

제21문: 하나님께서 선택하신 사람들의 구속자는 누구이십니까?

성부 하나님은 성자 하나님을 영원 가운데 낳으시고, 성령 하나님은 성부·성자 하나님으로부터 영원히 나오십니다. 성부 하나님은 때가 차매 성자 하나님을 세상에 보내십니다. "하나님이 그 아들을 보내사 여자에게서 나게 하시고"(갈 4:4). 독생자 하나님을 인간의 구속주로 세상에 보내신 것입니다. "말씀이 육신이 되어 우리 가운데 거하시매 우리가 그의 영광을 보니, 아버지의 독생자의 영광이요, 은혜와 진리가 충만하더라"(요 1:14). 하나님의 아들이 사람이 되십니다. 이것을 '성육신'(成肉身, Incarnation)이라고 합니다. 인류 역사에서 창조에 버금가는 큰 사건입니다. 하나님은 무한하시고 무궁하시고 불변하시는 위대한 분인데, 죄로 얼룩지고 아무런 희망이 없는 세상에 인간의 몸으로 오셨습니다. 사람과 똑같이 배고픔과 아픔과 고통을 겪으셨고 시험을 받으셨습니다. 마지막에는 조롱을 받고 침 뱉음을 당하고 채찍에 맞으셨고 마침내 십자가에 못 박혀 저주의 죽음을 죽으셨습니다.

죄와 비참 속에 있는 인간에게 하나님의 아들이 구속주로서 인간이 되어 세상에 오셨다는 소식은 복음 중의 복음입니다. 그분은 세상을 비추는 빛이었으나 세상은 그를 알아보지 못합니다. "그가 세상에 계셨으며 세상은 그로 말미암아 지은 바 되었으되 세상이 그를 알지 못하였고 자기 땅에 오매 자기 백성이 영접하지 아니하였으나"(요 1:10-11).

답: 하나님께서 선택하신 사람들의 구속자는 오직 주 예수 그리스도이십니다. 그분은 하나님의 영원한 아들로서 사람이 되셨고, 한 위에 양성을 가지신 하나님이시고 사람이셨으며, 지금도, 그리고 영원토록 그러하십니다.

묵상 † 기도

1. 성육신이 무엇인지 설명해 보세요.
2. 우리는 성육신을 당연한 일로 받아들이지만, 사실은 엄청난 복음입니다. 묵상해 보세요.

하나님, 독생자 예수 그리스도를 이 땅에 보내 주셔서 감사합니다. 아멘!

119일

17주차 모임

하나님의 영원한 아들

● 성경: 요 1:14　　● 찬송: 115장 "기쁘다 구주 오셨네"

함께 읽어 봅시다

제21문: 하나님께서 선택하신 사람들의 구속자는 누구이십니까?

답: 하나님께서 선택하신 사람들의 구속자는 오직 주 예수 그리스도이십니다. 그분은 하나님의 영원한 아들로서 사람이 되셨고, 한 위에 양성을 가지신 하나님이시고 사람이셨으며, 지금도, 그리고 영원토록 그러하십니다.

함께 나누어 봅시다

1. 중세의 신학자 안셀무스는 『인간이 되신 하나님』(Cur Deus Homo)이라는 책을 썼습니다. 인류 역사에서 성자 하나님의 '성육신' 사건은 어떤 의미가 있을까요?

2. '삼위일체 교리'와 '성자의 양성(兩性: 신성+인성) 교리'의 의미를 호기심이 아니라, 경외의 마음으로 나누어 보세요.

3. 내가 구원받은 것과 예수 그리스도는 어떤 관계가 있나요?

함께 기도합시다

구속주 예수 그리스도에 대해 더 잘 알 수 있게 해 달라고 기도합시다.

구속주의 정체: 한 위와 두 성

• 성경: 요 11:25   • 찬송: 106장 "아기 예수 나셨네"

제21문: 하나님께서 선택하신 사람들의 구속자는 누구이십니까?

우리의 구속주, 예수 그리스도는 하나님의 영원한 독생자이십니다. 하나님의 아들은 하나님이십니다. 비유가 적절하지 못하지만, 이해하기 쉽게 생각하면 사자의 새끼가 사자인 것과 같은 이치입니다. 성자 하나님은 삼위(三位)의 제2위(位)로서 **한 위**를 차지하십니다. 그리고 신성과 인성, 곧 **양성(兩性)**을 가지셨습니다. 그리스도는 **하나님**이시고 **사람**이십니다. **지금도, 그리고 영원토록 그러하십니다.** 곧 예수 그리스도의 두 본성은 끊을 수 없고, 한 인격 안에서 변질, 합성, 혼합됨이 없이 서로 분리될 수 없도록 결합되어 있습니다(웨스트민스터 신앙고백 8:3). 100% 참하나님이시면서 동시에 100% 참사람이십니다. 그런데 한 분 그리스도이십니다. 바로 그분이 하나님과 사람을 연결하는 중보자이십니다. 인간의 이성으로는 도저히 이해할 수 없는 신비입니다.

다른 훌륭한 사람들도 많은데 왜 꼭 그리스도만 우리를 구속할 수 있나요? 모든 인간은 죄를 지어 영적으로 죽은 자이기에 자신뿐만 아니라 다른 사람을 구원할 능력이 없습니다(시 49:7-10). 그래서 성자 하나님이 인간을 구원하기 위해 인간으로 오신 것입니다. 그분은 죽음을 이기고 부활하셔서, 지금도 사람의 몸을 버리지 않으신 채 하늘 우편에서 택한 자들을 구원하는 일을 하고 계십니다(요 11:25).

답: 하나님께서 선택하신 사람들의 구속자는 오직 주 예수 그리스도이십니다. 그분은 하나님의 영원한 아들로서 사람이 되셨고, 한 위에 양성을 가지신 하나님이시고 사람이셨으며, 지금도, 그리고 영원토록 그러하십니다.

묵상 + 기도

1. 예수 그리스도는 삼위일체에서 한 위이시고, 두 성을 가지고 계십니다. 이 관계를 설명해 보세요.
2. 왜 그리스도는 꼭 하나님이셔야 합니까?

하나님, 예수 그리스도께서 하나님이시면서 동시에 완전한 인간이신 것이 얼마나 감사한지요! 그분은 우리의 구속주가 되셨습니다. 감사합니다. 아멘!

성령으로 잉태되신 그리스도

● 성경: 눅 1:31-32 ● 찬송: 97장 "정혼한 처녀에게"

제22문: 하나님의 아들이신 그리스도께서 어떻게 사람이 되셨습니까?

"하나님의 아들이신 그리스도께서는 성령의 능력으로 잉태되어 동정녀 마리아의 몸에서 참몸과 지각 있는 영혼을 취하심으로 사람이 되셨습니다. 또한 마리아에게서 태어나셨습니다." 성자 하나님이 사람의 몸과 영혼을 취하셔서 사람이 되셨다는 것은 신성을 버리고 인성을 취하셨다는 말이 아닙니다. 신성과 인성은 전환·혼합·혼동·분리·결합되지 않고 신비한 연합을 이룹니다. 성자 하나님은 신성의 변화 없이 인성을 취하셨기에 인간의 연약과 비참에 동참하실 뿐 아니라 인간을 구원하실 수 있습니다.

어떤 이들은 '어떻게 하나님이 약한 인간의 몸을 취할 수 있느냐'고 물으며 예수님은 단지 인간의 몸을 빌려 취한 것처럼 보일 뿐이라고 주장합니다(Docetism). 이것이 '가현설'(假現說)입니다. 초대교회의 이단 영지주의자들이 이렇게 생각했습니다. 예수님의 신성을 너무 강조한 나머지 인성을 부정한 결과입니다.

예수님은 "참몸"을 가지셨고 그뿐만 아니라 "지각 있는 영혼"을 취하셨습니다. 예수님은 우리처럼 "마음이 매우 고민하여 죽게 되었으니"(마 26:38)라고 고백하시며 힘들어하기도 하셨습니다.

어떻게 이런 식으로 하나님이 사람이 되실 수 있을까요? 그것은 **성령의 능력**으로 가능합니다.

답: 하나님의 아들이신 그리스도께서는 성령의 능력으로 잉태되어 동정녀 마리아의 몸에서 참몸과 지각 있는 영혼을 취하심으로 사람이 되셨습니다. 또한 마리아에게서 태어나셨으나 죄는 없으십니다.

묵상 † 기도

1. 그리스도가 인성을 취했다는 것은 신성이 없어졌다는 뜻인가요?
2. 예수님의 인성을 부정하면 어떤 이단에 빠질까요? 예수님이 참인성(몸과 영혼)을 가지셨음을 증명해 보세요.

성령 하나님, 감사합니다. 예수 그리스도의 성육신에 함께하심으로 저의 구원을 위해 일하셨네요. 아멘!

죄 없으신 그리스도

● 성경: 눅 1:35 ● 찬송: 117장 "만백성 기뻐하여라"

제22문: 하나님의 아들이신 그리스도께서 어떻게 사람이 되셨습니까?

웨스트민스터 소요리문답 제16문을 보면 인류의 타락에 대해 이렇게 설명합니다. "… 보통 출생법으로 아담의 후손이 된 모든 인류는 아담의 첫 범죄 때에 그의 안에서 죄를 짓고 그와 함께 타락했습니다." 여기서 '보통 출생법'이라는 표현을 굳이 넣은 것은 예수님의 동정녀 출생을 염두에 두었기 때문입니다. 예수님은 왜 동정녀 마리아의 몸에서 태어나셨을까요? 그 이유는 한 가지입니다. 죄 없이 인성을 취하시기 위함입니다. 보통 출생법으로는 아빠의 정자가 엄마의 난자와 만나 임신(잉태)이 됩니다. 이렇게 태어난 모든 인간은 원죄를 유전으로 받습니다. 하지만, 그리스도께서는 아직 결혼하지 않은 동정녀 마리아의 몸에 잉태되었습니다. 남자의 정자와 여자의 난자가 만난 것이 아닙니다. 어떻게 그것이 가능할까요? **성령의 능력으로** 가능합니다. "천사가 대답하여 이르되, 성령이 네게 임하시고 지극히 높으신 이의 능력이 너를 덮으시리니, 이러므로 나실 바 거룩한 이는 하나님의 아들이라 일컬어지리라"(눅 1:35).

그러므로 예수 그리스도는 죄 없이 태어나신 유일한 인간입니다. "마리아에게서 태어나셨으나 죄는 없으십니다." 죄 없으신 예수 그리스도는 죽을 이유가 없으셨지만, 속죄 제물이 되어 죄인들의 죄를 대신 짊어지고 죽으셨습니다. 죄인은 예수 그리스도를 믿음으로 말미암아 그분이 행하신 속죄의 복을 누릴 수 있습니다.

답: 하나님의 아들이신 그리스도께서는 성령의 능력으로 잉태되어 동정녀 마리아의 몸에서 참몸과 지각 있는 영혼을 취하심으로 사람이 되셨습니다. 또한 마리아에게서 태어나셨으나 죄는 없으십니다.

묵상 † 기도

1. 예수님이 동정녀 마리아에게 잉태되고 태어나셨다는 것은 어떤 의미가 있나요?
2. 죄 없이 사람이 되신 예수님이 죄인인 나와 무슨 상관이 있나요?

하나님, 독생자 예수 그리스도께서 마리아의 몸에 죄 없이 잉태되신 것이 바로 제 구원을 위함이었네요. 감사합니다. 아멘!

123일 그리스도의 삼중 직분

● 성경: 마 28:19-20   ● 찬송: 38장 "예수 우리 왕이여"

제23문: 그리스도께서 우리의 구속자로서 무슨 직분을 행하십니까?

소요리문답 제23문은 제24-28문의 서론입니다. 그리스도께서는 우리의 구속자로서 선지자(제24문)와 제사장(제25문)과 왕(제26문)의 직분을 낮아지고(제27문) 높아지신(제28문) 두 지위에서 행하십니다.

예수님이 세상에서 행하신 일을 정리해 보면 삼중 직분(선지자·제사장·왕)으로 귀결됩니다. 그리스도의 삼중 직분을 가장 잘 드러내 주는 성경 구절은 마태복음 28:18-20입니다. "예수께서 나아와 말씀하여 이르시되, **하늘과 땅의 모든 권세를 내게 주셨으니**(왕), 그러므로 너희는 가서 모든 민족을 제자로 삼아 아버지와 아들과 성령의 이름으로 **세례를 베풀고**(제사장), **내가 너희에게 분부한 모든 것을 가르쳐 지키게 하라**(선지자). 볼지어다. 내가 세상 끝 날까지 너희와 항상 함께 있으리라, 하시니라."

예수 그리스도의 사역이 구약 성경에 이미 예표되어 있습니다. 믿음의 조상 **아브라함도** 선지자(창 20:7), 제사장(창 13:4), 왕(창 14:1-2, 13, 17-24)의 역할을 했습니다. **모세**는 특별한 선지자로서 예수 그리스도를 예표했습니다(신 18:15-20). **아론**은 특별한 제사장으로서 예수 그리스도를 예표했습니다(출 29:29). **다윗**은 특별한 왕으로서 예수 그리스도를 예표했습니다(삼하 7:12-16; 시 2, 110편). 그리스도는 이렇게 세 직분으로 일하십니다.

답: 그리스도께서는 우리의 구속자로서 선지자와 제사장과 왕의 직분을 낮아지고 높아지신 두 지위에서 행하십니다.

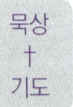

묵상 + 기도

1. 그리스도의 사역을 세 가지 직분으로 설명해 보세요.
2. 구약 시대에 그리스도의 그림자로서 예표된 예들을 설명해 보세요.

하나님, 그리스도께서 선지자, 제사장, 왕의 직분으로 일하셨네요. 감사합니다. 아멘!

삼중 직분의 근거

● 성경: 마 16:16   ● 찬송: 92장 "위에 계신 나의 친구"

제23문: 그리스도께서 우리의 구속자로서 무슨 직분을 행하십니까?

 '**예수**'는 마리아와 요셉, 그리고 나사렛 동네 친구들과 어르신들이 부르던 이름입니다. 이는 마리아의 몸에 잉태되었을 때 천사 가브리엘이 지어 준 이름입니다. "아들을 낳으리니 이름을 **예수**라 하라. 이는 그가 자기 백성을 그들의 죄에서 구원할 자이심이라, 하니라"(마 1:21). '예수'는 당시 유대인에게 평범한 이름이었습니다. 여호수아도 예수와 같은 이름입니다.

 '**그리스도**'는 직분적 이름입니다. 예를 들어, "임경근 목사"라고 하면 '임경근'은 이름이고 '목사'는 직분적 명칭입니다. 그러면 예수님을 왜 '그리스도'라고 부르나요? "시몬 베드로가 대답하여 이르되, 주는 **그리스도**시요, 살아 계신 하나님의 아들이시니이다"(마 16:16). 바울도 예수를 그리스도라고 증언했습니다. "예수를 **그리스도**라 증언하여 다메섹에 사는 유대인들을 당혹하게 하니라"(행 9:22). 예수님을 '그리스도'라는 이름으로 부른 것은 특별한 의미가 있습니다. '그리스도'(Christ)는 '기름 부음을 받은 자'(christos=the Anointed)라는 뜻의 헬라어입니다. 이 단어는 구약 시대 때의 히브리어 '메시아'(Messiah)를 번역한 것입니다. 구약 성경을 읽어 보면 '기름 부음을 받은' 세 종류의 직분이 나옵니다. 선지자, 제사장, 그리고 왕입니다. 이 세 가지 직분이 바로 예수 그리스도를 예표하는 그림자입니다. 그러므로 '그리스도'라는 이름에는 이 세 가지 직분이 포함되어 있습니다.

답: 그리스도께서는 우리의 구속자로서 선지자와 제사장과 왕의 직분을 낮아지고 높아지신 두 지위에서 행하십니다.

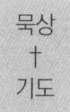

1. '예수'라는 이름의 쓰임새와 의미는 무엇입니까?
2. '그리스도'라는 이름의 의미를 묵상해 보세요.

하나님, 그리스도라는 이름에 이렇게 풍성한 의미가 들어 있었네요. 선지자, 제사장, 왕으로 일하신 예수님, 감사합니다. 아멘!

125일 삼중 직분으로 본 그리스도의 사역들

● 성경: 시 2:8-11 ● 찬송: 234장 "구주 예수 그리스도"

제23문: 그리스도께서 우리의 구속자로서 무슨 직분을 행하십니까?

소요리문답 제23문의 내용을 여러 각도에서 정리해 보았습니다. 도표에 나오는 단어들의 의미를 묵상해 보십시오.

	선지자	제사장	왕
본래의 인간	지혜	거룩함	의
타락한 인간	무지	오염	불의
이스라엘	모세와 선지자들	아론과 그의 집	다윗과 그의 집
그리스도	말씀	제사/제물	통치
그리스도의 사역	말씀/선포/가르침	죽으심	파도를 향하여 명령
교회	신실한 말씀 선포	바른 성례 집행	적절한 권징 시행
회개	지(율법과 복음)	정(그리스도)	의(받아들임)
하늘	성령님을 통해	말씀과 성례	권징 & 사탄을 멸하심

답: 그리스도께서는 우리의 구속자로서 선지자와 제사장과 왕의 직분을 낮아지고 높아지신 두 지위에서 행하십니다.

묵상 + 기도

1. 본래 인간의 모습과 타락한 후의 모습을 볼 때, 예수 그리스도의 삼중 직분이 필요한 이유를 설명해 보세요.
2. 교회에서는 그리스도의 삼중 직분이 어떻게 적용될 수 있나요?

하나님, 그리스도의 삼중 직분으로 제가 받은 구원을 살펴보니 참 신기하고 놀랍습니다. 하나님의 구원 계획과 일하심에 감사드립니다. 아멘!

126일   18주차 모임

사람이 되신 예수님

● 성경: 눅 1:31-35 ● 찬송: 117장 "만백성 기뻐하여라"

함께 읽어 봅시다

제22문: 하나님의 아들이신 그리스도께서 어떻게 사람이 되셨습니까?

답: 하나님의 아들이신 그리스도께서는 성령의 능력으로 잉태되어 동정녀 마리아의 몸에서 참몸과 지각 있는 영혼을 취하심으로 사람이 되셨습니다. 또한 마리아에게서 태어나셨으나 죄는 없으십니다.

함께 나누어 봅시다

1. 예수님은 어떤 방법으로 인간이 되셨나요?

___

2. 예수님의 잉태를 인간의 잉태와 비교해 보고 그 독특성을 나누어 보세요.

___

3. 예수님이 성령으로 잉태되심이 인간의 죄와 어떤 관계가 있나요? 내가 구원받는 것과는 어떤 상관이 있을까요?

___

함께 기도합시다

성자 하나님이 성령으로 잉태되신 신비를 이해하고 믿고 감사하게 해 달라고 하나님께 기도합시다.

# 선지자의 직분

- 성경: 신 18:18   - 찬송: 550장 "시온의 영광이 빛나는 아침"

제24문: 그리스도께서 선지자의 직분을 어떻게 행하십니까?

하나님께서는 당신의 독생자 예수 그리스도를 우리의 구원을 위한 중보자, 곧 구속주로 세상에 보내셨습니다. 이 놀라운 사실을 알게 되고 믿게 된 것이 얼마나 감사한지요! 특별히 "그리스도께서는 선지자로서 우리를 구원하시려는 하나님의 뜻을 그분의 말씀과 성령으로 우리에게 계시하십니다." 예수님의 삼중 직분 중 선지자 직분이 구약 성경에 가장 먼저 나옵니다. 아브라함은 **선지자**였습니다. "그는 **선지자라**. 그가 너(아비멜렉)를 위하여 기도하리니"(창 20:7). 노아도 "의를 전파"(벧후 2:5)하는 선지자였습니다. 특별히 모세는 선지자로서 그리스도의 대표적인 예표였습니다. "내가 그들의 형제 중에서 너와 같은 **선지자** 하나를 그들을 위하여 일으키고 내 말을 그 입에 두리니, 내가 그에게 명령하는 것을 그가 무리에게 다 말하리라"(신 18:18).

유대인들은 모세와 같은 선지자가 올 것을 기대했습니다. 예수님이 오병이어 기적을 행하셨을 때 "사람들이 예수께서 행하신 이 표적을 보고 말하되, 이는 참으로 세상에 오실 **그 선지자라**"(요 6:14)라고 하면서 예수님을 왕으로 세우려고 했습니다. 예수님은 '그 선지자'로서의 사역을 충성스럽게 행하셨습니다. "또 이르시되 내가 너희와 함께 있을 때에 너희에게 말한바 곧 모세의 율법과 선지자의 글과 시편에 나를 가리켜 기록된 모든 것이 이루어져야 하리라, 한 말이 이것이라, 하시고, 이에 그들의 마음을 열어 성경을 깨닫게 하시고"(눅 24:44-45). 예수님은 진정한 선지자이십니다.

답: 그리스도께서는 선지자로서 우리를 구원하시려는 하나님의 뜻을 그분의 말씀과 성령으로 우리에게 계시하십니다.

1. 삼중 직분 중 구약 성경에 가장 먼저 등장하는 직분은 무엇인가요?
2. 모세와 같은 선지자로 오신 그리스도는 어떻게 그 역할을 하셨나요?

하나님, 아버지 하나님의 뜻을 세상에 전하신 예수님은 선지자이셨습니다. 할렐루야! 아멘!

12日일 성령님과 선지자 역할

● 성경: 요 16:13-14 ● 찬송: 186장 "영화로신 주 성령"

제24문: 그리스도께서 선지자의 직분을 어떻게 행하십니까?

그리스도는 성경 예언의 '주체'(subject)이면서 동시에 '대상'(object)이십니다. 그리스도는 스스로 자신에 관해 말씀하신다는 점에서 예언의 주체이십니다. 또 그리스도는 구약의 선지자들에게는 예언의 대상이십니다. 하지만, 엄밀한 의미에서 구약 시대의 예언도 그리스도의 선지자적 사역에 포함됩니다. 베드로 사도의 말을 들어 보십시오. "자기 속에 계신 그리스도의 영이 그 받으실 고난과 후에 받으실 영광을 미리 증언하여…"(벧전 1:11). 구약 시대의 선지자들은 그리스도의 성령의 인도하심으로 그리스도에 관해 예언한 것입니다.

예수님이 승천하신 후에는 어떻게 선지자의 직분을 행하실까요? 마찬가지로, 그리스도의 영이신 성령 하나님을 통해 일하십니다. 예수님은 보혜사 성령님을 보내어 선지자의 역할을 하게 하십니다(요 15:26). "진리의 성령이 오시면 그가 너희를 모든 진리 가운데로 인도하시리니, 그가 스스로 말하지 않고 오직 들은 것을 말하며 장래 일을 너희에게 알리시리라. 그가 내 영광을 나타내리니 내 것을 가지고 너희에게 알리시겠음이라"(요 16:13-14). 그래서 "그리스도께서는 선지자로서 우리를 구원하시려는 하나님의 뜻을 그분의 말씀과 성령으로 우리에게 계시하십니다." 신약 교회에서는 사도들이 그리스도께서 하신 일을 전함으로써 선지자의 역할을 합니다. 지금은 교회의 목사가 그 역할을 받아 이어 갑니다.

답: 그리스도께서는 선지자로서 우리를 구원하시려는 하나님의 뜻을 그분의 말씀과 성령으로 우리에게 계시하십니다.

묵상 † 기도

1. 그리스도께서는 '구약 시대'와 '신약 시대', 그리고 '이 땅에 계실 때' 어떻게 선지자의 직분을 행하셨나요?
2. 오늘날 목사들이 그리스도의 선지자 직분을 어떤 역할로 감당하고 있는지 묵상해 보세요.

하나님, 그리스도께서 우리를 위해 구약과 신약 시대뿐만 아니라 지금도 선지자의 사역을 행하고 계시네요. 감사합니다. 아멘!

제사장의 직분

● 성경: 마 20:28   ● 찬송: 327장 "주님 주실 화평"

제25문: 그리스도께서 제사장의 직분을 어떻게 행하십니까?

하나님께서는 그리스도의 제사장 직무를 통해 우리를 구원하십니다. 그리스도는 제사장 직분의 주체이며 동시에 대상이십니다. "그리스도께서는 제사장으로서 단번에 자신을 제물로 드려, 하나님의 공의를 만족시키고, 우리를 하나님과 화목하게 하셨으며, 또한 우리를 위하여 항상 간구하십니다."

구약 시대 때 제사장은 죄인과 하나님을 연결하는 중보 역할을 했습니다. 하나님은 공의로우신 분입니다. 죄를 지은 인간은 죽을 수밖에 없습니다(롬 6:23). 그 죄는 피 흘림이 없이는 용서받을 수 없습니다(레 17:11). 하나님께서는 제사장으로 하여금 흠 없는 제물을 죽여서 피 흘리는 제사를 하나님께 드리게 함으로써 인간의 죄를 용서해 주시는 방법을 택하셨습니다. 이 방법은 나중에 예수 그리스도께서 오셔서 이루실 완전한 죄 용서의 그림자입니다. "대제사장마다 사람 가운데서 택한 자이므로 하나님께 속한 일에 사람을 위하여 예물과 속죄하는 제사를 드리게 하나니"(히 5:1). 예수 그리스도는 바로 그 일을 하러 오셨습니다. "인자가 온 것은 섬김을 받으려 함이 아니라, 도리어 섬기려 하고 자기 목숨을 많은 사람의 대속물로 주려 함이니라"(마 20:28). 여기에서 "섬김"은 제사장이신 그리스도가 스스로 제물이 되어 바쳐지는 것을 의미합니다. 자신을 제물로 바치시는 그리스도의 제사장적 헌신은 생각하면 생각할수록 신비이며 우리 인간에게 큰 복입니다.

답: 그리스도께서는 제사장으로서 단번에 자신을 제물로 드려, 하나님의 공의를 만족시키고, 우리를 하나님과 화목하게 하셨으며, 또한 우리를 위하여 항상 간구하십니다.

묵상 † 기도

1. 제사장이 제물을 죽여 피를 흘리게 함으로써 제사를 지낸 사역은 그리스도의 어떤 사역을 생각나게 하나요?
2. 마태복음 20:28에 의하면, 예수님은 무슨 일을 하러 이 세상에 오셨나요?

하나님, 그리스도께서 제사장 직분을 행하심은 제 죄를 대속하는 큰 구원 사역입니다. 감사합니다. 아멘!

130일 구약의 제사장과 그리스도의 차이

• 성경: 히 9:25-26 • 찬송: 311장 "내 너를 위하여"

제25문: 그리스도께서 제사장의 직분을 어떻게 행하십니까?

　거룩하신 하나님과 죄로 더러워진 인간은 화목할 수가 없습니다. 인간은 하나님에 대해 죽었고, 하나님은 죄지은 인간에게 다가가지 않으십니다. 그런데 하나님과 인간이 원수 된 상태에서 예수 그리스도가 이 세상에 제사장으로 오셨습니다. 그분은 자신을 속죄 제물로 드려 십자가 위에서 죽으심으로 하나님의 공의를 만족시키셨습니다(롬 5:10). 이 부분에서는 구약의 제사장 직분과 그리스도의 제사장 직분의 역할이 비슷합니다.

　차이점도 있습니다. 첫째, 제사장은 동물을 죽여서 희생 제물로 바쳤지만 그리스도께서는 자기 자신을 희생 제물로 바치셨습니다. 둘째, 구약 제사장은 매번 새로운 제물을 드려야 했지만 그리스도의 제사는 단번이고 그 효과가 영원합니다. "대제사장이 해마다 다른 것의 피로써 성소에 들어가는 것같이 자주 자기를 드리려고 아니하실지니, 그리하면 그가 세상을 창조한 때부터 자주 고난을 받았어야 할 것이로되, 이제 자기를 단번에 제물로 드려 죄를 없이하시려고 세상 끝에 나타나셨느니라"(히 9:25-26). 로마 천주교 사제(priest)는 매일 '제대'(제사 지내는 대[臺])에서 예수님의 살과 피로 제사를 드립니다. 이것은 예수 그리스도께서 단번에 드린 영원한 대속 제사를 부정하는 것입니다. 그리스도는 완전한 대제사장으로서 우리를 위해 희생 제물이 되셨고, 하늘 성소에 들어가셨습니다. 우리는 예수 그리스도를 믿음으로써 죄를 용서받고 하나님의 백성이 됩니다.

답: 그리스도께서는 제사장으로서 단번에 자신을 제물로 드려, 하나님의 공의를 만족시키고, 우리를 하나님과 화목하게 하셨으며, 또한 우리를 위하여 항상 간구하십니다.

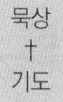

묵상 + 기도

1. 구약 시대 때 제사장의 역할은 무엇이었습니까?
2. 구약의 제사장과 그리스도의 제사장 직분의 공통점과 차이점을 설명해 보세요.

하나님, 위대한 대제사장이신 예수님이 자신을 제물로 드려서 대속을 이루시고 제 죄를 없애 주셨습니다. 감사합니다. 아멘!

131일 예수님의 제사장적 기도

● 성경: 히 7:23-25 ● 찬송: 172장 "사망을 이긴 주"

제25문: 그리스도께서 제사장의 직분을 어떻게 행하십니까?

　제사장의 직무에는 제사를 드리는 것뿐만 아니라 간구(기도)도 포함됩니다. 제사장은 하나님의 복을 사람에게 전달하고(복의 선포), 인간의 소원을 하나님께 전합니다(기도). 제사장은 매일 성소에서 금향로에 향을 피웁니다(레 16:12). '제단'이 희생 제물이 된 그리스도의 '대속 사역'을 가리킨다면, '금향로의 향'은 그리스도의 '중보 사역'을 상징합니다. 이 중보 사역은 제단에서의 속죄 사역이 끝난 후에야 가능합니다. 향로의 불은 번제단에서 가져온 것이어야 했습니다. 대속 사역과 중보 사역은 구분되지만 분리할 수 없습니다. 또 두 사역 모두 불에 태우는 의식과 관련이 있습니다.

　그리스도는 제자들이 사탄의 시험에 빠지지 않도록 기도하셨습니다. "내가 너를 위하여 네 믿음이 떨어지지 않기를 기도하였노니"(눅 22:32). 예수님은 제자들을 위해 대제사장적 기도를 올리셨습니다(요 17:11). "내가 비옵는 것은 그들을 세상에서 데려가시기를 위함이 아니요, 다만 악에 빠지지 않게 보전하시기를 위함이니이다"(요 17:15). 승천하셔서 하늘에 계신 그리스도는 지금도 우리를 위한 간구를 멈추지 않으십니다. "그러므로 자기를 힘입어 하나님께 나아가는 자들을 온전히 구원하실 수 있으니, 이는 그가 항상 살아 계셔서 그들을 위하여 간구하심이라"(히 7:25). 오늘도 예수님은 성도가 악에 빠지지 않고 악을 이기도록 기도하십니다.

답: 그리스도께서는 제사장으로서 단번에 자신을 제물로 드려, 하나님의 공의를 만족시키고, 우리를 하나님과 화목하게 하셨으며, 또한 우리를 위하여 항상 간구하십니다.

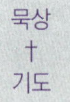

1. 제사장이 향을 사르는 일을 하는 것과 그리스도의 중보 사역을 비교해 보세요.
2. 그리스도의 중보 내용은 무엇에 초점이 맞추어져 있나요?

예수님, 저를 위해 지금도 기도해 주시니 얼마나 감사한지 모릅니다. 아멘!

132일 왕의 직분

- 성경: 마 4:17
- 찬송: 10장 "전능 왕 오셔서"

제26문: 그리스도께서 왕의 직분을 어떻게 행하십니까?

그리스도께서 세상에 오신 목적은 마귀의 일을 멸하고 하나님 나라를 건설하시기 위함입니다. 예수님은 30세에 공적 사역을 시작하시면서 "회개하라. 천국이 가까이 왔느니라"(마 4:17)라고 외치셨습니다. 이 '천국'이 바로 '하나님 나라'입니다. 그리스도께서 선지자와 제사장의 직분을 행하신 것은 바로 왕의 직분을 행하시기 위함입니다. "그리스도께서는 왕으로서 우리를 자기에게 복종하게 하시고, 우리를 다스리시고 보호하시며, 그분의 모든 원수들, 곧 우리 원수들을 제어하시고 정복하십니다."

그리스도는 '왕'으로서 자기 백성을 모아 그 나라에 들이십니다. 하나님 나라 백성은 그리스도의 '제사장' 직분 사역과 '속죄 제사'를 통해 구원받은 자들입니다. 물론 그리스도는 그 일을 위해 '선지자'로서의 역할도 하셨습니다. 그리스도가 계시고 그분의 다스림이 있는 곳이 바로 하나님 나라입니다. 20세기 초에 유행했던, 소위 세대주의에서는 아직 '하나님 나라'가 오지 않았다고 보았습니다. 그들에게는 그리스도가 아직 왕이 아닙니다. 그러나 성경에서는 하나님 나라가 이미 이 땅에 임했고 성도는 어둠의 나라에서 하나님의 아들의 나라로 옮겨졌다고 분명히 밝힙니다(골 1:13). 이 나라는 영적이고, 볼 수 없을 뿐입니다. "하나님의 나라는 볼 수 있게 임하는 것이 아니요."(눅 17:20). 아직 완전하지는 않지만, 하나님 나라는 이미 이 땅에 임했습니다. 그 나라에서 그리스도가 왕으로 등극하셨고, 그분은 우리를 위해 일하십니다.

답: 그리스도께서는 왕으로서 우리를 자기에게 복종하게 하시고, 우리를 다스리시고 보호하시며, 그분의 모든 원수들, 곧 우리 원수들을 제어하시고 정복하십니다.

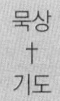

1. 예수님의 선지자 직분과 제사장 직분의 목표는 마지막 이 직분을 향한 것입니다. 그것이 무엇인가요?
2. 지금 하나님 나라가 이 땅에 임한 것이 맞나요? 그 나라의 왕은 누구인가요?

그리스도께서 저를 다스리고 보호하시는 왕으로 계시니 얼마나 든든한지요. 아멘!

19주차 모임

그리스도의 삼중 직분과 선지자 직분

● 성경: 시 2:8-11   ● 찬송: 234장 "구주 예수 그리스도"

함께 읽어 봅시다

제23문: 그리스도께서 우리의 구속자로서 무슨 직분을 행하십니까?

답: 그리스도께서는 우리의 구속자로서 선지자와 제사장과 왕의 직분을 낮아지고 높아지신 두 지위에서 행하십니다.

제24문: 그리스도께서 선지자의 직분을 어떻게 행하십니까?

답: 그리스도께서는 선지자로서 우리를 구원하시려는 하나님의 뜻을 그분의 말씀과 성령으로 우리에게 계시하십니다.

함께 나누어 봅시다

1. 예수 그리스도의 사역을 세 가지로 나누어 설명하는 방식의 유익한 점을 말해 보세요.

2. 구약의 선지자 직분을 생각하며 예수님의 선지자 직분을 설명해 보세요.

3. 예수 그리스도께서는 나에게 어떻게 선지자의 직분을 행하고 계시나요?

함께 기도합시다

예수 그리스도의 직분적 섬김이 나에게 어떤 유익을 주는지 깨닫고 감사하게 해 달라고 하나님께 기도합시다.

134일 다스리는 왕

- 성경: 골 1:13
- 찬송: 21장 "다 찬양하여라"

제26문: 그리스도께서 왕의 직분을 어떻게 행하십니까?

인간은 왕 되신 하나님께 당연히 순종해야 하지만, 타락 이후 인간은 "흑암의 권세"(골 1:13) 아래서 사탄에게 순종하며 살았습니다. 그래서 인간은 "진노의 자녀"(엡 2:3)가 되고 말았습니다. 하지만, 그리스도 예수께서 죄인을 멸망에서 건져 내시고 하나님 나라로 옮기셨습니다(골 1:13). 하나님 나라의 백성이 된 그리스도인은 이제 그리스도를 왕으로 모시고 그분의 명령에 복종해야 합니다.

어떤 사람은 그리스도를 선지자와 제사장으로 인정하고 복음의 내용과 십자가의 효력을 받아들이지만 왕으로는 인정하지 않으려 합니다. 왕이신 그리스도의 명령(말씀)에 순종하는 것을 원하지 않는 것입니다. 죄 용서는 받고 싶지만(제사장의 직분) 그리스도의 다스림(왕의 직분)은 싫은 것입니다. 이들은 아무리 종교적 열정이 강하고 교리적 지식이 뛰어날지라도 참된 신자라고 할 수 없습니다. "그리스도께서는 왕으로서 우리를 자기에게 복종하게 하시고, 우리를 다스리시기" 원하십니다. 우리가 그리스도를 왕으로 모시기를 바라십니다.

답: 그리스도께서는 왕으로서 우리를 자기에게 복종하게 하시고, 우리를 다스리시고 보호하시며, 그분의 모든 원수들, 곧 우리 원수들을 제어하시고 정복하십니다.

묵상 † 기도

1. 예수 그리스도를 믿는다는 것은 선지자와 제사장으로서의 그리스도를 따를 뿐만 아니라, 또 무슨 직분을 가지신 그리스도를 믿는다는 뜻입니까?
2. 나에게는 그리스도의 말씀에 전적으로 복종하고자 하는 마음이 있나요?

하나님, 저는 그리스도의 복음(선지자)을 듣고 십자가의 속죄 제사(제사장)로 구원받아 하나님의 백성이 되었습니다. 이제 그리스도의 다스림(왕)을 자원함으로 받게 하옵소서. 아멘!

135일 만물의 왕

• 성경: 엡 1:22 • 찬송: 25장 "면류관 벗어서"

제26문: 그리스도께서 왕의 직분을 어떻게 행하십니까?

그리스도는 선지자와 제사장의 사역을 다 이루시고 "하늘과 땅의 모든 권세"(마 28:18)를 얻으셔서 만물의 왕으로 등극하셨습니다. "모든 통치와 권세와 능력과 주권과 이 세상뿐 아니라, 오는 세상에 일컫는 모든 이름 위에 뛰어나게 하시고, 또 만물을 그의 발아래에 복종하게 하시고 **그를 만물 위에 교회의 머리**로 삼으셨느니라. 교회는 그의 몸이니, 만물 안에서 만물을 충만하게 하시는 이의 충만함이니라"(엡 1:21-23). 성부 하나님은 교회를 위해 그리스도를 만물의 머리로 세우셨습니다(gave him as head over all things to the church). 만물의 왕이신 그리스도는 특별히 교회를 다스리는 머리의 역할을 하십니다. 만물의 왕 되신 그리스도의 다스림이 가장 잘 드러나는 곳이 교회입니다. 교회는 하나님의 부르심을 받고 회심한 사람들의 모임이기에 그리스도께 복종하고 그분의 다스림을 따르려고 합니다.

그러면 그리스도는 실제로 어떻게 우리를 다스리시나요? 교회에 직분자를 세우셔서 그 일을 하게 하십니다. 말씀의 봉사자인 목사와 교회 사역을 감당하는 장로를 두어 그리스도의 왕의 직분을 수행하게 하십니다. 목사의 입을 통해 말씀을 전해 주시고 장로의 사역을 통해 성도들이 그리스도께 복종하게 하십니다. 만약 성도가 불순종하면 권징(권면과 징계)이라는 형식으로 그리스도의 다스림을 행하도록 하십니다. 참된 성도는 교회의 영적 다스림에 순종합니다.

답: 그리스도께서는 왕으로서 우리를 자기에게 복종하게 하시고, 우리를 다스리시고 보호하시며, 그분의 모든 원수들, 곧 우리 원수들을 제어하시고 정복하십니다.

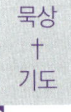

묵상 + 기도

1. 만물의 왕은 누구이십니까?
2. 교회의 머리는 누구이시며 구체적으로 어떻게 교회를 다스리십니까?

하나님, 제가 교회의 머리 되시고 만물의 왕 되신 그리스도께 온전히 순종하게 하소서. 특별히 그분이 세우신 직분자들의 선한 다스림에 순종하게 하소서. 아멘!

 ## 136일 보호하는 왕

● 성경: 시 110:1-7 ● 찬송: 73장 "내 눈을 들어 두루 살피니"

제26문: 그리스도께서 왕의 직분을 어떻게 행하십니까?

참왕은 "**모든 원수들, 곧 우리 원수들을 제어하시고 정복하십니다.**" 구약 시대 때 메시아의 그림자 역할을 했던 왕들은 모두 흠이 많았습니다. 위대한 왕 다윗도 그러했습니다. 왕은 나라를 공격하는 원수들을 막아 내고 백성을 보호할 책임이 있습니다. 또한 자신과 백성을 사탄으로부터 지켜야 합니다. 하지만 불완전한 인간 왕들은 자신은 물론 백성을 안전하게 지킬 수 없을뿐더러 구원할 수도 없습니다. 악한 왕을 만나면 백성도 같이 악해지고, 백성이 악하면 왕이 백성 앞에 굴복하는 악순환이 반복됩니다.

그리스도의 왕 되심은 그런 불완전한 한계를 극복합니다. 그리스도는 마지막 멸망받을 원수인 사망을 굴복시킴으로써 그분의 백성에게 새로운 생명을 주셨고, 사탄의 공격으로부터 백성을 지켜 보호해 주십니다. 악한 사탄은 우는 사자가 먹이를 찾아 헤매듯이 늘 우리 주변을 서성입니다. 그리스도는 그런 원수의 공격을 제어하고 정복하기를 원하십니다. 그러므로 우리는 그리스도께 기도해야 합니다. "우리를 시험에 들게 하지 마시옵고 다만 악에서 구하시옵소서"(마 6:13). 우리 힘으로는 절대 이길 수 없습니다. 그리스도께서 도와주셔야 합니다. 우리의 왕이신 그리스도께 기도하십시오! 그분이 지켜 주십니다.

답: 그리스도께서는 왕으로서 우리를 자기에게 복종하게 하시고, 우리를 다스리시고 보호하시며, 그분의 모든 원수들, 곧 우리 원수들을 제어하시고 정복하십니다.

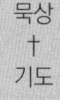
묵상 † 기도

1. 구약 시대의 왕들에게는 어떤 문제가 있었나요? 우리의 왕 되신 그리스도와 비교해서 설명해 보세요.
2. 죄와 사탄과 싸울 때 힘이 되는 성경 구절을 찾아보고 암송해 보세요.

하나님, 저는 사탄의 공격에 늘 노출되어 있습니다. 저의 힘으로는 도저히 이길 수 없습니다. 왕 되신 예수 그리스도께서 도와주십시오. 아멘!

# 그리스도의 낮아지심

- 성경: 빌 2:8   • 찬송: 467장 "높으신 주께서 낮아지심은"

제27문: 그리스도의 낮아지심이 무엇입니까?

하이델베르크 요리문답에는 사도신경이 포함되어 있지만 웨스트민스터 소요리문답에는 없습니다. 하지만, 그 내용까지 없지는 않습니다. 소요리문답 제20-28문은 사도신경에 나오는 성자 하나님에 대해 정리합니다. '**그리스도의 낮아지심**'은 사도신경의 "…나는 그의 유일하신 아들, 우리 주 예수 그리스도를 믿습니다 … 장사된 지"까지의 내용입니다. 그리스도는 전능하신 창조주 하나님 아버지의 유일하신 아들이십니다. 성자 하나님으로서 그리스도는 사람으로 "강생하시되, 그처럼 비천한 형편에 태어나셨고 율법 아래 나셨으며, 이 세상에서 여러 가지 비참함을 겪다가 하나님의 진노와 십자가의 저주의 죽음을 받으셨고, 장사되셔서 얼마 동안 죽음의 권세 아래" 거하셨습니다. 그리스도의 성육신과 이 세상에서의 삶을 가장 잘 축약한 내용입니다.

그리스도의 삶을 한마디로 요약하면 '낮아지심'입니다. 그리스도의 '**낮아지심**'은 "아담의 첫 범죄 때에 그의 안에서 죄를 짓고 그와 함께 타락"(소요리문답 제16문)한 모든 인류의 상태로 내려오셨음을 의미합니다. 하나님과 교제가 끊어지고 하나님의 진노와 저주 아래에 있으며, 그로 말미암아 이 세상에서 온갖 비참함을 겪다가 결국 죽음에 이르고 영원히 지옥의 고통(소요리문답 제19문)에 떨어질 죄인의 처지로 오신 것입니다.

답: 그리스도의 낮아지심은 그분이 강생하시되, 그처럼 비천한 형편에 태어나셨고 율법 아래 나셨으며, 이 세상에서 여러 가지 비참함을 겪다가 하나님의 진노와 십자가의 저주의 죽음을 받으셨고 장사되셔서 얼마 동안 죽음의 권세 아래 거하신 것입니다.

묵상
†
기도

1. 사도신경과 관련하여 웨스트민스터 소요리문답과 하이델베르크 요리문답의 차이점을 말해 보세요.
2. 그리스도의 낮아지심은 우리와 어떤 관계가 있나요?

하나님, 그리스도께서 사람으로 오셔서 낮아지심으로써 제 죄를 용서해 주셨고 저를 높여 주셨습니다. 감사합니다. 아멘!

하나님의 진노와 십자가의 저주의 죽음

● 성경: 빌 2:6-8 ● 찬송: 13장 "영원한 하늘나라"

제27문: 그리스도의 낮아지심이 무엇입니까?

　그리스도의 낮아지심을 가장 잘 설명하는 성경 구절은 빌립보서 2:6-8입니다. "그는 근본 하나님의 본체시나 하나님과 동등 됨을 취할 것으로 여기지 아니하시고 오히려 자기를 비워 종의 형체를 가지사 사람들과 같이 되셨고 사람의 모양으로 나타나사 자기를 낮추시고 죽기까지 복종하셨으니 곧 십자가에 죽으심이라." 제27문의 답에서 '강생'(降生)이라는 단어는 출생(being born)이라는 뜻입니다. 그리스도는 사람의 몸으로 태어나셨지만, 죄는 없으십니다. 하지만, 죄로 인해 갖게 된 사람의 연약함은 모두 취하셨습니다. 그리스도는 로마의 식민지로 전락한 이스라엘 중에서도 몰락한 왕실 가문인 요셉과 마리아의 집안이라는 "비천한 형편에 태어나셨습니다."

　그리스도는 "율법 아래 나셨습니다." 율법을 만드신 분이 스스로 율법의 범위 안으로 들어오셨습니다. 첫 아담은 율법을 지키지 못했습니다. 하지만, 마지막 아담이신 그리스도는 사람을 죽음으로 몰아가는 그 율법을 없애지 않고 오히려 완성하십니다. 율법이 악한 것이 아니라, 사람이 악한 것이니까요. 예수님은 우리의 죄 때문에 생긴 온갖 "비참함"을 겪으셨습니다. 고통, 슬픔, 배고픔, 가난을 경험하셨습니다. 무엇보다도 가장 큰 고통은 "하나님의 진노와 십자가의 저주의 죽음을" 받으신 것입니다. 그리스도의 죽음은 인간의 죽음과 다릅니다. 인간은 자신의 죄 때문에 죽지만, 그리스도는 죄가 없는데도 죽으셨습니다. 그리스도께서는 죽음으로써 우리의 죗값을 대신 치르셨습니다.

답: 그리스도의 낮아지심은 그분이 강생하시되, 그처럼 비천한 형편에 태어나셨고 율법 아래 나셨으며, 이 세상에서 여러 가지 비참함을 겪다가 하나님의 진노와 십자가의 저주의 죽음을 받으셨고 장사되셔서 얼마 동안 죽음의 권세 아래 거하신 것입니다.

묵상 + 기도

1. 그리스도의 낮아지심은 구체적으로 어떤 모양으로 나타났습니까?
2. 그리스도의 낮아지심은 누구를 위함입니까?

하나님, 그리스도께서 낮아지셔서 인간의 모든 고통을 경험하고 죽으신 것은 저를 사랑하셨기 때문이지요. 감사합니다. 아멘!

139일 십자가의 죽음이 주는 유익

• 성경: 롬 6:6 • 찬송: 27장 "빛나고 높은 보좌와"

제27문: 그리스도의 낮아지심이 무엇입니까?

예수님이 하나님의 진노를 홀로 지시고 십자가의 죽음을 받으셨습니다. 그리고 장사되셔서 얼마 동안 죽음의 권세 아래 거하셨습니다. 한마디로 말하면, 지옥의 고통을 겪으셨습니다.

예수님의 낮아지심은 우리에게 어떤 유익이 있습니까? 예수님의 낮아지심은 우리의 저주를 없앱니다. 우리의 옛 본성이 그리스도와 함께 십자가에 못 박히고, 죽고 장사됩니다. 예수님을 믿는 사람에게는 죄가 더 이상 그의 안에서 왕처럼 지배하지 못합니다. "우리가 알거니와 우리의 옛 사람이 예수와 함께 십자가에 못 박힌 것은 죄의 몸이 죽어 다시는 우리가 죄에게 종노릇하지 아니하려 함이니"(롬 6:6). 사람이 예수님을 믿고 세례를 받을 때 그의 옛 사람은 예수님이 죽으실 때와 똑같이 죽습니다. 그리스도께서는 우리의 죄를 가지고 무덤에 들어가셔서, 그 죄를 거기에 영원히 묻으셨습니다. 또 그리스도께서 십자가에 못 박히신 것같이 우리의 몸이 그분과 함께 영원히 십자가에 못 박혔습니다. 옛 사람이 더 이상 우리를 이기지 못합니다. 이제 성도는 죄를 짓지 않으려고 노력합니다. 성도는 하나님의 영광을 위해 살아갑니다. 하나님께 감사하고 찬송하며 기도하고 예배합니다.

답: 그리스도의 낮아지심은 그분이 강생하시되, 그처럼 비천한 형편에 태어나셨고 율법 아래 나셨으며, 이 세상에서 여러 가지 비참함을 겪다가 하나님의 진노와 십자가의 저주의 죽음을 받으셨고 장사되셔서 얼마 동안 죽음의 권세 아래 거하신 것입니다.

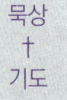

묵상 † 기도

1. 예수님이 겪으신 지옥의 고통이 우리와 무슨 상관이 있나요?
2. 그 상관관계를 알게 된 신자는 어떻게 살아가야 할까요?

하나님, 예수님이 십자가에서 죽으시고 지옥의 고통을 당하셨음을 믿습니다. 그래서 제가 하나님 나라에 갈 수 있습니다. 감사합니다. 아멘!

140일

20주차 모임

그리스도의 제사장·왕 직분

● 성경: 마 20:28   ● 찬송: 327장 "주님 주실 화평"

함께 읽어 봅시다

제25문: 그리스도께서 제사장의 직분을 어떻게 행하십니까?
답: 그리스도께서는 제사장으로서 단번에 자신을 제물로 드려, 하나님의 공의를 만족시키고, 우리를 하나님과 화목하게 하셨으며, 또한 우리를 위하여 항상 간구하십니다.

제26문: 그리스도께서 왕의 직분을 어떻게 행하십니까?
답: 그리스도께서는 왕으로서 우리를 자기에게 복종하게 하시고, 우리를 다스리시고 보호하시며, 그분의 모든 원수들, 곧 우리 원수들을 제어하시고 정복하십니다.

함께 나누어 봅시다

1. 그리스도의 구속 사역을 제사장 직분과 관련해서 설명해 보세요. 특별히 나와 관련해서 적용해 보세요.

2. 왕이라는 특징과 그리스도의 왕적 직분, 그리고 나의 구원을 연결해서 묵상해 보세요.

3. 세상의 역사, 그리고 오늘날 인간이 당면한 문제들은 그리스도의 왕적 직분과 어떤 관계가 있을까요?

함께 기도합시다

그리스도의 제사장적 직분과 왕적 직분으로 이루어 주신 우리의 구원에 감사하며 살아가게 해 달라고 기도합시다.

 141일

음부에 내려가시고

● 성경: 시 19:4-5 ● 찬송: 298장 "속죄하신 구세주를"

제27문: 그리스도의 낮아지심이 무엇입니까?

　한국 교회가 사용하는 사도신경에는 "음부에 내려가시고"(descended into Hell)라는 내용이 없습니다. 아주 옛날 찬송가 표지 안쪽에는 "음부에 내려가시고"가 있기도 했는데, 언제부턴가 빠졌습니다. 하지만, 세계 대부분의 교회에서 고백하는 사도신경에는 이 내용이 들어 있습니다. 초대교회 문서를 보면 이 문구가 없는 사도신경도 발견됩니다. 그러나 5세기 말과 6세기 초 사이에 공식적으로 채택된 사도신경에는 "음부에 내려가시고"가 포함되어 있습니다.

　우리가 이 문구를 사용하지는 않지만 그 의미를 살펴보는 것이 좋겠습니다. "음부에 내려가시고"에서 '음부'는 '무덤'이나 '지옥'을 말합니다. 이 고백에는 두 가지 의미가 있습니다. 첫째, 예수님이 장사되셨는데, 그것은 마치 죽음의 세계, 곧 지옥에 내려가신 것과 같다는 의미입니다. 예수님은 죽음의 권세 아래에 삼 일 동안이나 있으셨습니다. 낮아질 대로 낮아지셨다는 뜻입니다. 둘째, 예수님이 고난의 가장 밑바닥까지 내려가셨다는 것을 의미합니다. 지옥의 고통을 경험하셨다는 것입니다. 예수님의 몸만 고통당하신 것이 아니라, 그 영혼도 지옥의 고통을 겪으셨습니다. "얼마 동안 죽음의 권세 아래 거하신 것"이라는 표현이 그 의미입니다. 예수님은 하나님의 저주와 진노를 짊어지셨고, 하나님으로부터 버림을 받으셨습니다. "음부에 내려가시고"는 이 점을 더 분명하게 설명해 줍니다. 예수님의 완전한 죽음으로 우리가 완전하게 살게 되었으니, 얼마나 감사한지요!

답: 그리스도의 낮아지심은 그분이 강생하시되, 그처럼 비천한 형편에 태어나셨고 율법 아래 나셨으며, 이 세상에서 여러 가지 비참함을 겪다가 하나님의 진노와 십자가의 저주의 죽음을 받으셨고 장사되셔서 얼마 동안 죽음의 권세 아래 거하신 것입니다.

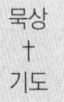 묵상 † 기도

1. 사도신경에 나오는 "음부에 내려가시고"는 무슨 뜻인가요?
2. 이 표현을 그리스도의 낮아지심과 관련하여 묵상해 보세요.

　하나님, 예수님이 음부까지 내려가실 정도로 저주의 죽음을 감당하신 것은 바로 제 죄를 대속하기 위함이었네요. 예수님께 감사와 찬양을 올려 드립니다. 할렐루야! 아멘!

142일 높아지심

● 성경: 빌 2:9-11   ● 찬송: 181장 "부활 승천하신 주께서"

제28문: 그리스도의 높아지심이 무엇입니까?

그리스도는 우리의 구속자로서 선지자와 제사장과 왕의 직분을 낮아지고 높아지신 두 지위에서 행하십니다(소요리문답 제23문). 이제 그리스도의 '낮아지심'에 이어 '높아지심'에 대해 공부해 봅시다. "그리스도의 높아지심은 그분이 사흘날에 죽은 자들 가운데서 부활하셨고, 하늘에 오르셨고, 성부 하나님 우편에 앉아 계시며, 마지막 날에 세상을 심판하러 오시는 것입니다." 이 짧은 한 문장에 그리스도의 사역 가운데 매우 긴 기간에 걸쳐 이루어지는 사역들이 포함되어 있습니다. 그리스도의 부활로부터 세상의 마지막인 심판 때까지의 구원 사역에 관한 것입니다. 사도신경에서는 "장사된 지 사흘 만에 죽은 자 가운데서 다시 살아나셨으며, 하늘에 오르시어 전능하신 아버지 하나님 우편에 앉아 계시다가, 거기로부터 살아 있는 자와 죽은 자를 심판하러 오십니다"에 해당됩니다.

그리스도의 높아지심은 그리스도와 연합한 신자에게 큰 위로와 기쁨과 소망을 줍니다. 그리스도의 부활, 승천, 하늘 우편에 앉으심과 재림에 신자도 영광스럽게 참여할 수 있기 때문입니다. 그리스도께서 비참한 처지에 있던 택하신 백성의 대표로 낮아지셨지만, 다시 높아지심으로써 그분의 백성도 영광스러운 삶을 그리스도와 함께 누리게 됩니다. 이 얼마나 기쁘고 복된 소식인지요!

답: 그리스도의 높아지심은 그분이 사흘날에 죽은 자들 가운데서 부활하셨고, 하늘에 오르셨고, 성부 하나님 우편에 앉아 계시며, 마지막 날에 세상을 심판하러 오시는 것입니다.

묵상 † 기도

1. 그리스도께서는 구속자로서 삼중 직분을 낮아지심과 동시에 어떤 상태에서 행하시나요?
2. 그리스도의 높아지심이 우리에게 어떤 의미가 있나요?

하나님, 그리스도께서 부활하시고 승천하셔서 높이 되신 것처럼 저도 그렇게 될 줄로 믿습니다. 아멘!

부활의 유익

● 성경: 고전 15:20-24   ● 찬송: 46장 "이날은 주님 정하신"

제28문: 그리스도의 높아지심이 무엇입니까?

그리스도는 "사흘날에 죽은 자들 가운데서 부활"하셨습니다. 그리스도는 왕으로서 사망을 이기셨습니다. 부활은 오늘날 우리에게 세 가지 유익을 줍니다. 이 유익을 하이델베르크 요리문답 제45문을 인용하여 설명해 보겠습니다.

"첫째, 그리스도는 부활로써 죽음을 이기셨으며, 그래서 죽으심으로써 얻으신 의에 우리로 참여할 수 있도록 하셨습니다." 마지막 아담이신 그리스도께서는 첫 아담이 못했던 순종을 행하심으로써 하나님으로부터 의롭다 하심을 받아 구원과 의로움을 성도들에게 나누어 주십니다(롬 4:25). 그리스도께서는 구원과 의를 우리에게 주셨음을 부활로 증명하셨습니다.

"둘째, 그의 능력으로 말미암아 우리도 이제 새로운 생명으로 다시 살아났습니다." 신자는 중생한 자로서 새로운 삶을 살아갑니다. "그러므로 우리가 그의 죽으심과 합하여 세례를 받음으로 그와 함께 장사되었나니, 이는 아버지의 영광으로 말미암아 그리스도를 죽은 자 가운데서 살리심과 같이 우리로 또한 새 생명 가운데 행하게 하려 함이라"(롬 6:4).

"셋째, 그리스도의 부활은 우리의 영광스러운 부활에 대한 확실한 보증입니다." 그리스도의 부활을 바울은 "첫 열매"라고 표현합니다(고전 15:23). 첫 열매를 따면 이어서 다른 열매들도 추수하게 되리라고 기대할 수 있습니다. 그리스도께서 첫 열매로 부활하셨으니, 우리도 나중에 영광스럽게 부활하리라고 기대할 수 있습니다.

답: 그리스도의 높아지심은 그분이 사흘날에 죽은 자들 가운데서 부활하셨고, 하늘에 오르셨고, 성부 하나님 우편에 앉아 계시며, 마지막 날에 세상을 심판하러 오시는 것입니다.

묵상 † 기도

1. 그리스도의 부활이 우리에게 주는 유익을 세 가지로 설명해 보세요.
2. 그리스도를 믿는 자들은 중생 후 부활의 삶을 이 세상에서 어떻게 누릴 수 있나요?

하나님, 저도 예수님처럼 영광스러운 부활을 하게 되겠지요? 지금 어렵고 힘들어도 잘 견디게 도와주세요. 아멘!

144일 승천의 유익

● 성경: 요일 2:1   ● 찬송: 161장 "할렐루야 우리 예수"

제28문: 그리스도의 높아지심이 무엇입니까?

서양 교회에서는 '부활절' 이후 40일 되는 주일을 '승천일'(昇天日, The Ascension Day)로 지킵니다. 하나님의 구원 사역은 예수님의 십자가 죽음으로 끝나지 않고, 예수님이 부활하시고 승천하셔서 하늘에 오르시고 나중에 심판하러 오실 때까지를 포함합니다. 그리스도의 승천이 오늘날 우리에게 어떤 의미가 있을까요? 이 유익을 하이델베르크 요리문답 제49문을 인용하여 설명해 보겠습니다.

"첫째, 그리스도는 대언자로서 하늘에서 우리를 위해 그의 아버지 앞에서 간구하십니다." 그리스도는 유일한 대제사장으로서 우리의 구원과 통치를 위해 기도하십니다.

"둘째, 우리의 몸이 그리스도 안에서 하늘에 있으며, 이것은 머리 되신 그리스도께서 그의 지체인 우리를 그에게로 이끌어 올리실 것에 대한 확실한 보증입니다." 그리스도인은 영적으로 그리스도와 연합되어 있으므로, 하늘나라, 곧 하나님 나라에 살고 있다고 할 수 있습니다.

"셋째, 그리스도는 그 보증으로 그의 성령을 우리에게 보내시며, 우리는 성령의 능력으로 말미암아 그리스도께서 하나님 우편에 앉아 계신 곳, 그 위의 것을 구하고 땅의 것을 구하지 않습니다." 그리스도께서 하늘로 가지 않으셨다면 성령 하나님이 우리에게 오실 수 없었습니다. 성령님을 보내 주셔서 우리와 함께하게 하시니 감사합니다.

답: 그리스도의 높아지심은 그분이 사흘날에 죽은 자들 가운데서 부활하셨고, 하늘에 오르셨고, 성부 하나님 우편에 앉아 계시며, 마지막 날에 세상을 심판하러 오시는 것입니다.

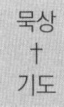

1. 그리스도의 승천이 우리에게 주는 유익 세 가지를 말해 보세요.
2. 승천하신 그리스도께서는 하늘에서 우리를 위해 어떤 일을 하고 계시나요?

하나님, 승천하신 예수님이 지금도 하늘에서 우리의 구원과 통치를 위해 기도하고 계심이 얼마나 감사한지요. 아멘!

145일 하나님 우편에 앉으심의 유익

● 성경: 엡 1:20-22　● 찬송: 181장 "부활 승천하신 주께서"

제28문: 그리스도의 높아지심이 무엇입니까?

예수님은 지금 어디에 계실까요? "전능하신 아버지 하나님 우편에 앉아" 계십니다. 예수님의 탄생, 고난, 십자가에서의 죽음, 장사, 승천은 '과거'의 사건입니다. 예수님의 재림은 '미래'의 일입니다. '현재' 예수님은 하나님 우편에 앉아 계십니다. 이 사실은 매우 중요합니다. 예수님은 적어도 이천 년 동안 하늘에 계셨고, 앞으로 얼마나 더 하늘에 계실지 알 수 없습니다. 만약 이 내용을 부인하거나 가볍게 여기면 그리스도인의 삶은 의미가 없습니다. 교회의 역사도 무의미합니다. 그만큼 이 내용이 중요합니다.

예수님이 '하나님 우편에 앉아 계신다'는 것이 무슨 뜻일까요? 아무것도 하지 않고 그저 앉아만 계신다는 말일까요? 아닙니다. '오른편에 앉다'는 '능력', '위엄', '존귀'를 의미합니다. 스데반이 돌에 맞아 죽을 때 그는 예수님이 하나님 우편에 계신 것(행 7:56)을 보았습니다. 예수님이 하나님 우편에 앉아 계신다는 말은 예수님이 성부 하나님과 매우 친밀한 관계임을 나타냅니다. 그리고 성부 하나님이 성자 하나님을 존귀와 영광과 권능의 자리에 앉도록 하셨음을 알려 줍니다.

요한은 예수님을 역사의 '두루마리를 열 수 있는 자', 곧 '역사의 왕'으로 묘사합니다(계 5:4-7). 예수님은 지금 하늘에서 '온 우주의 왕'으로서 만물을 다스리고 계십니다(엡 1:22). 오늘 우리의 개인적인 일, 학교나 회사에서 일어난 일, 그리고 국가의 모든 일이 왕이신 예수님의 다스림 안에 있음을 인정합시다. 그분께 영광을 돌려 드립시다!

답: 그리스도의 높아지심은 그분이 사흘날에 죽은 자들 가운데서 부활하셨고, 하늘에 오르셨고, 성부 하나님 우편에 앉아 계시며, 마지막 날에 세상을 심판하러 오시는 것입니다.

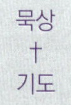

묵상 † 기도

1. 예수님은 지금 어디에 계신가요?
2. 예수님이 그곳에 계신다는 것이 오늘날 우리에게 어떤 의미가 있나요?

하나님, 예수님이 지금 하나님 우편에 앉아서 온 우주의 왕으로서 만물을 다스리시며 저를 보호하시고 계심을 믿습니다. 아멘!

심판의 유익

● 성경: 벧후 3:1-5　● 찬송: 247장 "보아라 저 하늘에"

제28문: 그리스도의 높아지심이 무엇입니까?

　예수님은 지금 하늘에 계십니다. 그곳에서 온 우주를 다스리시며, 특히 교회의 머리로서 당신의 몸 된 교회를 돌보십니다. 예수님의 일은 여기서 끝이 아닙니다. 마지막 사역이 하나 남아 있습니다. 바로 예수님의 재림과 심판입니다. 예수님이 세상에 다시 오십니다. 산 자와 죽은 자를 심판하기 위해 오십니다. 예수님이 승천하실 때 천사들이 제자들에게 이렇게 말했습니다. "너희 가운데서 하늘로 올려지신 이 예수는 하늘로 가심을 본 그대로 오시리라"(행 1:11). 승천하실 때는 하늘 아버지께서 올려 주셔야 했지만, 다시 오실 때는 스스로 오십니다. 성부 하나님이 성자 하나님에게 모든 권세를 주시기 때문입니다. 유일한 대제사장으로서 구원자가 되셨던 예수님은 이제 영원한 왕과 심판자로 세상에 다시 오십니다.

　예수님을 믿는다는 것은 그분이 십자가에 달려서 돌아가신 것을 믿으며 또한 다시 오실 것을 믿는 것입니다. 만약 신자가 예수님의 재림을 생각하지 않고 기대하지도 않는다면 신앙에 문제가 있습니다. 예수님은 살아 계실 때 제자들에게 심판하러 다시 오시리라고 분명하게 말씀하셨습니다. 마태복음 25장에 나오는 세 가지 비유가 그 내용을 잘 나타내 줍니다. 이 심판의 재림으로 그리스도의 구원이 완성됩니다.

답: 그리스도의 높아지심은 그분이 사흘날에 죽은 자들 가운데서 부활하셨고, 하늘에 오르셨고, 성부 하나님 우편에 앉아 계시며, 마지막 날에 세상을 심판하러 오시는 것입니다.

묵상
＋
기도

1. 예수님의 재림과 심판은 우리의 구원과 어떤 관계가 있나요?
2. 나는 그리스도의 재림이 두렵나요? 아니면 재림을 간절히 원하나요?

하나님, 예수 그리스도께서 다시 오셔서 세상을 심판하실 것을 믿습니다. 아멘!

14일 · 21주차 모임

그리스도의 낮아지심과 높아지심

● 성경: 빌 2:8   ● 찬송: 467장 "높으신 주께서 낮아지심은"

함께 읽어 봅시다

제27문: 그리스도의 낮아지심이 무엇입니까?

답: 그리스도의 낮아지심은 그분이 강생하시되, 그처럼 비천한 형편에 태어나셨고 율법 아래 나셨으며, 이 세상에서 여러 가지 비참함을 겪다가 하나님의 진노와 십자가의 저주의 죽음을 받으셨고 장사되셔서 얼마 동안 죽음의 권세 아래 거하신 것입니다.

제28문: 그리스도의 높아지심이 무엇입니까?

답: 그리스도의 높아지심은 그분이 사흘날에 죽은 자들 가운데서 부활하셨고, 하늘에 오르셨고, 성부 하나님 우편에 앉아 계시며, 마지막 날에 세상을 심판하러 오시는 것입니다.

함께 나누어 봅시다

1. 그리스도의 낮아지심이 나와 어떤 관계가 있을까요?

2. 그리스도의 높아지심이 나와 어떤 관계가 있을까요?

3. 성부 하나님이 성령님을 통해 성자 하나님을 세상에 보내시고, 죽게 하시고, 부활하게 하시고, 승천하게 하신 구원의 역사(役事)에 대하여 묵상해 보세요.

함께 기도합시다

하나님에게 그리스도의 사랑과 하나님의 크신 은혜에 감사하는 기도를 합시다.

14日일 성령님, 구속의 적용

● 성경: 슥 4:6   ● 찬송: 182장 "강물같이 흐르는 기쁨"

제29문: 우리가 어떻게 그리스도의 값 주고 사신 구속에 참여하는 사람이 됩니까?

    우리는 지금까지 소요리문답 제20-28문에서 그리스도의 구속 사역에 대해 배웠습니다. 그리스도께서는 하나님의 택한 백성을 구원하기 위해 낮아지시고 높아지신 지위에서 선지자와 제사장과 왕의 직분으로 일하셨습니다. 그런데 '예수 그리스도의 구원이 나와 무슨 상관이지?' 하는 생각이 들 수도 있습니다. 소요리문답 제13-19문에서는 인간이 선하게 창조되었지만 타락하여 죄 가운데 살면서 비참하게 되었다고 가르칩니다. 영적으로 죽은 인간은 스스로 하나님을 찾을 능력도 없고 자신을 구원할 능력도 없습니다. 예수님이 우리를 위해 십자가에서 죽으심으로써 구원을 이루셨다고 하더라도, 타락하여 죽은 우리는 아무런 능력이 없습니다(전적 무능력, Total Inability). 인간의 지·정·의가 타락으로 오염되어 하나님의 영광을 위하지 않고 사람의 영광을 위해 기능할 뿐이라는 뜻입니다.

    그러면 "우리가 어떻게 그리스도의 값 주고 사신 구속에 참여하는 사람이" 될 수 있습니까? 그 답을 소요리문답 제29문이 알려 줍니다. "그리스도의 성령께서 그 구속을 우리에게 효력 있게 적용하여 주심으로 우리는 그리스도의 값 주고 사신 구속에 참여하는 사람이 됩니다." 성령님이 그리스도의 구속을 우리에게 적용해 주시면 됩니다. 구원은 전적으로 삼위일체 하나님의 작품입니다.

답: 그리스도의 성령께서 그 구속을 우리에게 효력 있게 적용하여 주심으로 우리는 그리스도의 값 주고 사신 구속에 참여하는 사람이 됩니다.

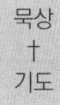

묵상 † 기도

1. 소요리문답 제13-19문과 제20-28문은 각각 어떤 내용을 다루고 있나요?
2. 타락하여 죽은 인간이 어떻게 그리스도의 구속에 참여하게 되나요?

하나님, 그리스도의 구속을 성령 하나님이 저에게 적용해 주셨네요. 감사하고 또 감사합니다. 아멘!

149일 성령님, 새롭게 하심

- 성경: 딛 3:4-7
- 찬송: 183장 "빈 들에 마른 풀같이"

제29문: 우리가 어떻게 그리스도의 값 주고 사신 구속에 참여하는 사람이 됩니까?

우리는 '인간이 무능력하다'는 말에 동의하기가 힘듭니다. 아니, 사실은 이 말을 싫어합니다. 인간의 지·정·의가 대단해 보이고, 정상적으로 작동한다고 여기기 때문입니다. 인간은 자신의 구원을 위해서도 스스로 무언가를 할 수 있다고 생각합니다. 이렇게 생각하는 이들이 교회 역사 속에 늘 있어 왔기에 교회에 많은 해악을 끼쳤습니다. 5세기의 펠라기우스(Pelagius)는 아예 원죄를 인정하지 않았고, 인간에게는 무엇이든지 해낼 수 있는 가능성이 있다고 믿었습니다. 그는 예수님의 십자가의 도움을 구하기보다는 예수님의 삶의 모범을 인간이 따라가야 한다고, 또 따라갈 수 있다고 가르쳤습니다. 종교개혁 시대에 활동한 소시니우스(Socinius)와 18세기에 미국에서 상당한 영향력을 끼친 유니테리언(Unitarianism)이라는 교파도 이렇게 주장했습니다. 16-17세기에는 아르미니우스(Arminius)가 '하나님 50% + 사람 50% = 100% 구원'이라고 가르쳤습니다. 로마 천주교회도 이러한 관점에서 구원론을 가르칩니다. 에라스무스(Erasmus)도 그렇게 주장하다가 루터와 결별하고 로마 천주교회로 돌아갔습니다. 그들은 인간이 자유의지로 하나님을 선택하거나 거절할 수 있다고 생각했습니다.

그러나 성경은 인간이 스스로를 구원할 수 없다고 분명히 가르칩니다. "우리를 구원하시되 우리가 행한 바 의로운 행위로 말미암지 아니하고 오직 그의 긍휼하심을 따라 중생의 씻음과 성령의 새롭게 하심으로 하셨나니"(딛 3:5). 우리의 구원은 성령님의 새롭게 하심으로만 가능합니다.

답: 그리스도의 성령께서 그 구속을 우리에게 효력 있게 적용하여 주심으로 우리는 그리스도의 값 주고 사신 구속에 참여하는 사람이 됩니다.

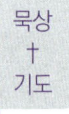

묵상 + 기도

1. 인간은 스스로 자신을 구원할 수 없다는 말을 싫어합니다. 왜 그럴까요?
2. 성경은 인간의 구원에 대해 어떻게 가르치나요?

하나님, 성령님의 새롭게 하시는 사역이 아니고는 제가 중생할 수 없었음을 고백합니다. 고맙습니다. 아멘!

삼위일체 하나님에 의해 이루어지는 구원

● 성경: 마 28:19 ● 찬송: 76장 "창조의 주 아버지께"

제30문: 그리스도의 값 주고 사신 구속을 성령께서 우리에게 어떻게 적용하십니까?

소요리문답 제29-38문까지는 성령 하나님의 사역에 관한 내용입니다. 성령님의 일하심은 놀랍습니다. 어떤 사람들은 "성령 받아라! 불 받아라!"라고 외치며 성령님을 '힘'과 '파워'(power) 정도로만 이해합니다. 또 다른 이들은 성령님의 사역에서 기적과 이적만을 바라기도 합니다. 그러나 성령 하나님의 가장 중요하고 놀라운 사역은 그리스도의 구원을 우리에게 효력 있게 적용하여 주시는 것입니다. 소요리문답 제1-38문은 삼위일체 하나님과 그분의 일에 관한 내용입니다. '하나님은 어떤 분이시며', '그분은 우리를 위해 무슨 일을 행하셨나'에 관하여 다룹니다. 물론 인간의 창조와 죄와 비참에 대해서도(제13-19문) 설명합니다.

정리하면, 구원은 성부 · 성자 · 성령 하나님의 일이지, 인간에게 속한 일이 아닙니다. 성부 하나님은 인간을 구원하기로 선택하시고, 성자 하나님은 구원을 주도하시며, 성령 하나님은 그 구원을 인간에게 적용하십니다. 교회에서 목사가 세례(침례)를 줄 때 "예수 그리스도를 믿는 OOO에게 내가 성부와 성자와 성령의 이름으로 세례를 주노라"라고 말합니다. 우리의 구원이 삼위일체 하나님에 의해 이루어진다는 것입니다. 정말 그렇습니다. "성령께서는 우리를 효력 있는 부르심으로 부르셔서" 우리의 구원을 이루십니다.

답: 성령께서는 우리를 효력 있는 부르심으로 부르셔서, 우리 안에 믿음을 일으켜 주시고, 그리스도와 연합하게 하심으로, 그리스도의 값 주고 사신 구속을 우리에게 적용하여 주십니다.

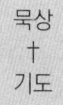

묵상 † 기도

1. 소요리문답 전반부(제1-38문)의 핵심 내용은 무엇입니까?
2. 우리의 구원은 누구의 작품입니까? 인간이 구원에 기여할 수 있는 부분이 있나요?

하나님, 삼위일체 하나님의 사역으로 제가 구원받았음을 고백합니다. 특별히 성령 하나님의 효력 있는 부르심으로 가능하게 되었습니다. 감사합니다. 아멘!

151일 성령님은 어떻게 구원을 이루시나요?

● 성경: 고전 1:9　● 찬송: 16장 "은혜로신 하나님 우리 주 하나님"

제30문: 그리스도의 값 주고 사신 구속을 성령께서 우리에게 어떻게 적용하십니까?

구원은 영적으로 죽은 사람에게서 시작될 수 없습니다. 죽은 사람의 밖으로부터 와야 합니다. 인간을 창조하신 창조주만이 인간을 구원하실 수 있습니다. 창조주만이 구속주가 되실 수 있습니다. 하나님이 구원의 손길을 내밀어 주셔야 인간이 살아날 수 있습니다. 미켈란젤로의 '천지 창조'라는 그림을 보면 하나님이 인간 아담을 향해 검지를 내밀고 계십니다. 하나님이 생명의 손길을 내밀어 주셔야 사람이 생명체가 됩니다. 마찬가지로 새 창조의 손길이 있어야 죄로 죽은 인간이 다시 살아날 수 있습니다.

성령 하나님은 "그리스도의 값 주고 사신 구속을 어떻게 우리에게 적용"하실까요? 성령님은 "우리를 효력 있는 부르심으로 부르셔서, 우리 안에 믿음을 일으켜 주시고, 그리스도와 연합하게 하심으로, 그리스도의 값 주고 사신 구속을 우리에게 적용하여 주십니다." 하나님이 '아담아'라고 불러 주셔야 죽어 잠자던 영혼이 깨어날 수 있습니다. 하나님의 부르심에는 실패가 없습니다. 그래서 "효력 있는 부르심"(effectual calling)이라고 표현합니다. 죽은 영혼에 "믿음을 일으켜"(working faith in us) 주시는 부르심입니다. 그리고 "그리스도와 연합하게"(uniting us to Christ) 하십니다. 하나님이 인간을 부르시면 인간은 다시 태어나, 믿고 회개하고, 그리스도와 연합하여 그분이 얻으신 의를 소유합니다. 구원의 놀라운 비밀입니다. 하나님의 전적인 은혜로 일어나는 구원입니다.

답: 성령께서는 우리를 효력 있는 부르심으로 부르셔서, 우리 안에 믿음을 일으켜 주시고, 그리스도와 연합하게 하심으로, 그리스도의 값 주고 사신 구속을 우리에게 적용하여 주십니다.

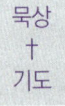

묵상 + 기도

1. 영적으로 죽은 사람이 살아날 수 있는 방법은 무엇일까요?
2. 우리는 어떤 과정을 통해서 구원을 받게 되었나요?

하나님은 저를 구원하시기 위해 성령님을 통해 효력 있게 부르시고, 믿게 하시고, 그리스도에게 연합시키셨습니다. 감사합니다. 아멘!

부르심의 방법: 말씀

● 성경: 롬 10:17   ● 찬송: 520장 "듣는 사람마다 복음 전하여"

제30문: 그리스도의 값 주고 사신 구속을 성령께서 우리에게 어떻게 적용하십니까?

성령 하나님의 "효력 있는 부르심"은 어떤 방식으로 이루어질까요? 주로 말씀을 통해 이루어집니다. "하나님의 지혜에 있어서는 이 세상이 자기 지혜로 하나님을 알지 못하므로 하나님께서 전도의 미련한 것으로 믿는 자들을 구원하시기를 기뻐하셨도다"(고전 1:21). 하나님은 **전도의 미련한 것**으로 구원하기를 좋아하십니다. "전도의 미련한 것"이란 '전도라는 미련한 방법으로'라는 뜻입니다. 여기서 "전도"는 '선포' 혹은 '설교'라고 번역하는 것이 더 정확합니다. 우리는 이 구절을 잘못 해석해서 '전도는 미련하게 해도 된다'고 생각합니다. 그렇지 않습니다. 헬라인들은 일방적으로 어떤 뜻을 전달하는 '설교'를 미련하다고 여겨서 싫어했습니다. 그들은 인간의 이성을 존중하는 '대화'를 좋아했습니다. 그렇지만 하나님은 '설교 같은 미련한 방법'을 사용하셔서 죽은 죄인을 구원하십니다.

"그러므로 믿음은 들음에서 나며 들음은 그리스도의 말씀으로 말미암았느니라"(롬 10:17). 하나님께서 우리를 구원하시는 방법은 그리스도의 말씀을 전하는 설교를 듣게 하시는 것입니다. 불신자를 전도하려면 교회에 데리고 와서 설교를 듣게 하는 것이 좋은 방법입니다. 설교가 하나님의 말씀을 선포하는 것이기 때문입니다.

답: 성령께서는 우리를 효력 있는 부르심으로 부르셔서, 우리 안에 믿음을 일으켜 주시고, 그리스도와 연합하게 하심으로, 그리스도의 값 주고 사신 구속을 우리에게 적용하여 주십니다.

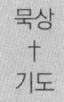

1. 효력 있는 성령님의 부르심은 어떤 방식으로 이루어지나요?
2. 불신자 친구를 전도하려면 어떻게 하는 것이 제일 좋을까요?

하나님, 아직 하나님을 모르는 제 가족을(친구를) 전도하고 싶습니다. 그가 교회에 와서 생명의 말씀을 듣도록 인도해 주세요. 아멘!

153일 적극적인 사고가 믿음일까요?

- 성경: 엡 2:8
- 찬송: 170장 "내 주님은 살아 계셔"

제31문: 효력 있는 부르심이 무엇입니까?

성경은 믿음으로 구원을 받아 천국에 간다고 분명하게 선포합니다(행 16:31). 그래서 우리는 전도하면서 "예수 믿고 천국 가세요!"라고 외칩니다. 복음을 들으면 믿어야 합니다. 맞습니다. 그런데 이 믿음은 어디에서 생기는 걸까요? 성경에서 '믿으라'라고 명령하니 인간에게 믿는 능력이 있다고 생각하기 쉽습니다. '적극적인 사고'(positive thinking)가 대표적인 예입니다. 매사에 긍정적이고 적극적으로 생각하고 의지력을 가지고 행하면 불가능한 것이 없다고 가르칩니다. 로버트 슐러의 『불가능은 없다』나 조엘 오스틴의 『긍정의 힘』이라는 책에서도 이를 독려합니다. 두 책은 한국뿐 아니라 세계적으로도 엄청난 영향을 끼쳤습니다.

성경도 그들의 생각을 지지할까요? 아닙니다. 성경은 믿음이 인간 속에서 나오지 않고 바깥에서 주어지는 선물이라고 선언합니다. 믿음은 인간이 가진 잠재 능력이 아니라, 성령님이 주시는 은혜입니다. 성령님이 하나님의 택한 백성을 효력 있게 부르시면 우리가 믿음에 이르게 됩니다. "효력 있는 부르심은 하나님의 성령께서 하시는 일로서, 우리의 죄와 비참함을 깨닫게 하시고, 우리의 마음을 밝게 하여 그리스도를 알게 하시고, 우리의 의지를 새롭게 하셔서, 우리로 하여금 복음 가운데 값없이 주시는 예수 그리스도를 영접하도록 우리를 설복하여 믿게 하시는 것입니다."

답: 효력 있는 부르심은 하나님의 성령께서 하시는 일로서, 우리의 죄와 비참함을 깨닫게 하시고, 우리의 마음을 밝게 하여 그리스도를 알게 하시고, 우리의 의지를 새롭게 하셔서, 우리로 하여금 복음 가운데 값없이 주시는 예수 그리스도를 영접하도록 우리를 설복하여 믿게 하시는 것입니다.

묵상 + 기도

1. 믿어야 구원을 얻을 수 있는데, 이 믿음은 어디에서 오는 것일까요?
2. 로버트 슐러와 오스틴이 말하는 적극적인 사고(신념)와 성경이 말하는 믿음에는 어떤 차이가 있나요?

하나님, 적극적인 사고가 믿음인 것처럼 착각한 것을 용서해 주십시오. 믿음은 하나님이 주시는 선물입니다. 아멘!

22주차 모임

구원

● 성경: 딛 3:5 ● 찬송: 183장 "빈 들에 마른 풀같이"

함께 읽어 봅시다

제29문: 우리가 어떻게 그리스도의 값 주고 사신 구속에 참여하는 사람이 됩니까?

답: 그리스도의 성령께서 그 구속을 우리에게 효력 있게 적용하여 주심으로 우리는 그리스도의 값 주고 사신 구속에 참여하는 사람이 됩니다.

제30문: 그리스도의 값 주고 사신 구속을 성령께서 우리에게 어떻게 적용하십니까?

답: 성령께서는 우리를 효력 있는 부르심으로 부르셔서, 우리 안에 믿음을 일으켜 주시고, 그리스도와 연합하게 하심으로, 그리스도의 값 주고 사신 구속을 우리에게 적용하여 주십니다.

함께 나누어 봅시다

1. 우리는 소위 '성령의 역사'라는 말을 자주 사용합니다. 성령의 역사에서 어떤 것이 가장 크고 중요할까요? 나의 구원과 삶과 관련해서 말해 봅시다.

2. 구원은 인간의 행동과 의가 철저하게 배제된 가운데 진행되었습니다. 삼위일체 하나님의 구원 사역을 정리해 보세요.

3. 성령 하나님이 나를 구원하기 위해 행하신 일에 대해 말해 보고 감사 내용을 나열해 봅시다.

함께 기도합시다

하나님께서 나를 구원하기 위해 행하신 놀라운 일들을 직접 말로 표현하며 감사 기도를 드립시다.

155일 누가 믿을까요?

● 성경: 행 2:37-39　　● 찬송: 279장 "인애하신 구세주여"

제31문: 효력 있는 부르심이 무엇입니까?

　　사람이 스스로 자신의 죄와 비참함을 깨닫고 회개할 수 있을까요? 그런 것처럼 보이는 사건이 성경에 나옵니다. 오순절에 사도들이 성령의 충만함을 받고 "하나님의 큰 일"(행 2:11)을 말하기 시작했습니다. 베드로가 예루살렘 사람들에게 예수 그리스도의 십자가를 설교했을 때 그들이 마음에 찔려 이렇게 외쳤습니다. "형제들아 우리가 어찌할꼬?"(행 2:37) 베드로가 그들에게 이렇게 말했습니다. "회개하여 각각 예수 그리스도의 이름으로 세례를 받고 죄 사함을 받으라. 그리하면 성령의 선물을 받으리니"(행 2:38). 누구든지 회개하고 믿으면 구원을 받는다는 뜻입니다.

　　그러면 누구에게나 회개하고 믿을 수 있는 능력이 있을까요? 그런 것처럼 보입니다. 하지만, 그것은 불가능합니다. 성령 하나님의 효력 있는 부르심이 없으면, 십자가의 복음을 들어도 마음이 찔리지 않습니다. 오히려 십자가의 복음을 미련하다고 멸시하고 역겨워합니다. 오순절에 삼천 명이 회개하고 믿음으로 세례를 받았습니다. 어떻게 그런 일이 가능했을까요? 그 답이 사도행전 2:39에 나옵니다. "이 약속은 너희와 너희 자녀와 모든 먼 데 사람 곧 **주 우리 하나님**이 얼마든지 **부르시는 자**들에게 하신 것이라 하고." 성령 하나님의 효과적인 부르심이 먼저 있었기 때문에 회개하고 믿을 수 있었습니다.

답: 효력 있는 부르심은 하나님의 성령께서 하시는 일로서, 우리의 죄와 비참함을 깨닫게 하시고, 우리의 마음을 밝게 하여 그리스도를 알게 하시고, 우리의 의지를 새롭게 하셔서, 우리로 하여금 복음 가운데 값없이 주시는 예수 그리스도를 영접하도록 우리를 설복하여 믿게 하시는 것입니다.

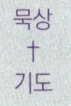

묵상 † 기도

1. 성령 하나님이 먼저 무슨 일을 행하셔야 우리가 믿고 회개할 수 있나요?
2. 하나님의 구원하심과 우리에게 요구하시는 믿음의 관계를 묵상해 보세요.

하나님, 성령 하나님의 효과적인 부르심에 대해 배우게 하시니 감사합니다. 아멘!

156일 효력 있는 부르심의 효과

● 성경: 살후 2:13-14　● 찬송: 595장 "나 맡은 본분은"

제31문: 효력 있는 부르심이 무엇입니까?

하나님이 효력 있게 부르시면 어떤 일이 일어날까요? 성령 하나님이 "우리의 죄와 비참함을 깨닫게 하시고, 우리의 마음을 밝게 하여 그리스도를 알게 하시고, 우리의 의지를 새롭게 하셔서, 우리로 하여금 복음 가운데 값없이 주시는 예수 그리스도를 영접하도록 우리를 설복하여 믿게" 하십니다. 성령 하나님이 우리 속에 새 마음을 주십니다. 굳은 마음을 제거하고 부드러운 마음(정[情])을 주십니다. 성령으로 중생한 사람은 복음을 들음으로써 자신의 죄와 비참을 깨닫고 그리스도를 알게 됩니다(지[知]). 더 나아가서 우리의 어그러지고 구부러진 의지(의[意])를 바르게 펴서 새롭게 하십니다. 본질상 인간은 하나님을 향하지 않고 죄와 비참을 향합니다. 인간의 자유의지는 루터가 말한 것처럼 노예처럼 쇠사슬에 묶여 있는 자유의지일 뿐입니다.

하지만, 성령 하나님이 우리 의지가 하나님을 향하도록 행하십니다. 그리하여 "값없이 주시는 예수 그리스도를 영접하도록 우리를 설복하여 믿게" 하십니다. 이 믿음은 강압이 아닙니다. 이 믿음은 인간의 지·정·의를 통해 자발적으로 기꺼이 자연스럽게 생깁니다. "하나님이 처음부터 너희를 택하사 성령의 거룩하게 하심과 진리를 믿음으로 구원을 받게 하심이니, 이를 위하여 우리의 복음으로 너희를 부르사"(살후 2:13-14). 우리가 인식하는 것은 믿는 것이지만, 그 배후에서 하나님이 일하십니다. 그것이 바로 '하나님의 택하심'과 '성령의 거룩하게 하심과 부르심'입니다.

답: 효력 있는 부르심은 하나님의 성령께서 하시는 일로서, 우리의 죄와 비참함을 깨닫게 하시고, 우리의 마음을 밝게 하여 그리스도를 알게 하시고, 우리의 의지를 새롭게 하셔서, 우리로 하여금 복음 가운데 값없이 주시는 예수 그리스도를 영접하도록 우리를 설복하여 믿게 하시는 것입니다.

묵상
†
기도

1. 우리는 믿음으로 구원을 받습니다. 그 배후에서는 어떤 일이 일어나고 있나요?
2. 내가 효력 있는 부르심을 받은 그리스도인인지 묵상해 보세요.

하나님, 성령 하나님이 내 죄를 깨닫게 하시고 회개하게 하시니 감사합니다. 내가 알지 못하고 지은 죄까지도 발견하게 하시고 회개하는 마음을 주옵소서! 아멘!

157일 효력 있는 부르심의 유익

● 성경: 롬 8:30 ● 찬송: 573장 "말씀에 순종하여"

제32문: 효력 있는 부르심을 받은 사람들이 이생에서 무슨 유익을 얻습니까?

인간이 구원을 받기 위해서는 '믿음과 회개'의 과정을 거쳐야 합니다. 하지만, 믿음을 갖는 것조차 성령 하나님의 은혜로 가능하다는 것을 깨닫게 되니 그저 감사할 뿐입니다. 하나님은 우리의 구원을 위해 처음부터 마지막까지 책임을 지십니다. 하나님이 죄인을 효력 있게 부르시면 어떤 일이 일어날까요? "효력 있는 부르심을 받은 사람들은 이생에서 의롭다 하심과 양자로 삼으심과 거룩하게 하심을" 얻습니다.

여기서 "의롭다 하심"은 '칭의'(稱義, justification → 제33문)라고 합니다. 하나님이 죄인을 의롭다고 불러 주시는 것입니다. 우리가 죄 없는 상태로 변한다는 말이 아니라, 우리 안에 있는 예수 그리스도의 보혈을 보시고 의롭다고 여겨 주시는 것입니다. 그리고 "양자 삼으심"은 '입양'(入養, adoption → 제34문)이라고 합니다. 하나님이 고아와 같은 우리를 자녀로 입양해 주셔서 아버지가 되어 주신다는 뜻입니다. "거룩하게 하심"은 '성화'(聖化, sanctification → 제35문)라고 합니다. 하나님이 우리에게 새 생명을 주실 뿐만 아니라, 거룩한 모습을 갖도록 도와주신다는 뜻입니다. '칭의 · 입양 · 성화'는 모두 하나님의 일입니다. 우리가 이 일을 위해 기여할 것은 아무것도 없습니다. '칭의 · 입양 · 성화'와 함께 오거나 그로부터 파생되는 유익도 있습니다. 성도는 이 세상에 살면서 '확신'과 '평안'과 '기쁨'과 '풍성한 은혜'와 '견인'을 누립니다(→ 제36문).

답: 효력 있는 부르심을 받은 사람들은 이생에서 의롭다 하심과 양자로 삼으심과 거룩하게 하심을 얻고, 또한 그것들과 함께 오거나 그것들에서 나오는 유익을 얻습니다.

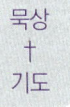

1. 하나님의 효력 있는 부르심을 받은 사람에게는 어떤 일이 일어나요?
2. '칭의·입양·성화'로부터 나오는 유익들에는 어떤 것들이 있나요?

하나님, 칭의와 입양과 성화에 주도적으로 일하시는 성령 하나님의 은혜를 찬양합니다. 또한 확신과 평안과 기쁨과 은혜와 견인을 누리게 하시니 감사합니다. 아멘!

효력 있는 부르심 = 내적 소명

• 성경: 마 22:14   • 찬송: 409장 "나의 기쁨은 사랑의 주님께"

제32문: 효력 있는 부르심을 받은 사람들이 이생에서 무슨 유익을 얻습니까?

'효력 있는 부르심'이라는 말을 곰곰이 생각해 보면, '효력 없는 부르심'도 있다는 뜻입니다. '효력 있는 부르심'은 '내적 소명(召命)'을 말합니다. 말씀이 마음 밭에 뿌려졌을 때 열매를 맺는 것은 좋은 밭뿐입니다. 좋은 밭에 뿌려진 씨만 효력 있게 열매를 맺습니다. 이것이 '효력 있는 부르심' 혹은 '내적 소명'입니다.

그렇다면 '효력 없는 부르심'이란 무엇일까요? 그것을 편의상 '외적 소명'이라고 불러 봅시다. '외적 소명'은 말씀을 모든 사람에게 전한다는 점에서 범위가 넓습니다. 하나님은 설교를 통해 외적으로 사람들을 부르십니다. 그 설교를 듣고 어떤 자는 마음으로 믿고 받아 열매를 맺습니다. 이들은 '내적 소명' 즉 '효력 있는 부르심'을 받았다고 볼 수 있습니다. 그런데 믿지 않는 사람들도 많습니다. 잠시 믿다가 환난이나 어려움을 당하면 넘어지는 이들도 있습니다. '외적 소명'은 받았지만, '내적 소명'은 받지 못한 것입니다. 마태복음에 나오는 '혼인 잔치 비유'를 보면 "청함을 받은 자는 많되 택함을 입은 자는 적으니라"(마 22:14)라고 합니다. 잔치에 초청(calling)했지만, 이런저런 이유로 잔치에 오지 않는 사람들이 있습니다. 바로 이들이 '외적 소명'은 받았으나 '내적 소명'은 못 받은 자들입니다. 이 '내적 소명'에는 중생하게 하시는 성령님의 사역이 포함되어 있습니다. 하나님께서 죽은 자를 내적으로 부르시면(call) 반드시 효력 있게 살아납니다.

답: 효력 있는 부르심을 받은 사람들은 이생에서 의롭다 하심과 양자로 삼으심과 거룩하게 하심을 얻고, 또한 그것들과 함께 오거나 그것들에서 나오는 유익을 얻습니다.

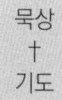

묵상 † 기도

1. 하나님의 부르심에는 두 가지 종류가 있습니다. 설명해 보세요.
2. 나는 하나님의 외적 부르심과 내적 부르심에 모두 응답하고 있나요?

하나님, 제가 내적 소명에 응답할 수 있도록 효력 있게 불러 주셔서 감사합니다. 아멘!

159일 칭의

● 성경: 롬 4:6-8 ● 찬송: 77장 "거룩하신 하나님"

제33문: 의롭다 하심이 무엇입니까?

'의롭다고 하다', '의롭다 칭(稱)하다', '의인이라고 부르다'라는 말을 '칭의'(稱義, justification)라고 짧게 표현할 수 있습니다. '칭의'에는 사람이 의롭지 않다는 뜻이 포함되어 있습니다. 사람은 아담의 범죄 이후 죄로 오염되었고 죄 가운데서 살아갑니다. 온 세상 피조물이 모두 불의와 죄로 얼룩져 있습니다.

본래 사람은 의롭게 창조되었습니다. 하나님은 공의로우신 분입니다. '칭의 교리'는 하나님의 의와 무관할 수 없습니다. 하나님의 공의를 생각하면 불의한 세상에서 '희망'을 가질 수 있습니다. 불의의 어둠 속에서 빛으로 오신 하나님의 의(=의의 태양)를 소망할 수 있습니다. 한편 하나님의 공의는 우리에게 '절망'입니다. 우리 자신도 세상과 같이 불의하기 때문입니다. "여호와여, 주께서 죄악을 지켜보실진대 주여 누가 서리이까?"(시 130:3)

하지만, 하나님이 우리를 의인이라고 불러 주신다면 이보다 놀랍고 복된 소식은 없을 것입니다. "의롭다 하심은 하나님께서 값없이 주시는 은혜의 행위이고, 이로써 그분이 우리의 모든 죄를 용서하시고, 우리를 자기 앞에서 의롭다고 여겨 주십니다. 이것은 오직 그리스도의 의를 우리에게 돌려주시는(impute) 일이고, 우리는 오직 믿음으로 받습니다."

답: 의롭다 하심은 하나님께서 값없이 주시는 은혜의 행위이고, 이로써 그분이 우리의 모든 죄를 용서하시고, 우리를 자기 앞에서 의롭다고 여겨 주십니다. 이것은 오직 그리스도의 의를 우리에게 돌려주시는 일이고, 우리는 오직 믿음으로 받습니다.

묵상 † 기도

1. '칭의 교리'는 하나님의 공의와 관련이 있습니다. 하나님의 공의가 우리에게 주는 '절망'과 '희망'에 대해 생각해 보세요.
2. 나를 의롭다고 여겨 주시는 하나님은 어떤 분이십니까?

하나님, 본래 저는 불의로 가득한 사람인데, 의롭다고 불러 주시니 감사합니다. 오늘도 의의 태양이신 예수 그리스도를 바라보며 살게 하소서. 아멘!

종교개혁과 이신칭의

• 성경: 롬 3:24　• 찬송: 226장 "성령으로 세례 받아"

제33문: 의롭다 하심이 무엇입니까?

'이신칭의' 교리를 루터(M. Luther)는 교회의 사활이 걸린 문제라고 보았고, 칼뱅(J. Calvin)은 모든 것이 의지해 돌아가는 돌쩌귀에 비유했습니다. 로마 천주교회는 이렇게 중요한 '이신칭의' 교리를 망가뜨렸습니다. 로마 천주교회는 칭의가 그리스도의 은혜의 '주입'(infuse)으로 이루어진다고 믿습니다. 하나님의 은혜와 사람의 행위가 협력함으로써 의롭게 되는데 특별히 성례를 통해 은혜가 '주입'된다고 합니다. 마치 주삿바늘로 몸에 약물을 넣듯이 말입니다. 즉 '세례'가 주사의 역할을 하는 도구입니다. 이 세례를 통해 주입된 은혜와 인간의 선행으로 칭의를 얻는다고 합니다. 혹시 용서받을 수 없는 대죄를 범하면 '고해성사'를 통해 갱신된 은혜를 '주입' 받을 수 있다고 합니다. 그래도 완전한 칭의를 받지 못했을 때는, 지옥에 가지는 않지만, '연옥'에서 길게는 오백만 년까지 머물면서 선행을 베풀어야 한다고 합니다. 거기서 충분히 의롭게 된 후에 천국에 간다는 교리입니다.

또 살아 있는 사람이 죽은 자를 위해 성인의 공덕을 사면 죽은 자의 벌을 면하게 할 수 있다고 가르칩니다. 이것이 종교개혁 당시 판매했던 소위 '면죄(벌)부'(免罰符)라는 것입니다. 마리아나 성 프란치스코와 같은 성인들이 쌓은 공덕이 스스로를 구원하고 남은 것이 천국 공덕 창고에 보관되어 있는데, 그것을 다른 자를 위해 사서 증여받는다는 교리를 믿고 실천한 것입니다. 이 교리는 거짓입니다. "의롭다 하심은 하나님께서 값없이 주시는 은혜의 행위"입니다.

답: 의롭다 하심은 하나님께서 값없이 주시는 은혜의 행위이고, 이로써 그분이 우리의 모든 죄를 용서하시고, 우리를 자기 앞에서 의롭다고 여겨 주십니다. 이것은 오직 그리스도의 의를 우리에게 돌려주시는 일이고, 우리는 오직 믿음으로 받습니다.

1. 루터와 칼뱅은 이신칭의 교리를 어떻게 생각했나요?
2. 로마 천주교회는 칭의 교리를 어떻게 잘못 가르쳤나요?

하나님, 제가 의롭게 된 것은 오직 그리스도 안에서 하나님이 값없이 주시는 은혜에 의한 것임을 믿습니다. 아멘!

161일

23주차 모임

효력 있는 부르심

● 성경: 엡 2:8 ● 찬송: 170장 "내 주님은 살아 계셔"

함께 읽어 봅시다

제31문: 효력 있는 부르심이 무엇입니까?

답: 효력 있는 부르심은 하나님의 성령께서 하시는 일로서, 우리의 죄와 비참함을 깨닫게 하시고, 우리의 마음을 밝게 하여 그리스도를 알게 하시고, 우리의 의지를 새롭게 하셔서, 우리로 하여금 복음 가운데 값없이 주시는 예수 그리스도를 영접하도록 우리를 설복하여 믿게 하시는 것입니다.

제32문: 효력 있는 부르심을 받은 사람들이 이생에서 무슨 유익을 얻습니까?

답: 효력 있는 부르심을 받은 사람들은 이생에서 의롭다 하심과 양자로 삼으심과 거룩하게 하심을 얻고, 또한 그것들과 함께 오거나 그것들에서 나오는 유익을 얻습니다.

함께 나누어 봅시다

1. 소명(calling), 즉 부르심에는 '일반적 부름'이 있고 '효력 있는 부름'이 있습니다. 차이를 설명해 보고, 나에게도 적용해 보세요.

2. 적극적 사고방식과 믿음의 차이가 무엇인지 설명해 보세요.

3. 효력 있는 부르심과 나의 구원은 어떤 관계에 있나요? 그 유익에 대해 나누어 보세요.

함께 기도합시다

나를 효력 있게 불러 주신 하나님의 구원 역사에 감사합시다.

162일 그리스도의 의를 돌려주심

● 성경: 롬 4:3, 8   ● 찬송: 9장 "하늘에 가득 찬 영광의 하나님"

제33문: 의롭다 하심이 무엇입니까?

로마 천주교회는 인간 스스로 칭의를 이루어야 한다고 가르칩니다. 하나님의 은혜(50%)를 성례로 '주입'하고 거기에 인간의 행위(50%)를 더해서 의를 만들어야 한다고 합니다. 종교 개혁가들은 주입을 통한 칭의 교리가 성경적이지 않다고 주장합니다. 성경에서는 하나님께서 '그리스도의 의를 죄인에게 돌려주시는 일(impute)'을 통해 칭의를 주신다고 합니다. 아브라함이 의롭게 되는 것을 보면 이 사실이 너무도 분명합니다. "아브라함이 하나님을 믿으매 그것이 그에게 의로 여겨진 바 되었느니라"(롬 4:3). 아브라함은 거짓말도 하고 첩을 얻어서 살기도 한 평범한 죄인이었지만, 하나님께서는 그를 의인이라고 여겨 주셨습니다. 여전히 죄인이지만 의롭다고 여겨 주시니 은혜가 아닐 수 없습니다.

죄인이 의인이 되려면 그 죄가 해결되어야 합니다. 공의의 하나님은 죄를 그냥 내버려 두지 않으십니다. 로마 천주교회에서는 성도가 고해성사를 통해 죄를 고백하고 회개한 후 사제가 부과한 보속 행위(satisfaction)를 하면 죄가 용서된다고 가르칩니다. 종교 개혁가들은 '인간의 보속 행위'가 아니라, '그리스도의 보속 행위'로 말미암아 의롭게 된다고 했습니다. 우리가 스스로 죗값을 치러 의롭게 되는 것이 아니라 하나님께서 "그리스도의 의를 우리에게 돌려주심(=전가)으로" 의롭게 됩니다. "주께서 그 죄를 인정하지 아니하실 사람은 복이 있도다"(롬 4:8).

답: 의롭다 하심은 하나님께서 값없이 주시는 은혜의 행위이고, 이로써 그분이 우리의 모든 죄를 용서하시고, 우리를 자기 앞에서 의롭다고 여겨 주십니다. 이것은 오직 그리스도의 의를 우리에게 돌려주시는 일이고, 우리는 오직 믿음으로 받습니다.

묵상
†
기도

1. 종교 개혁가들과 로마 천주교회는 사람이 죄를 용서받고 의인이 되려면 어떻게 해야 한다고 각각 가르쳤나요?
2. 죄를 용서받기 위해 인간이 할 수 있는 일은 정말 아무것도 없나요?

하나님, 저의 보속 행위가 아니라, 그리스도의 보속 행위로 의롭게 된다는 복음을 듣고 믿게 하시니 진심으로 감사합니다. 할렐루야! 아멘!

163일 그리스도 속죄의 공로를 믿음으로

● 성경: 고후 5:21 ● 찬송: 151장 "만왕의 왕 내 주께서"

제33문: 의롭다 하심이 무엇입니까?

우리는 믿음으로 의롭게 됩니다. "오직 의인은 믿음으로 말미암아 살리라"(롬 1:17). 하지만, 믿음 자체나 믿음의 행위, 혹은 다른 순종의 행위로써 죄를 용서받고 구원에 이르러 의롭게 되는 것은 아닙니다. 우리는 하나님이 주시는 칭의를 "오직 믿음으로 받습니다." '믿음'은 칭의를 얻는 도구입니다. 칭의의 도구(means)는 '믿음'이지만, 칭의의 근거(cause)는 '그리스도의 의'입니다. 하나님께서 사랑하는 자에게 '그리스도의 의'를 주실 때 믿음이라는 손을 내밀어 받으면 되는 것입니다. 그래서 '칭의'는 "하나님께서 값없이 주시는 은혜"입니다.

그러면 '그리스도의 의'는 무엇일까요? 불순종한 첫째 아담과 달리 마지막 아담 그리스도는 아버지 하나님께 완전히 순종하셨습니다. 또 그리스도께서는 죄가 없지만 우리의 죄를 가지고(전가, impute) 십자가에서 대신 죽음으로써 벌을 받으셨습니다(보속 행위, satisfaction). 하나님의 공의를 만족하게 하셨습니다. 그리스도는 순종과 속죄로 하나님으로부터 의를 얻었습니다. 하나님은 바로 그 그리스도의 의를 우리에게 돌려주십니다. 우리는 우리의 공로가 아니라 그리스도의 공로로 죄를 용서받고 의롭게 됩니다. 이 사실을 믿음이라는 손을 내밀어 받습니다. 이것이 우리에게 주어진 은혜로운 복음입니다.

답: 의롭다 하심은 하나님께서 값없이 주시는 은혜의 행위이고, 이로써 그분이 우리의 모든 죄를 용서하시고, 우리를 자기 앞에서 의롭다고 여겨 주십니다. 이것은 오직 그리스도의 의를 우리에게 돌려주시는 일이고, 우리는 오직 믿음으로 받습니다.

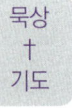

묵상 † 기도

1. 우리는 믿음으로 의롭게 됩니다. 믿음이란 도깨비 방망이와 같은 것일까요?
2. 우리의 공로가 아니라 그리스도의 공로로 구원받음을 고백할 때 어떤 생각이 드나요?

하나님, 제 공로가 아니라 그리스도의 의로 구원받았음을 알게 되니 더 겸손하게 하나님 앞에 나아가게 됩니다. 감사합니다. 아멘!

입양

- 성경: 요 1:12
- 찬송: 444장 "겟세마네 동산에서"

제34문: 양자로 삼으심이 무엇입니까?

우리는 하나님을 "아버지"라고 부릅니다. 주기도문으로 기도할 때도 "하늘에 계신 우리 아버지여"라고 시작합니다. 생각해 보면 우리가 하나님을 아버지라고 부르는 것이 전혀 당연한 일이 아닙니다. 우리는 피조물이고 하나님은 창조주이십니다. 하나님을 아버지라고 부를 수 있는 분은 성자 하나님뿐입니다. 한낱 피조물에 불과한 우리가 하나님을 "아버지"라고 부를 수 있게 된 것은 죄를 용서받고 '칭의'의 은혜를 받아 '입양'되었기 때문입니다. 우리는 본래 사탄의 종이었습니다. 그런데 예수 그리스도 안에서 죄를 용서받고 하나님의 자녀로 입양되었습니다. '입양'이라는 이 중요한 구원의 교리를 결코 잊어서는 안 됩니다. "영접하는 자 곧 그 이름을 믿는 자들에게는 하나님의 자녀가 되는 권세를 주셨으니"(요 1:12).

하나님의 효력 있는 부르심을 받은 사람은 '칭의'뿐만 아니라 '입양'의 복도 얻습니다. '칭의'와 '입양'은 구분되는 개념이지만, 동시에 일어나는 분리할 수 없는 하나입니다. '칭의'가 법적으로 일어나는 신분의 변화라면, '입양'은 앞으로 살아갈 삶에서 누리게 될 신분의 실제적 변화를 표현합니다. '칭의'가 하나님 왕국 백성의 자격을 표현한다면, '입양'은 하나님의 가족으로서 살아가는 것을 나타냅니다. '칭의'가 심판자로서의 하나님을 묘사한다면, '입양'은 따뜻한 아버지로서의 하나님을 보여 줍니다.

답: 양자로 삼으심은 하나님께서 값없이 주시는 은혜의 행위이고, 이로써 우리가 하나님의 자녀의 수에 들게 되고 자녀의 모든 특권을 누릴 수 있게 됩니다.

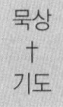

1. 우리가 하나님을 "아버지"라고 부르는 것은 무슨 교리와 관계가 있나요?
2. '칭의'와 '입양'의 같은 점과 차이점을 생각해 보세요.

하나님, 죄인인 저를 의인이라고 칭해 주시고, 자녀로 입양해 주신 은혜에 감사드립니다. 하나님을 '아버지'라고 부를 수 있음이 영광입니다. 아멘!

# 외아들과 입양아

- 성경: 요 1:13-14, 18
- 찬송: 82장 "성부의 어린양이"

제34문: 양자로 삼으심이 무엇입니까?

　성자 하나님, 예수 그리스도는 성부 하나님으로부터 영원히 태어나셨습니다. 예수 그리스도는 하나님의 "독생자", 곧 '외아들'이십니다(요 1:18). 하나님이 사람이 되셨습니다. "말씀이 육신이 되어 우리 가운데 거하시매 우리가 그의 영광을 보니, 아버지의 독생자의 영광이요, 은혜와 진리가 충만하더라"(요 1:14).

　우리는 누구입니까? 우리는 성령 하나님이 성자 하나님의 구속을 효력 있는 부르심으로 적용하여 주셔서 의롭다 칭함을 받는(以信稱義) 존재입니다. 이렇게 죄인에서 의인으로 신분이 바뀌는 것을 성경에서는 '태어남'이라고 표현합니다. "이는 혈통으로나 육정으로나 사람의 뜻으로 **나지** 아니하고 오직 하나님께로부터 **난 자**들이니라"(요 1:13). '태어남'(being born)은 수(피)동태입니다. 우리를 낳는 분은 성령 하나님이십니다. 이것을 '거듭남'(born again; rebirth) 혹은 '중생'(regeneration)이라고 부릅니다. 성령 하나님이 그리스도의 구속을 우리에게 적용하여 주시는 것을 이렇게 다양하게 표현할 수 있습니다. 우리는 법적으로 '칭의'를 받았고, 개인적으로 하나님의 집에 '입양'된 것입니다. 이 얼마나 복되고 감사한 특권인지요!

답: 양자로 삼으심은 하나님께서 값없이 주시는 은혜의 행위이고, 이로써 우리가 하나님의 자녀의 수에 들게 되고 자녀의 모든 특권을 누릴 수 있게 됩니다.

묵상 † 기도

1. 성부 하나님으로부터 태어나신 아들은 누구신가요?
2. 하나님께서는 우리를 구원하시는 것을 마치 당신의 자녀를 낳는 것처럼 표현하십니다. 우리가 영적으로 '입양'되었다고 하니 기분이 어떤가요?

하나님, 저는 예수 그리스도의 구속과 성령님의 중생하게 하시는 사역으로 새로운 사람이 되었습니다. 한평생 이 은혜를 잊지 않고 감사하며 살겠습니다. 아멘!

166일 그리스도인은 입양아

● 성경: 롬 8:15-17 ● 찬송: 16장 "은혜로신 하나님 우리 주 하나님"

제34문: 양자로 삼으심이 무엇입니까?

하나님께서 우리를 입양하신 것을 소요리문답에서는 "양자로 삼으심"(adoption)이라고 번역합니다. 어떤 신학 책에는 '양자 됨'이라고 표현되어 있기도 합니다. '입양'이라는 간단한 단어가 있는데 왜 '양자 삼으심'이라고 했을까요? 아마도 '입양'에 대한 편견 때문일 것입니다. 그러나 입양은 가족이 되는 합법적인 방법입니다. 혈연으로 맺어지지 않았더라도 가족이 될 수 있습니다. '결혼'도 혈연으로 가족이 되는 방법이 아닙니다. '입양'도 혈연으로 맺어지지 않았지만 가족이 되는 방법입니다.

성경에서는 하나님이 우리를 자녀로 입양하셨다고 합니다. 하나님의 자녀로 입양된 우리는 어떤 유익을 얻을까요? "… 이로 말미암아 그들은 하나님의 자녀의 수에 들어가게 되고, 하나님의 자녀의 자유와 특권을 누리게 됩니다. 또한 그들 위에 하나님의 이름이 기록되며 그들은 양자의 영을 받으며, 은혜의 보좌에 담대히 나아가며 아빠 아버지라고 부르짖을 수 있게 되며, 불쌍히 여김을 받으며 보호를 받고 필요한 것을 공급받고 아버지에게 징계를 받는 것처럼 징계를 받습니다. 그렇지만 결코 버림을 받지 않으며 구속의 날까지 인 치심을 받고 영원한 구원의 상속자들로서 약속을 유업으로 받습니다"(웨스트민스터 신앙고백 12장). 정말 놀랍지 않나요? 할렐루야!

답: 양자로 삼으심은 하나님께서 값없이 주시는 은혜의 행위이고, 이로써 우리가 하나님의 자녀의 수에 들게 되고 자녀의 모든 특권을 누릴 수 있게 됩니다.

묵상 † 기도

1. '입양'과 '양자 삼으심'이라는 각 표현의 의미를 생각해 보세요.
2. 하나님의 자녀 된 우리는 어떤 특권을 누리나요?

하나님, 제가 하나님의 집에 입양되어 자녀가 된 것이 얼마나 자랑스러운 일인지요. 앞으로 하나님의 자녀답게 살게 해 주세요. 아멘!

167일 그리스도인

• 성경: 히 2:11-12　• 찬송: 455장 "주님의 마음을 본받는 자"

제34문: 양자로 삼으심이 무엇입니까?

'입양 교리'에 의하면 그리스도인은 예수 그리스도의 형제입니다. 하나님의 외아들은 예수 그리스도이십니다. 우리는 입양되었으니 예수님의 형제자매입니다. "거룩하게 하시는 이와 거룩하게 함을 입은 자들이 다 한 근원에서 난지라. 그러므로 형제라 부르시기를 부끄러워하지 아니하시고"(히 2:11). 또한 예수님은 우리를 "친구"(요 15:14-15)로 여기십니다. 대단한 영광입니다. 만약 우리가 예수님의 친구요 형제라면 예수님을 닮을 수밖에 없습니다. 그래서 예수 그리스도를 따르는 자들을 '그리스도인(人)(Christian)이라고 부릅니다. 그리스도인은 예수님처럼 세 가지 직분을 받습니다. 첫째, 선지자로서, 말씀 되신 예수 그리스도를 말과 행동으로 전합니다. 둘째, 제사장으로서 감사의 제사(예배)를 하나님께 드립니다. 셋째, 왕으로서 죄와 마귀에 대항하여 싸웁니다.

우리는 하나님의 사랑과 그리스도의 은혜로 '칭의'와 '입양'이라는 복을 받아 그리스도인이 되었습니다. 그리스도를 닮아 가며 살고 싶지만 부족한 것이 한두 가지가 아닙니다. 하지만, 바로 그 부족한 것을 채워 주시려고 예수 그리스도께서 우리 대신 완전한 순종을 이루셨습니다. 그분을 의지하고, 그분이 주시는 은혜에 힘입어 날마다 겸손하게 살아갑시다.

답: 양자로 삼으심은 하나님께서 값없이 주시는 은혜의 행위이고, 이로써 우리가 하나님의 자녀의 수에 들게 되고 자녀의 모든 특권을 누릴 수 있게 됩니다.

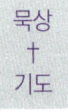

1. 예수님은 그리스도인의 '형제'요 '친구'입니다. 이것이 무슨 뜻일까요?
2. 그리스도인이 받은 세 가지 직분이 무엇인지 설명해 보세요.

하나님, 우리를 구원하셔서 예수 그리스도의 형제자매가 되게 하심에 감사합니다. 아멘!

168일

24주차 모임

칭의와 입양

● 성경: 요 1:12   ● 찬송: 444장 "겟세마네 동산에서"

함께 읽어 봅시다

제33문: 의롭다 하심이 무엇입니까?

답: 의롭다 하심은 하나님께서 값없이 주시는 은혜의 행위이고, 이로써 그분이 우리의 모든 죄를 용서하시고, 우리를 자기 앞에서 의롭다고 여겨 주십니다. 이것은 오직 그리스도의 의를 우리에게 돌려주시는 일이고, 우리는 오직 믿음으로 받습니다.

제34문: 양자로 삼으심이 무엇입니까?

답: 양자로 삼으심은 하나님께서 값없이 주시는 은혜의 행위이고, 이로써 우리가 하나님의 자녀의 수에 들게 되고 자녀의 모든 특권을 누릴 수 있게 됩니다.

함께 나누어 봅시다

1. 나는 어떤 과정을 거쳐서 의롭게 됩니까? 이를 개인적인 경험에 적용해서 설명해 보세요.

2. '양자로 삼으심'이라는 말은 한마디로 '입양'입니다. 하나님의 자녀로 입양됨으로써 어떤 유익을 누릴 수 있는지 서로 나누어 보세요.

3. 그리스도는 하나님의 친아들이시고, 그리스도인은 입양아입니다. 내가 입양되었다는 사실은 어떤 의미를 내포합니까? 나누어 보세요.

함께 기도합시다

나를 의롭다 하시고, 자녀로 입양해 주신 하나님께 감사의 기도를 드립시다.

성화

- 성경: 겔 36:27
- 찬송: 452장 "내 모든 소원 기도의 제목"

제35문: 거룩하게 하심이 무엇입니까?

성령 하나님이 택한 자를 효과 있게 부르시면 그는 '칭의'와 '입양'의 은혜를 받고, 더 나아가 '성화'도 받습니다. '성화'는 성령 하나님이 값없이 주시는 은혜의 행위입니다. 잘 기억해야 합니다. 오해하면 안 됩니다. 성화는 우리의 행위가 아니라, '하나님의 행위'입니다. "하나님께서 값없이 주시는 은혜의 행위"입니다. 제35문의 답을 읽어 보십시오. "우리가 하나님의 형상을 좇아 온전히 새사람이 되고, 점점 더 죄에 대하여 죽고 의에 대하여 살게 됩니다(are enabled)." 이 문장의 주어는 '우리'이고 '수동태' 동사가 사용되었습니다. '능동태'로 바꾸어 읽으면 이 문장의 주어가 누구로 바뀔까요? 그렇습니다. '하나님'입니다. 하나님이 우리를 거룩하게 하십니다. 성화의 한자어도 '거룩할 성(聖)'에 '될 화(化)'입니다. 우리는 거룩하게 되지, 스스로 거룩하게 할 수 없습니다.

'성화'보다는 '거룩하게 하심'이라고 표현하는 것이 더 정확합니다. 왜냐하면 '의롭다 하심'(칭의)과 '양자로 삼으심'(입양)과 마찬가지로 그다음에 나오는 '거룩하게 하심'도 하나님이 하시는 일인 것입니다. 영어로도 보면 하나님이 주어이고 우리가 목적어입니다. "God sanctifies us."(하나님이 우리를 거룩하게 하신다.) 이 교리의 줄임말이 'Sanctification'(거룩하게 하심)입니다. 이렇게 단어의 뜻을 살펴보니 하나님께서 값없이 주시는 은혜가 더 빛납니다.

답: 거룩하게 하심은 하나님께서 값없이 주시는 은혜의 행위이고, 이로써 우리가 하나님의 형상을 좇아 온전히 새사람이 되고, 점점 더 죄에 대하여 죽고 의에 대하여 살게 됩니다.

묵상 † 기도

1. 그동안 내가 노력해서 거룩하게 되는 것이 '성화'라고 생각하지 않았나요? '성화'가 나의 행위가 아닌, 하나님의 행위라고 하니 어떤 생각이 드나요?
2. '성화'와 '거룩하게 하심'이라는 표현의 차이점을 묵상해 보세요.

하나님, 여전히 죄 가운데 있는 저를 거룩하게 만들어 주세요. 하나님께 순종함으로써 하나님의 형상을 좇아 새사람이 되게 하소서. 아멘!

의인 된 죄인의 과제, 성화

● 성경: 벧전 1:16   ● 찬송: 186장 "영화로신 주 성령"

제35문: 거룩하게 하심이 무엇입니까?

'성령'(聖靈, Holy Spirit)은 한자어로나 영어로나 모두 '거룩한 영'이라는 뜻입니다. 사실 '거룩함'(holiness)이라는 성품은 한 하나님이시며 삼위로 계신 하나님 모두에게 해당됩니다. 그런데 제3위(person)이신 하나님이 주로 하시는 사역이 '성화', 곧 '거룩하게 하심'이기에 성령이라는 이름이 붙여졌습니다. '거룩함'은 '구별하다' 혹은 '따로 떼어 놓다'라는 단어에서 왔습니다. 하나님은 피조물은 물론 다른 신들과도 '구별된 신'이고 '흠이 없으신 신'입니다. 그래서 하나님을 '거룩하신 분'이라고 부릅니다. 하나님은 거룩하시기에 자신이 입양한 자녀까지도 거룩하게 하십니다. 성화는 성령 하나님의 전문 영역입니다! 성령님의 '칭의'와 '입양'을 선물로 받은 신자는 '성화'도 선물로 받습니다. 그래서 신자를 '성도'(聖徒)라고 부릅니다. '거룩한 (제)자'라는 뜻입니다.

하지만, 정말 신자가 성도입니까? 신자는 거룩하지 않습니다. 여전히 죄 가운데 있습니다. 그래도 되나요? 종교 개혁자 루터는 이러한 그리스도인의 신분을 '의인이면서 동시에 죄인'(simul justus et peccator)이라고 정의했습니다. 하나님의 입장에서 보면 그리스도인은 거룩한 자(의인)입니다. 하지만, 사람의 입장에서 보면 그리스도인은 여전히 죄인입니다. 단지 그리스도인은 점점 더 죄에 대하여 죽고 의에 대하여 살아갑니다. "내가 거룩하니, 너희도 거룩할지어다"(벧전 1:16).

답: 거룩하게 하심은 하나님께서 값없이 주시는 은혜의 행위이고, 이로써 우리가 하나님의 형상을 좇아 온전히 새사람이 되고, 점점 더 죄에 대하여 죽고 의에 대하여 살게 됩니다.

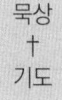

1. '성령 하나님'이라는 이름 안에 담긴 뜻을 설명해 보세요.
2. 우리는 성령님과 어떤 관계가 있는 존재인가요?

하나님, 저를 그리스도 안에서 의인으로 만들어 주시고 성도라고 불러 주시니 감사합니다. 날마다 하나님을 닮아 거룩해지고 싶습니다. 도와주십시오. 아멘!

171일 칭의의 목적, 성화

● 성경: 엡 4:23-24   ● 찬송: 187장 "비둘기같이 온유한"

제35문: 거룩하게 하심이 무엇입니까?

'거룩하게 하심'은 우리가 하나님의 형상을 좇아 온전히 새사람이 되는 것에서 출발합니다. **하나님의 형상을** 따라 창조되었지만, 왜곡된 지·정·의를 가진 우리는 성령의 새롭게 하심으로 말미암아 **새사람이** 되어 구별된 거룩한 존재가 되었습니다. 이렇게 존재론적으로 거룩한 사람이 되었기에 '성도'(聖徒)라고 불립니다. '성도'는 '거룩한 제자'라는 뜻입니다. 이제 성도는 "점점 더 죄에 대하여 죽고 의에 대하여 살게 됩니다." 사람이 타락한 처지에서 죄 된 것은 첫째, '죄책'이고 둘째, '온 성품이 부패한 것'입니다(소요리문답 제18문). 칭의는 '죄책'을 없애고 성화는 '온 성품이 부패한 것'을 해결합니다.

이 '성화'는 하나님께서 우리 안에서 행하시는 일입니다. "God enables us more and more to die unto sin and live unto righteousness"(하나님은 우리가 점점 더 죄에 대하여 죽게 하고 의에 대하여 살게 하십니다). 우리가 선을 행할 수 있게 하나님이 도와주십니다. 효력 있는 부르심은 죄인을 중생하게 하고, 칭의를 낳으며, 그 칭의가 성화를 낳습니다. 거룩한 삶은 중생한 자에게 당연한 결과입니다. 하지만, 삶이 중생을 결정하지는 않습니다. 다만 삶이 중생을 확인해 줄 뿐입니다. 칭의의 목적은 성화입니다. 죽은 나사로를 살리신(중생) 예수님이 나사로에게 무덤에서 나오라고(성화) 명령하십니다. 그러자 나사로가 일어나 자기 발로 걸어 나옵니다. 중생과 성화의 관계가 이와 같습니다. 나사로가 걸어가지만, 그렇게 걸을 힘을 주신 분은 예수님입니다.

답: 거룩하게 하심은 하나님께서 값없이 주시는 은혜의 행위이고, 이로써 우리가 하나님의 형상을 좇아 온전히 새사람이 되고, 점점 더 죄에 대하여 죽고 의에 대하여 살게 됩니다.

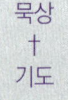

묵상 † 기도

1. 칭의와 성화의 관계에 대해 말해 보세요.
2. 우리 삶을 성화에 연결해서 설명해 보세요.

하나님, 저를 중생하게 하신 이유가 바로 성화 때문이었음을 알게 되었습니다. 흠 없고 거룩한 백성으로 살아갈 수 있도록 인도해 주세요. 아멘!

# 완전 성화

● 성경: 요일 1:8-10　　● 찬송: 192장 "임하소서 임하소서"

제35문: 거룩하게 하심이 무엇입니까?

　성화 교리는 하나님이 신자를 거룩하게 살게 하신다는 내용입니다. 그렇다고 신자가 아무런 일도 하지 않고 뒷짐 지고 있어도 된다는 말은 아닙니다. 성화는 성령 하나님의 일이지만 동시에 신자에게 주어진 명령이기도 합니다. 신자는 새사람이 되었기에 거룩한 삶을 살 수 있습니다. 죽은 상태의 사람에게는 성화를 요구할 수 없습니다. 죽은 자에게 "네가 문을 열면 내가 너에게 들어가 너를 구원할 거야"(계 3:20)라고 말하지 않습니다. 문을 열라는 이 명령은 예수님이 중생한 백성(라오디게아 교회 성도)에게 하신 것입니다. 죽은 나사로는 스스로 무덤에서 일어나서 예수님에게 걸어 나올 수 없었습니다. 먼저 살아야, 걸을 수 있습니다. 산 자는 걷습니다.

　이 성화는 지·정·의, 전 인격을 통해 진행됩니다. 우리 전 인격과 성품이 변화되는 것입니다. 그리스도인은 점점 더 거룩한 모습으로 변해 갈 것입니다. 점점 더 죄에 대하여 죽고 의에 대하여 살게 됩니다.

　그렇지만 완전한 상태에 이를 수 없습니다. 자신의 죄를 더 발견하게 될 뿐입니다. 결국 성도는 "내가 죄인 중의 괴수"라고 고백할 수밖에 없습니다. 참으로 아이러니합니다. 점점 성화되어 가면 갈수록 자신이 거룩하지 않다는 것을 알게 됩니다. 세상 사람들과 비교하면 상대적 우위에 오를 수는 있습니다. 하지만, 하나님 앞에서는 오십보백보일 뿐입니다. 하나님의 기준으로 보면 형편없습니다. 우리는 완전한 상태에 이를 수 없습니다.

답: 거룩하게 하심은 하나님께서 값없이 주시는 은혜의 행위이고, 이로써 우리가 하나님의 형상을 좇아 온전히 새사람이 되고, 점점 더 죄에 대하여 죽고 의에 대하여 살게 됩니다.

1. 성화의 명령이 누구에게 주어졌나요?
2. 성화된 사람의 특징을 묵상해 보세요. 나는 지금 어느 수준에 도달했나요?

하나님, 저에게 주신 명령이며 특권인 성화를 제가 잘 이루어 가도록 도와주십시오. 아멘!

# 이생에서 누릴 복

● 성경: 요일 5:13 ● 찬송: 242장 "황무지가 장미꽃같이"

제36문: 의롭다 하심과 양자로 삼으심과 거룩하게 하심과 함께 오거나 그것들에서 나오는 이생의 유익은 무엇입니까?

성령 하나님께서 효과적으로 우리를 부르시면 '칭의', '입양', '성화'의 복을 얻습니다. 이 복은 하늘에 계신 하나님의 일하심입니다. 하나님의 일하심을 우리가 세상에서 경험할 수 있습니다. 바로 "하나님의 사랑을 확신함과 양심의 평안과 성령 안에서도 누리는 기쁨과 은혜의 많아짐과 은혜 가운데서 끝까지 견디는 것"입니다. 요약하면, '확신 · 평안 · 기쁨 · 은혜 · 인내'입니다. 이는 하나님의 효과적인 부르심의 결과입니다. 종종 '확신 · 평안 · 기쁨 · 은혜 · 인내'라는 공로를 통해 하나님의 은혜를 얻으려고 하는 사람이 있습니다. 오해입니다. 결과가 원인을 바꿀 수 없고 꼬리가 머리를 흔들 수 없습니다.

하나님은 성도에게 항상 기뻐하고 쉬지 말고 기도하고 범사에 감사하라(살전 5:16-18)고 명령하십니다. 기뻐하고 기도하고 감사하곤 마음의 힘은 하나님께서 주십니다. 예를 들면, "하나님의 사랑을 확신"하는 것은 자동적으로 그렇게 되는 것이 아니라, 말씀을 통해 하나님께서 확신을 주셔야 가능합니다. "내가 하나님의 아들의 이름을 믿는 너희에게 이것을 쓰는 것은 너희로 하여금 너희에게 영생이 있음을 알게 하려 함이라"(요일 5:13). 말씀을 통해 "하나님의 사랑을 확신"하면 "양심의 평안"을 얻습니다(고후 1:12; 딤후 1:3; 요일 2:27-28; 롬 14:22). 이 "양심의 평안"은 "성령 안에서 누리는 기쁨과 은혜의 많아짐"과 같은 뜻입니다. 놀랍지 않나요? 우리는 이미 영생을 이 세상에서 누리고 있습니다.

답: 의롭다 하심과 양자로 삼으심과 거룩하게 하심과 함께 오거나 그것들에서 나오는 이생의 유익은 하나님의 사랑을 확신함과 양심의 평안과 성령 안에서 누리는 기쁨과 은혜의 많아짐과 은혜 가운데서 끝까지 견디는 것입니다.

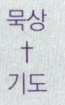
1. '칭의, 입양, 성화'와 '확신, 평안, 기쁨, 인내'의 관계를 설명해 보세요.
2. 나는 이러한 복을 얼마나 누리고 있는지 묵상해 보세요.

하나님, 하늘의 놀라운 복을 약속하시고 실제로 주시니 감사합니다. 제가 이 복을 더욱 바라고 원하게 하옵소서. 아멘!

 # 174일 성도의 견인 교리

● 성경: 요 10:28   ● 찬송: 355장 "다 같이 일어나"

제36문: 의롭다 하심과 양자로 삼으심과 거룩하게 하심과 함께 오거나 그것들에서 나오는 이생의 유익은 무엇입니까?

신자는 이 세상에서 믿음을 지키며 견딜 수 있을까요? 예, 그렇습니다. 신자는 은혜 가운데서 믿음을 끝까지 지킵니다. 이것이 도르트 신경의 다섯 번째 교리로, '성도의 견인'(Perseverance of the Saints)입니다. '성도의 견인 교리'는 신자가 자신의 믿음을 끝까지 지키며 굳건하게 인내한다는 뜻입니다. '견인'(堅忍)은 굳을 '견'과 인내할 '인'이 결합된 단어입니다. 예수님은 말씀하셨습니다. "내가 그들에게 영생을 주노니, 영원히 멸망하지 아니할 것이요, 또 그들을 내 손에서 빼앗을 자가 없느니라"(요 10:28). 하나님은 택한 자를 절대로 놓지 않으시고 끝까지 지키십니다. 어떤 방법으로 그렇게 하실까요? 우리가 신앙을 끝까지 굳건히 지키는 방식입니다.

성부 하나님께서는 구원하기로 선택하시고, 성자 하나님께서는 보냄을 받아 구원을 이루시고, 성령 하나님께서는 그리스도가 얻은 구속을 택함받은 자에게 적용하십니다. 성령 하나님의 구원 사역은 신비합니다. 견인 교리도 그렇습니다. 성령님은 성도가 어떤 핍박에도 불구하고 신앙을 끝까지 지키고 인내하도록 하십니다. 그러므로 이 견인은 신자의 공로가 아니라, 하나님의 공로로 이루어집니다.

그런데 신앙을 끝까지 지키지 않고 중간에 신앙을 버리고 떠나 버리는 사람들도 있습니다. 견인 교리에 오류가 있는 것일까요? "그들이 우리에게서 나갔으나, 우리에게 속하지 아니하였나니"(요일 2:19). 결과적으로 그들은 택함을 받은 자가 아니었다고 볼 수밖에 없습니다.

답: 의롭다 하심과 양자로 삼으심과 거룩하게 하심과 함께 오거나 그것들에서 나오는 이생의 유익은 하나님의 사랑을 확신함과 양심의 평안과 성령 안에서 누리는 기쁨과 은혜의 많아짐과 은혜 가운데서 끝까지 견디는 것입니다.

묵상 † 기도

1. 도르트 신경의 다섯 번째 교리는 무엇에 관한 내용인가요?
2. 나는 내 믿음을 끝까지 유지할 수 있을까요?

하나님, 저는 제 믿음을 끝까지 지키며 굳건하게 인내하겠습니다. 도와주십시오. 아멘!

25주차 모임

거룩하게 하시는 은혜

● 성경: 엡 4:23-24   ● 찬송: 187장 "비둘기같이 온유한"

함께 읽어 봅시다

제35문: 거룩하게 하심이 무엇입니까?

답: 거룩하게 하심은 하나님께서 값없이 주시는 은혜의 행위이고, 이로써 우리가 하나님의 형상을 좇아 온전히 새사람이 되고, 점점 더 죄에 대하여 죽고 의에 대하여 살게 됩니다.

함께 나누어 봅시다

1. '성도'는 이름 그대로 '예수님의 거룩한 제자'입니다. 하지만, 여전히 죄 가운데서 살고 있습니다. 성도는 거룩해지라는 명령을 받았습니다. 그러나 이것까지도 성령 하나님의 일하심의 영역에 속해 있음을 생각해 보고 나누어 보세요.

2. 성도의 견인 교리가 무엇인지 설명해 보세요.

3. 의롭게 된(칭의) 사람이 삶에서 이루어야 할 의무는 무엇입니까?

함께 기도합시다

나를 의롭다 하실 뿐만 아니라 거룩하게 하시는 하나님의 은혜에 감사드리는 기도를 합시다.

176일 가짜 복

- 성경: 마 7:15-20
- 찬송: 322장 "세상의 헛된 신을 버리고"

제36문: 의롭다 하심과 양자로 삼으심과 거룩하게 하심과 함께 오거나 그것들에서 나오는 이생의 유익은 무엇입니까?

신자는 하나님이 주시는 '칭의 · 입양 · 성화'의 복과 그로부터 함께 나오거나 그것들에서 나오는 이생의 유익인 "하나님의 사랑을 확신함과 양심의 평안과 성령 안에서 누리는 기쁨과 은혜의 많아짐과 은혜 가운데서 끝까지 견디는 것"을 누릴 수 있습니다. 그런데 이 세상에는 가짜 복도 있습니다.

참된 유익	거짓 유익
확신(하나님의 사랑)	신념(착하게 살겠어!)
평안(양심의 평안)	방종(나 자신이 법의 기준)
기쁨(성령 안에서 누리는 기쁨)	제도, 시대정신, 교제, 일, 행사
은혜(은혜의 많아짐)	질병, 재물, 기적 체험, 감동과 공감을 은혜로 착각함
인내(은혜 가운데 끝까지 견딤)	스스로의 힘과 노력으로 견딤

이 세상에는 진짜와 가짜가 섞여 있습니다. 알곡과 가라지가, 참된 신자와 거짓 신자가 함께 있습니다. 겉으로 드러난 모습으로는 참과 거짓을 구분하기 어렵습니다. 그 마지막 열매로 진위를 알 수 있을 뿐입니다. 하나님은 가라지가 알곡과 함께 자라도록 허락하십니다. 하나님의 놀라운 섭리입니다.

답: 의롭다 하심과 양자로 삼으심과 거룩하게 하심과 함께 오거나 그것들에서 나오는 이생의 유익은 하나님의 사랑을 확신함과 양심의 평안과 성령 안에서 누리는 기쁨과 은혜의 많아짐과 은혜 가운데서 끝까지 견디는 것입니다.

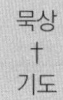

묵상 † 기도

1. 참된 복과 거짓 복을 구분해서 설명해 보세요.
2. 알곡과 가라지를 함께 자라게 하시는 하나님의 섭리를 묵상해 보세요.

참믿음을 갖도록 허락하신 하나님께 감사와 찬송을 드립니다. 아멘!

177일 죽음도 복

● 성경: 눅 16:22-23   ● 찬송: 165장 "주님께 영광"

제37문: 신자가 죽을 때에 그리스도에게서 무슨 유익을 받습니까?

사람은 누구나 죽습니다. 그리고 누구나 죽음을 두려워합니다. 신자에게도 죽음이 옵니다. 그리스도께서 우리를 위해 대신 죽으셨는데, 왜 우리는 여전히 죽어야 할까요? 하이델베르크 요리문답 제42문은 이렇게 대답합니다. "우리의 죽음은 자기 죗값을 치르는 것이 아니며, 단지 죄짓는 것을 그치고, 영생에 들어가는 것입니다."

신자와 불신자의 차이가 바로 여기에 있습니다. 불신자의 죽음은 죗값을 치르는 것이지만, 신자의 죽음은 죗값 때문이 아닙니다. 신자의 죽음은 이 세상에서 저 세상으로 넘어가는 문과 같습니다. "신자는 죽을 때에 그의 영혼이 완전히 거룩하게 되어, 즉시 영광에 들어가고, 그의 몸은 여전히 그리스도에게 연합되어 부활할 때까지 무덤에서 쉽니다." 인간의 몸은 땅으로 들어가고, 영혼은 영광에 이릅니다. 신자는 죽음으로써 죄를 그치고 비로소 완전에 이를 수 있습니다. 어떤 면에서 신자의 죽음은 복입니다. 신자의 죽음에는 하나님의 위로와 소망과 기쁨이 가득합니다. 절망적으로 부르짖거나 곡을 할 이유가 없습니다. 죽은 신자는 천국에 갔으므로 그를 위하여 명복(冥福)을 빌 필요도 없습니다. 유족의 슬픔과 상실감을 위로하고 격려할 뿐입니다. 그러므로 신자와 불신자의 장례는 다릅니다.

답: 신자는 죽을 때에 그의 영혼이 완전히 거룩하게 되어, 즉시 영광에 들어가고, 그의 몸은 여전히 그리스도에게 연합되어 부활할 때까지 무덤에서 쉽니다.

묵상 + 기도

1. 신자의 죽음과 불신자의 죽음은 다릅니다. 그 차이를 설명해 보세요.
2. 성도의 죽음이 복이 될 수 있는 이유는 무엇인가요?

하나님, 신자인 저에게는 죽음이 절망스러운 상황이 아닙니다. 이 세상에서 죄짓기를 그치고 천국으로 들어가는 것입니다. 할렐루야! 아멘!

죽은 자에 대한 산 자의 태도

● 성경: 행 24:15   ● 찬송: 222장 "우리 다시 만날 때까지"

제37문: 신자가 죽을 때에 그리스도에게서 무슨 유익을 받습니까?

　기독교에서는 시신을 어떻게 처리하는 것이 좋을까요? '매장'(埋葬)이 좋을까요, 아니면 '화장'(火葬)을 해야 할까요? 기독교 전통은 매장을 선호하는데 그 이유는 이교도들이 화장을 했기 때문입니다. 현대 사회에서는 그렇지 않으니 어떤 방식을 취해도 상관이 없습니다. 신자의 죽은 몸은 부활할 때까지 무덤에서 쉽니다. 중세 로마 천주교회는 이단자를 화형에 처했습니다. 불에 태우면 몸이 부활하지 못할 것이라고 착각한 것입니다. 신자의 몸은 그리스도의 몸에 영적으로 연합되어 있기 때문에 매장이든지 화장이든지 상관없이 그리스도의 재림 때 생명의 부활을 합니다.

　교회에는 여러 종류의 장례식 절차가 있습니다. '임종 예배', '입관 예배', '발인 예배', '하관 예배' 등이 있지요. 사실 '예배'라는 말보다는 '예식'이라고 하는 것이 더 적절합니다. 장례식 화환에 '고인의 명복을 빕니다'라는 문구를 쓰기도 하지만, '명복'(冥福)은 죽은 영혼이 저 세상에서 받는 복을 말합니다. 기독교 교리에 적절하지 않은 단어입니다. '추도식'(예배)은 어떻습니까? '추도'(追悼)는 죽은 사람을 생각하며 슬퍼하는 관습입니다. 제사 제도를 대체하기 위해 생긴 것인데, 꼭 필요한 관습은 아닙니다. 그래도 '추모'(追慕)라는 단어는 죽은 사람을 그리며 생각한다는 뜻이니 '추도'보다는 좀 낫습니다.

답: 신자는 죽을 때에 그의 영혼이 완전히 거룩하게 되어, 즉시 영광에 들어가고, 그의 몸은 여전히 그리스도에게 연합되어 부활할 때까지 무덤에서 쉽니다.

묵상 † 기도

1. 매장과 화장에 대해 서로 의견을 나누고 정리해 보세요.
2. 기독교 교리에 적절하지 않은 '명복'이나 '추도식'이라는 단어를 어떤 단어로 대체해서 사용하면 좋을까요?

　하나님, 신자는 예수님이 오시면 부활하여 영생을 누릴 것입니다. 죽음과 장례, 시신을 대하는 문화가 기독교 교리에 맞게 바뀌게 해 주세요. 아멘!

신자의 부활

- 성경: 고전 15:13
- 찬송: 165장 "주님께 영광"

제38문: 신자가 부활할 때에 그리스도에게서 무슨 유익을 받습니까?

모든 사람은 죽습니다. 이 사실을 의심하는 사람은 없습니다. 죽지 않으려고 불로초를 찾아 온 세계를 뒤졌던 진시황제도 죽었습니다. 하지만 우리 그리스도인들은 부활을 믿습니다. 불교는 몸의 부활을 믿지 않습니다. 단지 다른 몸으로 환생한다고 생각합니다. 일부 유대인들(사두개인)도 부활을 믿지 않았습니다. 헬라인들과 로마인들도 사람의 부활에 대해서는 고개를 갸우뚱거렸습니다. 바울이 아테네에서 죽은 자의 부활에 대해 이야기하며 복음을 전했을 때 그들의 반응을 보십시오(행 17:32). 바울은 몸의 부활을 굳게 믿었습니다. "만일 죽은 자의 부활이 없으면 그리스도도 다시 살아나지 못하셨으리라"(고전 15:13).

사람은 언젠가는 다 죽습니다. 하지만, 그것으로 끝이 아닙니다. 부활합니다. 이 사실 자체를 믿지 않는 이들이 많습니다만, 부활은 진실입니다. 부활은 신자뿐 아니라 불신자에게도 해당됩니다(계 20:13-14). 신자에게는 '생명의 부활'이, 불신자에게는 '심판의 부활'이 있습니다(요 5:29). 악인은 심판 날에 공적으로 죄인이라는 판결을 받아 영원한 벌을 받을 것입니다(마 25:46). 하지만, 신자는 "부활할 때에 영광 중에 일으킴을 받고, 심판 날에 공적으로 인정되고, 죄 없다 함을 얻으며, 영원토록 하나님을 충만하게 즐거워하면서 완전한 복을 누릴 것입니다."

답: 신자는 부활할 때에 영광 중에 일으킴을 받고, 심판 날에 공적으로 인정되고, 죄 없다 함을 얻으며, 영원토록 하나님을 충만하게 즐거워하면서 완전한 복을 누릴 것입니다.

묵상 † 기도

1. 불신자들은 몸의 부활에 대해 어떻게 생각합니까?
2. 신자는 부활함으로 어떤 유익을 얻습니까? 나도 부활하여 그 유익을 누릴 수 있을까요?

하나님, 저는 신자로서 생명의 부활을 하게 될 것을 믿습니다. 할렐루야! 아멘!

 # 부활의 영광

● 성경: 시 16:11   ● 찬송: 162장 "부활하신 구세주"

제38문: 신자가 부활할 때에 그리스도에게서 무슨 유익을 받습니까?

죽은 인간은 모두 부활합니다. 불신자는 정죄의 심판을 받지만, 신자는 심판대에서 정죄받지 않고 "심판 날에 공적으로 인정되고 죄 없다 함을 얻으며, 영원토록 하나님을 충만하게 즐거워하면서 완전한 복을 누릴 것입니다." "바다가 그 가운데에서 죽은 자들을 내주고 또 사망과 음부도 그 가운데에서 죽은 자들을 내주매 각 사람이 자기의 행위대로 심판을 받고"(계 20:13). 이 구절에서 "자기의 행위대로 심판을 받고"라는 말이 두렵습니까? 이 말은 우리가 행위로 구원을 얻는다는 뜻이 아닙니다. 자신의 행위와 공로로 하나님의 심판을 견딜 수 있는 사람은 아무도 없습니다. 오직 그리스도의 행위로만 구원을 얻을 수 있습니다.

그리스도에게 속하여 효력 있는 부르심을 받은 사람은 믿음의 열매를 맺습니다. "행함이 없는 믿음은 죽은 것"(약 2:26)이라는 말씀처럼, 믿음은 반드시 열매를 맺습니다. 하지만, 오해하지 맙시다. 그 열매가 구원을 보장하지는 않습니다. 자랑할 만한 행함은 오직 그리스도의 행함밖에 없습니다. 바로 예수님의 행함만이 하나님의 공의를 만족시킬 것입니다. 우리의 행함은 미약하고 부족할 뿐입니다. 이렇게 성도가 받는 부활의 영광은 죽음으로 그 부족한 삶이 중단되고 완전한 삶으로 나아가는 것입니다. 그리스도 예수로 말미암아 우리는 심판대에서 완전함을 얻을 것입니다. 죄를 용서받은 것이 우리가 받은 복이며, 우리를 구원하시는 하나님 그분 자체가 우리의 상입니다. "주께서 생명의 길을 내게 보이시리니, 주의 앞에는 충만한 기쁨이 있고 주의 오른쪽에는 영원한 즐거움이 있나이다"(시 16:11).

답: 신자는 부활할 때에 영광 중에 일으킴을 받고, 심판 날에 공적으로 인정되고, 죄 없다 함을 얻으며, 영원토록 하나님을 충만하게 즐거워하면서 완전한 복을 누릴 것입니다.

 묵상 + 기도

1. 사람은 자신의 공로로 하나님의 심판을 견딜 수 있을까요?
2. 우리는 어떻게 부활의 영광을 얻게 됩니까? 그리스도의 행함을 묵상해 보세요.

하나님, 예수 그리스도의 구속 행위로 말미암아 제가 심판대에서 죄 없다 함을 얻고 영원한 복을 받을 것을 생각하니, 한없이 기쁩니다. 아멘!

믿음과 행함

● 성경: 약 2:22   ● 찬송: 448장 "주님 가신 길을 따라"

제39문: 하나님께서 사람에게 요구하시는 본분이 무엇입니까?

이제 소요리문답의 두 번째 영역으로 들어갑니다. 소요리문답은 내용상 두 부분으로 나뉩니다. 제3문을 보면 어떻게 나뉘는지 알 수 있습니다. "성경이 가장 중요하게 가르치는 것은 **사람이 하나님에 대하여 믿을 것**은 무엇이며, **하나님께서 사람에게 요구하시는 본분**은 무엇인가 하는 것입니다." 첫 번째 부분은 우리의 믿음(제4-38문)에 대한 내용이고, 두 번째 부분은 우리의 행함(제39-107문)에 대한 내용입니다. 이 둘은 구분할 수 있지만, 분리할 수는 없습니다. 이 둘은 구별된 하나입니다.

믿음이 없이는 하나님을 기쁘시게 할 수 없습니다(히 11:6). 행함이 없는 믿음은 죽은 것과 마찬가지입니다(약 2:17). 믿음은 반드시 행함을 낳습니다. 행하지 않으면서 믿음이 있다고 주장할 수 없습니다. 믿음은 행함을 일으킵니다. 행함이 믿음 뒤에 위치합니다. 이 순서가 바뀌면 안 됩니다. "믿어 순종하게 하나니"(롬 1:5). 순종이 믿음을 온전하게 합니다(약 2:22). 혹시 일시적으로 행함이 부족할지라도 믿음이 없다고 쉬 단정할 수는 없습니다. 중생한 인간도 연약하여 죄에 빠지기 때문입니다. 하나님은 성도를 훈련하시기 위해서 시험하기도 하십니다. 순종의 모습이 부족한 것과 믿음이 없는 것은 다릅니다. 믿음이 없는 사람도 순종의 모습을 보일 수는 있지만 곧 가짜임이 드러납니다. 믿음 없는 행함은 헛될 뿐입니다. 참믿음은 반드시 행함으로 나아갑니다.

답: 하나님께서 사람에게 요구하시는 본분은 그분이 나타내 보이신 뜻에 순종하는 것입니다.

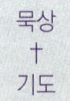

1. 성경에서는 믿음과 행함의 관계에 대하여 어떻게 설명하나요?
2. 나는 하나님께서 요구하시는 본분을 잘 행하고 있나요?

하나님, 행함이 없는 믿음은 죽은 것이라고 했습니다. 믿음으로써 구원받은 제가 하나님의 말씀에 잘 순종하며 살게 해 주세요. 아멘!

182일

26주차 모임

하나님의 구원 역사로 얻는 유익

● 성경: 눅 16:22-23   ● 찬송: 165장 "주님께 영광"

함께 읽어 봅시다

제36문: 의롭다 하심과 양자로 삼으심과 거룩하게 하심과 함께 오거나 그것들에서 나오는 이생의 유익은 무엇입니까?

답: 의롭다 하심과 양자로 삼으심과 거룩하게 하심과 함께 오거나 그것들에서 나오는 이생의 유익은 하나님의 사랑을 확신함과 양심의 평안과 성령 안에서 누리는 기쁨과 은혜의 많아짐과 은혜 가운데서 끝까지 견디는 것입니다.

제37문: 신자가 죽을 때에 그리스도에게서 무슨 유익을 받습니까?

답: 신자는 죽을 때에 그의 영혼이 완전히 거룩하게 되어, 즉시 영광에 들어가고, 그의 몸은 여전히 그리스도에게 연합되어 부활할 때까지 무덤에서 쉽니다.

제38문: 신자가 부활할 때에 그리스도에게서 무슨 유익을 받습니까?

답: 신자는 부활할 때에 영광 중에 일으킴을 받고, 심판 날에 공적으로 인정되고, 죄 없다 함을 얻으며, 영원토록 하나님을 충만하게 즐거워하면서 완전한 복을 누릴 것입니다.

함께 나누어 봅시다

1. 하나님의 구원 역사로 내가 얻은 유익이 무엇인지 말해 보고, 감사할 것을 나열해 보세요.

2. 신자가 죽음에서 얻는 유익이 무엇인지 말해 보세요. 성도의 장례식에 갔다면, 누구를 어떻게 위로해야 할까요?

3. 불신자도 부활하지만, 그에게는 '심판의 부활'이 기다립니다. '생명의 부활'이 보장된 나는 어떤 삶을 살아야 할까요?

함께 기도합시다

나를 의롭다 하시고 입양해 주시며 거룩하게 해 주시고, 나의 죽음과 부활에서 유익을 얻게 하실 하나님께 감사드리는 기도를 합시다.

순종, 피조물의 유일한 권리

• 성경: 롬 1:5 • 찬송: 331장 "영광을 받으신 만유의 주여"

제39문: 하나님께서 사람에게 요구하시는 본분이 무엇입니까?

하나님께서 사람에게 요구하시는 본분이 무엇일까요? '본분'(本分)은 마땅히 지켜야 할 직분이라는 뜻입니다. 영어로는 'duty'(의무)라고 표현합니다. 하나님이 우리에게 '본분' 혹은 '의무'를 요구하신다고 하니 부담이 되나요? 글쎄요, 이것이 부담일까요? 인간은 하나님의 피조물일 뿐입니다. 더군다나, 인간은 하나님을 배신하고 영적으로 죽었습니다. 그런 인간에게 하나님께서 다가와 말을 거시며 언약을 맺으시고 무엇을 요구한다는 것 자체가 복이며 영광 아닐까요? 죽은 존재에게 무언가를 요구하려면, 우선 그를 다시 살려야 합니다. 하나님의 '요구'와 '본분'과 '의무'는 하나님의 부름을 받은 언약 백성에게 어마어마한 복이며 영광입니다.

언약은 하나님의 작정을 이루시는 방법입니다. 구약 시대에는 옛 언약으로, 신약 시대에는 새 언약을 통해 구원이 이루어집니다. 이 '언약'은 약속과 요구로 이루어져 있습니다. 하나님께서 당신의 백성을 부르시고 "나는 너의 하나님이 되고, 너는 내 백성이 될 것이다"라는 약속을 주십니다. 부름받은 언약 백성은 "너는 거룩하라"라는 요구에 순종으로 응답해야 합니다. 바로 이것이 '의무'입니다. 언약 백성을 향한 하나님의 "거룩하라"는 요구는 짐이 아니라, 선물이며 복입니다. 피조물이 가진 유일한 권리가 있다면 그것은 '순종의 의무'(duty of obedience)입니다.

답: 하나님께서 사람에게 요구하시는 본분은 그분이 나타내 보이신 뜻에 순종하는 것입니다.

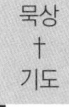

1. 언약 백성이 가장 관심을 두어야 할 의무는 무엇일까요?
2. 우리가 받은 가장 큰 복은 무엇입니까? 묵상해 보세요.

하나님, 저와 새 언약을 맺으시고 저에게 명령하시고 순종을 요구하신 것 자체가 큰 복이며 영광임을 고백합니다. 순종의 의무가 놀라운 권리임을 알게 하시니 감사합니다. 아멘!

나타내 보이신 뜻에 순종

● 성경: 신 29:29 ● 찬송: 521장 "구원으로 인도하는"

제39문: 하나님께서 사람에게 요구하시는 본분이 무엇입니까?

    하나님께서 우리에게 요구하시는 본분은 '순종'입니다. 그런데 무엇에 대한 순종입니까? "그분이 나타내 보이신 뜻"에 대한 순종입니다. 하나님의 뜻에는 '감추어진 뜻'도 있고 '나타내 보이신 뜻'도 있습니다. 인간은 '나타내 보이신 뜻'보다는 '감추어진 뜻'에 관심이 많습니다. 하나님의 비밀을 알고 싶어 합니다. 꿈이나 환상, 혹은 직통 계시를 통해 하나님의 특별한 뜻을 알기를 원합니다. 감추어진 미래에 대한 궁금증도 많습니다. 혹은 '하나님의 뜻'이라는 이름으로 '자신의 뜻'을 따르라고 주장하는 사람도 있습니다. 인간이 만들어 낸 종교에서 종종 발견되는 모습입니다. 세상에 존재하는 수많은 종교는 모두 인간의 욕망과 소원의 결과물입니다. 기독교 안에서도 자신의 뜻을 마치 하나님의 뜻인 것처럼 거짓으로 말하는 사람들이 있었습니다. 조심해야 합니다.

    우리는 '감추어진 뜻'에 관심을 기울일 것이 아니라, '나타내 보이신 뜻'에 순종하기 위해 애를 써야 합니다. 사람은 감추어진 일을 궁금해합니다. 호기심 자체가 나쁜 것은 아니지만, 하나님이 아직 드러내지 않으신 일을 궁금해하는 것은 위험합니다. 신자의 바른 자세가 아닙니다. 신자는 하나님이 사람에게 나타내 보이신 뜻에 관심을 가집니다. 하나님이 나타내 보이신(reveal) 뜻이 '계시'(revelation)인데, 그것이 바로 '성경'입니다.

답: 하나님께서 사람에게 요구하시는 본분은 그분이 나타내 보이신 뜻에 순종하는 것입니다.

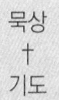

묵상
†
기도

1. 하나님의 뜻에는 '감추어진 뜻'도 있고 '나타내 보이신 뜻'도 있습니다. 각 특징을 말해 보세요.
2. 감추어진 뜻에만 관심을 두는 것이 왜 위험할까요?

하나님, 하나님의 비밀에 관심을 기울이기보다 이미 성경에 계시된 말씀을 잘 듣고 순종하는 자가 되게 해 주세요. 아멘!

185일 순종할 규칙

● 성경: 롬 2:14-15 ● 찬송: 69장 "온 천하 만물 우러러"

제40문: 사람이 마땅히 순종할 규칙으로 하나님께서 처음 나타내 보이신 것은 무엇입니까?

하나님이 나타내 보이신 뜻에 우리가 순종한다고 할 때 구체적으로 무엇에 순종하는 것일까요? "사람이 마땅히 순종할 규칙(rule)으로 하나님께서 처음 나타내 보이신 것은 '도덕의 법칙'(moral law)입니다." 피조물인 인간이 창조주 하나님께 순종해야 하는 내용이 하나님의 '뜻'(will)에서 하나님의 '규칙'(rule)으로, 그리고 '법칙'(law)으로 점점 구체화됩니다.

하나님이 나타내 보이신 뜻은 일반 계시와 특별 계시로 나뉩니다. 특별 계시가 문자를 통해 나타내 보이신 하나님의 뜻이라면, 일반 계시는 창조 세계 가운데 나타내 보이신 하나님의 뜻입니다. '도덕법'은 창조 때부터 인간에게 기본적으로 지키라고 주신 법으로, 일반 계시에 해당합니다. 돌판에 쓴 것이 아니라, 마음 판에 쓴 것이죠. "율법 없는 이방인이 본성으로 율법의 일을 행할 때에는 이 사람은 율법이 없어도 자기가 자기에게 율법이 되나니, 이런 이들은 그 양심이 증거가 되어 그 생각들이 서로 혹은 고발하며 혹은 변명하여 그 마음에 새긴 율법의 행위를 나타내느니라"(롬 2:14-15). 도덕법은 인류에게 선포된 하나님의 뜻입니다. 사람이면 누구나 순종해야 할 법입니다. 불순종하면 죽고 순종하면 생명을 얻습니다. 인간의 타락 전에는 '선악을 알게 하는 나무의 열매를 먹는 것을 금하신' 특별한 명령과 양심의 도덕법이 있었습니다.

답: 사람이 마땅히 순종할 규칙으로 하나님께서 처음 나타내 보이신 것은 도덕의 법칙입니다.

묵상 + 기도

1. 하나님이 순종을 요구하시며 나타내 보이신 뜻과 규칙은 무엇입니까?
2. 일반적인 도덕법이 무엇인지 로마서 2:12-15을 바탕으로 설명해 보세요.

하나님, 세상의 도덕법도 하나님께서 주신 것이니 반드시 지키겠습니다. 국가의 법도 잘 지키게 해 주세요. 아멘!

186일 도덕법의 유익

- 성경: 롬 7:4
- 찬송: 533장 "우리 주 십자가"

제40문: 사람이 마땅히 순종할 규칙으로 하나님께서 처음 나타내 보이신 것은 무엇입니까?

대요리문답 제95-97문을 보면 도덕법의 유용성에 대해 설명합니다.

첫째, 도덕법은 모든 사람에게 유용합니다. 도덕법은 인간이 어떻게 살아야 할지를 알려 줍니다. 인간은 죄인이기 때문에 도덕법에 순종할 능력이 없습니다. 도덕법은 인간으로 하여금 자신의 죄와 비참을 알아 겸손하게 하고 마침내 그리스도와 그분의 완전한 순종이 자신에게 필요하다는 것을 깨닫게 해 줍니다.

둘째, 도덕법은 중생하지 못한 사람에게 유용합니다. 도덕법은 중생하지 못한 사람의 양심을 일깨우고 장차 임할 진노를 피하게 하고 그들을 그리스도에게 인도하기에 유용합니다. 만약 불신자가 죄의 길에 계속 머물러 있을 경우 심판에서 평계할 수 없습니다.

셋째, 도덕법은 중생한 사람에게 유용합니다. 중생으로 그리스도인이 된 사람은 행위 언약인 도덕법으로부터 해방되었습니다. 그러므로 중생자는 도덕법으로 의롭다 함을 받거나 심판받지 않습니다. 도덕법은 택한 자를 그리스도에게로 인도합니다. 그리스도께서는 도덕법을 성취하시고 택한 자들을 대신해 도덕법의 저주를 친히 받으셨습니다. 그래서 도덕법은 신자로 하여금 더 많이 감사하도록 자극하며, 신자는 순종의 법칙으로서 도덕법을 매우 신중하게 따를 때 그리스도께 감사를 표현할 수 있습니다.

답: 사람이 마땅히 순종할 규칙으로 하나님께서 처음 나타내 보이신 것은 도덕의 법칙입니다.

묵상 + 기도

1. 도덕법은 일반 사람들에게 어떤 유익이 있습니까?
2. 중생한 사람에게 도덕법은 어떤 의미가 있습니까?

하나님께서 주신 도덕법은 모든 사람에게 유용합니다. 저는 도덕법을 통해 죄를 깨닫고 하나님께 겸손하게 엎드립니다. 아멘!

187일 도덕법 = 십계명

● 성경: 갈 3:24　● 찬송: 378장 "내 선한 목자"

제41문: 도덕의 법칙은 어디에 총괄되어 나타났습니까?

　이스라엘 백성에게 계시하신 하나님의 뜻은 세 가지입니다. **첫째, 시민법입니다.** 대출과 이자, 겉옷을 저당 잡는 문제, 도둑질에 대한 보상 등에 관한 법입니다. **둘째, 의식법입니다.** 이스라엘의 할례, 각종 제사 제도와 절기에 관한 것입니다. **셋째, 도덕법입니다.** 이 법은 십계명에 가장 잘 요약되어 있습니다. 예수 그리스도를 예표하는 의식법은 새 언약의 시대에 완성되었고, 시민법은 이스라엘이라는 나라와 특정한 시기에만 적용되었던 법이기에 새 언약의 시대에는 행할 필요가 없습니다. 그러나 도덕법은 옛 시대에서나 새 시대에서나 여전히 유효합니다.

　예수님은 율법을 폐하지 않고 오히려 완성하셨습니다. "내가 율법이나 선지자를 폐하러 온 줄로 생각하지 말라. 폐하러 온 것이 아니요, 완전하게 하려 함이라"(마 5:17). 도덕법으로서의 율법은 세 가지로 활용됩니다. **첫째, 권선징악이라는 교훈을 줍니다**(시 89:30-34). **둘째, 초등교사**(몽학선생)**의 역할을 합니다**(갈 3:24). 몽학선생(초등교사)은 귀족의 자녀를 성인이 될 때까지 지도해 주는 종입니다. **셋째, 삶의 방식을 제공해 줍니다.** 도덕법은 중생한 신자가 어떻게 살아야 할지를 잘 보여 줍니다.

답: 도덕의 법칙은 십계명에 총괄되어 나타났습니다.

묵상
†
기도

1. 율법을 세 가지로 나누어서 설명해 보세요.
2. 율법을 어떻게 활용할 수 있는지 세 가지로 설명해 보세요.

하나님, 도덕법을 잘 활용해서 하나님 앞에서 바르게 살고 싶습니다. 도와주옵소서! 아멘!

# 십계명의 강령 = 사랑

- 성경: 마 22:37-40
- 찬송: 218장 "네 맘과 정성을 다하여서"

제42문: 십계명의 강령이 무엇입니까?

십계명은 율법의 대표 선수입니다. "십계명의 강령은 우리의 마음을 다하고, 목숨을 다하고, 힘을 다하고, 뜻을 다하여, 주 우리 하나님을 사랑하고, 또 이웃을 자기 자신같이 사랑하라는 것입니다"(마 22:37-40). '강령'(綱領)은 '일의 으뜸이 되는 큰 줄거리'라는 뜻입니다. 십계명을 요약하면 '하나님 사랑'과 '이웃 사랑'에 대한 명령입니다. 더 짧게 한 단어로 설명하면 '사랑'입니다. 율법이라고 하면 경직되고 차가운 느낌이 들지 않나요? 그렇지 않습니다. 율법이 지향하는 목표는 사랑입니다. 율법의 완성은 사랑입니다. 율법은 지식을 넘어 지·정·의를 동원하는 전인격적인 삶을 향합니다. 사랑은 이론이 아니며, 행동으로 행해야만 완성됩니다. 하나님 사랑은 이웃 사랑으로 나타나고, 이웃 사랑은 하나님 사랑에서 흘러나옵니다. 하나님 사랑 없이는 이웃 사랑이 진실할 수 없고, 이웃 사랑 없이는 하나님 사랑이 의심스럽습니다.

"하나님을 사랑하는 것은 이것이니, 우리가 그의 계명들을 지키는 것이라. 그의 계명들은 무거운 것이 아니로다"(요일 5:3). 바로 이 지점에서 '율법'과 '사랑'이 만납니다. 하나님을 사랑하는 자는 도덕법을 지킵니다. 도덕법을 지키는 자는 하나님을 사랑하는 자임을 확인받습니다. 하나님의 사랑을 받은 자는 그 사랑에 감사하여 율법을 기쁨으로 지킵니다.

답: 십계명의 강령은 우리의 마음을 다하고, 목숨을 다하고, 힘을 다하고, 뜻을 다하여, 주 우리 하나님을 사랑하고, 또 이웃을 자기 자신같이 사랑하라는 것입니다.

1. 십계명을 한 단어로 요약하면 무엇입니까?
2. 율법과 사랑이 어떻게 조화되는지 설명해 보세요.

하나님, 이웃 사랑을 잘 실천하게 하옵소서. 하나님을 날마다 더 사랑하게 하옵소서. 아멘!

27주차 모임

신자의 의무

● 성경: 롬 2:13-14   ● 찬송: 69장 "온 천하 만물 우러러"

함께 읽어 봅시다

제39문: 하나님께서 사람에게 요구하시는 본분이 무엇입니까?
답: 하나님께서 사람에게 요구하시는 본분은 그분이 나타내 보이신 뜻에 순종하는 것입니다.

제40문: 사람이 마땅히 순종할 규칙으로 하나님께서 처음 나타내 보이신 것은 무엇입니까?
답: 사람이 마땅히 순종할 규칙으로 하나님께서 처음 나타내 보이신 것은 도덕의 법칙입니다.

제41문: 도덕의 법칙은 어디에 총괄되어 나타났습니까?
답: 도덕의 법칙은 십계명에 총괄되어 나타났습니다.

함께 나누어 봅시다

1. 하나님께서 죄인을 위해 행하신 은혜를 생각하면 신자는 무엇을 해야 할까요?

2. 하나님이 인간에게 요구하시는 '도덕의 법'이 부담스럽지 않나요?

3. 십계명의 의미를 설명해 보세요.

함께 기도합시다

하나님께서 순종하라고 요구하신 것을 그대로 잘 행하게 해 달라고 기도합시다.

하나님 사랑과 이웃 사랑은 예배로

● 성경: 마 4:10 ● 찬송: 539장 "너 예수께 조용히 나가"

제42문: 십계명의 강령이 무엇입니까?

'이웃 사랑'을 실천하기가 쉽지 않습니다. 사랑은 억지로 할 수가 없습니다. "예수께서 그리스도이심을 믿는 자마다 하나님께로부터 난 자니, 또한 낳으신 이를 사랑하는 자마다 그에게서 난 자를 사랑하느니라. 우리가 하나님을 사랑하고 그의 계명들을 지킬 때에 이로써 우리가 하나님의 자녀를 사랑하는 줄을 아느니라. 하나님을 사랑하는 것이 이것이니, 우리가 그의 계명들을 지키는 것이라. 그의 계명들은 무거운 것이 아니로다"(요일 5:1-3). '하나님 사랑'은 하나님께 대한 예배로 표현됩니다. "주 너의 하나님께 경배하고 다만 그를 섬기라"(마 4:10). 영어로 '섬기다'(serve)라는 단어에서 '예배'(service)라는 단어가 비롯했습니다.

십계명을 예배의 관점에서 볼까요? 1계명은 예배의 대상, 2계명은 예배의 방법, 3계명은 예배의 태도, 4계명은 예배의 시간에 관한 내용입니다. 1-4계명은 하나님을 예배(사랑)하는 방법에 관한 것입니다. 이 하나님 사랑이 이웃 사랑으로 자연스럽게 연결됩니다. 5-10계명은 삶으로 하나님께 드리는 예배와 관련이 있습니다. 5계명은 권위, 6계명은 생명, 7계명은 성, 8계명은 재물, 9계명은 말, 10계명은 욕망에 관한 내용입니다.

답: 십계명의 강령은 우리의 마음을 다하고, 목숨을 다하고, 힘을 다하고, 뜻을 다하여, 주 우리 하나님을 사랑하고, 또 이웃을 자기 자신같이 사랑하라는 것입니다.

1. 요한일서 5:1-3을 읽고 암송해 보세요.
2. 십계명을 예배와 연결해서 설명해 보세요.

하나님, 하나님 사랑과 이웃 사랑을 예배로 실천하는 자가 되도록 도와주세요. 아멘!

191일 십계명의 머리말

● 성경: 출 20:2 ● 찬송: 76장 "창조의 주 아버지께"

제43문: 십계명의 머리말이 무엇입니까?

예전에는 성경책 표지 안쪽에 십계명의 머리말이 다 실리지 않고 말줄임표로 생략되어 있었습니다. "나는 너를 애굽 땅 종…." 이는 십계명 머리말의 중요성을 잘 몰라서 생긴 일입니다. 지금은 대부분 머리말이 전부 들어가 있습니다. "나는 너를 애굽 땅, 종 되었던 집에서 인도하여 낸 네 하나님 여호와니라"(출 20:2).

머리말은 십계명 자체가 아닌데 왜 들어가 있을까요? 머리말은 십계명의 존재 이유와 근거입니다. 이스라엘이 십계명을 지켜야 하는 이유는 그들이 하나님의 언약 백성이 되었기 때문이라는 뜻입니다. "나는 너를"의 구조는 언약의 당사자를 잘 보여 줍니다. 이 시내산 언약은 하나님이 먼저 시작하셨습니다. 이스라엘 백성을 "너"라고 불러 주시고 이집트에서의 고통스러운 노예 생활에서 구원해 주셔서 이 언약이 체결되었습니다.

십계명의 머리말은 이스라엘 백성을 향한 하나님의 사랑이 언약보다 먼저 있었음을 보여 줍니다. 영적으로 죽은 상태에 있던 우리를 구원해 주신 하나님이 바로 이스라엘을 구원하신 여호와 하나님 그분이십니다. 하나님의 사랑을 받은 모든 백성은 십계명을 지킬 의무가 있습니다.

답: 십계명의 머리말은 "나는 너를 애굽 땅 종 되었던 집에서 인도하여 낸 네 하나님 여호와니라" 하신 것입니다.

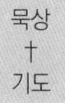

묵상 † 기도

1. 십계명에 머리말이 있다는 것을 알고 있었나요? 이 머리말이 왜 필요할까요?
2. 십계명의 머리말은 어떤 의미를 담고 있나요?

하나님, 저를 구원해 주셔서 감사합니다. 저는 하나님이 기뻐하시는 삶을 살고 싶습니다. 도와주십시오. 아멘!

192일 옛 언약과 새 언약

- 성경: 롬 8:1-4   • 찬송: 20장 "큰 영광 중에 계신 주"

제43문: 십계명의 머리말이 무엇입니까?

시내산 언약의 특징은 은혜 언약이라는 점입니다. 언약의 제1당사자는 하나님이십니다. 이 언약은 일방적으로 은혜를 베푸시는 선언입니다. 언약의 시작은 일방적이지만, 그 시행은 쌍방적입니다. 제2당사자의 반응을 요구합니다.

	옛 언약(십계명)	새 언약
머리말	애굽 땅 종의 신분에서 해방	죄의 굴레에서 해방
제1당사자	하나님	하나님
체결 방법	짐승의 제사(피)	그리스도의 제사(피)
제2당사자	유대인	택하신 모든 자
내용	명령과 (약속)순종	명령과 (약속)순종

이스라엘 백성은 십계명을 완전하게 순종하지 못했습니다. 하지만, 나중에 오신 그리스도의 완전한 순종으로 말미암아 언약의 하나님과 그 약속을 믿은 자에게 구원이 선물로 주어집니다. 십계명은 죄를 깨닫게 합니다. 십계명의 요구는 그리스도의 완전한 순종으로 성취됩니다. 그러므로 이천 년 전에 오신 그리스도와 그분의 구속 사역을 믿는 자에게는 구원이 효력 있습니다. 그렇게 구원받은 백성은 감사함으로 십계명에 순종합니다(소요리문답 제35문).

답: 십계명의 머리말은 "나는 너를 애굽 땅 종 되었던 집에서 인도하여 낸 네 하나님 여호와니라" 하신 것입니다.

묵상 † 기도

1. 십계명에 나타난 은혜 언약의 성격을 설명해 보세요.
2. 십계명과 새 언약의 공통된 점을 묵상해 보세요.

하나님, 구약 시대에나 신약 시대에나 오직 은혜 언약을 통해 구원받습니다. 이것을 믿게 하셔서 저를 구원해 주시니, 감사와 찬송을 드립니다. 아멘!

# 감사로 하나님께 영광을

- 성경: 고전 6:20
- 찬송: 458장 "너희 마음에 슬픔이 가득할 때"

제44문: 십계명의 머리말이 우리에게 가르치는 것은 무엇입니까?

십계명의 머리말을 보면서 우리는 무엇을 배울 수 있을까요? "십계명의 머리말이 우리에게 가르치는 것은 하나님께서 여호와, 우리 하나님이시고, 구속자이시므로, 우리가 마땅히 그분의 모든 계명을 지켜야 한다는 것입니다." 여기서 "하나님께서 여호와, 우리 하나님이시고"라는 말은 하나님이 언약의 하나님이라는 뜻입니다. 하나님께서 죄인 된 우리를 언약이라는 끈으로 당신 자신에게 꽁꽁 동여매셔서 도망가지 못하게 하셨고, 하나님의 아들과 딸로서 입양하셨기 때문에 우리는 하나님이 요구하시는 본분(duty)과 규칙(rule)과 도덕법(law)을 지켜야 합니다.

우리는 십계명을 다 지킬 수 없기에 행함으로는 구원에 이를 수 없습니다. 구원은 우리 주 예수 그리스도의 선행(구속)을 성령 하나님이 우리에게 적용해 주셔야 가능합니다. 그러면 우리는 선행을 전혀 하지 않아도 될까요? 그렇지 않습니다. 은혜를 받은 사람은 감사함으로 자신의 몸을 하나님을 향해 드립니다. "(너희는) 값으로 산 것이 되었으니, 그런즉 너희 몸으로 하나님께 영광을 돌리라"(고전 6:20). 하나님은 더 받은 자에게 더 많은 것을 요구하십니다. "무릇 많이 받은 자에게는 많이 요구할 것이요, 많이 맡은 자에게는 많이 달라 할 것이니라"(눅 12:48). 하나님은 구원을 위한 선행이 아니라, 구원의 열매로서의 선행을 요구하십니다.

답: 십계명의 머리말이 우리에게 가르치는 것은 하나님께서 여호와, 우리 하나님이시고, 구속자이시므로, 우리가 마땅히 그분의 모든 계명을 지켜야 한다는 것입니다.

묵상 † 기도

1. 십계명의 머리말이 가르치는 것이 무엇입니까?
2. 십계명을 왜 지켜야 하나요?

하나님, 은혜로 구원받은 것을 감사하며 선행을 베풀면서 살아가게 해 주세요. 하나님의 말씀에 순종하기를 원합니다. 아멘!

제1계명: 예배의 대상

- 성경: 출 20:3   • 찬송: 96장 "예수님은 누구신가"

제45문: 제1계명이 무엇입니까?

　십계명의 제1계명은 사랑의 대상, 곧 예배의 대상에 관한 내용입니다. 우리는 누구를 사랑하고 예배해야 할까요? 그것을 제1계명이 분명하게 정의합니다. "너는 나 외에는 다른 신들을 네게 두지 말라"(출 20:3). 제2계명은 예배의 방법에 관한 내용입니다. "너희를 위하여 새긴 우상을 만들지 말고 … 그것들을 섬기지 말라." "섬기지(serve) 말라"라는 표현에서 이 계명이 '예배'(service)와 관련이 있음을 확인할 수 있습니다.

　제1계명은 다른 아홉 개의 계명과 어떤 관계가 있을까요? 제1계명을 지키기 위해서는 다른 아홉 개의 계명이 반드시 필요합니다. 즉 이 두 부분은 구분이 되지만, 분리할 수 없는 하나입니다. 이렇게 십계명은 사람이 사랑해야 할 대상이 누구(제1계명)이며, 그 대상을 어떻게 사랑해야 하는지를(제2-10계명) 잘 보여 줍니다. "하나님을 사랑하는 것은 이것이니, 우리가 그의 계명들을 지키는 것이라. 그의 계명들은 무거운 것이 아니로다"(요일 5:3). 그러므로 제1계명은 십계명 전체의 시작이자 가장 중심되고 기본이 되는 계명입니다.

　소요리문답은 제1계명을 세 가지 형식으로 정리해서 설명합니다. 첫째, 그 계명의 개념(제45문), 둘째, 그 계명이 명령하는 내용(제46문), 셋째, 그 계명에서 금지하는 것(제47문)입니다. 그리고 부가적인 내용을 설명합니다(제48문).

답: 제1계명은 "너는 나 외에는 다른 신들을 네게 두지 말라" 하신 것입니다.

1. 제1계명을 암송해 보세요.
2. 제1계명과 제2-10계명과의 관계에 대해 묵상해 보세요.

하나님, 제1계명은 십계명 전체를 아우르는 개념으로, 우리가 예배해야 할 대상을 설명해 줍니다. 이 명령대로 하나님만 예배하며 살게 해 주세요. 아멘!

195일 제1계명이 명하는 것

● 성경: 신 6:4-5   ● 찬송: 15장 "하나님의 크신 사랑"

제46문: 제1계명이 명하는 것은 무엇입니까?

어떤 보육원에서는 원생들에게 모든 성인 남자를 '아빠'라고 부르도록 가르친다고 합니다. 하지만 아이가 입양된다면 그 아이에게는 더 이상 모든 성인 남자가 '아빠'가 아닙니다. 자신을 입양한 그 아빠만 유일한 아버지입니다. 이제는 다른 사람을 아빠라고 부르면 안 됩니다. 당연합니다. 아버지는 한 분밖에 없습니다. 이것이 그 아이에게 과한 요구일까요? 전혀 그렇지 않습니다. 오히려 감사하고 감격스러운 요구입니다.

이처럼 하나님은 우리를 자녀로 입양하시고 이렇게 요구하십니다. "너, 내가 유일하고 참된 하나님 아버지라는 사실을 인정해야 해! 나에게 합당하게 예배하고 나를 영화롭게 해야 한단다." 당연한 명령입니다.

창조자이고 구속자이신 하나님은 피조물인 우리에게 명령하실 수 있습니다. 죄와 비참으로 멸망할 우리를 불쌍히 여겨서 불러 주시고 구원해 주신 것을 인정한다면 제1계명은 짐이 아니라 오히려 특권입니다. "이스라엘아, 들으라. 우리 하나님 여호와는 오직 유일한 여호와이시니, 너는 마음을 다하고 뜻을 다하고 힘을 다하여 네 하나님 여호와를 사랑하라"(신 6:4-5). 이 명령 자체가 복입니다.

답: 제1계명이 우리에게 명하는 것은 하나님께서 유일하고 참되신 하나님이시고 우리의 하나님이심을 알고 인정하며, 그에 합당하게 하나님을 경배하고 영화롭게 하라는 것입니다.

묵상 + 기도

1. 하나님이 나를 자녀로 삼아 주셨음을 알지 못했을 때와 알게 된 후, 제1계명의 명령이 어떻게 다르게 다가오나요?
2. 창조주와 구속자이신 하나님 앞에서 나는 어떠한 존재인가요? 묵상해 보세요.

하나님, 제가 하나님을 유일하신 아버지라고 부를 수 있음이 얼마나 복된지요. 감사합니다. 아멘!

196일

28주차 모임

십계명의 기초

- 성경: 마 22:37-40
- 찬송: 218장 "네 맘과 정성을 다하여서"

함께 읽어 봅시다

제42문: 십계명의 강령이 무엇입니까?
답: 십계명의 강령은 우리의 마음을 다하고, 목숨을 다하고, 힘을 다하고, 뜻을 다하여, 주 우리 하나님을 사랑하고, 또 이웃을 자기 자신같이 사랑하라는 것입니다.

제43문: 십계명의 머리말이 무엇입니까?
답: 십계명의 머리말은 "나는 너를 애굽 땅 종 되었던 집에서 인도하여 낸 네 하나님 여호와니라" 하신 것입니다.

제44문: 십계명의 머리말이 우리에게 가르치는 것은 무엇입니까?
답: 십계명의 머리말이 우리에게 가르치는 것은 하나님께서 여호와, 우리 하나님이시고, 구속자이시므로, 우리가 마땅히 그분의 모든 계명을 지켜야 한다는 것입니다.

함께 나누어 봅시다

1. 십계명은 모든 율법, 곧 성경 전체를 대표합니다. 십계명의 핵심 내용을 한 단어로 말해 보세요.

2. 십계명의 머리말은 어떤 역할을 하나요?
   _____
   _____

3. 십계명을 온전히 지키기가 쉽지 않습니다. 나는 이 부담스러운 계명을 어떻게 받아들여야 할까요?
   _____
   _____

함께 기도합시다

하나님이 우리에게 사랑으로 명령하신 십계명을 잘 지킬 수 있도록 은혜를 달라고 기도합시다.

제1계명이 금하는 것

● 성경: 고전 8:5-6   ● 찬송: 84장 "온 세상이 캄캄하여서"

제47문: 제1계명이 금하는 것은 무엇입니까?

하나님 외에는 다른 신들을 우리에게 두지 말라는 명령이 너무 독단적으로 보이지 않나요? 종교다원주의 사회에서 자기가 믿는 신만 진짜라고 주장하면 다른 신들은 다 가짜라는 뜻인가요? 그렇습니다. 하나님 이외에 다른 신들은 사람이 만들어 낸 것이 불과합니다. 성경에서는 오직 한 하나님만 계신다고 선언합니다. "비록 하늘에나 땅에나 신이라 불리는 자가 있어 **많은 신과 많은 주**가 있으나, 그러나 우리에게는 **한 하나님** 곧 아버지가 계시니 만물이 그에게서 났고 우리도 그를 위하여 있고 또한 한 주 예수 그리스도께서 계시니 만물이 그로 말미암고 우리도 그로 말미암아 있느니라"(고전 8:5-6).

미국에서는 대통령이 취임할 때 유대 랍비, 로마 천주교 신부, 개신교 목사가 참여해서 기도합니다. 한국에서는 대통령의 장례식을 불교 · 천도교 · 기독교 · 로마 천주교 종교 지도자들이 함께 공동으로 주관합니다. 국가는 종교적으로 중립을 지켜야 하니 어쩔 수 없는 점이 있습니다. 하지만, 개인도 그렇게 신앙생활을 하려는 경우가 있습니다. 하나님을 믿는다고 하면서도 다른 신들을 인정합니다. 하나님은 그런 혼합주의(syncretism)적인 자세를 싫어하십니다. "나와 함께하지 아니하는 자는 나를 반대하는 자요, 나와 함께 모으지 아니하는 자는 헤치는 자니라"(눅 11:23).

답: 제1계명이 금하는 것은 하나님께서 참되신 하나님이시고 우리의 하나님이심을 부인하거나, 그러한 분으로 경배하지 않거나 영화롭게 하지 않는 것이며, 또한 오직 그분께만 드려야 할 경배와 영광을 다른 자나 다른 것에게 돌리는 것입니다.

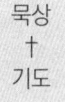

묵상 † 기도

1. 종교다원주의 사회에서 하나님만 진짜 신이라고 주장하는 것이 옳은 일인가요?
2. 제1계명을 보면 하나님은 우리에게 어떻게 하라고 요구하십니까?

하나님, 저는 하나님을 믿는다고 하면서도 어느 순간 우상들을 섬기고 있었습니다. 용서해 주세요. 오직 하나님께만 영광을 돌리게 해 주세요. 아멘!

우상 숭배하지 말라

● 성경: 왕상 18:21   ● 찬송: 322장 "세상의 헛된 신을 버리고"

제47문: 제1계명이 금하는 것은 무엇입니까?

기독교는 여러 종교 중 하나일 뿐일까요? 사탄은 우리가 하나님을 "참되신 하나님"이라고 믿지 못하도록 방해합니다. 우리는 사탄에게 속아서 "하나님을 경배하지 않고 영화롭게 하지 않습니다. 오직 그분께만 드려야 할 경배와 영광을 다른 자나 다른 것에게" 돌립니다.

이러한 일이 일제 강점기 때 신사 참배 사건에서 현실화되었습니다. 신사 참배란 일본의 태양신과 조상신의 위패를 놓은 신사에 절을 하며 숭배하는 것입니다. 일본은 그저 국민의례일 뿐이며 우리나라 국민에게 신사 참배를 강요했습니다. 선교사들과 기독교 학교들, 그리고 일부 신실한 한국 성도들은 이를 우상 숭배로 여겨서 거절했습니다. 제1계명을 어기는 것이라고 보았기 때문입니다. 하지만 대부분의 한국 교회는 일본의 강압을 못 이기고 신사 참배를 허용했습니다. 마지막까지 버티던 장로교회도 1937년 제27회 장로교 총회에서 신사 참배는 우상 숭배가 아님을 결정하고 그날 바로 23개 노회 대표들이 평양 신사에 가서 일제히 참배를 했습니다. 세계 교회는 한국 교회의 배교에 안타까워했습니다. 해방 이후 한국 교회는 이 점을 회개하고 새롭게 출발했어야 했는데 그렇게 하지 못했습니다.

답: 제1계명이 금하는 것은 하나님께서 참되신 하나님이시고 우리의 하나님이심을 부인하거나, 그러한 분으로 경배하지 않거나 영화롭게 하지 않는 것이며, 또한 오직 그분께만 드려야 할 경배와 영광을 다른 자나 다른 것에게 돌리는 것입니다.

1. 신사 참배는 십계명 중 몇 번째 계명을 어긴 것일까요?
2. 제1계명이 무엇을 금하는지 소리 내어 읽어 보고 묵상해 보세요.

하나님, 저는 하나님만 예배하라는 명령을 어기고 시시때때로 다른 것들을 좋아하며 쫓아다닙니다. 용서해 주십시오. 아멘!

199일 질투의 하나님

● 성경: 출 34:14   ● 찬송: 15장 "하나님의 크신 사랑"

제48문: 제1계명에서 "나 외에는" 혹은 "내 앞에서"라는 말씀이 우리에게 특별히 가르치는 것은 무엇입니까?

제1계명 "너는 나 외에는 다른 신들을 네게 두지 말라"라는 명령에서 "나 외에는"은 "내 앞에서"(before Me)라는 말의 의역입니다. 제1계명은 하나님 앞에서 다른 신들을 또 두지 말라는 내용입니다. 혼합주의를 금하신 것입니다. 하나님을 여러 신들 가운데 하나로 취급할 수 없다는 말입니다. 하나님은 전능하신데 왜 다른 신들과 당신을 비교하면서 질투하실까요? 다른 신들과 비교할 수 없을 정도로 위대하신 분이신데 자신이 없으신 것일까요? 그렇지 않습니다.

하나님이 오직 하나님만 인정하고 섬기라고 명령하신 첫째 이유는 인간을 잘 아시기 때문입니다. 죄인 된 인간은 늘 하나님 대신 다른 무언가를 신으로 대체하려고 합니다. 그런 인간의 악함을 아시기 때문에 이렇게 명령하신 것입니다. 둘째 이유는 하나님이 우리를 너무나 사랑하시기 때문입니다. 하나님의 사랑은 질투하시는 것에서 더 분명하게 확인할 수 있습니다. "너는 다른 신에게 절하지 말라. 여호와는 질투라 이름하는 질투의 하나님임이니라"(출 34:14). 질투는 사랑하기 때문에 생기는 감정입니다. 사랑하지 않으면 질투도 하지 않습니다. 하나님은 우리가 다른 신을 섬기는 것을 참지 못하십니다. 우리를 사랑하시니까요. "모든 것을 보고 계시는 하나님께서는 우리가 조금이라도 다른 신을 섬기는 죄를 특히 눈여겨보시고 매우 싫어하십니다."

답: 제1계명에서 "나 외에는" 혹은 "내 앞에서"라는 말씀이 우리에게 특별히 가르치는 것은 모든 것을 보고 계시는 하나님께서 우리가 조금이라도 다른 신을 섬기는 죄를 특히 눈여겨보시고 매우 싫어하신다는 것입니다.

묵상 † 기도

1. "하나님 외에는" 혹은 "하나님 앞에서" 다른 신들을 두지 말라는 명령을 어떻게 해석해야 할까요?
2. 하나님이 왜 질투하시는지 생각해 보세요.

하나님, 하나님을 향한 저의 사랑보다 저를 향한 하나님의 사랑이 비교할 수 없을 정도로 훨씬 크고 깊음에 감사드립니다. 할렐루야! 아멘!

제2계명: 예배의 방법

● 성경: 출 20:4-6   ● 찬송: 503장 "세상 모두 사랑 없어"

제49문: 제2계명이 무엇입니까?

　루터 교회와 로마 천주교회는 제1계명과 제2계명을 나누지 않고 하나의 계명으로 여깁니다. 그 대신 제10계명을 두 개로 나눕니다. 제1계명과 제2계명을 합치면 사랑(예배)의 대상과 방법이 구분되지 않습니다. 유대인과 대부분의 개신교회는 제1계명과 제2계명을 분명하게 나눕니다. 제1계명이 사랑(예배)의 대상에 관한 것이라면, 제2계명은 사랑(예배)의 방법에 관한 것입니다. 목적이 선하면 그 방법이야 어떠하든지 상관없다고 생각하기 쉽습니다. 하지만, 방법도 그 목적에 합당해야 합니다. '우상 숭배'(偶像崇拜)에서 '우'는 '인형 우(偶)'이기에 예배의 대상과 관련된 제1계명을 어기는 것입니다. 또한 '배'는 '절할 배(拜)'이기에 예배의 방법과 관련된 제2계명을 어기는 것입니다. 이스라엘 백성은 광야에서 금송아지를 만들어서 절을 하며 섬겼습니다. 그것은 제1계명을 어겼다고 보기보다는 제2계명을 어긴 것에 더 가깝습니다. 그들은 금송아지를 만들어서 '여호와'라고 불렀습니다(출 32장). 여호와 하나님을 금송아지의 형상으로 만들어 놓고 절했습니다. 아무리 예배의 대상이 분명해도 하나님이 금하신 방법으로 예배하는 것은 죄입니다.
　오늘날 우리도 하나님을 잘못된 방법으로 예배할 수 있습니다. 조심해야 합니다.

답: 제2계명은 "너를 위하여 새긴 우상을 만들지 말고, 또 위로 하늘에 있는 것이나, 아래로 땅에 있는 것이나, 땅 아래 물속에 있는 것의 어떤 형상도 만들지 말며, 그것들에게 절하지 말며, 그것들을 섬기지 말라. 나 네 하나님 여호와는 질투하는 하나님인즉, 나를 미워하는 자의 죄를 갚되, 아버지로부터 아들에게로 삼사 대까지 이르게 하거니와, 나를 사랑하고 내 계명을 지키는 자에게는 천 대까지 은혜를 베푸느니라" 하신 것입니다.

묵상 † 기도

1. 제1계명과 제2계명의 차이가 무엇입니까?
2. 이스라엘 백성이 광야에서 금송아지를 만들어서 절한 것은 십계명의 몇 번째 계명을 어긴 것인가요?

하나님, 제가 하나님이 기뻐하시는 방법으로만 하나님을 예배하게 해 주세요. 아멘!

201일 제2계명이 명하는 것

• 성경: 마 7:13-14　• 찬송: 375장 "나는 갈 길 모르니"

제50문: 제2계명이 명하는 것은 무엇입니까?

　오직 하나님 한 분만 섬기겠다고 다짐했더라도 예배 방법이 잘못되면 하나님이 받지 않으십니다. 하나님께 예배한다고 하면서 자신을 위하여 새긴 우상을 만들거나 위로 하늘에 있는 것이나, 아래로 땅에 있는 것이나, 땅 아래 물속에 있는 것의 형상을 만들어 절하며 섬겨서는 안 됩니다. 인간이 신의 형상을 만드는 이유는 무엇일까요? 하나님 때문이 아니라 인간 자신 때문입니다. 인간은 하나님을 자기 옆에 두고 싶어 합니다. 자기가 원할 때마다 언제든지 접근해서 눈으로 보고, 만지고, 느끼고, 경험하고 싶어 합니다. 그래서 자꾸만 우상을 만드는 것입니다. 이방 종교의 신은 모두 형상을 가지고 있습니다. 이스라엘 백성이 출애굽한 후에 광야에서 금송아지를 만들었다가 혼이 난 적이 있습니다. 그런데 그 후에도 북이스라엘의 여로보암 왕이 금송아지를 만들어 단과 벧엘에 두었습니다. 그는 그곳에 제사장까지 두고 희생 제사도 드리면서 자기 방법대로 하나님을 섬겼습니다. 하나님은 그것을 싫어하셨습니다.

　하나님을 섬기려면, "하나님께서 그분의 말씀에서 정하여 주신 그 모든 경건한 예배와 규례를 받아들이고, 행하며, 순전하고 온전하게" 지켜야 합니다. "좁은 문으로 들어가라 멸망으로 인도하는 문은 크고 그 '길'이 넓어 그리로 들어가는 자가 많고 생명으로 인도하는 문은 좁고 '길'이 협착하여 찾는 자가 적음이라"(마 7:13-14). 여기서 '길'은 영어로 'Way'인데 '방법'으로도 번역할 수 있습니다. 영생을 얻으려면 그 길과 방법도 옳아야 합니다.

답: 제2계명이 명하는 것은 하나님께서 그분의 말씀에서 정하여 주신 그 모든 경건한 예배와 규례를 받아들이고, 행하며, 순전하고 온전하게 지키라는 것입니다.

묵상 † 기도

1. 인간은 왜 자꾸만 신의 형상을 만드는 것일까요?
2. 생명으로 인도하는 문과 길(방법)에는 공통점이 있습니다. 무엇인가요?

하나님, 목적이 옳다고 해도 방법이 틀리면 안 된다는 점을 배웠습니다. 저를 생명으로 인도하는 하나님의 길로만 걸어갈 수 있도록 도와주세요. 아멘!

제2계명이 금하는 것

● 성경: 행 17:24-25   ● 찬송: 9장 "하늘에 가득 찬 영광의 하나님"

제51문: 제2계명이 금하는 것은 무엇입니까?

하나님의 방법으로 예배한다는 것은 어떻게 하는 것일까요? 성경에서 하지 말라고 분명하게 명령하지 않았다면 좀 해도 괜찮을까요? 아니면 금지한 것으로 간주해서 절대 하지 말아야 할까요? 소요리문답은 "하나님의 말씀에서 정하여 주시지 않은 다른 방법을 조금이라도 사용하는 것"을 금하는 것이라고 제2계명을 설명합니다. 성경에서 명시적으로 금지한 것 중 하나는 바알과 아세라 형상을 만드는 것입니다. 그래서 그것만 아니라면 무엇이든지 거리낌 없이 예배의 방법으로 사용하는 교회들도 있습니다. 예를 들어, 로마 천주교 사제가 화려한 예복을 입거나, 화려하게 십자가를 장식하거나, 촛불과 여러 형상들, 동정녀 마리아의 형상을 자유롭게 사용하는 것 등입니다. 성공회와 루터교회의 전통도 마찬가지입니다. 예배 방식이 복잡하고 화려합니다.

그러나 장로교회와 개혁교회는 불필요한 것들을 예배에 포함시키지 않으려고 애를 썼습니다. 그래서 예배 방식이 단순합니다. 예배의 기본 원리는 "영과 진리"입니다(요 4:24). "우주와 그 가운데 있는 만물을 지으신 하나님께서는 천지의 주재시니 손으로 지은 전에 계시지 아니하시고, **또 무엇이 부족한 것처럼 사람의 손으로 섬김을 받으시는 것이 아니니**, 이는 만민에게 생명과 호흡과 만물을 친히 주시는 이심이라"(행 17:24-25). 예배당의 분위기나 신비로운 음악이 마음에 감동을 일으킬 수는 있지만, 하나님을 예배하는 일의 본질은 아닙니다. 예배는 사람을 위하여 드리는 것이 아니라 하나님을 위하여 드리는 것입니다.

답: 제2계명이 금하는 것은 하나님께 예배 드릴 때에 형상을 사용하거나 혹은 하나님의 말씀에서 정하여 주시지 않은 다른 방법을 조금이라도 사용하는 것입니다.

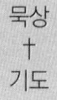
묵상 + 기도

1. 바른 방법으로 예배를 드리려면 어떻게 해야 하나요?
2. 신비롭고 화려한 방식으로 예배를 드리는 것은 솔직히 누구를 위한 것인가요?

하나님, 제가 영과 진리로 하나님을 예배하게 해 주세요. 아멘!

203일 29주차 모임

사랑의 대상과 방법

● 성경: 마 7:13-14   ● 찬송: 375장 "나는 갈 길 모르니"

함께 읽어 봅시다

제45문: 제1계명이 무엇입니까?
답: 제1계명은 "너는 나 외에는 다른 신들을 네게 두지 말라" 하신 것입니다.

제46문: 제1계명이 명하는 것은 무엇입니까?
답: 제1계명이 우리에게 명하는 것은 하나님께서 유일하고 참되신 하나님이시고 우리의 하나님이심을 알고 인정하며, 그에 합당하게 하나님을 경배하고 영화롭게 하라는 것입니다.

제49문: 제2계명이 무엇입니까?
답: 제2계명은 "너를 위하여 새긴 우상을 만들지 말고, 또 위로 하늘에 있는 것이나, 아래로 땅에 있는 것이나, 땅 아래 물속에 있는 것의 어떤 형상도 만들지 말며, 그것들에게 절하지 말며, 그것들을 섬기지 말라. 나 네 하나님 여호와는 질투하는 하나님인즉, 나를 미워하는 자의 죄를 갚되, 아버지로부터 아들에게로 삼사 대까지 이르게 하거니와, 나를 사랑하고 내 계명을 지키는 자에게는 천 대까지 은혜를 베푸느니라" 하신 것입니다.

제50문: 제2계명이 명하는 것은 무엇입니까?
답: 제2계명이 명하는 것은 하나님께서 그분의 말씀에서 정하여 주신 그 모든 경건한 예배와 규례를 받아들이고, 행하며, 순전하고 온전하게 지키라는 것입니다.

함께 나누어 봅시다

1. 제1계명은 사랑의 대상에 대해 명령합니다. 나는 하나님 말고 사랑하는 대상이 또 있나요?

   _____

   _____

2. 제2계명은 사랑의 방법에 대해 명령합니다. 내가 하나님을 사랑하는 방법은 하나님이 기뻐하실 만한 것인지 생각해 보고 나누어 봅시다.

   _____

   _____

3. 제1계명, 제2계명을 예배와 관련해서 적용해 보세요.

   _____

   _____

함께 기도합시다

오직 하나님만 사랑하고 하나님이 기뻐하시는 방법으로만 예배하게 해 달라고 하나님께 기도합시다.

204일 제2계명의 경고와 약속

• 성경: 출 20:6   • 찬송: 42장 "거룩한 주님께"

제52문: 제2계명을 지킬 이유로 이어서 말씀하신 것은 무엇입니까?

제2계명에는 명령 뒤에 부가적으로 경고와 약속의 내용이 나옵니다. "나 네 하나님 여호와는 질투하는 하나님인즉 나를 미워하는 자의 죄를 갚되, 아버지로부터 아들에게로 삼사 대까지 이르게 하거니와, 나를 사랑하고 내 계명을 지키는 자에게는 천 대까지 은혜를 베푸느니라"(출 20:5-6).

첫째, 경고를 봅시다. 제2계명을 지키지 않는다는 것은 하나님을 미워하는 죄를 짓는 것입니다. 하나님을 자기 마음대로 섬기는 것이 곧 하나님을 미워하는 것이며 자기를 사랑하는 것입니다. 그 죄에 대한 벌이 삼사 대까지 이릅니다. 아버지가 지은 죄를 후대의 자녀들이 책임을 진다는 뜻이 아니라, 함께 살고 있는 집안 전체의 구성원들에게까지(삼사 대까지) 벌이 미친다는 뜻입니다.

둘째, 약속을 봅시다. 제2계명을 잘 지키면 하나님을 사랑하는 자라는 대우를 받습니다. 그런 자에게는 천 대까지 은혜를 베푸신다고 약속하십니다. 성경에서 '천'이라는 숫자는 길고 많음을 뜻합니다. 은혜가 무한하다는 뜻입니다. 부모의 올바른 예배 생활은 자녀의 인생에도 긍정적인 영향을 끼칩니다.

답: 제2계명을 지킬 이유로 이어서 말씀하신 것은 하나님께서 우리의 주권자이시고 우리의 소유주이시며, 친히 정하신 대로 경배받기를 열망하신다는 것입니다.

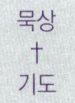

묵상 † 기도

1. 제2계명에 부가된 경고는 무엇입니까?
2. 제2계명에 부가된 약속은 무엇입니까?

하나님을 사랑하고 하나님의 계명을 잘 지켜서 천 대까지 베푸시는 하나님의 은혜를 누리기를 원합니다. 아멘!

제3계명: 예배의 태도

- 성경: 출 20:7
- 찬송: 30장 "전능하고 놀라우신"

제53문: 제3계명이 무엇입니까?

하나님이 이스라엘 백성에게만 알려 주신 그분의 이름이 있습니다. 바로 '여호와'(YHWH)(출 3:13-15)입니다. '나는 스스로 있는 자'(I am who I am) 혹은 '나는 나다'라는 뜻입니다. 유대인들은 제3계명을 잘 지키기 위해 특이한 결정을 내렸습니다. 바벨론에서 포로 되었다가(주전 5세기경) 돌아온 유대인들이 하나님의 이름 '여호와'(YHWH)를 부르지 않겠다고 결정한 것입니다. 그들은 성경을 큰 소리로 낭독할 때 자음으로 된 네 개의 글자 'YHWH'를 '나의 주님'(Adonai, 아도나이)이라고 읽었습니다. 몇 백 년 동안 'YHWH'라는 이름을 '나의 주님'(아도나이)이라고 부르다 보니, 본래 하나님을 어떻게 불렀는지 그 발음을 잊어버리고 말았습니다. 참 신기하지만 사실입니다.

현대 성경학자들이 본래 유대인들이 하나님의 이름을 어떻게 발음했을지 연구를 했습니다. 대체로 받아들여지는 연구 결과가 '야웨'(Yahweh)입니다. 진짜로 그렇게 불렀는지는 정확히 알 수 없습니다. '야웨' 자음과 '나의 하나님' 모음이 합쳐져 만들어진 것이 '여호와'(Jehovah)입니다. 유대인들은 제3계명을 지키기 위해 하나님의 이름을 제대로 부르지 못하고 '나의 주님'이라 불렀습니다. 잘한 결정이었을까요? 아닙니다. 하나님이 우리에게 주신 그분의 이름을 사랑과 존경의 마음을 담아 적극적으로 불러야 합니다. 그 이름을 망령되게 부르면 안 될 뿐입니다. 제3계명은 하나님을 '예배하는 태도'에 관한 내용입니다.

답: 제3계명은 "너는 네 하나님 여호와의 이름을 망령되게 부르지 말라. 여호와는 그의 이름을 망령되게 부르는 자를 죄 없다 하지 아니하리라" 하신 것입니다.

묵상 † 기도

1. 유대인에게 가르쳐 주신 하나님의 이름이 무엇입니까?
2. 제3계명은 무엇에 대한 내용인가요?

하나님의 아름다운 이름을 늘 묵상하고 부르면서 살게 해 주시옵소서. 아멘!

제3계명이 명하는 것

● 성경: 레 24:15-16 ● 찬송: 68장 "오 하나님 우리의 창조주시니"

제54문: 제3계명이 명하는 것은 무엇입니까?

"망령되게"라는 표현은 '함부로', '헛되이', '무의미하게'라는 뜻입니다. 영어에 "오, 마이 갓!"(Oh, my God!)이라는 표현이 있습니다. 하나님을 믿지 않는 사람이 하나님을 부르기는 하되 사랑하고 존경하는 마음 없이 '함부로' 부르는 것입니다. 서양 기독교가 세속화되면서 나타난 현상입니다. 우리 그리스도인들은 여기서 '갓'(God) 대신 '굿니스'(Goodness)를 붙여서 사용하면 됩니다.

한국인들도 이와 비슷하게 제3계명을 어기는 경우가 있습니다. 여러 당황스러운 상황에서 "주여!"라고 내뱉는 것입니다. '에이그', '참 나' 같은 뜻으로 말입니다. 술자리에서도 "주님을 만나자(따르자)"라고 말합니다. '술을 마시자'라는 뜻입니다. 주님의 '주(主)'가 '술 주(酒)'와 발음이 같아서 그렇게 사용하는 것입니다. 한편으로는 그리스도인들이 술을 마시지 않는 것에 대한 빈정거림이 묻어 있습니다.

'할렐루야'는 '하나님을 찬양하라'는 뜻이고, '아멘'은 '그것이 이루어지기를 바란다'라는 뜻입니다. 이러한 교회 용어도 교회 밖에서 함부로 사용하는 모습을 자주 봅니다. 열변을 토하다가 "할렐루야!"라고 하거나, 설득력 있는 주장을 들으면 "아멘!"이라고 반응을 하기도 합니다. 이때 할렐루야는 '아싸!'라는 의미이고, 아멘은 '네 말이 맞다'라는 추임새입니다.

하나님을 사랑하고 존경하는 마음 없이 하나님의 이름 혹은 그와 관련된 표현을 사용하는 것은 제3계명을 심각하게 어기는 것입니다. 조심해야 합니다.

답: 제3계명이 명하는 것은 하나님의 '이름'과 '칭호'와 '속성'과 '규례'와 '말씀'과 '행사'를 존경하는 마음으로 거룩하게 사용하라는 것입니다.

묵상 † 기도

1. "Oh, my God!" 대신 어떤 표현을 사용하면 좋을까요?
2. 하나님의 이름을 망령되게 사용한 적이 있는지 생각해 보세요.

하나님, 제가 무의식중에라도 하나님의 이름을 망령되게 일컫지 않게 하옵소서. 아멘!

제3계명이 금하는 것

● 성경: 마 7:21-23   ● 찬송: 425장 "주님의 뜻을 이루소서"

제55문: 제3계명이 금하는 것은 무엇입니까?

하나님의 이름을 부를 때 속되게 잘못 사용하지 않도록 조심해야 합니다. 그리스도인은 하나님의 이름을 부르면서 예배하고 많은 권능을 행할 수도 있습니다. "주여 주여 우리가 주의 이름으로 선지자 노릇 하며 주의 이름으로 귀신을 쫓아내며 주의 이름으로 많은 권능을 행하지 아니하였나이까"(마 7:22). 그렇지만 입으로는 주의 이름을 부르면서 행동은 자기 뜻대로 한다면 문제가 아닐 수 없습니다. 주의 이름을 부르는 것보다 '하늘에 계신 아버지의 뜻대로 행하는 것'이 더 중요합니다. 하나님의 뜻대로 행동하지도 않으면서 하나님의 이름만 부른다면 그것이 하나님 앞에서 무슨 소용이 있겠습니까? 하나님의 이름은 주문이 아닙니다. '주여 삼창' 하는 것을 마치 불교에서 '나무아미타불'을 반복해서 외우면 두려움이 물러가고 복을 받는다고 여기는 것과 동일하게 생각해서는 안 됩니다.

중요한 것은 하나님의 뜻대로 사는 것입니다. 그것이 바로 제3계명을 지키는 것입니다. 하나님의 뜻이 무엇입니까? 그렇습니다. 하나님을 사랑하고 이웃을 사랑하는 것입니다. 하나님만을 예배하는 것입니다. 성경을 읽고 기도하며, 부모님 말씀에 순종하는 것입니다. 권위자를 공경하고 그에게 순종하는 것입니다. 항상 기뻐하며 감사하고, 선행을 베푸는 것입니다. 겸손하게 사는 것입니다. 그렇군요. 이제 보니 제3계명을 지킨다는 것은 특별한 것이 아닙니다. 성경 말씀대로 살면 됩니다.

답: 제3계명이 금하는 것은 하나님께서 자기를 나타내시는 데 쓰시는 것을 속되게 하거나 잘못 사용하는 것입니다.

1. 주의 이름을 부르는 것보다 더 중요한 것은 무엇입니까?
2. 제3계명을 지키면서 살아간다는 것은 어떻게 살아가는 것일까요?

하나님, 하나님의 뜻에 따라 하나님의 이름을 부르며 순종하면서 살아가게 하옵소서. 아멘!

'하나님의 뜻입니다'라고 말하기만 하면 되나요?

● 성경: 행 21:14 ● 찬송: 441장 "은혜 구한 내게 은혜의 주님"

제55문: 제3계명이 금하는 것은 무엇입니까?

그리스도인은 하나님의 뜻을 알고 행하기를 원합니다. 하지만, 하나님의 뜻이 무엇인지 구체적으로 알기가 어렵습니다. 그럴 때마다 자기 생각대로 하면서도 "이것이 하나님의 뜻입니다"라고 말하고픈 유혹을 받습니다. 하나님의 뜻을 안다고 말하면 믿음이 있어 보입니다. 그런데 이 말을 잘못 사용하면 그것도 제3계명을 어기는 행동입니다.

바울은 제3차 전도 여행 중에 에베소에서 마게도냐와 아가야를 거쳐 예루살렘으로 가기로 '작정'합니다(행 19:21). 그 후 로마까지 갈 계획입니다. 바울은 그 계획을 '하나님의 뜻'이라고 말하지 않고 그저 자신의 계획(작정)이라고 합니다. 그리고 마게도냐와 아가야를 방문한 후 다시 밀레도 항구에 도착해서 에베소 교회 장로들을 불러 예루살렘으로 가겠다는 결심을 밝힙니다(행 20:22-24). 가이사랴에 도착했을 때 한 선지자가 바울이 예루살렘에 올라가면 유대인에게 잡혀 이방인에게 넘겨질 것이라고 예언합니다. 사람들이 바울에게 예루살렘으로 올라가지 말라고 권합니다. 바울은 예루살렘에서 죽어도 좋다고 각오(결심)합니다(행 21:13). 그때 성도들이 이렇게 결론내립니다. "주의 뜻대로 이루어지이다"(행 21:14). 바로 이것입니다. 자기의 뜻(고집)을 내려놓고 하나님의 뜻이 이루어지기를 바라는 것이 제3계명을 잘 지키는 길입니다.

답: 제3계명이 금하는 것은 하나님께서 자기를 나타내시는 데 쓰시는 것을 속되게 하거나 잘못 사용하는 것입니다.

묵상
+
기도

1. 사람들 앞에서 '이것이 하나님의 뜻이다'라고 말해 본 적이 있나요? 정말 그것이 하나님의 뜻이었나요?
2. 사도행전 21:14를 바탕으로, 제3계명을 잘 지키는 것에 대해서 설명해 보세요.

하나님, 진심으로 '하나님의 뜻'을 알기를 원합니다. 그동안 너무나도 쉽게 '이것이 하나님의 뜻이다'라고 말해 왔음을 회개합니다. 용서해 주세요. 아멘!

제3계명을 지킬 이유

● 성경: 히 12:28   ● 찬송: 48장 "거룩하신 주 하나님"

제56문: 제3계명을 지킬 이유로 이어서 말씀하신 것은 무엇입니까?

성경을 보면 아담의 아들 셋이 아들을 낳을 때에 "사람들이 비로소 여호와의 이름을"(창 4:26) 불렀다고 기록되어 있습니다. '여호와의 이름을 불렀다는 것'은 여호와께 예배했다는 뜻입니다. 제3계명은 '예배의 태도'에 관한 명령입니다. 예배자는 '망령되게' 예배해서는 안 됩니다. 그런 자는 하나님의 심판을 피할 수 없습니다.

어쩌면 이름 하나 잘못 부른 것을 가지고 왜 난리를 떠느냐고 물을 수도 있습니다. 예배에 참석하기만 하면 되지 않느냐고 항변할 수도 있습니다. 그러나 성경에서는 여호와의 이름을 부르는 예배를 망령되게 드리는 것에 대해 "죄 없다 하지 아니하리라"라고 말씀하십니다. 이 말씀은 사람들이 그런 행동을 '죄 없다'라고 생각하는 경향이 있음을 전제합니다.

제3계명에서는 십계명에서 유일하게 "죄"라는 단어가 등장합니다. "죄 없다 하지 아니하리라"는 이중 부정으로, 강조를 나타내는 표현입니다. 하나님은 사람들이 예배를 자기 마음대로 드려 놓고도 죄라고 여기지 않는 경향이 있음을 알고 계셨습니다. 하나님은 예배를 "경건함과 두려움"으로 드리라고 명령하십니다. 이것이 제3계명을 제대로 지키는 방법입니다. **"경건함과 두려움으로 하나님을 기쁘시게 섬길지니"**(히 12:28).

답: 제3계명을 지킬 이유로 이어서 말씀하신 것은 이 계명을 범한 자들이 비록 사람의 형벌을 피할 수 있어도, 여호와 우리 하나님의 의로운 심판은 피할 수 없다는 것입니다.

묵상 + 기도

1. 하나님의 이름을 부르는 것이 예배와 무슨 연관이 있나요?
2. 제3계명에서는 왜 "죄"라는 단어와 함께 이중 부정 형태의 표현이 사용되었을까요?

하나님, 하나님이 기뻐하시는 방법과 태도로 예배드리기를 원합니다. 저를 그 길로 인도해 주세요. 아멘!

210일   30주차 모임

사랑의 태도

• 성경: 히 12:28   • 찬송: 48장 "거룩하신 주 하나님"

함께 읽어 봅시다

제53문: 제3계명이 무엇입니까?
답: 제3계명은 "너는 네 하나님 여호와의 이름을 망령되게 부르지 말라. 여호와는 그의 이름을 망령되게 부르는 자를 죄 없다 하지 아니하리라" 하신 것입니다.

제54문: 제3계명이 명하는 것은 무엇입니까?
답: 제3계명이 명하는 것은 하나님의 '이름'과 '칭호'와 '속성'과 '규례'와 '말씀'과 '행사'를 존경하는 마음으로 거룩하게 사용하라는 것입니다.

제56문: 제3계명을 지킬 이유로 이어서 말씀하신 것은 무엇입니까?
답: 제3계명을 지킬 이유로 이어서 말씀하신 것은 이 계명을 범한 자들이 비록 사람의 형벌을 피할 수 있어도, 여호와 우리 하나님의 의로운 심판은 피할 수 없다는 것입니다.

함께 나누어 봅시다

1. 하나님과 사람을 사랑하는 내 '태도'가 어떠한지 여러 면에서 생각해 보고 나누어 봅시다.

2. 우리는 목적이 선하면 '방법'과 '태도'는 별로 선하지 않아도 된다고 생각하는 경향이 있습니다. '죄가 없다'라고까지 생각하기도 합니다. 하나님도 그렇게 생각하실까요?

___

___

3. 하나님의 이름과 명예를 더럽히는 죄에는 어떤 것들이 있을까요?

___

___

함께 기도합시다

하나님을 예배하는 나의 태도가 성숙해지도록 훈련시켜 달라고 하나님께 기도합시다.

제4계명: 예배의 날

- 성경: 출 31:15-17
- 찬송: 44장 "지난 이레 동안에"

제57문: 제4계명이 무엇입니까?

제4계명은 '예배의 시간'에 관한 내용입니다. 예배는 하나님이 명령하신 날에 해야 합니다. 안식일에 쉬라는 것은 하나님의 명령입니다. 안식일을 범한 자는 사형의 벌을 받습니다(출 31:15). 부모를 때린 자가 받을 형벌(출 21:15)과 같습니다. 이 두 가지 죄를 동급으로 여기신 것입니다. 하나님께서는 왜 이렇게 안식일을 중요하게 여기실까요? 하나님은 안식일을 언약의 표징(sign)으로 삼으셨습니다. "이같이 이스라엘 자손이 안식일을 지켜서 그것으로 대대로 **영원한 언약**을 삼을 것이니, 이는 나와 이스라엘 자손 사이에 **영원한 표징**이며"(출 31:16-17).

하나님의 첫 언약이 창조 사건에 나옵니다. 성경에서는 하나님이 엿새 동안 천지 만물을 창조하신 후 일곱째 날에 쉬셨기 때문에 우리도 안식일에 쉬어야 한다고 합니다(출 20:11). 칼뱅은 신명기 주석에서 이렇게 말했습니다. "하나님이 천지 창조 후 쉬셨던 것은 휴식이 필요해서가 아니라, 우리로 그의 작품들을 감상하는 데 집중하도록 초청하시기 위함입니다." 사람이 안식일을 위하여 있지 않고 안식일이 사람을 위해 있습니다(막 2:27). 우리는 6일 동안 열심히 일하고 제7일에 쉬면서 하나님이 행하신 일을 감상하며 묵상하고 감사하며 찬양합니다. 하나님은 당신의 피조물에게 그것을 원하십니다. 예배와 찬양 받기를 원하십니다.

답: 제4계명은 "안식일을 기억하여 거룩하게 지키라. 엿새 동안은 힘써 네 모든 일을 행할 것이나, 일곱째 날은 네 하나님 여호와의 안식일인즉 너나 네 아들이나 네 딸이나, 네 남종이나, 네 여종이나, 네 가축이나, 네 문안에 머무는 객이라도 아무 일도 하지 말라. 이는 엿새 동안에 나 여호와가 하늘과 땅과 바다와 그 가운데 모든 것을 만들고 일곱째 날에 쉬었음이라. 그러므로 나 여호와가 안식일을 복되게 하여 그날을 거룩하게 하였느니라" 하신 것입니다.

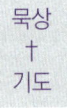

1. 제4계명은 우리에게 무엇을 가르치나요?
2. 왜 하나님은 안식일 법을 강조하시나요?

하나님, 7일 중 하루를 쉬라고 명령해 주셔서 감사합니다. 이 명령은 우리에게 복입니다. 이 명령을 잘 순종함으로써 복을 누리게 하옵소서. 아멘!

주일, 구원의 은혜를 감사하는 시간

● 성경: 신 5:15   ● 찬송: 46장 "이날은 주님 정하신"

제57문: 제4계명이 무엇입니까?

출애굽기의 십계명(출 20장)은 시내산에서, 신명기의 십계명(신 5장)은 요단강 동편 모압 땅에서 받았습니다. 두 십계명은 기본적으로 내용이 같지만, 한 가지가 다릅니다. 바로 제4계명을 지켜야 하는 이유와 근거입니다. 출애굽기는 안식일 법을 지켜야 할 이유로 하나님의 창조를 제시하는 반면, 신명기는 이집트로부터의 구원을 말합니다. "너는 기억하라. 네가 애굽 땅에서 종이 되었더니, 네 하나님 여호와가 강한 손과 편 팔로 거기서 너를 인도하여 내었나니, 그러므로 네 하나님 여호와가 네게 명령하여 안식일을 지키라 하느니라"(신 5:15). 이집트의 압제에서 구원해 주신 하나님의 역사를 기억하기 위해 안식일이 필요한 것입니다. 이스라엘 백성에게 안식일은 구원의 은혜에 감사하며 즐기면서 기뻐하는 날입니다. 이스라엘이 안식일을 위해 있는 것이 아니라, 안식일이 이스라엘을 위해 선물로 주어진 것입니다.

또 안식일은 영원한 언약의 표징(출 31:12-17)입니다. 언약 성도는 하나님의 자녀로 입양되어 하나님 나라의 거룩한 백성이 되었기에 그 어떤 사탄의 공격에도 담대할 수 있습니다. 만약 안식일이 없었다면 어떻게 되었을까요? 인간은 하나님이 행하신 일을 잊어버리고, 인간의 죄와 비참을 기억하지 못할 것입니다.

답: 제4계명은 "안식일을 기억하여 거룩하게 지키라. 엿새 동안은 힘써 네 모든 일을 행할 것이나, 일곱째 날은 네 하나님 여호와의 안식일인즉 너나 네 아들이나 네 딸이나, 네 남종이나, 네 여종이나, 네 가축이나, 네 문안에 머무는 객이라도 아무 일도 하지 말라. 이는 엿새 동안에 나 여호와가 하늘과 땅과 바다와 그 가운데 모든 것을 만들고 일곱째 날에 쉬었음이라. 그러므로 나 여호와가 안식일을 복되게 하여 그날을 거룩하게 하였느니라" 하신 것입니다.

묵상 † 기도

1. 출애굽기의 십계명(출 20장)과 신명기의 십계명(신 5장)의 차이점이 무엇인지 설명해 보세요.
2. 만약 안식일 법이 없었다면 인간은 어떻게 되었을까요?

안식일을 지키게 하셔서 하나님의 구원을 기억하고 기념하게 하시니 감사합니다. 아멘!

제4계명이 명한 것

● 성경: 출 16:1-36 ● 찬송: 45장 "거룩한 주의 날"

제58문: 제4계명이 명하는 것은 무엇입니까?

불신자는 하나님의 존재와 보호를 믿지 않기에 불안해서 안식일에도 일합니다. 일하며 수고하는 것이 죄인의 한 가지 특징입니다. "네 평생에 수고하여야 그 소산을 먹으리라"(창 3:17). "얼굴에 땀을 흘려야 먹을 것을 먹으리니"(창 3:19).

하나님과 그분이 행하신 구원을 알지 못하면 안식일에도 쉬지 못합니다. 이스라엘 백성은 광야에서 먹거리와 음료가 부족하자, 이집트에서 살 때가 좋았다며 모세와 아론을 원망했습니다(출 16:3). 그때 하나님이 그들에게 만나를 주십니다. 만나를 주신 첫째 목적은 하나님이 그들을 먹이시는 분임을 가르치기 위함입니다. 둘째 목적은 그들이 하나님의 말씀을 지키는지, 지키지 않는지 시험하기 위함입니다(출 16:4). 만나는 "하늘 양식"(시 78:24)으로, 하나님이 당신의 백성에게 주시는 일종의 '특식'입니다. '염려 대장', '불평 대장' 같은 이스라엘 백성을 교육하기 위한 방법으로 만나를 주셨습니다. 만나는 신기한 양식입니다. 평일에 이틀 분량을 모아 두면 썩습니다. 하지만, 안식일을 위해 예비일에 모아 둔 이틀치 만나는 썩지 않았습니다.

안식일에는 만나가 내리지 않는다는 말을 듣고도, 만나를 거두러 들에 나간 백성들이 있었습니다. 하나님의 말씀을 믿지 않았기 때문입니다. 안식일 준수는 우리가 하나님을 믿고 의지하기를 배울 수 있는 좋은 방법입니다. 신자는 하나님께서 안식일을 주신 것이 은혜임을 알고 기쁨으로 쉴 수 있습니다.

답: 제4계명이 명하는 것은 하나님께서 주님의 말씀으로 정하신 일정한 시간을 하나님께 거룩하게 지키는 것, 곧 이레 중 하루를 종일토록 하나님께 거룩한 안식일로 지키라는 것입니다.

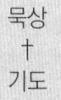

1. 사람들이 안식일에도 쉬지 못하고 일하며 불안해하는 이유는 무엇일까요?
2. 안식일과 만나를 생각할 때, 우리는 어떤 교훈을 얻나요?

하나님, 안식일에 쉼으로 하나님께 순종하기를 배우고 연습합니다. 세상 염려에 흔들리지 않고 주님만 예배하기를 원합니다. 아멘!

안식일 → 주일

● 성경: 마 12:8   ● 찬송: 42장 "거룩한 주님께"

제59문: 하나님께서 이레 중 어느 날을 매주의 안식일로 정하셨습니까?

　모세가 십계명(출 20장)을 받기 전에 이미 이스라엘은 안식일 법(출 16장)을 지키고 있었습니다. 하나님은 세상을 창조하실 때부터 안식일 법을 만들어 주셨지만, 인간이 잘 지키지 않았습니다. 안식일 법은 일부 경건한 자만 지켰을 것으로 보입니다. 하지만 하나님은 언약 백성인 이스라엘을 택하시고 안식일 법을 본격적으로 문서화해 율법에 포함시켰습니다. 안식일을 주신 이유는 광야 생활을 하면서 안식일마다 하나님의 창조와 안식을 기억하라는 것입니다. 가나안에 들어간 후에는 이집트에서 구원받은 것도 함께 기억하라고 하셨습니다.

　이 두 가지 원리는 예수님의 부활에서 완성됩니다. "인자는 안식일의 주인이니라"(마 12:8). 새 언약의 중보자이신 예수 그리스도께서 세상에 오셔서 고통당하시고 십자가에서 죽으시고 장사되셨다가 부활하심으로 인간을 죄책(guilty)에서 해방하시고 새롭게 창조하시며 사탄의 권세에서 벗어나 자유로워지게 하셨습니다. 예수님은 진정한 안식을 주시는 분입니다. 창조 · 구원 · 안식의 역사가 예수 그리스도의 부활로 완성되었기 때문에 이제 우리는 "주의 날"(계 1:10)에 안식일 법을 지킵니다. '주일'에 우리는 자신의 죄와 비참을 알고 그리스도의 구원과 안식을 기억하고 묵상하며 감사드리고 찬송합니다. '주일'이라 해도 안식일 법의 의미는 그대로 이어집니다. 주일에는 일하지 말고 쉬어야 합니다. 주일에도 일만 하면 우리의 죄와 비참을 잊기 쉽고 하나님의 창조 · 구원 · 안식의 의미를 기억하지 못할 것입니다.

답: 세상의 처음부터 그리스도의 부활까지는 매주의 일곱째 날을 안식일로 정하셨고, 그 후부터 세상의 끝 날까지는 매주의 첫째 날을 안식일로 정하셨는데, 이날이 그리스도인의 안식일입니다.

묵상 + 기도

1. 안식일은 모세 시대에 비로소 생긴 것입니까? 아니면, 언제부터 있었나요?
2. 왜 지금은 안식일이 아니라, '주일'에 안식합니까? '주일'의 의미를 묵상해 보세요.

하나님, 예수님이 부활하신 날인 주일을 안식일로 지키면서 하나님의 창조와 구원과 안식을 기억하며 감사하게 하소서. 아멘!

주일 성수

• 성경: 마 11:28-30 • 찬송: 44장 "지난 이레 동안에"

제60문: 안식일을 어떻게 거룩하게 지킬 수 있습니까?

요즘 주일 성수가 많이 느슨해졌습니다. 주일에 아침 예배를 후딱 드리고 들로, 산으로, 바다로, 극장으로, 운동장으로 떠나는 교인들이 있습니다. 주객이 뒤바뀐 것이 아닐까요? 안식일 법의 본래 의미는 '일하지 말고 놀라'는 것이 아니라 '주님을 예배하며 주 안에서 쉬라'는 것입니다. '주님'이 안식일의 주인이시고 '주님'만이 참된 안식을 주실 수 있기 때문입니다. "수고하고 무거운 짐 진 자들아, 다 내게로 오라. 내가 너희를 **쉬게 하리라**. 나는 마음이 온유하고 겸손하니, 나의 멍에를 메고 내게 배우라. 그리하면 너희 마음이 쉼을 얻으리니, 이는 내 멍에는 쉽고 내 짐은 **가벼움**이라"(마 11:28-30). 주일에 세상일과 오락을 쉬고 하나님께 예배하는 것을 힘들어하는 것은 하나님의 은혜를 알지 못하기 때문입니다.

하이델베르크 요리문답 제103문은 주일 성수를 이렇게 정리합니다. "첫째, 하나님은 말씀의 봉사와 그 봉사를 위한 교육이 유지되기를 원하시며, 특히 안식의 날인 주일에 내가 하나님의 교회에 부지런히 참석하여, 하나님의 말씀을 경청하고, 성례에 참여하며, 주님을 공적으로 부르고, 가난한 자들에게 기독교적 자비를 행하기 원하십니다. 둘째, 나의 일생 동안 악한 일들을 그만두고, 주께서 그의 성령으로 내 안에서 일하시게 하며, 그럼으로써, 영원한 안식이 이 세상에서부터 시작되기를 원하십니다."

답: 우리는 그날 종일을 거룩하게 쉬고, 다른 날에 정당한 세상일과 오락까지도 쉬고, 또한 그 모든 시간을 하나님께 공적으로나 개인적으로 예배드리는 데에 사용함으로써 안식일을 거룩하게 지킵니다. 다만 불가피한 일과 자비를 베푸는 일은 행할 수 있습니다.

1. 안식일 법의 본래 의미는 무엇인가요? 내가 주일을 온전히 지키는 데 걸림돌이 되는 것은 무엇인가요?
2. 하이델베르크 요리문답 제103문이 정리한 주일 성수의 원리를 묵상해 보세요. 그 중에서 지금 내가 우선적으로 실천해야 할 일은 무엇인가요?

하나님, 주일마다 교회에 가서 말씀 듣고 성례에 참여하고 다른 이들에게 선을 행하는 일을 힘들다 생각하지 말고 복으로 여기게 하소서. 아멘!

제4계명이 금하는 것

● 성경: 히 4:11   ● 찬송: 43장 "즐겁게 안식할 날"

제61문: 제4계명이 금하는 것은 무엇입니까?

중세 유럽 교회에서는 주일에 할 수 있는 일과 하지 말아야 할 일에 관심이 많았습니다. "제4계명이 금하는 것은 명하신 의무를 이행하지 않거나 부주의하게 이행하는 것이며, 게으르거나 그 자체로 죄악적인 일을 하거나 또는 세상일과 오락에 관련된 불필요한 생각과 말과 일을 함으로써 그날을 더럽히는 것입니다."

이 항목은 잉글랜드의 역사적 상황과 관련이 있습니다. 잉글랜드의 청교도는 엄격한 주일 성수를 위해서, 재미를 위한 일은 금해야 한다고 믿었습니다. 그런데 국왕인 제임스 1세가 1618년에 '스포츠 선언'(Declaration of Sports)을 선포하면서 일부 스포츠 활동은 주일에도 허용할 수 있다고 발표했습니다. 1633년에는 그의 아들 찰스 1세가 이를 재천명했습니다. 찰스 1세는 성직자에게 강단에서 이 법을 선포하라고 명령했고, 신실한 목사들은 그 명령을 거부했습니다. 국왕은 이 일을 빌미로 청교도들을 옥에 가두고 죽이기도 했습니다. 결국 1643-49년 웨스트민스터 총회는 소요리문답에 주일에는 '오락'을 금해야 한다고 명시했습니다.

지금은 주일 예배를 드리고 난 후에 낮잠을 자거나 산책을 하거나 가족이나 성도들과 함께 가벼운 친교 활동을 하는 것 정도는 가능합니다. 그렇다 해도 과하게 하면 안 됩니다. 그러면 어느 순간 안식일 법의 정신을 잃어버리고 즐거움만 추구하며 살게 됩니다. 조심해야 합니다(히 4:11).

답: 제4계명이 금하는 것은 명하신 의무를 이행하지 않거나 부주의하게 이행하는 것이며, 게으르거나 그 자체로 죄악적인 일을 하거나 또는 세상일과 오락에 관련된 불필요한 생각과 말과 일을 함으로써 그날을 더럽히는 것입니다.

1. 잉글랜드 청교도들이 주일을 성수하기 위해 감당한 일들을 볼 때, 어떤 생각이 드나요?
2. 우리의 몸과 마음을 재충전하기 위해, 주일에 교회 밖에서 어떤 활동까지는 해도 괜찮을까요? 나누어 보세요.

하나님, 주일에 안식하는 것은 게으름과 다르고, 주일에 일하는 것은 부지런함과 다르다는 것을 알게 해 주십시오. 아멘!

217일

31주차 모임

사랑의 시간

- 성경: 히 4:11　● 찬송: 46장 "이날은 주님 정하신"

함께 읽어 봅시다

제57문: 제4계명이 무엇입니까?

답: 제4계명은 "안식일을 기억하여 거룩하게 지키라. 엿새 동안은 힘써 네 모든 일을 행할 것이나, 일곱째 날은 … 아무 일도 하지 말라. 이는 엿새 동안에 나 여호와가 하늘과 땅과 바다와 그 가운데 모든 것을 만들고 일곱째 날에 쉬었음이라. 그러므로 나 여호와가 안식일을 복되게 하여 그 날을 거룩하게 하였느니라" 하신 것입니다.

제58문: 제4계명이 명하는 것은 무엇입니까?

답: 제4계명이 명하는 것은 하나님께서 주님의 말씀으로 정하신 일정한 시간을 하나님께 거룩하게 지키는 것, 곧 이레 중 하루를 종일토록 하나님께 거룩한 안식일로 지키라는 것입니다.

제59문: 하나님께서 이레 중 어느 날을 매주의 안식일로 정하셨습니까?

답: 세상의 처음부터 그리스도의 부활까지는 매주의 일곱째 날을 안식일로 정하셨고, 그 후부터 세상의 끝 날까지는 매주의 첫째 날을 안식일로 정하셨는데, 이날이 그리스도인의 안식일입니다.

함께 나누어 봅시다

1. 하루하루가 모두 중요할 텐데 하나님은 왜 7일 가운데 하루를 구별하셨을까요? 그 구별은 하나님을 위한 것일까요, 아니면 우리를 위한 것일까요? 그 의미를 서로 나눠 봅시다.

2. 구약의 안식일과 신약의 주일, 그 의미를 비교해서 말해 봅시다.

3. 주일을 엄격하게 지켰던 청교도들의 자세에서 배울 수 있는 점은 무엇인가요?

함께 기도합시다

주일의 의미를 잘 깨닫고 주일을 주 안에서 보낼 뿐 아니라, 주일에 얻은 영적인 힘으로 나머지 6일을 주님 말씀대로 살게 해 달라고 기도합시다.

제4계명을 지킬 이유

● 성경: 히 4:11　● 찬송: 46장 "이날은 주님 정하신"

제62문: 제4계명을 지킬 이유로 이어서 말씀하신 것은 무엇입니까?

　하나님은 천지를 창조하시고 일곱째 날에 쉬셨습니다. 하나님이 쉼이 필요하셨기 때문일까요? 절대로 아닙니다. 하나님은 쉼이 필요하신 분이 아닙니다. 하나님은 쉬지 않고 일하실 수 있는 분입니다. 하나님이 일곱째 날에 쉬시고 안식일 법을 주신 것은 순전히 인간을 위한 배려입니다. 주일에 안식일 법을 지키는 것은 인간에게 좋은 일이고 복입니다. 하나님께 대한 믿음이 적은 사람은 '하나님의 날'인 주일을 '사람의 날'로 바꾸고 맙니다. 참으로 안타깝습니다.

　주일을 어기는 두 가지 경우가 있습니다. 첫째는 주일에 일을 함으로 하나님과 하나님의 일을 기억하지 않는 것입니다. 둘째는 마음 없이 율법적인 형식에만 매여 바리새인처럼 자기들만의 안식일 법을 지키는 것입니다. 이 두 가지 경우가 어느 시대에나 공존하지만, 현재 한국 상황에서는 첫 번째 경우가 더 많은 것 같습니다. 주일에는 만족을 얻기 위해 오락을 즐기지 말고, 하나님께 영광을 돌리고 하나님이 주시는 기쁨을 누리려고 애써야 합니다. 주일을 주 안에서 보내면 나머지 6일 동안에도 주 안에서 기쁘고 행복한 삶을 이어 갈 수 있습니다. 주일 성수는 앞으로 우리에게 주어질 영원한 안식의 맛보기입니다. 주일에 영원한 안식을 미리 맛보는 기쁨을 누리기 바랍니다.

답: 제4계명을 지킬 이유로 이어서 말씀하신 것은 우리 자신의 일을 하도록 엿새를 허락하여 주셨고, 제칠 일을 주님의 특별한 소유로 주장하셨고, 친히 모범을 보여 주셨고, 안식일을 복 주신 것입니다.

묵상 + 기도

1. 주일을 '사람의 날'이 아니라 '하나님의 날'로 지켜야 하는 이유는 무엇인가요?
2. 주일에 안식일 법을 지키며 미래에 약속된 영원한 안식을 맛보고 계십니까?

하나님, 주일을 성수함으로 하나님이 주실 영원한 안식을 이 땅에서도 맛보며 누리게 하소서. 아멘!

제5계명: 부모 공경

● 성경: 출 20:12; 마 22:37-40 ● 찬송: 559장 "사철에 봄바람 불어 잇고"

제63문: 제5계명이 무엇입니까?

십계명은 하나님 사랑(1-4계명)과 이웃 사랑(5-10계명)에 관한 것입니다. "네 마음을 다하고 목숨을 다하고 뜻을 다하여 주 너의 하나님을 사랑하라 하셨으니, 이것이 크고 첫째 되는 계명이요. 둘째도 그와 같으니, 네 이웃을 네 자신같이 사랑하라 하셨으니, 이 두 계명이 온 율법과 선지자의 강령이니라"(마 22:37-40). '강령'(綱領)이란 큰 줄거리 혹은 요약이라는 뜻입니다.

하나님 사랑은 예배로 나타나고, 예배는 전체 삶을 통해 확인됩니다. 주일은 나머지 여섯 날의 대표 선수와 같습니다. 주일 예배를 잘 드리면 나머지 6일도 좋습니다. 그러나 주일 예배를 드렸다고 해서 나머지 6일은 내 마음대로 살아도 될까요? 결코 아닙니다. 주일 예배를 잘 드렸음은 나머지 6일에서도 증명되어야 합니다.

5-10계명의 이웃 사랑은 1-4계명의 하나님 사랑의 증거입니다. 또 제5계명은 이웃 사랑 계명(5-10계명)의 대표 선수라고 할 수 있습니다. 이웃 사랑은 부모 사랑에서 시작됩니다. 부모를 사랑하지 않는 사람이 이웃을 사랑할 수 있을까요? 이웃의 범위는 넓습니다. 막연하게 이웃을 사랑하겠다고 한다면, 그것은 탁상공론에 그칠 가능성이 큽니다. 가장 실제적이고 가까운 첫 이웃이 부모입니다. "네 부모를 공경하라. 그리하면 네 하나님 여호와가 네게 준 땅에서 네 생명이 길리라"(출 20:12). 하나님께서 부모에게 자녀를 맡기시고 권위를 주셨기 때문에, 자녀는 부모를 공경해야 합니다.

답: 제5계명은 "네 부모를 공경하라. 그리하면 네 하나님 여호와가 네게 준 땅에서 네 생명이 길리라" 하신 것입니다.

1. 제5계명이 이웃 사랑의 계명(5-10계명)에서 갖는 의미는 무엇입니까?
2. 이웃 사랑과 부모 공경이 무슨 상관인가요?

하나님, 저의 가장 가까운 이웃이며, 하나님의 대리자인 부모님을 공경하게 해 주세요. 아멘!

이웃 사랑? 자기 사랑부터!

● 성경: 마 22:37-40 ● 찬송: 85장 "구주를 생각만 해도"

제63문: 제5계명이 무엇입니까?

종종 이웃 사랑에 관한 훈훈한 이야기를 듣습니다. 차갑고 각박한 세상에서 그런 따뜻한 이야기를 들으면 '그래도 세상 살 만하다'라는 생각이 듭니다. 참된 이웃 사랑은 자기 사랑에서부터 시작됩니다. 자신을 사랑하지 못하는 사람은 이웃을 사랑할 수 없습니다.

예수님의 십계명 요약을 귀 기울여 들어 보십시오. "둘째도 그와 같으니, 네 이웃을 **네 자신같이** 사랑하라 하셨으니"(마 22:39). "네 자신같이"라는 말이 포함되어 있는 것이 보입니까? 이 말씀은 이웃을 사랑할 때 자기 자신을 사랑하는 것처럼 하라는 뜻입니다. 다른 측면에서 보면, 자신을 사랑하지 못하는 사람은 이웃도 사랑할 수 없다는 뜻이기도 합니다.

사실 사람은 누구나 자기를 사랑하는 이기적 존재이긴 합니다. 하지만, 자신의 결점, 자랑할 것 없는 집안, 낮은 학력 수준, 못난 외모까지 사랑할까요? 이것은 때로는 어려운 일입니다. 우리 속에 있는 수많은 열등감은 우리가 온전히 자신을 사랑하지 못함을 보여 줍니다. 오직 하나님의 사랑과 용서를 경험한 사람만이 비로소 자신의 전부를 사랑할 수 있습니다. 하나님의 사랑을 가득 받은 사람은 자신의 신체적 약점, 열악한 환경, 상처 난 마음까지도 사랑합니다. 그런 사람이 이웃도 사랑할 수 있습니다.

답: 제5계명은 "네 부모를 공경하라. 그리하면 네 하나님 여호와가 네게 준 땅에서 네 생명이 길리라" 하신 것입니다.

묵상 + 기도

1. 자기 자신을 사랑하는 것과 이웃을 사랑하는 것은 어떻게 연결되나요?
2. 자신의 연약함까지 온전히 사랑하지 못하는 이유는 무엇인가요? 하나님의 사랑과 용서를 경험한 적은 언제인가요?

하나님, 약점 많은 저를 사랑해 주셔서 감사합니다. 저도 제 자신을 온전히 사랑하고, 그 사랑으로 이웃을 대하고 싶습니다. 아멘!

221일 부모에게 맡겨진 권위

● 성경: 신 4:5-10; 레 20:9　● 찬송: 579장 "어머니의 넓은 사랑"

제63문: 제5계명이 무엇입니까?

　구약의 율법은 부모를 공경하지 않고 부모에게 나쁜 말을 하며 부모를 저주하는 자녀를 놔두지 말고 죽이라고 합니다(레 20:9). "네 부모를 공경하라"는 제5계명은 당연한 명령으로 들립니다. 성경이 부모 공경을 말할 때는 특별한 의미가 있습니다. 제5계명은 자녀를 향한 명령이지만, 사실은 부모의 권위에 관한 것입니다. 하나님께서 부모에게 자녀를 주시고 권위도 함께 주셨습니다. 부모의 권위는 부모가 자녀에게 사랑을 베풀고 자신을 희생해서 획득한(acquired) 것이 아니라, 처음부터 주어진(given) 것입니다.

　자녀는 왜 부모를 공경하고 그 다스림과 지도에 순종해야 할까요? 특별한 의미가 있습니다. 그 의미는 언약과 관련이 있습니다. 부모는 하나님의 언약을 자녀에게 전해야 합니다. 하나님께서 언약의 말씀을 부모에게 맡기셨습니다. 부모는 자녀가 어릴 때부터 언약의 말씀을 가르쳐야 합니다. 그때 하나님이 주신 권위가 없으면 교육이 제대로 이루어지지 않습니다. 학교에서도 수업을 시작하기 전에 반장이 "차렷! 선생님께 인사!"라고 말하면, 모든 학생이 선생님의 권위를 인정하며 공경을 표합니다. 가르치는 자에게는 권위가 필요합니다. 자녀에 대한 부모의 권위는 언약의 말씀 때문에 중요합니다. 자녀가 말씀대로 살아가도록 훈련하고 지도하기 위해 부모의 권위가 필요합니다.

답: 제5계명은 "네 부모를 공경하라. 그리하면 네 하나님 여호와가 네게 준 땅에서 네 생명이 길리라" 하신 것입니다.

묵상 † 기도

1. 부모의 권위는 부모가 스스로 만든 것입니까? 아니면 처음부터 주어진 것입니까? 둘 사이에는 어떤 차이가 있을까요?
2. 왜 하나님은 자녀에게 부모를 공경하라고 하셨나요? 특별한 이유가 있나요?

하나님께서 부모에게 권위를 주신 것은 언약의 말씀을 자녀에게 잘 전하게 하기 위함입니다. 자녀들이 언약의 말씀을 잘 듣고 하나님 경외함을 배우게 하소서. 아멘!

222일 부모 스스로 버린 권위

● 성경: 잠 29:15, 17   ● 찬송: 577장 "낳으시고 길러 주신"

제63문: 제5계명이 무엇입니까?

　부모는 하나님께 받은 권위가 있기 때문에 자녀에게 공경을 받아야 합니다. 하지만, 요즘에는 부모가 자녀에게 언약의 말씀을 잘 가르치지 않습니다. 하나님이 주신 권위도 행사하지 않습니다. 매일 가정 경건회(예배)를 하지도 않습니다. 성경 읽기와 기도 훈련도 하지 않습니다. 세속화의 영향 때문입니다. 좋은 성적, 좋은 대학, 좋은 직장이 우상이 되고 있습니다. 하나님이 부모의 권위를 주신 본래 목적을 부모들이 잊어버렸습니다. 하나님은 명령하십니다. "너는 그 일들을 네 아들들과 네 손자들에게 알게 하라"(신 4:9). 부모는 자녀에게 언약의 말씀을, 하나님이 주신 권위를 이용해서 부지런히 가르쳐야 합니다.

　현대인은 '권위주의'에 반대하다가 '권위'까지 버리고 있습니다. 자녀가 부모의 말을 듣지 않고 제멋대로 하는데도 부모는 그 자녀가 귀엽고 예쁘다며 봐줍니다. 자녀가 부모를 공경하지 않아도 그대로 내버려 두면, 그 아이는 버릇없는 사람으로 자랍니다. "채찍과 꾸지람이 지혜를 주거늘 임의로 행하게 버려둔 자식은 어미를 욕되게 하느니라 … 네 자식을 징계하라. 그리하면 그가 너를 평안하게 하겠고 또 네 마음에 기쁨을 주리라"(잠 29:15, 17). 어린아이라도 죄인입니다. 부모가 말씀으로 교육하고 훈련해야 합니다.

답: 제5계명은 "네 부모를 공경하라. 그리하면 네 하나님 여호와가 네게 준 땅에서 네 생명이 길리라" 하신 것입니다.

묵상 † 기도

1. 부모라면, 자녀 신앙 교육을 어떻게 해야 할지 생각해 보세요. 자녀라면, 부모님께 받은 신앙 교육이 무엇인지 기억해 보세요.
2. 권위주의와 권위의 차이를 생각해 보고, 하나님이 내게 주신 권위를 어떻게 사용해야 하는지 나누어 보세요.

제 자녀가 임의로 행하도록 내버려 두고 있는 것은 아닌지 생각해 봅니다. 부모의 권위를 잘 사용하게 하소서. 아멘!

223일 부모를 공경하는 방법

• 성경: 엡 6:1-2 • 찬송: 576장 "하나님의 뜻을 따라"

제63문: 제5계명이 무엇입니까?

부모를 공경하려면 어떻게 해야 할까요? '공경'은 '존경'과 같습니다. 자녀가 부모를 존경한다는 것을 어떻게 알 수 있을까요? 부모를 자랑스러워하는지 보면 됩니다. 부모님을 존경하고 공경한다면, 그것을 구체적으로 어떻게 표현할 수 있을까요? "저는 부모님을 존경합니다!"라고 직접 말한다면 가장 좋을 것입니다. 하지만, 좀 쑥스럽고 어색합니다. 어떻게 하면 부모님께 대한 존경심을 자연스럽게 표현할 수 있을까요?

'공경'에는 허리를 숙이고 몸을 낮춘다는 뜻이 있습니다(삼하 9:6; 왕상 1:31). 부모님께도 머리를 숙이고 몸을 낮추어 인사하며 존경과 공경을 표현해 보십시오. 격식을 갖춘 인사는 제5계명을 지키는 좋은 방법입니다. 설에 부모님을 찾아뵙고 큰절을 올리는 것은 부모 공경의 좋은 풍습입니다. "가까운 사이에 무슨 형식을 차리느냐"라며 인사를 받지 않다 보면 나중에 자녀가 부모를 어떻게 공경해야 할지 모를 수도 있습니다. 부모님께 허리를 숙이고 인사하는 것에서부터 부모 공경이 시작됩니다. 그러나 공경하는 마음이 없는 형식적 인사는 바리새인의 외식과 같아서, 예수님께 야단을 맞을 것입니다.

"자녀들아, 주 안에서 너희 부모에게 순종하라. 이것이 옳으니라"(엡 6:1). '주 안에서' 공경하는 마음으로 부모님께 인사해야 합니다. 곧 하나님의 권위에 순종한다는 마음으로 부모님을 공경해야 한다는 뜻입니다.

답: 제5계명은 "네 부모를 공경하라. 그리하면 네 하나님 여호와가 네게 준 땅에서 네 생명이 길리라" 하신 것입니다.

묵상 † 기도

1. 혹시 부모님을 무시하고 싶을 때는 없나요? 그런 마음을 어떻게 다스려야 할까요?
2. 부모님께 대한 존경심을 어떻게 표현하면 좋을지 나누어 보세요.

하나님, 제 자신을 낮추고 진심으로 존경하는 마음을 담아 부모님께 자주 인사드리겠습니다. 아멘!

224일 · 32주차 모임

부모를 공경하라

• 성경: 잠 29:15, 17　• 찬송: 577장 "낳으시고 길러 주신"

함께 읽어 봅시다

제63문: 제5계명이 무엇입니까?
답: 제5계명은 "네 부모를 공경하라. 그리하면 네 하나님 여호와가 네게 준 땅에서 네 생명이 길리라" 하신 것입니다.

함께 나누어 봅시다

1. 부모를 공경해야 하는 이유를 생각나는 대로 적어 보세요. 하나님은 왜 자녀들에게 부모를 공경하라고 명령하셨나요?

2. 권위주의를 없앤다는 이유로, 부모가 자녀에 대한 자신의 권위를 포기하는 것에 대해 어떻게 생각하나요?

3. 나는 부모를 진심으로 공경하고 있나요? 그렇지 않다면, 그 이유는 무엇인가요?

함께 기도합시다

부모님을 주신 것에 감사하고, 부모님을 진심으로 공경하겠다고 결단하며 기도합시다.

225일 제5계명이 명하는 것

- 성경: 롬 13:1-6
- 찬송: 577장 "낳으시고 길러 주신"

제64문: 제5계명이 명하는 것은 무엇입니까?

제5계명은 부모 공경뿐만 아니라 더 많은 것을 명령합니다. "제5계명이 명하는 것은 윗사람과 아랫사람, 그리고 동료와 같은, 각각의 여러 지위와 인륜 관계에서 각 사람의 명예를 존중하고 각 사람에 대한 의무를 수행하라는 것입니다." 성경은 여러 위치에서 권위를 가진 사람을 '아버지'라고 부르기도 합니다. 젊은 자가 늙은 자를(딤전 5:1-2), 보통 사람이 은사를 가진 사람을(창 4:20-22; 45:8), 종이 주인을(왕하 5:13), 제자가 스승을(왕하 2:12; 13:14; 갈 4:19) '아버지'라고 부릅니다. 권위를 가진 사람과 권위 아래 있는 사람 사이에는 질서가 있습니다.

성부 하나님도 성자 하나님에 대해 권위가 있습니다. 성부 하나님은 성자 하나님에게 "하늘과 땅의 모든 권세"(마 28:18)를 맡기십니다. 그리스도께서 온 세상의 왕이십니다. 왕이신 그리스도께서 세상을 다스리시며 사람들에게 권위를 주셔서, 그들이 세상을 다스리도록 하십니다. 국가에서는 통치자에게(롬 13:1-6), 회사에서는 상관에게(엡 6:5-9), 가정에서는 부모에게(엡 6:1-4), 부부 관계에서는 남편에게(엡 5:22-33) 권위를 주십니다. 한편, 권위를 받은 사람은 동료나 아랫사람에게 자신의 책임을 다해야 합니다. "인륜 관계에서 각 사람의 명예를 존중하고 각 사람에 대한 의무를 수행"해야 합니다. 제5계명은 세상에 존재하는 관계를 위한 명령입니다.

답: 제5계명이 명하는 것은 윗사람과 아랫사람, 그리고 동료와 같은, 각각의 여러 지위와 인륜 관계에서 각 사람의 명예를 존중하고 각 사람에 대한 의무를 수행하라는 것입니다.

묵상 + 기도

1. 제5계명이 부모 이외의 대상에게는 어떻게 적용되나요?
2. 온 우주의 왕이신 그리스도께서는 세상을 어떤 식으로 통치하시나요?

하나님이 저를 위해 세우신 권위자를 공경하고 존중하게 하옵소서. 아멘!

제5계명이 금하는 것

• 성경: 엡 5:22-33; 6:5-9; 롬 13:1-2 • 찬송: 208장 "내 주의 나라와"

제65문: 제5계명이 금하는 것은 무엇입니까?

"세상에는 왜 특별한 권위를 받은 사람이 존재해야 할까요?" "모든 사람은 평등하지 않나요?" "서로 사랑하면 될 일인데, 한 사람은 명령하고 한 사람은 그 명령에 순종해야 한다는 생각은 구시대적인 발상 아닌가요?" 이런 질문들이 있을 수 있습니다.

세상에 존재하는 질서를 보면 하나님을 이해하는 데 도움이 됩니다. 인간은 피조물로서 창조주 하나님의 권위 아래 있습니다. 인간은 하나님의 권위를 인정하고 복종해야 합니다. 세상에 존재하는 권위에 대한 상대적 관계는 하나님과 인간의 절대적 관계를 반영합니다. 우리 위에 있는 권위자를 공경하고 순종하지 않으면, 하나님의 권위에 도전하는 것으로 인정됩니다.

아내는 남편에게 복종하고, 남편은 아내를 사랑해야 합니다. 남편과 아내의 관계는 그리스도와 교회의 관계에 비유됩니다(엡 5:22-33). 피고용인은 고용주에게 순종해야 합니다(엡 6:5-9). 국민은 국가 위정자의 권위에 복종해야 합니다(롬 13:1). 권위자에게 순종하는 것은 하나님께 순종하는 것과 연관이 있습니다. 하나님이 세우신 권위자에게 **"그리스도께 하듯"**(엡 6:5) 순종하고 **"주께 하듯"**(엡 6:7) 섬겨야 합니다.

답: 제5계명이 금하는 것은 각각의 여러 지위와 인류 관계에서 각 사람의 명예를 존중하지 않고 각 사람에 대한 의무 수행하기를 소홀히 하거나 거스르는 것입니다.

묵상 † 기도

1. 세상에는 왜 권위와 관련된 관계가 존재하는 것일까요?
2. 권위자와 권위 아래 있는 자의 질서가 잘 유지될 때 서로 어떤 유익을 얻게 되나요?

저에게 주신 권위자를 공경하고 그의 뜻에 순종하겠습니다. 아멘!

권위자에게 순종하는 것이 복

● 성경: 롬 13:1-2 ● 찬송: 208장 "내 주의 나라와"

제65문: 제5계명이 금하는 것은 무엇입니까?

권위에 대해 분명하게 가르치는 성경 본문은 로마서 13:1-2입니다. "권세는 하나님으로부터 나지 않음이 없나니, 모든 권세는 다 하나님께서 정하신 바라. 그러므로 권세를 거스르는 자는 하나님의 명을 거스름이니, 거스르는 자들은 심판을 자취하리라." 세상에 존재하는 모든 권위는 하나님이 허락하신 것입니다. 그것이 바른 권위이든 불의한 권위이든 모두 하나님으로부터 옵니다. 하나님께서 정하신 권세를 대항하고 거스르는 것은 하나님의 명령을 어기는 것이니 심판을 면하지 못할 것입니다. 왜곡된 권위와 나쁜 권위자로 인해 상처를 입은 사람은 이 말씀을 인정하고 받아들이기가 어렵습니다. 하지만, 우리를 책임진 사람의 지시를 즉시 기꺼이 순종하고 수행해야 합니다. 하나님의 명령입니다. 하나님의 명령을 믿고 순종하면 언제나 우리에게 유익이 됩니다.

구체적으로 우리는 어떻게 순종해야 할까요? 첫째, 즉시 순종합니다. 둘째, 유쾌한 태도로 순종합니다. 셋째, 요구받은 모든 일을 끝맺습니다. 넷째, 불평하지 않습니다. 다섯째, 지시받은 일 이외에도 필요한 일을 찾아서 합니다. 이런 순종의 사람이 있는 곳은 언제나 복됩니다. 권위자에게 순종하는 사람은 하나님께도 순종합니다. 하나님에게 사랑도 듬뿍 받습니다.

답: 제5계명이 금하는 것은 각각의 여러 지위와 인륜 관계에서 각 사람의 명예를 존중하지 않고 각 사람에 대한 의무 수행하기를 소홀히 하거나 거스르는 것입니다.

묵상
＋
기도

1. "모든 권세는 다 하나님께서 정하신 바"라는 말씀에 "아멘" 할 수 있습니까?
2. 나는 어떤 태도로 순종하고 있나요? 본문에 비추어 볼 때, 어떤 태도를 고쳐야 할까요?

하나님, 하나님께서 권위를 주신 사람들에게 즉시, 기쁨으로, 적극적으로 순종하겠습니다. 아멘!

 **22日일** # 무조건 순종

● 성경: 행 5:29; 엡 6:1   ● 찬송: 208장 "내 주의 나라와"

제65문: 제5계명이 금하는 것은 무엇입니까?

성경은 권위자에게 무조건 순종하라고 말하지 않습니다. 기본적으로 권위 아래 있는 사람은 권위자에게 복종해야 하지만, 조건이 있습니다. 그 조건은 "주 안에서"(엡 6:1) 순종하라는 것입니다. 권위자에 대한 순종이 하나님을 위한 것이고, 하나님께 대항하는 것이 아니어야 한다는 뜻입니다.

대제사장과 사두개인들이 사도들에게 예수의 이름으로 가르치지 말라고 위협했습니다. 그때 베드로와 사도들은 그들의 말에, 즉 권위자의 말에 순종하지 않았습니다. "사람보다 하나님께 순종하는 것이 마땅하니라"(행 5:29). 다니엘도 왕의 권위에 복종하지 않은 적이 있습니다(단 1:8). 다니엘의 세 친구는 느부갓네살 왕이 세운 금 신상에 절하라는 명령에 복종하지 않았습니다(단 3장). 또 다니엘은 다리오 왕이 다른 신에게 기도하지 못하도록 한 법을 따르지 않았습니다. 사자 굴에 던져 넣겠다고 위협해도 굴복하지 않았습니다(단 6장). 모세의 부모는 모세가 태어났을 때 이집트 왕의 명령을 어기고 모세를 죽이지 않고 숨겨 두었습니다(출 2장).

모든 권위는 하나님으로부터 옵니다. 그러므로 그 권위를 공경하고 순종해야 합니다. 하지만, 권위자의 명령이 하나님을 대적하는 것이라면 따를 필요가 없습니다. 모든 삶의 기준은 하나님의 뜻입니다. 권위자는 하나님이 세우신 뜻을 살펴 자신의 의무를 다해야 하고, 권위 아래 있는 자도 하나님의 뜻이 무엇인지 잘 분별해야 합니다.

답: 제5계명이 금하는 것은 각각의 여러 지위와 인륜 관계에서 각 사람의 명예를 존중하지 않고 각 사람에 대한 의무 수행하기를 소홀히 하거나 거스르는 것입니다.

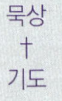 **묵상 † 기도**

1. 권위자에게 복종하지 말아야 할 때도 있습니다. 어떤 경우일까요?
2. 나보다 높은 권위를 가진 사람에게서, 하나님의 뜻과 어긋나는 일을 요구받은 적이 있나요? 그때 어떻게 행동했나요?

하나님, 세상 권위자의 명령이 하나님을 대적하는 것이라면 이를 담대하게 거절할 수 있는 용기와 힘을 주옵소서. 아멘!

 # 권위자의 무거운 책임

● 성경: 사 1:23; 약 3:1 ● 찬송: 208장 "내 주의 나라와"

제65문: 제5계명이 금하는 것은 무엇입니까?

권위는 하나님이 주시는 것이기 때문에, 우리는 권위자에게 순종해야 한다고 성경은 명령합니다. 하지만, 악하고 불의한 권위자 때문에 권위 아래 있는 자들이 어려움을 당하기도 합니다. 특히 약자들이 고통을 겪습니다. 이스라엘의 역사를 보아도 그렇습니다. 이사야 선지자는 위정자의 죄를 상세하게 고발했습니다. "네 고관들은 패역하여 도둑과 짝하며 다 뇌물을 사랑하며 예물을 구하며 고아를 위하여 신원하지 아니하며 과부의 송사를 수리하지 아니하는도다"(사 1:23). 부정부패의 극치를 보여 줍니다.

하나님은 사람에게 권위를 주실 때 책임도 함께 주십니다. 만약 권위자가 그 책임을 다하지 않고 직무 유기를 할 경우 중한 벌을 받습니다. "내 형제들아 너희는 선생 된 우리가 더 큰 심판을 받을 줄 알고 선생이 많이 되지 말라"(약 3:1). 정부 관리, 교사, 상사, 부모, 목사, 장로 등 권위자는 자신의 책임을 다하기 위해 애써야 합니다. 그리스도인은 여러 지위와 인륜 관계에서 각 사람의 명예를 존중하고 각 사람에 대한 의무를 충실하게 수행해야 합니다. 권위자가 혹시 자신의 책임을 이행하는 과정에서 약점과 부족함을 드러내더라도 권위 아래 있는 자는 인내해야 합니다. 하나님 앞에서 각자 자신의 지위에 맞게 책임을 다해야 합니다. 남 탓만 하고 있다면 그것은 하나님에게 책임을 떠넘기는 것과 같습니다.

답: 제5계명이 금하는 것은 각각의 여러 지위와 인륜 관계에서 각 사람의 명예를 존중하지 않고 각 사람에 대한 의무 수행하기를 소홀히 하거나 거스르는 것입니다.

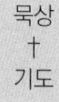
묵상 † 기도

1. 우리도 누군가에게 권위를 행사해야 할 때가 있습니다. 그럴 때 어떤 자세로 임해야 할까요?
2. 권위자의 약점과 부족함이 드러날 때, 우리는 어떻게 하는 것이 좋을까요?

하나님, 저는 제가 할 일도 제대로 안 하면서, 다른 사람의 실수와 잘못에는 쉽게 손가락질합니다. 용서해 주십시오. 아멘!

 ## 제5계명을 지킬 이유

● 성경: 출 20:12; 21:17; 레 20:9 ● 찬송: 579장 "어머니의 넓은 사랑"

제66문: 제5계명을 지킬 이유로 이어서 말씀하신 것은 무엇입니까?

제5계명을 지키면 복을 받습니다. 그것이 하나님의 약속입니다. "그리하면 네 하나님 여호와가 네게 준 땅에서 네 생명이 길리라"(출 20:12). 이 말씀대로 보자면, 장수의 비결은 음식을 잘 먹고 운동을 열심히 하는 것이 아니라, 부모님께 순종을 잘하는 것입니다. 웨스트민스터 소요리문답은 이렇게 말합니다. "제5계명을 지킬 이유로 이어서 말씀하신 것은 이 계명을 지키는 모든 사람이 장수하고 번영하리라는 약속입니다. 다만 하나님께 영광이 되고 그들에게 선이 되는 한, 그렇습니다." 부모를 공경하면 번영하고 잘된다는 것은 상식적으로 이해할 수 있습니다. 그러나 장수한다는 것은 좀 이해하기 어렵습니다.

땅에서 장수한다는 말은 무슨 뜻일까요? 그 답을 레위기 20:9과 출애굽기 21:15에서 찾을 수 있습니다. "만일 누구든지 자기의 아버지나 어머니를 저주하는 자는 반드시 죽일지니, 그가 자기의 아버지나 어머니를 저주하였은즉 그의 피가 자기에게로 돌아가리라"(레 20:9). 부모를 저주하는 것은 부모를 공경하는 것과 정반대 행동입니다. 부모를 저주하면 죽임을 당하지만, 부모를 공경하면 그런 심판을 당할 일이 없습니다. 그것이 성경이 말하는 장수입니다. 하나님의 명령을 따라, 하나님께 권위를 위임받은 사람에게 순종하면 이 땅에서 장수할 것입니다.

답: 제5계명을 지킬 이유로 이어서 말씀하신 것은 이 계명을 지키는 모든 사람이 장수하고 번영하리라는 약속입니다. 다만 하나님께 영광이 되고 그들에게 선이 되는 한, 그렇습니다.

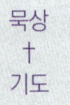

1. 제5계명은 하나님의 약속이 있는 첫 계명입니다(엡 6:2). 어떤 약속인가요?
2. 부모를 공경하는 사람이 장수하리라는 말씀을 어떻게 이해해야 할까요?

하나님, 부모님을 공경하고 순종해서, 하나님이 약속해 주신 복을 얻고 싶습니다. 아멘!

 231일

33주차 모임

권위에 복종하라

● 성경: 엡 6:5-9 ● 찬송: 208장 "내 주의 나라와"

함께 읽어 봅시다

제64문: 제5계명이 명하는 것은 무엇입니까?
답: 제5계명이 명하는 것은 윗사람과 아랫사람, 그리고 동료와 같은, 각각의 여러 지위와 인류 관계에서 각 사람의 명예를 존중하고 각 사람에 대한 의무를 수행하라는 것입니다.

제65문: 제5계명이 금하는 것은 무엇입니까?
답: 제5계명이 금하는 것은 각각의 여러 지위와 인류 관계에서 각 사람의 명예를 존중하지 않고 각 사람에 대한 의무 수행하기를 소홀히 하거나 거스르는 것입니다.

제66문: 제5계명을 지킬 이유로 이어서 말씀하신 것은 무엇입니까?
답: 제5계명을 지킬 이유로 이어서 말씀하신 것은 이 계명을 지키는 모든 사람이 장수하고 번영하리라는 약속입니다. 다만 하나님께 영광이 되고 그들에게 선이 되는 한, 그렇습니다.

함께 나누어 봅시다

1. 제5계명이 가르치는 것은 부모에게 순종할 뿐만 아니라, 나와 관계된 사람들의 지위에 맞게 그들에 대한 의무를 다하라는 것입니다. 나의 윗사람, 아랫사람, 동료들에게 각각 어떻게 행동해야 할지 생각해 보세요.

2. 권위자에게 순종하는 것이 내게 어떤 유익이 될까요?

_____

_____

3. 제5계명을 지키는 사람은 어떤 복을 받나요? 왜 하나님은 이런 약속을 주셨을까요?

_____

_____

함께 기도합시다

나와 관계된 사람들의 명예를 존중하고 그들에 대한 의무를 다할 수 있도록, 부모님을 공경함으로 하나님이 약속해 주신 복을 누릴 수 있도록 기도합시다.

제6계명: 생명

● 성경: 출 20:13; 마 5:21-22 ● 찬송: 322장 "세상의 헛된 신을 버리고"

제67문: 제6계명이 무엇입니까?

제5계명이 인간의 수직적 관계에 대한 것이라면, 제6계명은 인간의 수평적 관계에 대한 내용입니다. 제6계명은 "살인하지 말라"입니다. "살인"이라는 말이 무시무시하게 들립니다. 간혹 우리는 잔인한 살인 사건 뉴스를 듣기도 합니다. 살인은 아주 나쁜 죄입니다. 살인자는 지옥의 형벌을 받게 될 것입니다.

한편 '나는 사람을 죽인 적이 없으니 제6계명을 잘 지키고 있어'라고 생각하는 사람들이 많을 것입니다. 과연 그럴까요? 그렇지 않습니다. "살인하지 말라"라는 계명은 살인의 뿌리가 되는 시기, 증오, 분노, 원한까지도 살인죄로 여깁니다. 예수님의 말씀을 들어 보십시오. "형제에게 노하는 자마다 심판을 받게 되고, 형제를 대하여 라가라 하는 자는 공회에 잡혀가게 되고 미련한 놈이라 하는 자는 지옥 불에 들어가게 되리라"(마 5:22). 다른 사람에게 욕하는 것도 살인죄와 다름없습니다. 친구 사이에 쉽게 오가는 욕설을 조심해야 합니다. 살인은 겉으로 드러난 결과이지만, 사실 그 죄는 마음속에서 시작합니다. 마음에서 분노가 일어납니다. 그다음에는 입으로 욕설을 퍼붓습니다. 그다음에는 주먹과 칼로 폭력을 행사합니다. 그러므로 다른 사람에 대해 악한 감정을 품지 않도록 조심해야 합니다. 제6계명은 생명에 해를 입히는 모든 악한 것에 관한 말씀입니다.

답: 제6계명은 "살인하지 말라" 하신 것입니다.

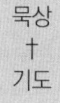

묵상 † 기도

1. 살인죄는 어디에서 시작되어 어떻게 진행되나요?
2. 나는 누군가에게 시기, 증오, 분노, 원한을 품고 있지는 않나요?

하나님, 제가 누군가를 직접 죽이지는 않지만, 마음으로 미워하고 시기하고 질투할 때가 있습니다. 용서해 주세요. 아멘!

# 살인하면 안 되는 이유

● 성경: 창 9:5-6   ● 찬송: 63장 "주가 세상을 다스리시니"

제67문: 제6계명이 무엇입니까?

　사람은 살인이 악한 일이라는 사실을 본능적으로 압니다. 하나님의 일반 계시인 양심의 법 때문입니다. 특별 계시인 성경도 살인을 금합니다(창 9:5-6; 신 21:1-9; 레 24:17). 살인하지 말아야 하는 근본적인 이유가 창세기 9:6에 나와 있습니다. "다른 사람의 피를 흘리면 그 사람의 피도 흘릴 것이니, 이는 하나님이 자기 형상대로 사람을 지으셨음이니라." '피를 흘린다'는 말은 죽인다는 뜻입니다. "육체의 생명은 피에"(레 17:11) 있습니다. 살인하지 말아야 할 이유는 하나님이 사람을 창조하시고 생명을 주셨기 때문입니다. 그뿐만 아니라, 사람을 하나님의 형상대로 창조하셨기 때문입니다.

　사람을 죽이면 하나님의 피조물을 파괴하는 것이니 하나님을 대적하는 것과 같습니다. 인간의 생명은 하나님의 소유입니다. 죽고 사는 것이 하나님의 손에 달려 있습니다. 제6계명은 그 점을 분명하게 선언합니다. 그리고 사람을 죽이면 하나님의 형상을 지워 버리는 것이니 이는 하나님을 대적하는 것입니다. 인간은 하나님의 생령(生靈)으로 특별하게 창조되었습니다. 하나님의 형상대로 창조된 인간은 지식과 의와 거룩함을 가진 존재입니다. 인간은 선지자와 왕과 제사장의 역할을 해야 합니다. 세상을 다스려야 합니다. 살인은 그 모든 것을 파괴합니다. 살인은 하나님을 대적하고 하나님의 사역을 방해하는 죄입니다.

답: 제6계명은 "살인하지 말라" 하신 것입니다.

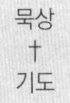

1. 하나님은 왜 살인하지 말라고 하시나요?
2. 인간이 하나님의 형상대로 지음받은 것과 제6계명은 무슨 관계가 있나요?

하나님, 우리가 다 하나님의 형상대로 지음받았으니, 저의 생명도, 다른 사람의 생명도 귀합니다. 아멘!

살인과 죽이는 것의 차이

● 성경: 창 9:1-7   ● 찬송: 20장 "큰 영광 중에 계신 주"

제68문: 제6계명이 명하는 것은 무엇입니까?

"살인하지 말라"라는 명령 때문에 국가의 사형 제도에 반대해야 할까요? 사형도 사람을 죽이는 행위이니 살인에 해당하는 것일까요? 기독교 역사 가운데 재세례파를 중심으로 이러한 주장을 하는 사람들이 있었습니다. 과연 그럴까요? 좀 어려운 문제입니다. 성경은 '살해하다'(רָצַח)와 '죽이다'(מוּת)를 구별합니다. 성경은 합법적으로 사람을 죽이는 것을 허용합니다. 성경을 보면 안식일 법을 어긴 자(민 15:32-36)와 부모를 저주한 자를 죽이라(레 20:9)고 명령합니다. 또 합법적인 전쟁에서 사람을 죽이는 것을 허용합니다. 성경은 그것을 살인이라고 말하지 않습니다.

홍수 후 노아는 새로운 명령을 받았습니다. "모든 산 동물은 너희의 먹을 것이 될지라"(창 9:3). 인간의 먹거리가 채소에서 동물로 확장됩니다. 동물 애호가는 모든 생명은 소중하기 때문에 동물을 죽이거나 먹어서는 안 된다고 주장합니다. 동물이 죽으면 사람처럼 장례도 치러 줍니다. 이는 교양 있고 고상한 생각 같지만, 하나님의 질서와 법을 따르는 것은 아닙니다. 인간은 하나님보다 더 지혜로울 수 없습니다. 하나님이 먹도록 허락하신 것을 인간이 금할 수는 없습니다. 하지만, 하나님은 인간이 인간을 불법으로 죽이는 것은 금하십니다. 죽이는 것과 살인은 다릅니다. 하나님은 살인을 금하십니다.

답: 제6계명이 명하는 것은 모든 정당한 노력을 기울여, 자기 자신의 생명과 다른 사람의 생명을 보존하라는 것입니다.

1. 살인과 죽이는 것의 차이가 무엇입니까?
2. 사형 제도에 대해 우리는 어떻게 받아들여야 하나요?

그럴듯한 세상의 논리와 철학에 넘어가지 않게 해 주시고, 하나님의 명령을 지혜 있게 듣고 실천하게 해 주십시오. 아멘!

235일 자살

- 성경: 고전 6:19-20
- 찬송: 213장 "나의 생명 드리니"

제69문: 제6계명이 금하는 것은 무엇입니까?

　한국의 자살률은 OECD 국가 가운데 가장 높다고 합니다. 불명예스러운 일입니다. 2018년 한 해 동안 무려 13,670명이 자살했다고 합니다. 하루에 37명이나 자살한 셈입니다. 여기에는 유명한 연예인과 정치인, 경제인도 포함되어 있습니다. 더 안타까운 것은 그리스도인도 예외가 아니라는 사실입니다.

　제6계명은 "이웃의 생명을 불의하게 빼앗거나 죽음으로 이끄는 모든 것"을 금하고, "자기 자신의 생명"을 죽이는 것도 금합니다. 왜 자살을 할까요? 심리적이고 상황적인 문제와 이유가 있겠지만, 어찌 되었든 자살도 살인입니다. 자살은 제6계명을 어기는 죄입니다. 인간이 자살을 하는 이유 중 하나는, 그것이 그나마 문제를 쉽게 해결하는 방법이라고 생각하기 때문입니다. 자기 생명은 자기 마음대로 해도 된다고 생각하는 사람들이 있습니다. 그러나 이것은 잘못된 생각입니다. 인간의 몸은 자신의 소유가 아니라 하나님의 소유입니다. 특히 성도의 몸은 하나님이 그리스도의 피 값으로 사신 것입니다(고전 6:19-20). 성도는 자신의 몸을 아끼고 보존해야 합니다. 담배와 술은 건강에 좋지 않습니다. 우리의 몸은 신실하신 구주 예수 그리스도의 것이니, 소중하게 보존해야 합니다. 그리스도인의 몸은 성령의 전입니다. 성전을 더럽히거나 함부로 다루면 안 됩니다.

답: 제6계명이 금하는 것은 자기 자신의 생명이나 이웃의 생명을 불의하게 빼앗거나 죽음으로 이끄는 모든 것입니다.

1. 자살이 왜 죄일까요?
2. 자기 생명을 자기 마음대로 할 수 없는 이유는 무엇인가요?

하나님, 제 몸을 잘 관리하지 않는 것도 제6계명을 어기는 것이었네요. 하나님의 소유인 제 몸을 잘 지키도록 도와주세요. 아멘!

236일 낙태

● 성경: 시 139:13-16   ● 찬송: 292장 "주 없이 살 수 없네"

제69문: 제6계명이 금하는 것은 무엇입니까?

우리나라에서는 일 년에 30만 건 이상의 낙태가 일어나고 있습니다. 통계에 잡히지 않는 것까지 합하면 50만 건 이상의 낙태가 있을 것이라고 추정합니다. '낙태'(落胎)는 배 속에 있는 태아의 생명을 인공 임신 중절 수술로 제거하는 것입니다. 태어난 아기만 생명이고, 배 속에 있는 아기는 아직 생명이 아닌 것일까요? 결혼을 통해 남녀의 성관계로 정자와 난자가 만나 수정이 이루어지면 그때부터 생명이 시작된 것입니다. 그런데 그 생명을 제거하는 것(낙태)은 제6계명을 어기는 것으로, 분명히 살인입니다. 낙태는 배 속의 아이가 건강하지 않을 때 행해지기도 합니다. 부모가 자녀의 성별을 선택하기 위해 낙태하기도 합니다. 계획하지 않은 임신인 경우에도 낙태하기도 합니다. 강한 자가 약한 자를 죽이는 것입니다.

독일의 히틀러는 인류 발전에 방해가 된다는 이유로 제2차 세계 대전 중 유대인과 장애인과 집시를 죽였습니다. 그 숫자가 어마어마했습니다. 교양 있어 보이는 현대인들이 낙태를 행함으로써 히틀러처럼 무서운 살인죄를 범하고 있습니다. 태아도 하나님이 주신 생명이므로 귀하고 소중합니다. 국가적으로 낙태를 방지하고 금지하기 위한 여러 가지 방법을 찾고 시행해야 합니다. "주께서 내 내장을 지으시며 나의 모태에서 나를 만드셨나이다. 내가 주께 감사하옴은 나를 지으심이 심히 기묘하심이라"(시 139:13-14).

답: 제6계명이 금하는 것은 자기 자신의 생명이나 이웃의 생명을 불의하게 빼앗거나 죽음으로 이끄는 모든 것입니다.

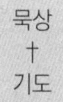

1. 우리나라의 낙태 실상을 들으니, 어떤 생각이 드나요?
2. 왜 낙태가 제6계명을 어기는 것인가요?

하나님, 인간이 약한 생명을 쉽게 죽이고 있습니다. 이 죄를 용서해 주십시오. 이런 죄가 더 이상 일어나지 않게 해 주십시오. 아멘!

제7계명: 결혼

- 성경: 출 20:14
- 찬송: 603장 "태초에 하나님이"

제70문: 제7계명이 무엇입니까?

　제5계명(부모 공경)이 '이웃 사랑'의 시작이라면, 제6계명(살인 금지)은 '이웃의 생명'을 빼앗지 말라는 내용이고, 제7계명(간음 금지)은 '이웃의 결혼'을 보호하라는 내용입니다. '간음'(姦淫)은 결혼한 사람이 배우자가 아닌 이성과 성관계를 맺는 것을 말합니다. 이웃의 아내나 남편과 성적인 관계를 맺는 것은 죄입니다. 2015년 2월 26일에 간통죄(형법 제241조)가 62년 만에 폐지되었습니다. 세상 법으로는 혼외 관계에서의 성관계를 간통죄로 형사 처벌할 수 없게 되었습니다. 하지만, 그리스도인은 성경의 법을 따라야 합니다.

　구약 성경은 간음죄를 심각하게 여깁니다. 결혼의 범위를 벗어난 남녀의 성관계를 금지하고 그런 죄를 지은 자는 죽이라고 명령합니다(레 20:10; 신 22:20-21). 간음한 사람을 죽이라고 할 만큼 간음이 큰 죄인 이유는 간음이 이웃의 결혼 관계와 가정을 파괴하기 때문입니다. 자신의 성적인 쾌락을 만족시키기 위해 이웃의 결혼과 가정을 깨뜨리는 것은 심각한 죄입니다. 가만히 보면, 간음은 성적인 탐심과 탐욕이라는 이기적인 죄입니다. 사랑하기만 한다면 그 누구와도 성관계를 해도 된다는 풍조가 성행하고 있습니다. 하지만, 그것은 명백한 죄입니다. 하나님께서는 간음을 엄중히 금하십니다.

답: 제7계명은 "간음하지 말라" 하신 것입니다.

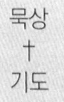

묵상 + 기도

1. 제7계명으로 하나님이 궁극적으로 보호하시려는 것은 무엇인가요?
2. 간음이 그렇게 큰 죄인 이유는 무엇인가요?

하나님은 간음죄를 엄격하게 금하십니다. 간음죄의 유혹에서 저를 구원해 주시옵소서. 아멘!

34주차 모임

생명과 결혼

- 성경: 창 9:6　● 찬송: 63장 "주가 세상을 다스리니"

함께 읽어 봅시다

제67문: 제6계명이 무엇입니까?
답: 제6계명은 "살인하지 말라" 하신 것입니다.

제68문: 제6계명이 명하는 것은 무엇입니까?
답: 제6계명이 명하는 것은 모든 정당한 노력을 기울여, 자기 자신의 생명과 다른 사람의 생명을 보존하라는 것입니다.

제70문: 제7계명이 무엇입니까?
답: 제7계명은 "간음하지 말라" 하신 것입니다.

함께 나누어 봅시다

1. 마음으로 미워하거나 입으로 욕하는 것과 실제로 살인하는 것이 어떤 관련이 있는지, 서로 이야기해 봅시다.

2. '자살'이 죄가 되는 이유를 이야기해 보고, 자살을 시도하려는 사람을 어떻게 도와줄 수 있을지 나누어 봅시다.

3. 생명을 낳고 부부간에 하나 됨을 누리도록 하나님이 주신 성(性, sex)을 올바르게 사용하는 법에 대해 생각해 봅시다.

___

___

함께 기도합시다

아무리 연약한 생명이라도 소중하다는 사실을 마음 깊이 새기고, 우리의 말과 행동으로 생명을 보호하는 삶을 살아가게 해 달라고 기도합시다.

성관계는 오직 결혼의 범위 안에서

● 성경: 창 2:20-25   ● 찬송: 605장 "오늘 모여 찬송함은"

제71문: 제7계명이 명하는 것은 무엇입니까?

성(性, sex)은 하나님의 선물입니다. 성의 사용과 누림은 결혼이라는 범위 안에서만 허용됩니다. "이러므로 남자가 부모를 떠나 그의 아내와 합하여 둘이 한 몸을 이룰지로다"(창 2:24). 하나님은 남녀의 혼인을 허락하십니다. 남녀의 혼인은 아름답습니다. 결혼은 남자와 여자가 가정을 이룬다고 언약함으로 성립됩니다. 가족과 친척, 그리고 친구가 그 언약의 증인이 됩니다. 결혼의 범위 안에서 부부가 성적인 관계를 가짐으로 육체와 영혼이 한 몸이 됩니다. 하나님이 맺어 주신 결혼을 사람이 나눌 수 없습니다. 간음의 이유 이외에는 이혼이 불가합니다.

하나님은 사람이 결혼의 범위 안에서 성적 관계를 맺어 생육하고 번성하여 땅에 충만하기를 원하십니다(창 1:28). 자녀 출산은 하나님의 복이며 명령입니다. 날이 갈수록 자녀를 낳지 않으려는 부부가 많아지고 있습니다. 큰 문제입니다. 현대인은 결혼도 하지 않으려 하고 아기도 낳지 않으려 합니다. 이혼도 쉽게 합니다. 배우자가 아닌 사람과 성관계를 갖기도 하고, 그 결과 결혼 서약을 깨고 이혼하기도 합니다. 이는 악한 일입니다. 그리스도인은 하나님께서 선물로 주신 결혼과 성을 하나님의 목적대로 아름답게 사용해야 합니다.

답: 제7계명이 명하는 것은 마음과 말과 행동에서 자기 자신의 정조와 이웃의 성적 순결을 보존하라는 것입니다.

1. 성관계는 어느 범위 안에서만 허락됩니까?
2. 인간의 결혼을 통해 하나님이 이루고자 계획하신 일들은 무엇입니까?

결혼을 통해 하나님께서 계획하신 선한 일들이 얼마나 많은지요. 결혼을 사모하고 그 범위 안에서 하나님의 목적대로 살아가게 하소서. 아멘!

 # 성적 욕구의 신

- 성경: 삿 2:13
- 찬송: 604장 "완전한 사랑"

제72문: 제7계명이 금하는 것은 무엇입니까?

　제7계명은 결혼의 관계를 벗어난 간음을 금할 뿐만 아니라, 성적 욕구와 관련된 "모든 부정한 생각과 말과 행동"을 거부합니다. 사람에게는 먹는 욕구, 잠자는 욕구, 그리고 성적 욕구가 있습니다. 성적 욕구는 신체가 어느 정도 성장해야 생깁니다. 이 욕구는 하나님이 주신 선물입니다. 하지만, 타락한 인간은 아름다운 성적 욕구를 잘못 사용할 뿐만 아니라, 하나님보다 그 욕구를 더 사랑합니다. 하나님보다 더 사랑하는 그것이 곧 우상입니다. 인간은 성을 우상처럼 따르며 탐합니다. 구약성경에 자주 등장하는 '아스다롯'(Ashdaroth, 삿 2:13)은 여신으로, 그리스의 아프로디테, 로마의 비너스와 같습니다. 인간이 성적 욕구를 숭배하며 신으로 만들었습니다. 아스다롯 신전에는 여자 제사장이 수천 명이나 있었다고 합니다. 성적 욕구를 해소해 주는 신이 아스다롯이기 때문에 남자는 돈이나 제물을 바치고 여자 사제와 성적인 관계를 맺었습니다. 종교를 가장한 교묘한 매춘 행위였습니다. 하나님은 이런 행위를 싫어하십니다.

　하나님보다 성적 욕구를 더 소중히 여기는 것은 우상을 숭배하는 것과 같습니다. 오늘날 많은 사람이 사랑이라는 명분으로 결혼의 경계를 넘어 문란하게 성생활을 즐깁니다. 이것은 제7계명을 어기는 심각한 죄입니다.

답: 제7계명이 금하는 것은 모든 부정한 생각과 말과 행동입니다.

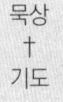
1. 성적 욕구는 나쁜 것인가요?
2. 우리는 성적 욕구를 어떻게 사용해야 할까요? 잘못 사용하면 어떤 죄를 짓게 되나요?

하나님, 저도 모르는 사이에 성적 욕구의 신을 섬길 때가 많습니다. 이러한 시험에 넘어가지 않게 하소서. 아멘!

241일 마음의 음욕

● 성경: 마 5:27-28; 잠 5:3-5 ● 찬송: 602장 "성부님께 빕니다"

제72문: 제7계명이 금하는 것은 무엇입니까?

예수님은 이웃 남자나 여자에 대해 음욕을 품기만 해도 이미 간음한 것과 같다고 하셨습니다(마 5:27-28). 하나님은 우리가 행동이나 말뿐만 아니라, 마음으로도 간음하지 않기를 원하십니다. 행동은 마음에서 시작됩니다. 현대 세계에서는 옛날보다 더 간음하기가 쉽습니다. 과학 기술의 발달로 방 안 깊숙이까지 성적 욕구의 신이 침투했습니다. 물론 그 신은 살아 움직이는 인격적 실체가 아닙니다. 그 우상은 사람이 만들어 낸 것일 뿐입니다. 인터넷 가상 세계에서는 온갖 선정적 사진을 쉽게 찾을 수 있습니다. 성에 관련된 동영상을 접하기가 어렵지 않습니다. 어른뿐만 아니라, 어린아이들에게까지 노출되고 있습니다. 직접 성관계를 맺지 않더라도 마음으로 간음하기 쉽습니다. 위험합니다. 조심해야 합니다.

우리는 죄에 빠지지 않기 위해 스스로 결단해야 합니다. 무엇을 보지 말아야 할지, 무엇을 읽지 말아야 할지 분별하고 다짐해야 합니다. 스스로 이겨 내기 힘들면 다른 사람에게 도움을 요청하는 것도 지혜로운 방법입니다. "대저 음녀의 입술은 꿀을 떨어뜨리며, 그의 입은 기름보다 미끄러우나 나중은 쑥같이 쓰고 두 날 가진 칼같이 날카로우며, 그의 발은 사지로 내려가며 그의 걸음은 스올로 나아가나니"(잠 5:3-5).

답: 제7계명이 금하는 것은 모든 부정한 생각과 말과 행동입니다.

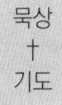
묵상
+
기도

1. 성적 욕구는 마음에서 시작됩니다. 잘못된 성적 욕구에는 어떤 것들이 있나요?
2. 성적 욕구의 신을 섬기지 않기 위해 어떤 노력을 기울여야 할까요?

하나님, 마음으로 짓는 음란의 죄를 용서해 주시옵소서. 늘 성령 충만하게 하옵소서. 아멘!

242일 제8계명: 재물

● 성경: 시 24:1 ● 찬송: 521장 "구원으로 인도하는"

제73문: 제8계명은 무엇입니까?

    십계명을 모르는 사람도 그 양심의 법에 따라 도둑질을 금합니다. 제8계명은 하나님이 우리의 사유 재산을 보호하려고 주신 것일까요? 개인의 사유 재산은 보호받아야 합니다. 하지만, 십계명이 단지 사회 질서를 유지하기 위한 법에 불과한 것일까요? 그런 측면도 있지만, 그보다 더 큰 의미가 있습니다. 제8계명은 세상의 모든 재산이 하나님의 것이라는 사실을 드러냅니다. "땅과 거기에 충만한 것과 세계와 그 가운데에 사는 자들은 다 여호와의 것이로다"(시 24:1).

    하나님이 세상을 창조하셨습니다. 세상의 모든 것은 하나님의 소유입니다. 인간은 이 점을 잊어버립니다. 자기가 애써 모은 재산이기에 자기 것이라 여깁니다. 돈을 많이 가진 사람을 보면 시기심이 생깁니다. 남의 재물을 자기 것으로 만들고 싶어 합니다. 도둑이 부잣집 담을 넘으면서 이렇게 말한답니다. "소득 재분배를 위해서!" 부자가 불의하게 재산을 불렸으니, 그것을 도둑질하는 것은 죄가 아니라는 궤변을 늘어놓기도 합니다. 하나님은 타인의 재물을 도둑질하는 것을 금하십니다. 하나님은 자신의 소유와 재물을 사람들에게 나누어 맡기십니다. 그 기준은 사람들의 각자 됨됨이에 있지 않고 하나님의 뜻에 있습니다. 인간은 그 점을 인정하고 싶어 하지 않습니다. 그래서 도둑질하려 합니다. 그것은 분명 죄입니다.

답: 제8계명은 "도둑질하지 말라" 하신 것입니다.

묵상
+
기도

1. 왜 하나님은 도둑질하지 말라고 하시나요?
2. 세상의 모든 것이 하나님의 소유임을 인정할 때, 달라져야 할 내 태도나 생활방식은 무엇인가요?

제게 있는 모든 것이 하나님의 소유임을 인정하고, 하나님께서 저에게 주신 재물에 감사하고 만족하게 하소서. 아멘!

불의한 재물로 친구를 사귀라

● 성경: 눅 16:1-13   ● 찬송: 450장 "내 평생소원 이것뿐"

제74문: 제8계명이 명하는 것은 무엇입니까?

하나님은 재물에 욕심이 많으실까요? 물론 그렇지 않습니다. 하나님은 우리가 재물을 이용해 하나님과 사람을 사랑하기 원하십니다. 제8계명은 단순히 재물을 잘 보존해야 한다는 것이 아니라, 이를 잘 사용해서 사람을 살리고 사랑해야 한다는 점을 가르칩니다. 예수님은 불의한 청지기 비유에서 이 점을 잘 설명하셨습니다. 한 주인이 자기 재산을 낭비하는 청지기를 해고하려고 합니다. 청지기는 쫓겨나면 살아갈 방법이 없으니, 꾀를 부립니다. 주인에게 빚진 자들을 불러 빚을 삭감해 줍니다. 자신이 해고된 후, 그들에게 호의를 받게 될 것을 기대한 것입니다. 재물에 관해서는 "이 세대의 아들"(눅 16:8)이 "빛의 아들"(눅 16:8)보다 더 지혜로운 부분이 있습니다. 주인은 재물을 활용해 친구를 얻은 청지기를 칭찬했습니다.

예수님은 말씀하십니다. "불의의 재물로 친구를 사귀라. 그리하면 그 재물이 없어질 때에 그들이 너희를 영주할 처소로 영접하리라"(눅 16:9). 여기서 "불의의 재물"은 돈을 의미합니다. 불의한 자도 자신의 앞날을 재물로 대비한다면 신자는 더 지혜롭게 준비해야 하지 않겠느냐는 말씀입니다. 재물은 지극히 작은 것입니다. 하지만, 하나님 나라 백성은 그 재물을 잘 관리해야 합니다. 만약 부자가 자신의 재물로 나사로를 친구 삼았다면 지혜롭다 칭찬받았을 것입니다. 재물보다 사람(친구)이 더 중요합니다. 재물로, 우리를 천국으로 인도할 참된 친구를 사귀어야 합니다(눅 16:9).

답: 제8계명이 명하는 것은 자기 자신이나 다른 사람의 부와 재산을 합법하게 얻고 증진시키라는 것입니다.

묵상 + 기도

1. "도둑질하지 말라"는 계명을 주신 원래 목적은 무엇인가요?
2. 불의한 청지기 비유는 우리에게 무엇을 가르치나요?

재물도 중요하지만, 그것으로 사람을 사귀는 지혜를 주옵소서. 아멘!

244일 빈손

- 성경: 딤전 6:7-10
- 찬송: 322장 "세상의 헛된 신을 버리고"

제74문: 제8계명이 명하는 것은 무엇입니까?

그리스도인은 눈에 보이지 않는 영적인 것에 관심이 많습니다. '언약', '믿음', '순종', '영생', '하나님', '성령님'은 우리 손으로 만질 수 없고 느낄 수 없습니다. 기독교인에게 물질이나 돈은 저급하며 속된 것으로 여겨지기도 하고 천덕꾸러기 취급을 받기도 합니다. 하지만, 사실은 그렇지 않습니다. 성경은 '부'와 '재산'을 나쁘다 하지 않습니다. 재물은 하나님이 주신 귀한 선물입니다. 재물이 악 자체는 아니지만, 하나님보다 사랑하여 탐심을 가지면 재물이 우상이 됩니다. 맘몬(Mammon)이 우상입니다(마 6:24). "우리가 세상에 아무것도 가지고 온 것이 없으매 또한 아무것도 가지고 가지 못하리니, 우리가 먹을 것과 입을 것이 있은즉 족한 줄로 알 것이니라. 부하려 하는 자들은 시험과 올무와 여러 가지 어리석고 해로운 욕심에 떨어지나니, 곧 사람으로 파멸과 멸망에 빠지게 하는 것이라"(딤전 6:7-9).

우리는 하나님께서 주신 것에 만족할 줄 알아야 합니다. "혹 내가 배불러서 하나님을 모른다, 여호와가 누구냐 할까 하오며, 혹 내가 가난하여 도둑질하고 내 하나님의 이름을 욕되게 할까 두려워함이니이다"(잠 30:9). 이 말씀을 잘 묵상해 봅시다. "돈을 사랑함이 일만 악의 뿌리가 되나니"(딤전 6:10). 돈은 필요하지만, 우리가 사랑할 대상은 아닙니다. 제8계명은 돈을 사랑하지 말라는 경고입니다.

답: 제8계명이 명하는 것은 자기 자신이나 다른 사람의 부와 재산을 합법하게 얻고 증진시키라는 것입니다.

묵상 † 기도

1. 돈이나 부유함을 악하다고 할 수 없는 이유는 무엇인가요?
2. 우리는 돈에 대해 어떤 자세를 취해야 할까요?

하나님, 저는 이 세상에 가지고 온 것이 아무것도 없고 이 세상을 떠날 때도 아무것도 가지고 가지 못합니다. 재물을 사랑하거나 그것에 탐닉하지 않게 해 주십시오. 아멘!

35주차 모임

재물

- 성경: 딤전 6:7-9
- 찬송: 322장 "세상의 헛된 신을 버리고"

함께 읽어 봅시다

제73문: 제8계명은 무엇입니까?
답: 제8계명은 "도둑질하지 말라" 하신 것입니다.
제74문: 제8계명이 명하는 것은 무엇입니까?
답: 제8계명이 명하는 것은 자기 자신이나 다른 사람의 부와 재산을 합법하게 얻고 증진시키라는 것입니다.

함께 나누어 봅시다

1. 돈은 보이지 않는 하나님보다 강력한 힘을 가진 듯 보입니다. 내 마음의 자리를 더 크게 차지하고 있는 것은 돈인가요, 하나님인가요? 나는 정말로 돈이 아니라 하나님을 섬기는 사람인가요?

2. 나의 재물로 하나님과 이웃을 사랑할 수 있는 방법은 구체적으로 무엇일까요?

3. 도둑질은 아니지만 이웃의 재산에 부당하게 손해를 끼치는 일들에는 어떤 것이 있을까요?

함께 기도합시다

재물 때문에 시험에 빠지지 않고, 하나님이 우리에게 맡겨 주신 재물을 하나님과 이웃을 위해 잘 사용하게 해 달라고 기도합시다.

 # 마음에서 시작되는 도둑질

• 성경: 막 7:15-23　　• 찬송: 72장 "만왕의 왕 앞에 나오라"

제75문: 제8계명이 금하는 것은 무엇입니까?

　도둑질은 남의 것을 훔쳐 자신의 소유로 만드는 것입니다. 도둑질은 눈과 손과 발이 합작해야 가능합니다. 그뿐만 아니라, 도둑질에는 마음도 관여합니다. 도둑질은 탐심에서 시작되어 나타난 결과입니다. 어떤 그리스도인은 재물을 피해 멀리 수도원에 들어가기만 하면 탐심을 물리칠 수 있을 것이라고 확신합니다. 이런 목적으로 수도원과 기도원 운동이 한때 인기를 끌었습니다. 세상과 분리된 수도원과 기도원에 살면 재물에 대한 탐욕으로부터 자유로울까요? 어느 정도 효과는 있겠지요. 하지만, 이는 일시적일 뿐 근본적 변화를 일으키지는 못합니다. 죄는 밖에서 안으로 들어가는 것이 아니라, 인간의 내면에서 솟아납니다. 재물을 멀리 둘 수는 있겠지만, 죄의 근원인 마음을 떼어놓고 수도원에 들어갈 수는 없습니다. "속에서 곧 사람의 마음에서 나오는 것은 악한 생각, 곧 음란과 **도둑질과 살인**"(막 7:21)입니다. 도둑질도 결국 마음에서 시작됩니다. "욕심이 잉태한즉 죄를 낳고 죄가 장성한즉 사망을 낳느니라"(약 1:15). 이 말씀은 진리입니다.

　돈을 사랑하든, 하나님을 사랑하든, 둘 중 하나를 선택해야 합니다. 돈과 하나님을 동시에 사랑할 수 없습니다. "너희는 하나님과 재물을 겸하여 섬길 수 없느니라"(눅 16:13). 둘 다 사랑할 수 있다고 말하는 사람은 사실은 하나님을 미워하는 것입니다. 둘 다 소유하고자 하는 사람은 사실은 돈을 귀중하게 여기는 것입니다. 속지 마십시오.

답: 제8계명이 금하는 것은 자기 자신이나 이웃의 부와 재산에 부당하게 손해를 끼치거나 손해 끼칠 만한 일을 하는 것입니다.

묵상 + 기도

1. 세상과 분리되어 재물로부터 멀리 떨어져 있으면 제8계명을 잘 지킬 수 있을까요?
2. 세상을 살아갈 때 돈보다 더 중요한 것이 있다면 무엇일까요?

하나님, 마음에서 시작되는 재물에 대한 탐심이 늘 문제입니다. 하나님 한 분만으로 만족하며 그 탐심에서 벗어나게 하소서. 아멘!

247일 부자입니까?

- 성경: 딤전 6:17-19
- 찬송: 104장 "곧 오소서 임마누엘"

제75문: 제8계명이 금하는 것은 무엇입니까?

그리스도인은 부자가 되면 안 되는 것일까요? 성경에는 부자가 많이 등장합니다. 아브라함과 이삭과 야곱도 부자였습니다. 솔로몬은 세계 최고의 부자였습니다. 오늘 이 시대에도 그리스도인 부자들이 있습니다. 스스로 '나는 부자야'라고 생각하는 사람은 어떻게 살아야 할까요?

부자는 돈이 많으니까 도둑질을 하지 않을까요? 부자도 도둑질합니다. "이웃의 부와 재산에 부당하게 손해를 끼치거나 손해 끼칠 만한 일을 하는 것"이 도둑질입니다. 바울은 디모데에게 편지로 이렇게 권면합니다. "네가 이 세대에서 부한 자들을 명하여 마음을 높이지 말고 정함이 없는 재물에 소망을 두지 말고 오직 우리에게 모든 것을 후히 주사 누리게 하시는 하나님께 두며, 선을 행하고 선한 사업을 많이 하고 나누어 주기를 좋아하며 너그러운 자가 되게 하라. 이것이 장래에 자기를 위하여 좋은 터를 쌓아 참된 생명을 취하는 것이니라"(딤전 6:17-19).

부자는 어떻게 살아야 할까요? 첫째, 교만하지 않아야 합니다. 둘째, 재물에 소망을 두지 말아야 합니다. 셋째, 선을 행하고 선한 사업을 많이 하고 나누어 주기를 좋아하며 너그러운 자가 되어야 합니다. "가진 자가 부자가 아니라, 베푸는 자가 부자다"라는 말이 있습니다. 사람들은 돈을 모으는 방법에는 관심이 많지만, 돈을 잘 사용하는 방법에는 무관심합니다. 재물을 잘 사용하는 법을 배우고 훈련합시다.

답: 제8계명이 금하는 것은 자기 자신이나 이웃의 부와 재산에 부당하게 손해를 끼치거나 손해 끼칠 만한 일을 하는 것입니다.

묵상 + 기도

1. 그리스도인 부자는 어떻게 살아야 합니까?
2. 돈을 잘 쓰기 위한 방법을 생각해 보세요.

하나님, 재물을 많이 가진 자가 부자가 아니라, 재물을 베푸는 자가 부자라고 합니다. 그런 부자가 되고 싶습니다. 아멘!

24일 가난한 자를 향한 하나님의 관심

● 성경: 레 19:9-10; 신 23:24-25 ● 찬송: 384장 "나의 갈 길 다 가도록"

제75문: 제8계명이 금하는 것은 무엇입니까?

모세의 율법은 지파의 경계표를 옮기거나 재물을 도둑질하는 행위를 금지합니다. 하나님이 백성에게 땅과 재물을 나누어 주셨습니다. 하지만, 여러 사정으로 가난해졌거나 굶어 죽을 지경에 이른 사람들이 있습니다. 부자가 재물을 나누지 않으면 가난한 사람은 굶주려야 합니다. 부자와 나사로 비유에서 볼 수 있는 것처럼 가난하고 병든 사람은 영양실조로 쉽게 죽습니다. 하나님은 이런 약자를 위해 제도를 마련하셨습니다. "너희가 너희의 땅에서 곡식을 거둘 때에 너는 밭모퉁이까지 다 거두지 말고, 네 떨어진 이삭도 줍지 말며, 네 포도원의 열매를 다 따지 말며, 네 포도원에 떨어진 열매도 줍지 말고, 가난한 사람과 거류민을 위하여 버려두라. 나는 너희의 하나님 여호와이니라"(레 19:9-10). 땅을 가진 자가 가난한 자와 나그네를 어떻게 배려해야 하는지 명령하신 것입니다. 가난한 자와 나그네가 부자의 사유지에 들어가 기본적 생존을 위한 필요를 채울 수 있게 하셨습니다. "네 이웃의 포도원에 들어갈 때에는 마음대로 그 포도를 배불리 먹어도 되느니라. 그러나 그릇에 담지는 말 것이요, 네 이웃의 곡식밭에 들어갈 때에는 네가 손으로 그 이삭을 따도 되느니라. 그러나 네 이웃의 곡식밭에 낫을 대지는 말지니라"(신 23:24-25).

성경은 사유 재산 제도를 인정하면서도, 사람과 생명을 섬기는 용도로 기꺼이 약자를 위해 그 재산을 사용할 것을 명령합니다. 여기서 현대 사회 복지 정책의 원리를 배울 수 있습니다.

답: 제8계명이 금하는 것은 자기 자신이나 이웃의 부와 재산에 부당하게 손해를 끼치거나 손해 끼칠 만한 일을 하는 것입니다.

묵상 + 기도

1. 하나님은 절대 빈곤에 처한 자들을 위해 어떤 조치를 하시나요?
2. 국가와 개인은 가난한 자와 힘없는 자를 어떻게 배려해야 하나요?

하나님, 재물을 이용해 하나님과 사람을 섬기게 하옵소서. 아멘!

 **249일**

제9계명: 명예

● 성경: 출 20:16; 신 19:15　● 찬송: 213장 "나의 생명 드리니"

제76문: 제9계명은 무엇입니까?

제9계명은 "네 이웃에 대하여 거짓 증거 하지 말라"입니다. 이 계명은 '거짓말하지 말라'는 명령으로 보입니다만, 정확하게는, 법정에서의 증언에 관한 것입니다. "네 이웃에 대하여 거짓 증언하지 말라"(You shall not bear false witness)는 것은 '너의 이웃에게 불리하도록 거짓말을 하지 말라'는 의미입니다. 이 명령에 등장하는 '이웃에 대하여', '증언'이라는 표현들은 고대 도시 성문에서 있었던 공개 법정을 연상시킵니다.

옛날에는 많은 사람들이 지나다니는 곳에서 공개적으로 재판을 했습니다. 고대 법정에서 중요한 증거는 증인의 증언입니다. 그러므로 제9계명은 이웃의 유죄와 무죄를 판단할 때 필요한 증인의 역할에 대한 명령입니다. 요즘은 과학 수사가 발달해서 지문, CCTV, 블랙박스, 유전자 검사 등 여러 기술을 이용해서 참과 거짓을 가려낼 수 있습니다. 하지만, 고대 법정에서는 대부분 증인의 증언에 의존했습니다. 물론 지금도 증인의 증언이 재판에서 중요하지만, 고대 법정에서는 더욱 절대적이었습니다.

제9계명은 가벼운 농담이나 선한 의도의 거짓말에 대해 말하는 것이 아닙니다. 그보다 훨씬 중요한 법정에서의 위증을 금지한 계명입니다. 만약 거짓으로 증언을 하면 피의자가 억울하게 죽을 수도 있습니다. 실제로 성경은 두세 사람의 증인이 있으면 그 사람의 죄를 확정할 수 있다고 말합니다(신 19:15).

답: 제9계명은 "네 이웃에 대하여 거짓 증거 하지 말라" 하신 것입니다.

 묵상 † 기도

1. 제9계명은 단순히 거짓말하지 말라는 계명인가요? 그렇지 않다면, 이 계명의 본래 의도는 무엇인가요?
2. 법정에서 거짓 증언을 하지 말아야 할 이유는 무엇인가요?

하나님, 제 말로 다른 사람을 죽일 수도 있으니, 말을 조심하게 해 주세요. 아멘!

거짓 증언으로 나봇을 죽임

• 성경: 왕상 21:1-16 • 찬송: 201장 "참 사람 되신 말씀"

제76문: 제9계명은 무엇입니까?

　북왕국 이스라엘 왕 아합은 사마리아 궁전 옆에 있던 나봇의 포도원을 갖고 싶었습니다. 그는 그 포도원을 사겠다고 나봇에게 말합니다. 하지만 나봇이 아합의 제안을 거절합니다. 그러자 왕비 이세벨이 나섭니다. 이세벨은 나봇의 성 지도자에게 밀서를 보내어 거짓 증인을 내세워 나봇을 죽이라고 명령합니다. 거짓 증언의 내용은 "나봇이 하나님과 왕을 저주하였다"(왕상 21:13)라는 것입니다. 율법에 의하면 두 명 이상의 증인이 있으면 죄를 확정할 수 있습니다(신 19:15). 결국 사람들은 나봇을 성 밖으로 끌고 나가 돌로 쳐 죽였습니다. 이 사건은 제9계명이 얼마나 중요한지를 보여 주는 대표적 예입니다.

　사탄은 언제나 자신의 특기인 거짓으로 진리를 파괴하고 이기려 날뜁니다. 세상은 거짓으로 가득합니다. 거짓이 판을 치는 세상에서 진리는 과연 승리할 수 있을까요? 사탄은 거짓 증인을 내세워 예수님을 죽음으로 내몰았습니다. 유대 종교 지도자들은 거짓 증인들을 내세워 예수님을 죽이려 했습니다(마 26:61). 예수님은 실제로 십자가에 못 박혀 죽으셨습니다. 거짓이 진리를 이긴 것일까요? 결코 아닙니다. 사탄은 패했습니다. 사탄이 거짓으로 첫 아담은 넘어뜨릴 수 있었지만, 마지막 아담이신 예수 그리스도는 무너뜨리지 못했습니다. 사탄의 공격은 오히려 하나님의 섭리 가운데 하나님이 택한 백성을 구원하시는 사역으로 활용되었습니다. 사탄이 그리스도의 발꿈치를 상하게 했지만, 그리스도는 사탄의 머리를 강타했습니다(창 3:15). 진리 되신 그리스도는 거짓의 아비인 사탄을 멸하셨습니다.

답: 제9계명은 "네 이웃에 대하여 거짓 증거 하지 말라" 하신 것입니다.

1. 아합 왕과 나봇의 포도원 이야기에서 배울 수 있는 교훈은 무엇인가요?
2. 때로는 거짓이 진리를 이기는 것처럼 보입니다. 그럼에도 진리를 따르는 우리가 낙심하지 않아야 할 이유는 무엇인가요?

　거짓의 아비 사탄이 거짓 증언으로 예수님을 죽였지만, 사탄은 오히려 패배했습니다. 저의 삶 가운데 있는 거짓을 물리쳐 주옵소서. 아멘!

거짓 증인이 되면 안 되는 이유

• 성경: 요 14:6   • 찬송: 200장 "달고 오묘한 그 말씀"

제77문: 제9계명이 명하는 것은 무엇입니까?

그리스도인은 삶 가운데서 "사람 사이의 진실함과 자기 자신과 이웃의 명예를 유지하고 증진"시켜야 합니다. "특별히 증언할 때에 그리해야 합니다." 진실함을 지켜야 하는 이유는 단순히 우리가 정직하고 착하게 살아야 하기 때문일까요? 일반 계시의 관점에서도 양심의 법은 우리가 정직하고 거짓이 없어야 한다고 말합니다. 하지만, 특별 계시인 성경은 그보다 훨씬 더 근원적인 이유 때문에 우리에게 거짓 증인이 되어서는 안 된다고 말합니다.

하나님이 거짓 없으신 분이기 때문입니다. 하나님은 거짓 없으신 진리 그 자체이십니다. "사람은 다 거짓되되, 오직 하나님은 참되시다, 할지어다"(롬 3:4). 예수님도 말씀하셨습니다. "내가 곧 길이요 진리요 생명이니, 나로 말미암지 않고는 아버지께로 올 자가 없느니라"(요 14:6). '진리'와 '생명'이 함께 나오는 것에 주목하십시오. 거짓은 사망을 낳지만, 진리는 생명을 낳습니다. 진리란 무엇일까요? 진리란 하나님의 마음에 일치하는 것입니다. 하나님의 자녀는 영광스럽게도 이 진리의 증인입니다. 그러니, 거짓 증인이 되어 거짓을 말해서는 안 됩니다. 거짓 증인이 되는 것은 사탄의 아들이 되는 것이니까요. 우리는 그럴 수 없습니다. 우리는 오직 사랑 안에서 진리를 말해야 합니다. "오직 사랑 안에서 참된 것을 하여(but speaking the truth in love) 범사에 그에게까지 자랄지라. 그는 머리니, 곧 그리스도라"(엡 4:15).

답: 제9계명이 명하는 것은 사람 사이의 진실함과 자기 자신과 이웃의 명예를 유지하고 증진시키라는 것이고, 특별히 증언할 때에 그리하라는 것입니다.

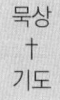

묵상
+
기도

1. 그리스도인이 진실해야 하는 이유는 무엇인가요?
2. 우리는 거짓 증인이 되지 않는 것 그 이상으로, 어디까지 성장해야 하나요?

하나님, 오직 사랑 안에서 진리만을 말함으로 그리스도에게까지 자라가기 원합니다. 아멘!

252일

36주차 모임

명예

• 성경: 엡 4:15   • 찬송: 200장 "달고 오묘한 그 말씀"

함께 읽어 봅시다

제76문: 제9계명은 무엇입니까?
답: 제9계명은 "네 이웃에 대하여 거짓 증거 하지 말라" 하신 것입니다.

제77문: 제9계명이 명하는 것은 무엇입니까?
답: 제9계명이 명하는 것은 사람 사이의 진실함과 자기 자신과 이웃의 명예를 유지하고 증진시키라는 것이고, 특별히 증언할 때에 그리하라는 것입니다.

제78문: 제9계명이 금하는 것은 무엇입니까?
답: 제9계명이 금하는 것은 무엇이든지 진실함을 손상하는 것과 자기 자신과 이웃의 명예를 훼손하는 것입니다.

함께 나누어 봅시다

1. 우리 주변에서 일어나는 '위증죄'와 '무고죄'의 문제에 대해 말해 보고, 그 원인과 대안에 대해 의견을 나누어 보세요.

2. 구한말 안창호 선생은 "죽어도 거짓 없어라"라는 말로 계몽 운동을 전개했습니다. 요즘도 이런 계몽이 필요할까요?

3. 자기 자신과 이웃의 명예를 위해서 진실만 말해야 하는 이유에 대해 이야기해 봅시다.

함께 기도합시다

이웃에 대해 거짓 증언 하지 않고, 어떤 상황에서도 진실하며, 자신과 이웃의 명예를 지킬 수 있게 해 달라고 기도합시다.

253일 최초의 거짓 증언자

• 성경: 요 8:44 • 찬송: 369장 "죄 짐 맡은 우리 구주"

제78문: 제9계명이 금하는 것은 무엇입니까?

현대인은 인간을 '호모 사피엔스'(Homo sapiens), '생각하는 인간', 곧 지능을 가진 존재라고 자랑하지만, 현대 심리학자는 그 인간의 생각과 지능이 '거짓말하고 속이는 데' 사용된다고 밝힙니다. 인간은 '호모 팔락스'(Homo fallax), 즉 '거짓말하는 인간'입니다. 사람은 의도적이든 아니든 거짓말을 하며 살아갑니다. 언제부터 인간은 속이며 거짓말하는 존재가 되었을까요? 본래 하나님이 그렇게 만드셨을까요? 아닙니다. 하나님은 인간을 거룩하고 아름답게 만드셨습니다. 이 거짓말은 사탄으로부터 온 것입니다.

예수님은 바리새인과 서기관을 향해 말씀하셨습니다. "너희는 너희 아비 마귀에게서 났으니 너희 아비의 욕심대로 너희도 행하고자 하느니라. 그는 처음부터 살인한 자요, 진리가 그 속에 없으므로 진리에 서지 못하고 거짓을 말할 때마다 제 것으로 말하나니, 이는 그가 **거짓말쟁이요 거짓의 아비**가 되었음이라"(요 8:44). 아담 이후로 모든 인간은 죄인으로서 거짓을 일삼습니다. 거짓의 아들이기 때문입니다. 사탄은 아담에게 거짓 증언을 했습니다. "너희가 결코 죽지 아니하리라. 너희가 그것을 먹는 날에는 너희 눈이 밝아져 하나님과 같이 되어 선악을 알 줄 하나님이 아심이니라"(창 3:4-5). 진리의 말씀은 무엇입니까? "선악을 알게 하는 나무의 열매는 먹지 말라. 네가 먹는 날에는 반드시 죽으리라"(창 2:17). 사람은 사탄의 아들이 되어 "하나님의 진리를 거짓 것으로 바꾸어"(롬 1:25) 숭배합니다.

답: 제9계명이 금하는 것은 무엇이든지 진실함을 손상하는 것과 자기 자신과 이웃의 명예를 훼손하는 것입니다.

묵상 † 기도

1. '호모 팔락스'(Homo fallax, 거짓말하는 인간)에 대한 자신의 생각을 말해 보세요.
2. 거짓말하는 인간의 모습은 언제부터 있었으며, 거짓말한 결과는 무엇인가요?

거짓의 아비 사탄에게서 난 사람은 거짓말하기를 밥 먹듯 합니다. 하나님, 제게 불리한 상황에서도 거짓말하고 싶지 않습니다. 도와주세요. 아멘!

 # 죽어도 거짓 없어라!

● 성경: 약 3:14   ● 찬송: 586장 "어느 민족 누구게나"

제78문: 제9계명이 금하는 것은 무엇입니까?

사람들은 종종 거짓 증언을 합니다. 부끄러운 통계가 있습니다. 일본과 비교해 보면, 우리나라의 위증죄는 무려 671배나 많고 '무고죄'(타인을 벌주려고 수사기관에 거짓으로 신고하는 죄)는 4,151배나 많다고 합니다. 모두 법정에서의 거짓 증언과 관련된 것이라, 우리는 이 문제를 심각하게 받아들여야 합니다. 기독교인은 여기에서 예외이면 좋겠습니다. 기독교 문화에 기초한 서구 유럽 사회는 '거짓말쟁이'라는 말을 가장 치욕적인 욕으로 간주합니다.

하나님이 미워하시는 것 일곱 가지 중에서 '거짓된 혀', '거짓을 말하는 망령된 증인', '형제 사이를 이간하는 자', 이 세 가지가 제9계명과 관련됩니다(잠 6:16-19). 하나님은 "진리를 거슬러 거짓말하지 말라"(약 3:14)라고 명령하십니다. 구한말 일제의 탄압과 경제적 궁핍으로 고국을 떠나 눈물을 머금고 중국과 러시아, 미국으로 이민을 간 한인이 약 2백만 명이나 된다고 합니다. 당시 미국에 머물던 도산 안창호 선생은 한국인이 거짓말을 밥 먹듯이 하고 정직하지 않게 행하는 것을 보았습니다. 선생은 한국인을 향해 "죽어도 거짓 없어라!"라고 외쳤습니다. 제9계명을 지키라고 한 것입니다.

답: 제9계명이 금하는 것은 무엇이든지 진실함을 손상하는 것과 자기 자신과 이웃의 명예를 훼손하는 것입니다.

1. 거짓말하는 사람은 하나님 나라에 들어갈 수 없습니다(계 21:27). 그래도 거짓말할 수 있겠습니까?
2. "죽어도 거짓 없어라"라는 말이 너무 심하게 들리나요? 때로 내가 하게 되는 거짓말은 무엇인가요?

하나님, 무슨 일이 있어도 사랑 안에서 진실만 말하겠습니다. 도와주십시오. 아멘!

순교적 삶

- 성경: 행 1:8
- 찬송: 318장 "순교자의 흘린 피가"

제78문: 제9계명이 금하는 것은 무엇입니까?

그리스도인은 복음의 증인입니다. "땅끝까지 이르러 내 증인이 되리라"(행 1:8). 그리스도의 증인(martus)이 되려면 희생이 필요합니다. 진리 때문에 순교자가 생겼습니다. 여기에서 '순교자'(martyr[마터])라는 단어가 생겨났습니다. 순교자는 증인입니다. 순교자는 죽음을 두려워하지 않는, 그리스도의 증인입니다. 그리스도는 거짓 없으신 하나님의 아들이시며 진리 자체이십니다. 이제 그리스도인은 거짓의 아비인 사탄의 종이 아니라, 진리 되신 그리스도의 제자로서 진리를 말해야 합니다.

초대교회 성도들은 이 진리를 증언하다가 거짓의 아비인 사탄의 지배를 받는 자들에게 핍박을 받았습니다. 그들은 죽음의 위협을 두려워하지 않았습니다. 500년 전 종교 개혁가들도 목숨을 희생하며 복음의 진리를 증언했습니다. 그들은 제9계명을 목숨 걸고 지킨 자들이기에, '마터' 곧 순교자라는 이름을 받았습니다. 영국의 메리 여왕이 통치하는 기간에 280여 명의 교회 지도자가 순교당했습니다. 메리 여왕의 별명이 '피투성이 메리'(Bloody Mary)일 정도였습니다. 당시 존 폭스(J. Foxe, 1516-1587)는 독일과 스위스에 피난해 있으면서 그 유명한 『순교 역사』(The Acts and Monuments, 1559)를 출판했습니다. 제9계명을 지킨다는 것은 순교를 각오한다는 뜻입니다.

답: 제9계명이 금하는 것은 무엇이든지 진실함을 손상하는 것과 자기 자신과 이웃의 명예를 훼손하는 것입니다.

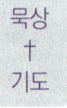

묵상 ✝ 기도

1. 악한 세상에서 제9계명을 지킨다는 것은 무엇을 의미하나요?
2. 이 시대에 제9계명을 지키기 위해 우리가 감수해야 할 손해나 핍박은 무엇일까요?

하나님, 거짓을 말하지 않고 진리만을 말하고자 합니다. 목숨 건 순교의 자세를 가질 수 있도록 도와주소서. 아멘!

# 거짓말해도 된다고요?

● 성경: 요일 2:21 ● 찬송: 331장 "영광을 받으신 만유의 주여"

제78문: 제9계명이 금하는 것은 무엇입니까?

'하얀 거짓말'은 해도 될까요? 소위 '사소한 선의의 거짓말'(little white lies)은 가능하지 않을까요? 이웃을 해치려는 악의적 거짓말(mendacium perniciosum)이 아니면 괜찮지 않나요? 우리는 유머 목적의 거짓말(mendacium iocosum)과 예의상의 거짓말(mendacium humilitatis)을 받아들입니다. 상대가 예쁘지 않아도, "우와, 오늘 예쁘십니다!"라고 거짓말하는 것은 종종 허용됩니다.

하지만, 어떤 거짓말도 진리에서 나지 않습니다(요일 2:21). 그리스도인은 어떤 경우든 거짓으로 증언하지 말아야 합니다. 어떤 사람은 성경에 거짓말을 인정하는 장면이 여러 번 나온다고 반론을 제기합니다. 대표적인 경우가 라합의 거짓말입니다. 여리고 성의 군인이 들이닥쳐 정탐꾼을 찾자, 라합은 이스라엘의 정탐꾼이 자기 집에 들어왔었지만 벌써 떠났다고 거짓말을 합니다(수 2:4-6). 히브리서 기자는 "믿음으로 기생 라합은 정탐꾼을 평안히 영접하였으므로 순종하지 아니한 자와 함께 멸망하지 아니하였도다"(히 11:31)라고 칭찬합니다. 이스라엘의 산파도 바로에게 거짓말을 했습니다(출 1:19). 이런 거짓말은 보통의 경우와 다릅니다. 이는 하나님께서 인정하신 경우인데, '봉사의 거짓말'(mendacium officiosum)에 해당합니다. 하지만, 이런 예외적인 경우를 언급하며, 일반적으로 거짓말을 해도 된다고 주장하는 것은 옳지 않습니다. 거짓은 흉내도 내지 말아야 합니다. 위험하기 때문입니다.

답: 제9계명이 금하는 것은 무엇이든지 진실함을 손상하는 것과 자기 자신과 이웃의 명예를 훼손하는 것입니다.

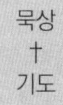
묵상 + 기도

1. 가벼운 선의의 거짓말은 해도 될까요? 안 된다면, 그 이유는 무엇인가요?
2. 라합과 이스라엘 산파의 거짓말은 우리가 어떤 의미로 이해해야 할까요?

하나님, 선의의 거짓말이라도 하고 싶지 않습니다. 늘 진실만을, 진심으로 말하도록 도와주세요. 아멘!

257일 제10계명: 마음

● 성경: 출 20:17 ● 찬송: 264장 "정결하게 하는 샘이"

제79문: 제10계명은 무엇입니까?

제10계명은 제7계명 '간음하지 말라', 제8계명 '도둑질하지 말라'와 중복되는 것 같습니다. 제7, 8계명과 제10계명의 차이가 무엇일까요? 제7, 8계명이 행동으로 나타난 간음과 도둑질에 관한 것이라면 제10계명은 마음속에서 시작된 탐심에 관한 것입니다. 그런 점에서 제7, 8계명보다 제10계명을 지키기가 훨씬 어렵습니다. 행동을 조심할 뿐만 아니라 마음까지 지켜야 하기 때문입니다.

국가의 법은 사람의 마음속에 있는 탐심까지 처벌할 수 없습니다. 사람이 무슨 생각과 계획을 하고 있는지 알지 못하고, 혹시 알더라도 그것을 증명할 수 없기 때문입니다. 어떤 사람이 사람을 죽이기 위해 칼을 샀다고 해도 정말 그 사람이 그 계획을 실행에 옮기기 전까지는 그를 잡아 가둘 수 없습니다. 하지만, 하나님의 법은 다른 사람의 물건을 훔치고 싶은 탐심까지도 금하십니다. "네 이웃의 집을 탐내지 말라"라고 했을 때 '집'(household)은 집 안에 있는 모든 것을 의미합니다. 집에 있는 모든 것의 대표적 예로, 아내, 남종, 여종, 소, 나귀를 나열한 것입니다. 마지막으로 다시 정리합니다. "무릇 네 이웃의 소유를 탐내지 말라." 창조자로서 하나님은 우리의 마음까지 아십니다. 우리는 하나님을 속일 수 없습니다. 하나님은 사람의 마음과 생각과 계획을 다 아십니다.

답: 제10계명은 "네 이웃의 집을 탐내지 말라. 네 이웃의 아내나 그의 남종이나 그의 여종이나 그의 소나 그의 나귀나 무릇 네 이웃의 소유를 탐내지 말라" 하신 것입니다.

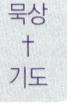

묵상 † 기도

1. 제10계명은 제7, 8계명과 어떻게 다릅니까?
2. "네 이웃의 집"이 뜻하는 내용에는 어떤 것들이 포함될까요?

하나님, 저의 마음속에 이웃의 소유에 대한 시기심과 탐심이 있습니다. 그런 악한 마음을 버리도록 도와주세요. 아멘!

# 모든 죄의 근원, 마음

● 성경: 마 15:17-19   ● 찬송: 268장 "죄에서 자유를 얻게 함은"

제79문: 제10계명은 무엇입니까?

제1계명이 십계명 전체를 대표한다면, 제10계명도 전체 계명을 대표합니다. 제10계명은 나머지 제1-9계명과 밀접하게 연결됩니다. 특별히 예수님은 산상수훈에서 율법의 의미를 마음의 문제로 확장시켜 설명하십니다. "입으로 들어가는 모든 것은 배로 들어가서 뒤로 내버려지는 줄 알지 못하느냐? 입에서 나오는 것들은 마음에서 나오나니 이것이야말로 사람을 더럽게 하느니라. 마음에서 나오는 것은 악한 생각과 살인과 간음과 음란과 도둑질과 거짓 증언과 비방이니"(마 15:17-19). 그것이 정확하게 제10계명에 진술됩니다.

하나님 외에 다른 신을 찾고 싶은 마음은 죄입니다(1계명). 하나님을 내 마음대로 섬기는 것은 죄입니다(2계명). 하나님의 이름을 내 마음대로 사용하는 것도 죄입니다(3계명). '오늘 예배드리고 싶지 않아.'라는 마음도 죄입니다(4계명). 명절이 되어 부모님을 방문해 세배를 하면서도 존경하는 마음이 없다면 그것은 죄입니다(5계명). 사람을 죽이고 싶은 마음(6계명)이 있고 다른 남자의 아내와 잠자고 싶은 마음만(7계명) 있어도 그것은 죄입니다. 다른 사람의 소유를 갖고 싶은 마음(8계명)을 품는 것도 죄입니다. 다른 사람에 대해 편견을 가지고 나쁜 마음을 품는 것도(9계명) 죄입니다. 제10계명을 지키기가 가장 어렵습니다.

답: 제10계명은 "네 이웃의 집을 탐내지 말라. 네 이웃의 아내나 그의 남종이나 그의 여종이나 그의 소나 그의 나귀나 무릇 네 이웃의 소유를 탐내지 말라" 하신 것입니다.

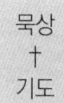
묵상
†
기도

1. 제10계명이 금하는 죄는 어디에서 시작되나요?
2. 제10계명은 나머지 계명과 어떤 관계에 있나요?

하나님, 마음으로 믿어 의에 이르지만, 마음으로 죄를 짓기도 합니다. 성을 빼앗는 자보다 마음을 다스리는 자가 복됩니다. 제 마음을 잘 다스리고 싶습니다. 아멘!

37주차 모임

탐심

● 성경: 눅 12:15 ● 찬송: 533장 "우리 주 십자가"

함께 읽어 봅시다

제79문: 제10계명은 무엇입니까?

답: 제10계명은 "네 이웃의 집을 탐내지 말라. 네 이웃의 아내나 그의 남종이나 그의 여종이나 그의 소나 그의 나귀나 무릇 네 이웃의 소유를 탐내지 말라" 하신 것입니다.

함께 나누어 봅시다

1. 사실 탐심과 욕심은 자본주의의 동력이 아니던가요? 자신의 처지에 온전히 만족하라는 명령이 우리의 삶에 어떤 영향을 줄까요?

2. 모든 죄는 마음에서 시작된다고 합니다. 자신의 삶에서 경험한 일들을 나누어 봅시다.

3. 10계명과 1-9계명의 관계를 생각해 보고, 함께 이야기해 보세요.

함께 기도합시다

이웃이 가진 것을 부러워하지 말고, 하나님이 내게 주신 것에 자족할 수 있게 해 달라고 기도합시다.

260일 자족하라

● 성경: 빌 4:11-12 ● 찬송: 368장 "주 예수여 은혜를"

제80문: 제10계명이 명하는 것은 무엇입니까?

"대한민국은 욕망 공화국이다"라는 말이 있습니다. 자본주의의 원동력은 인간의 욕망입니다. 부동산 투기에는 인간의 욕망이 들어 있습니다. 아파트 광고를 보면 그 실상을 볼 수 있습니다(김지찬, 『데칼로그』). "욕심내세요, 어울림이니까!"(금호건설) "욕심 낸 그곳에 꿈에그린이 온다"(한화건설). 자본주의 사회는 인간의 욕망을 자극해 경제에 활력을 불어넣습니다. 산업혁명 이후 대량 생산이 가능해지면서 사회는 욕망을 자극해 물건을 소비하게 합니다. 대량 생산은 대량 소비를 필요로 합니다. 대량 소비는 욕망으로만 가능합니다.

성경은 뭐라고 가르칠까요? 성경은 "자기 자신의 처지에 온전히 만족하며, 우리 이웃과 그의 모든 소유에 대하여 정당하고 잘되기 바라는 심정을 가지라" 합니다. 바울 사도는 이렇게 말합니다. "어떠한 형편에든지 나는 자족하기를 배웠노니, 나는 비천에 처할 줄도 알고 풍부에 처할 줄도 알아 모든 일 곧 배부름과 배고픔과 풍부와 궁핍에도 처할 줄 아는 일체의 비결을 배웠노라"(빌 4:11-12). 자족하는 법을 배워야 합니다. 욕망에 끌려가서는 안 됩니다. 오늘날 그리스도인들이 욕망의 강물에 불신자와 함께 떠내려가고 있습니다. 참 안타깝습니다.

답: 제10계명이 명하는 것은 자기 자신의 처지에 온전히 만족하며, 우리 이웃과 그의 모든 소유에 대하여 정당하고 잘되기 바라는 심정을 가지라는 것입니다.

묵상 + 기도

1. 자본주의 사회의 원동력은 무엇인가요?
2. 성경은 우리에게 욕망과 관련해 어떤 삶을 요구하나요?

하나님, 재물을 욕망하고 싶지 않습니다. 그러면서도 여전히 자족하지 못하는 저를 용서해 주십시오. 아멘!

261일 탐심을 물리치라

● 성경: 눅 12:15 ● 찬송: 533장 "우리 주 십자가"

제81문: 제10계명이 금하는 것은 무엇입니까?

제10계명이 금하는 것은 자기 자신의 처지를 조금이라도 불만스러워하는 것입니다. 탐심은 자신의 것에 만족하지 못하고 더 많이 가지려는 지나친 욕심입니다. "오직 각 사람이 시험을 받는 것은 자기 욕심에 끌려 미혹됨이니, 욕심이 잉태한즉 죄를 낳고 죄가 장성한즉 사망을 낳느니라"(약 1:14-15). 탐심이 생겨 사망에 이르는 과정을 보면 다음과 같습니다.

먼저 눈으로 보고 대상이 마음에 들어오면 마음에 탐심을 갖게 되고 손으로 취하는 행동으로 이어집니다. "여자가 그 나무를 **본즉** 먹음직도 하고 보암직도 하고 지혜롭게 할 만큼 **탐스럽기도** 한 나무인지라. 여자가 그 열매를 **따 먹고**"(창 3:6). 아간의 범죄에서도 같은 구도가 나타납니다. "금덩이 하나를 보고, **탐내어 가졌나이다**"(수 7:21). '보고, 탐하고, 취함'의 순서가 분명하게 나타납니다. 또한 탐심은 근본적으로 우상 숭배와 같습니다(골 3:5).

이런 탐심은 자신의 처지에 만족하지 못하는 데서 시작됩니다. 그러므로 우리는 예수님의 말씀에 귀 기울여야 합니다. "삼가 모든 탐심을 물리치라. 사람의 생명이 그 소유의 넉넉한 데 있지 아니하니라"(눅 12:15). 탐심으로 자기 재물을 열심히 쌓아 두지만 정작 하나님께 대해 부요하지 못하다면 그 인생은 헛될 뿐입니다.

답: 제10계명이 금하는 것은 자기 자신의 처지를 조금이라도 불만스러워하고 이웃의 잘됨을 시기하고 원통하게 여기고, 이웃의 것에 대하여 조금이라도 부당한 마음과 욕심을 품는 것입니다.

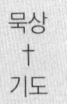

1. 탐심은 어떻게 시작되고 어떻게 진행되나요?
2. 나는 주로 어떤 것에 탐심을 갖는 편인가요?

하나님, 제 안의 탐심을 물리치고 저의 처지에 만족하며 하나님께 부요한 자가 되게 하소서. 아멘!

왜 하나님은 마음을 요구하시나요?

● 성경: 호 2:19-20   ● 찬송: 141장 "호산나 호산나"

제81문: 제10계명이 금하는 것은 무엇입니까?

    샤머니즘의 귀신에게는 사람들이 마음을 줄 필요가 없습니다. 귀신은 재물로 만족해합니다. 그러나 하나님은 인격적인 분입니다. 성경은 하나님과 신자의 관계를 **'아버지와 아들'**로 표현합니다. "내 아들아, 네 마음을 내게 주며"(잠 23:26). 하나님은 우리에게 마음을 요구하십니다. 아버지가 아들에게 마음을 요구하는 것은 당연합니다. 만약 자녀가 아버지에게 인사를 하면서도 마음으로 존경하지 않는다면, 아버지는 기쁘지 않을 것입니다.

    또 성경은 하나님과 우리의 관계를 **'신랑과 신부'**로 표현합니다. "여호와께서 이르시되, 그날에 네가 나를 내 남편이라 일컫고"(호 2:16). "내가 네게 장가들어 영원히 살되 공의와 정의와 은총과 긍휼히 여김으로 네게 장가들며, 진실함으로 네게 장가들리니, 네가 여호와를 알리라"(호 2:19-20). 부부는 서로 마음을 주고받습니다. 신랑은 신부를 사랑하고 신부는 마음을 다하여 신랑을 존경합니다.

    마지막으로 성경은 하나님과 우리의 관계를 **'왕과 백성'**으로 표현합니다. 하나님은 우리가 마음을 다하고 뜻을 다하고 힘을 다하여 하나님을 사랑하기를 원하십니다. 이렇게 우리에게 마음을 요구하시는 이유는 하나님과 우리의 친밀한 관계 때문입니다. 만약 제10계명에서 말씀하시는 마음에서 우러나오는 사랑이 없다면, 하나님과 우리의 관계는 딱딱하고 무미건조할 뿐입니다.

답: 제10계명이 금하는 것은 자기 자신의 처지를 조금이라도 불만스러워하고 이웃의 잘됨을 시기하고 원통하게 여기고, 이웃의 것에 대하여 조금이라도 부당한 마음과 욕심을 품는 것입니다.

1. 왜 하나님은 우리에게 마음까지 요구하실까요?
2. '아버지-아들', '신랑-신부', '왕-백성'의 비유에서 하나님이 우리에게 어떤 마음을 갖고 계심을 느낄 수 있나요?

하나님, 저의 마음과 뜻을 하나님께 온전히 드립니다. 아멘!

 # 263일

신자가 십계명을 완전히 지킬 수 있나요?

● 성경: 요일 1:10 ● 찬송: 463장 "신자 되기 원합니다"

제82문: 하나님의 계명을 완전히 지킬 수 있는 사람이 있습니까?

지금까지 십계명 전체를 배웠습니다. 십계명을 제대로 잘 지킬 수 있겠습니까? 십계명을 완전히 지킬 수는 없습니다. "타락한 이후 한낱 사람으로서는 이 세상에 살 동안에 하나님의 계명들을 완전히 지킬 수 없고 오히려 생각과 말과 행위로 날마다 범합니다." 그런데 왜 하나님은 우리에게 십계명을 주신 것일까요?

하이델베르크 요리문답 제115문은 그 이유를 두 가지로 정리합니다. "첫째, 평생 동안 우리의 죄악 된 본성을 더욱더 알게 하고, 그리하여 그리스도 안에서 사죄와 의로움을 더욱더 간절히 추구하도록 하기 위함입니다." 중생하고 의롭다 함을 받은 사람은 더 이상 율법을 지킬 필요가 없다고 주장하는 반(反)율법주의자(anti-nomianist) 혹은 율법 폐기론자가 있지만, 이들의 주장은 옳지 않습니다. "만일 우리가 범죄하지 아니하였다 하면, 하나님을 거짓말하는 이로 만드는 것이니"(요일 1:10). 성도는 십계명을 통해 자신의 죄를 깨닫고 회개하며, 겸손하게 그리스도를 바라보고 죄 용서 받을 수 있는 믿음을 가질 수 있습니다.

"둘째, 이 세상의 삶을 마치고 목적지인 완전에 이를 때까지, 하나님의 형상으로 더욱더 변화되기 위해 끊임없이 노력하고 하나님께 성령의 은혜를 구하기 위함입니다." 신자가 믿음으로 새 삶을 시작했으니 평생 회심의 길을 걸어가기 위해 노력하고 하나님의 은혜를 의지하도록, 하나님께서 신자에게 십계명을 주신 것입니다.

답: 타락한 이후 한낱 사람으로서는 이 세상에 살 동안에 하나님의 계명들을 완전히 지킬 수 없고 오히려 생각과 말과 행위로 날마다 범합니다.

 묵상 † 기도

1. 그리스도인이라 해도 십계명을 완전히 지킬 수 없는 이유는 무엇일까요?
2. 중생한 자에게 하나님이 십계명을 주신 이유는 무엇인가요?

하나님, 십계명을 완전히 행할 수 없는 저를 긍휼히 여겨 주소서. 십계명을 생각하며 하나님의 은혜를 구하고 의지하게 하소서. 아멘!

# 그리스도인에게 선행의 의미

● 성경: 마 5:13-16　　● 찬송: 426장 "이 죄인을 완전케 하시옵고"

제82문: 하나님의 계명을 완전히 지킬 수 있는 사람이 있습니까?

　하이델베르크 요리문답의 구조와 질문을 따라 선행과 관련된 부분을 정리해 보면 다음과 같습니다. 구원은 참된 믿음으로 얻습니다(제20문). 참된 믿음의 내용은 사도신경입니다(제22-58문). 사도신경에 기록된 믿음으로만(sola fide) 의를 얻습니다(제59문). 그러면 신자의 선행은 무슨 의미가 있나요(제62문)? 타락한 인간은 아무도 하나님의 요구(십계명)를 만족시킬 수 없습니다. 우리가 행한 최고의 선행조차도 모두 불완전하며 죄로 오염되어 있습니다(제62문). 하지만, 성경은 선행에 대해 상을 준다고 합니다. 하지만, 그것은 선행의 공로에 대한 보상이라기보다 선물입니다(제63문). 선행에 대한 보상이 없다면 사람이 과연 선을 행할까요(제64문)? 감사한 마음으로 자발적으로 행하는 선이야말로 참된 선행입니다.

　신자가 선행을 하는 의미가 무엇일까요(제86문)? "그리스도께서 그의 보혈로 우리를 구속하셨을 뿐 아니라, 그의 성령으로 우리를 새롭게 하여 그의 형상을 닮게 하시기 때문입니다. 이것은 우리가 모든 삶으로써 하나님의 은덕에 감사하고 하나님께서 우리를 통해 찬양받으시기 위함이며, 또한 우리 각 사람이 그 열매로써 자신의 믿음에 확신을 얻고, 경건한 삶으로써 다른 사람을 그리스도에게 인도하기 위함입니다." 선행은 그리스도께 감사하고 찬양하며 그분을 확신하기 위함이며, 불신자를 그리스도께 인도하기 위해서도 필요합니다.

답: 타락한 이후 한낱 사람으로서는 이 세상에 살 동안에 하나님의 계명들을 완전히 지킬 수 없고 오히려 생각과 말과 행위로 날마다 범합니다.

1. 중생한 신자에게 선행은 어떤 의미가 있나요?
2. 선행에 대한 보상이 없더라도, 성경은 어떤 목적으로 선을 행하라고 하나요?

하나님, 제가 선을 행하는 삶으로써 하나님께 감사하고 찬양하며, 저의 구원을 확신하고, 불신자를 주님께로 인도하게 하옵소서. 아멘!

265일 적절하지 않은 선행

● 성경: 마 7:21-23   ● 찬송: 206장 "주님의 귀한 말씀은"

제82문: 하나님의 계명을 완전히 지킬 수 있는 사람이 있습니까?

선행은 성경의 근거 없이 인간이 맹목적인 열정을 가지고, 또는 선한 의도를 가장해서 임의로 규정하며 행하는 것이 아닙니다(웨스트민스터 신앙고백 16:1). 로마 천주교회가 그런 선행을 많이 행합니다. 예를 들면, 성지 순례, 성인 숭배, 형상과 그림에 절하는 것입니다. 또 선행을 통해 구원을 얻을 수 있다고 믿는 것도 그렇습니다. 성찬을 제사로 바꾸고, 빵과 포도주가 예수님의 실제 몸과 피로 변한다고 믿는 화체설도 그렇습니다. 이런 것은 모두 선한 의도에서 비롯된 것이지만, 말씀에 근거한 것은 아닙니다. 성도의 신앙에 도움이 된다고 생각하거나 교회의 성장에 유익이 된다고 생각해서 행하는 많은 일이 성경적 근거 없이 맹목적으로 행해지는 것이거나 선한 의도를 가장한 것일 수 있습니다.

우리 주변에서 그런 예를 찾아봅시다. 40일 금식기도를 하다가 생명을 잃는 분들이 종종 있습니다. 왜 40일 동안이나 금식을 해야 할까요? 예수님이 하셨기 때문입니까? 우리는 예수님의 모든 것을 따라할 수 없습니다. '일천 번제'를 '일천 번 제(사)'로 잘못 이해하고 일천 번 헌금을 하면 선한 행동일까요? 성경에서 하나님이 분명하게 명령하신 것이 아니라면 우리는 자중하는 것이 현명합니다. 성경에서 분명하게 명령하는 것을 지키기에도 우리는 부족함이 많습니다.

답: 타락한 이후 한낱 사람으로서는 이 세상에 살 동안에 하나님의 계명들을 완전히 지킬 수 없고 오히려 생각과 말과 행위로 날마다 범합니다.

묵상 † 기도

1. 선한 의도이고 교회를 위한 일이라면 무조건 해도 될까요?
2. 사람들이 선한 의도를 핑계로 행하는, 하나님 보시기에 옳지 않은 행위에는 어떤 것이 있을까요?

하나님, 제가 말씀에 맞지 않는 선행을 제 뜻대로 하고 있는 것은 아닌지 알게 해 주십시오. 아멘!

38주차 모임

무능력한 인간

- 성경: 요일 1:10 · 찬송: 463장 "신자 되기 원합니다"

함께 읽어 봅시다

제82문: 하나님의 계명을 완전히 지킬 수 있는 사람이 있습니까?

답: 타락한 이후 한낱 사람으로서는 이 세상에 살 동안에 하나님의 계명들을 완전히 지킬 수 없고 오히려 생각과 말과 행위로 날마다 범합니다.

함께 나누어 봅시다

1. 나는 십계명을 완전히 지키고 있나요? 하나님은 우리가 십계명을 완전히 지킬 수 없다는 것을 아시면서도 왜 십계명을 주셨을까요?

2. 그래도 내가 십계명을 지키려고 노력해야 할 이유는 무엇인가요? 우리의 완전하지 못한 선행에 대해 하나님이 상을 주시는 이유는 무엇일까요?

3. 하나님이 기뻐하시지 않는 선행은 어떤 것일까요? 우리가 선을 행하는 목적은 무엇이어야 하나요?

함께 기도합시다

우리가 날마다 생각과 말과 행위로 짓는 죄를 용서해 달라고, 우리가 선을 행함으로써 불신자를 그리스도께로 인도할 수 있게 해 달라고 기도합시다.

267일 큰 죄와 작은 죄

• 성경: 약 3:1　• 찬송: 255장 "너희 죄 흉악하나"

제83문: 법을 어기는 죄가 모두 똑같이 악합니까?

　사람의 모든 죄는 크든 작든 하나님 앞에서는 죽음에 이르는 죄입니다. 하지만, 죄의 종류와 경중에 있어서 차이가 납니다. 죄의 책임도 사람마다 다릅니다. 꼬마가 배가 고파 시장에서 찐빵을 슬쩍 훔친 죄와 배부른 공무원이 국가의 돈을 슬쩍 훔친 죄는 다릅니다. "어떤 죄는 그 자체로서, 그리고 거기서 파생된 해악으로 말미암아 하나님 앞에서 다른 죄보다 더 악합니다." 이에 대한 구체적인 진술은 웨스트민스터 대요리문답 제151문이 잘 정리했습니다.

　첫째, 죄지은 당사자에 따라 죄는 차이가 납니다. 학생의 죄와 선생의 죄는 무게가 다릅니다. 선생의 죄는 책임이 더 큽니다. 나이가 많거나 재능이 있거나 위치와 직분이 높은 사람은 그렇지 않은 사람보다 더 큰 책임을 집니다. 둘째, 죄지은 대상에 따라 차이가 납니다. 하나님을 대적하거나, 권위자에게 대항하거나, 연약한 형제를 실족하게 하거나, 공공의 재산에 해를 끼친 경우는 죄가 더 큽니다. 셋째, 범죄의 성격과 질에 따라 차이가 납니다. 율법에 명시된 것을 어긴 것, 교회의 권징이나 국가의 실정법을 어긴 것, 또는 고의적으로 죄를 반복해서 범하는 것, 이런 문제에 따라 죄는 차이가 납니다. 넷째, 때와 장소와 상황에 따라 차이가 납니다. 주일을 어기거나 예배나 공개적인 자리에서 죄를 지을 경우 죄의 책임이 더 가중될 것입니다.

　죄는 경중이 있지만, 아무리 작은 죄라도 죄지은 당사자를 지옥으로 이끕니다. 하지만, 아무리 큰 죄라도 진정으로 회개하면 예수 안에서 용서받을 수 있습니다(웨스트민스터 신앙고백 15:4).

답: 어떤 죄는 그 자체로서, 그리고 거기서 파생된 해악으로 말미암아 하나님 앞에서 다른 죄보다 더 악합니다.

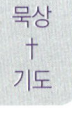

1. 모든 죄는 악하지만, 그 경중을 어떻게 따질 수 있을까요?
2. 본문을 볼 때, 내가 하나님 앞에서 더 악한 죄를 짓는 경우는 언제인가요?

하나님, 제가 이런저런 죄를 짓습니다. 진심으로 회개하오니, 예수 그리스도 안에서 제 죄를 용서해 주십시오. 아멘!

작은 죄는 괜찮을까요?

● 성경: 갈 3:10　● 찬송: 218장 "네 맘과 정성을 다하여서"

제84문: 모든 죄마다 마땅히 받아야 할 보응이 무엇입니까?

　소요리문답 제83문에서는 큰 죄가 있고 작은 죄가 있다고 배웠습니다. 그러면 작은 죄는 쉽게 용서받고 큰 죄는 용서받기 어려울까요? 로마 천주교회에서는 '죽음에 이르는 죄'(Mortal Sin: 교만, 시기, 분노, 나태, 탐욕, 탐심, 정욕)와 '용서받을 수 있는 죄'(Venial Sin)로 구분합니다. 성경도 그렇게 가르치나요? 아닙니다. 모든 죄가 치명적이고 죄인을 죽음에 이르게 합니다. 아무리 작은 죄일지라도 하나님의 주권과 선하심과 거룩하심을 거스르고 공의로운 법을 어긴 것이기 때문에 "이 세상과 오는 세상에서 하나님의 진노와 저주를" 받을 수밖에 없습니다. "무릇 율법 행위에 속한 자들은 저주 아래에 있나니, 기록된바 누구든지 율법 책에 기록된 대로 모든 일을 항상 행하지 아니하는 자는 저주 아래에 있는 자라 하였음이라"(갈 3:10).

　사람은 인간관계 안에서만 죄를 짓는다고 생각하지만, 성경은 하나님과의 관계에서 죄를 범함을 지적합니다. 다윗은 이렇게 고백합니다. "내가 주께만 범죄하여 주의 목전에 악을 행하였사오니"(시 51:4). '하나님의 진노'는 죄와 죄인을 향한 하나님의 **의로우신 분노**(태도)입니다. '하나님의 저주'는 형벌로 나타나는 **진노의 표현**(실행)입니다. 우리가 짓는 모든 죄는 이 세상과 오는 세상에서 하나님의 거룩한 진노를 받기에 마땅합니다.

답: 모든 죄마다 마땅히 받아야 할 보응은 이 세상과 오는 세상에서 하나님의 진노와 저주를 받는 것입니다.

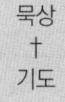

1. 우리가 보기에 조그마한 죄는 하나님의 진노를 피할 수 있을까요?
2. 하나님이 말씀하시는 죄의 기준과 그 결과는 무엇입니까?

하나님, 저는 사람에게만 아니라 하나님께도 많은 죄를 범합니다. 용서해 주십시오. 아멘!

269일 죄의 삯

● 성경: 애 3:39   ● 찬송: 311장 "내 너를 위하여"

제84문: 모든 죄마다 마땅히 받아야 할 보응이 무엇입니까?

현대인은 죄를 정신병이나 심리적 결핍 정도로 여깁니다. 범죄란 사회 환경이 좋지 못하여 심리적으로 불안한 가운데 일어나는 것이라고 생각합니다. 그런 환경을 바꾸고 심리적으로 문제가 있는 사람을 잘 치료하면 범죄를 예방할 수 있다고 봅니다. 그러나 하나님은 죄를 전혀 다르게 정의하십니다. "죄는 하나님의 율법을 조금이라도 부족하게 지키거나 그 법을 어기는 것입니다"(소요리문답 제14문). 죄란 의도적으로 하나님의 법을 어기는 것뿐만 아니라, 무능력으로 하나님의 명령을 완전히 순종하지 못하는 것까지도 포함합니다. 인간의 결핍(need)도 죄입니다. "살아 있는 사람은 자기 죄들 때문에 벌을 받나니 어찌 원망하랴"(애 3:39). 이렇게 "모든 인류는 타락함으로 말미암아 하나님과 교제가 끊어졌고 하나님의 진노와 저주 아래 있으며, 그로 말미암아 이 세상에서 온갖 비참함을 겪다가 결국 죽음에 이르고 영원히 지옥의 고통에 떨어집니다"(소요리문답 제19문).

죄의 삯은 사망입니다. 인간의 죽음은 죄의 삯을 치르는 과정입니다. 그 후 영원한 멸망이 있습니다. 그러면 인간은 어떻게 죄와 비참을 제거할 수 있을까요? 죄의 삯을 치러야만 없앨 수 있습니다. 예수 그리스도께서 우리 대신 죽으심으로 우리 죄를 없애셨습니다(히 9:26).

답: 모든 죄마다 마땅히 받아야 할 보응은 이 세상과 오는 세상에서 하나님의 진노와 저주를 받는 것입니다.

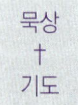

1. 심리학적 차원에서 보는 죄와 하나님께서 보시는 죄는 어떻게 다른가요?
2. 성경은 죄의 결과가 어떤 것이라고 가르치나요?

하나님, 제가 예수님의 대속의 죽음으로 죄에서 해방된 것이 얼마나 귀한지 모릅니다. 감사합니다. 아멘!

진노와 저주를 피하는 길

- 성경: 요 14:6
- 찬송: 95장 "나의 기쁨 나의 소망 되시며"

제85문: 우리의 죄로 말미암아 마땅히 받아야 할 하나님의 진노와 저주를 피하게 하시려고 하나님께서 우리에게 요구하시는 것은 무엇입니까?

십계명으로 대표되는 율법과 양심의 법에 비추어 볼 때 모든 인간은 죄인입니다. "의인은 없나니 하나도 없으며"(롬 3:10)라고 한 바울의 외침은 진실입니다. 모든 인간은 "본질상 진노의 자녀"(엡 2:3)로 하나님의 진노와 저주 아래 있습니다. 이 하나님의 진노와 저주를 피할 수 있는 방법은 없을까요? 인간에게는 하나님의 심판을 피할 방법이 없습니다.

그러나 하나님은 모든 인류를 죄와 비참한 처지에서 멸망당하게 버려두지 않으셨습니다. "하나님께서는 영원부터 오직 그분의 선하신 뜻대로 어떤 사람들을 영생에 이르도록 선택하셨고 구속자로 말미암아 그들을 죄와 비참한 처지에서 건져 내어 구원의 지위에 이르게 하시려고 은혜 언약을 세우셨습니다"(소요리문답 제20문). 하나님은 새 언약의 중보자이신 예수 그리스도를 세상에 보내셔서 죄인을 위해 속죄양으로 십자가에서 죽도록 하셨습니다. 이렇게 하나님은 택한 백성의 구원을 위한 길(Way)을 마련하셨습니다(요 14:6). 세상에는 수많은 종교가 있습니다. 그 종교는 각각 인간의 죄 문제를 해결할 수 있다고 장담합니다. 하지만, 예수 그리스도 이외에 다른 구원의 길은 없습니다. "다른 이로써는 구원을 받을 수 없나니, 천하 사람 중에 구원을 받을 만한 다른 이름을 우리에게 주신 일이 없음이라 하였더라"(행 4:12).

답: 우리의 죄로 말미암아 마땅히 받아야 할 하나님의 진노와 저주를 피하게 하시려고 하나님께서 우리에게 요구하시는 것은 예수 그리스도를 믿고, 생명에 이르는 회개를 하며, 우리에게 구속의 은덕을 끼쳐 주시려고 그리스도께서 쓰시는 모든 방도를 부지런히 사용하는 것입니다.

묵상 † 기도

1. 죄인을 구원하시려고 하나님은 어떤 방법을 마련하셨나요?
2. 죄와 사망에서 구원받을 수 있는 방법이 여러 가지인가요?

하나님, 길이요 진리요 생명이신 예수 그리스도를 믿고 붙잡고 살게 해 주십시오. 아멘!

271일 구원을 위한 요구

● 성경: 요 3:16   ● 찬송: 357장 "주 믿는 사람 일어나"

제85문: 우리의 죄로 말미암아 마땅히 받아야 할 하나님의 진노와 저주를 피하게 하시려고 하나님께서 우리에게 요구하시는 것은 무엇입니까?

우리는 어떻게 하나님의 구원에 참여할 수 있을까요? 열심히 기도하고 많이 헌금하고 예배에 성실하게 참석하면 구원을 얻을 수 있을까요? 아닙니다. "그리스도의 성령께서 그 구속을 우리에게 효력 있게 적용하여 주심으로 우리는 그리스도의 값 주고 사신 구속에 참여하는 사람이 됩니다"(소요리문답 제29문). 성령 하나님의 일, 곧 구원을 적용하여 주시는 사역을 통해 우리가 구원을 받습니다. 어떻게 그런 일이 일어날까요? "성령께서는 우리를 효력 있는 부르심으로 부르셔서, 우리 안에 믿음을 일으켜 주시고, 그리스도와 연합하게 하심으로 그리스도의 값 주고 사신 구속을 우리에게 적용하여 주십니다"(소요리문답 제30문). 소요리문답 31문은 "효력 있는 부르심"(소명, Calling), 33문은 "의롭다 하심"(칭의, Justification), 34문은 "양자로 삼으심"(입양, Adoption), 35문은 "거룩하게 하심"(성화, Sanctification)에 관해 자세히 설명합니다.

자세히 보면 구원을 위해 사람이 해야 할 것에 대한 언급이 없습니다. 구원은 오직 하나님으로부터만 온다고 합니다. 심지어 '믿음'조차도 하나님이 주신다고 합니다. "우리 안에 믿음을 일으켜 주시고"(소요리문답 제30문). 한편 소요리문답 제85문은 우리의 '믿음'을 요구합니다. "…하나님께서 우리에게 요구하시는 것은 예수 그리스도를 믿고…." 이어서 '회개'하고 '은혜의 방편'을 사용할 것을 요구하십니다.

답: 우리의 죄로 말미암아 마땅히 받아야 할 하나님의 진노와 저주를 피하게 하시려고 하나님께서 우리에게 요구하시는 것은 예수 그리스도를 믿고, 생명에 이르는 회개를 하며, 우리에게 구속의 은덕을 끼쳐 주시려고 그리스도께서 쓰시는 모든 방도를 부지런히 사용하는 것입니다.

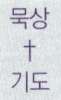

묵상
†
기도

1. 구원을 얻기 위해 인간 쪽에서 할 수 있는 일이 있나요? 하나님의 구원 방법에 대해 설명해 보세요.
2. 제85문에 따르면, 구원을 위해 하나님은 우리에게 무엇을 요구하시나요?

하나님, 오직 예수 그리스도를 믿고 회개함으로 구원받을 수 있음이 얼마나 큰 은혜인지요. 감사합니다. 할렐루야! 아멘!

구원은 믿음과 회개라는 행위로 받나요?

• 성경: 행 16:31   • 찬송: 279장 "인애하신 구세주여"

제85문: 우리의 죄로 말미암아 마땅히 받아야 할 하나님의 진노와 저주를 피하게 하시려고 하나님께서 우리에게 요구하시는 것은 무엇입니까?

죄와 비참으로부터 진정으로 구원받기 원하는 사람은 어떻게 해야 할까요? "주 예수를 믿으라. 그리하면 너와 네 집이 구원을 받으리라"(행 16:31). 예수님을 믿으면 구원받습니다. 물론 구원은 하나님의 일입니다. 하나님은 택한 자를 부르시고, 의롭다 하시고, 입양하시고, 거룩하게 하십니다. 인간의 공로는 없습니다. 구원은 오직 하나님의 은혜로만 일어납니다.

하지만, 소요리문답 제85문은 하나님이 인간에게 '믿음과 회개와 은혜의 방도'를 요구하신다고 말합니다. 우리는 믿고 회개해야 합니다. 그러면 '믿음과 회개와 은혜의 방도[방편]'가 구원을 위한 조건입니까? 믿음도 일종의 '행위'입니까? 그런 것처럼 보입니다. 하지만, 그렇지 않습니다. 구원은 전적으로 하나님의 일하심으로 됩니다. 인간의 그 어떤 공로를 필요로 하지 않습니다. 그만큼 하나님의 구원은 완전하고 강력합니다. 그와 동시에 하나님은 구원의 사역 가운데 우리의 믿음과 회개와 은혜의 방도를 사용하십니다. 인간은 인격체입니다. 로봇이 아닙니다. 하나님은 구원을 위한 모든 일을 스스로 행하시지만, 인간이 기쁜 마음으로 자원해 하나님의 구속을 받아들이기 원하십니다. 성령 하나님이 우리에게 오셔서 우리로 하여금 참된 믿음으로 그리스도와 그의 모든 은덕에 참여하게 하며 나를 위로하시고 영원히 나와 함께하십니다(하이델베르크 요리문답 제53문). 하나님의 구원이 놀랍지 않나요?

답: 우리의 죄로 말미암아 마땅히 받아야 할 하나님의 진노와 저주를 피하게 하시려고 하나님께서 우리에게 요구하시는 것은 예수 그리스도를 믿고, 생명에 이르는 회개를 하며, 우리에게 구속의 은덕을 끼쳐 주시려고 그리스도께서 쓰시는 모든 방도를 부지런히 사용하는 것입니다.

묵상
+
기도

1. 하나님이 우리에게 요구하시는 믿음과 회개와 은혜의 방편은 행위에 속하는 것이 아닌가요?
2. 하나님은 왜 이런 것을 요구하시나요?

하나님은 제가 스스로 믿고 회개하고 은혜의 방도를 부지런히 사용하기 원하시네요. 제가 그 뜻에 순종하기를 원합니다. 아멘!

273일

39주차 모임

죄와 구원

● 성경: 행 4:12 ● 찬송: 357장 "주 믿는 사람 일어나"

함께 읽어 봅시다

제85문: 우리의 죄로 말미암아 마땅히 받아야 할 하나님의 진노와 저주를 피하게 하시려고 하나님께서 우리에게 요구하시는 것은 무엇입니까?

답: 우리의 죄로 말미암아 마땅히 받아야 할 하나님의 진노와 저주를 피하게 하시려고 하나님께서 우리에게 요구하시는 것은 예수 그리스도를 믿고, 생명에 이르는 회개를 하며, 우리에게 구속의 은덕을 끼쳐 주시려고 그리스도께서 쓰시는 모든 방도를 부지런히 사용하는 것입니다.

함께 나누어 봅시다

1. 인간에게는 스스로 십계명과 율법을 행할 능력이 없습니다. 그 결과는 죽음인데, 하나님은 인간을 위해 어떤 대책을 마련하셨나요?

2. 내가 구원받도록 하나님이 내게 요구하시는 것은 무엇인가요?

3. 소요리문답 제30-35문에 나타난 성령 하나님의 구원 역사와 우리의 믿음과 회개가 어떤 관계인지 설명해 봅시다.

함께 기도합시다

예수 그리스도를 믿는 믿음을 가지고 생명에 이르는 회개를 할 수 있도록, 하나님께서 날마다 은혜를 주시기를 기도합시다.

# 274일 믿음이란 무엇입니까?

● 성경: 엡 2:8 ● 찬송: 279장 "인애하신 구세주여"

제86문: 예수 그리스도를 믿는 믿음이 무엇입니까?

성경이 "주 예수를 믿으라. 그리하면 구원을 받으리라"라고 말하니, 마치 우리가 뭔가 할 수 있는 일이 있는 듯합니다. 하지만, 이것은 선택받은 자에게만 해당될 뿐입니다. 사실 믿음은 하나님의 선물입니다. "예수 그리스도를 믿는 믿음은 구원의 은혜"입니다. 믿음은 우리가 선물로 받은 은혜입니다. 믿음은 구원하는 행위나 공로가 아닙니다. "너희는 그 은혜에 의하여 믿음으로 말미암아 구원을 받았으니 이것은 너희에게서 난 것이 아니요 하나님의 선물이라"(엡 2:8).

웨스트민스터 대요리문답 제72문은 믿음의 기원과 믿음의 작용을 좀 더 세밀하게 설명합니다. "의롭게 하는 믿음은 성령과 하나님의 말씀으로 죄인의 마음속에 역사하는 구원의 은혜입니다. 이것으로 죄인은 자기 죄와 비참을, 그리고 자신의 상실된 상태에서 스스로 회복할 수 있는 능력이 자신과 다른 피조물에게는 전혀 없다는 것을 확신하고, 복음에 약속된 진리에 동의할 뿐 아니라, 죄 사함을 받기 위해서, 그리고 구원 얻도록 하나님의 목전에서 의롭다고 간주되고 용납되기 위해서 복음에 제시된 그리스도와 그분의 의를 받아들이고 의지합니다." **'믿음의 기원'**은 하나님이고, **'믿음의 작동'**은 말씀과 성령을 통해 일어나고, **'믿음의 모양'**은 자신의 죄와 비참을 확신하고 그리스도를 영접하고 그분의 의를 의지하는 것입니다.

답: 예수 그리스도를 믿는 믿음은 구원의 은혜이고, 이로써 우리는 구원을 얻으려고 복음이 전하는 예수 그리스도를 영접하고 그분만을 의지합니다.

묵상
+
기도

1. 구원받게 하는 믿음은 어디에서 기원합니까?
2. 믿음은 어떻게 작용하고, 믿음의 모습은 어떤 것인가요?

하나님, 제가 죄와 비참에서 스스로 회복될 수 없음을 확신합니다. 그리스도를 영접하고 그분의 의를 의지합니다. 아멘!

275일 믿음, 구원의 은혜

● 성경: 롬 6:10-11 ● 찬송: 337장 "내 모든 시험 무거운 짐을"

제86문: 예수 그리스도를 믿는 믿음이 무엇입니까?

믿음에 대해 좀 더 살펴봅시다. 하이델베르크 요리문답 제60문은 참된 믿음의 과정과 결과를 잘 정리합니다. 하나님 앞에서 의롭게 되는 것은 "오직 예수 그리스도에 대한 참된 믿음으로만 됩니다." "비록 내가 하나님의 모든 계명을 크게 어겼고 단 하나도 지키지 않았으며 여전히 모든 악으로 향하는 성향이 있다고 나의 양심이 고소하지만, 하나님께서는 나의 공로가 전혀 없이 순전히 은혜로 그리스도의 온전히 만족하게 하심과 의로움과 거룩함을 선물로 주십니다. 하나님께서는 마치 나에게 죄가 전혀 없고 또한 내가 죄를 짓지 않은 것처럼, 실로 그리스도께서 나를 위해 이루신 모든 순종을 내가 직접 이룬 것처럼 여겨 주십니다. 오직 믿는 마음으로만 나는 이 선물을 받습니다."

'**믿음의 내용**'(fides qua creditur: faith which is believed)은 그리스도와 그분의 구속입니다. '**믿음의 수단**'(fides quae creditur: faith by which is believed)은 하나님이 주시는 믿음입니다. '**믿음의 결과**'는 우리의 죄와 죄책을 우리가 스스로 직접 해결한 것처럼 여겨 주시는 것, 곧 선물로 받은 구원입니다. "그가 죽으심은 죄에 대하여 단번에 죽으심이요, 그가 살아 계심은 하나님께 대하여 살아 계심이니, 이와 같이 너희도 너희 자신을 죄에 대하여는 죽은 자요, 그리스도 예수 안에서 하나님께 대하여는 살아 있는 자로 **여길지어다**"(롬 6:10-11). 손을 내밀어야 앞에 차려진 맛난 음식을 먹을 수 있는 것처럼, 오직 믿음(sola fide)이 있어야 우리에게 주시는 구원을 얻을 수 있습니다. 이것은 전혀 우리의 공로가 아닙니다. 오직 하나님의 은혜(sola gratia)입니다.

답: 예수 그리스도를 믿는 믿음은 구원의 은혜이고, 이로써 우리는 구원을 얻으려고 복음이 전하는 예수 그리스도를 영접하고 그분만을 의지합니다.

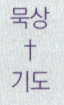

1. 믿음의 과정과 결과에 대해 묵상해 보세요.
2. 믿음의 결과로 우리는 어떤 유익을 얻습니까?

하나님, 오직 믿음으로만 구원의 선물을 받을 수 있으니, 이는 하나님의 은혜입니다. 감사합니다. 아멘!

거짓 믿음(1)

● 성경: 마 13:1-7 ● 찬송: 357장 "주 믿는 사람 일어나"

제86문: 예수 그리스도를 믿는 믿음이 무엇입니까?

믿음은 마치 『아라비안나이트』에 나오는 알리바바의 '열려라, 참깨!' 같은 주문이 아닙니다. 믿음은 모든 것을 가능하게 하는 만능 키(key)가 아닙니다. 믿음은 사람이 중요한 것을 암기한다고, 열심히 공부한다고, 정성을 다한다고 가질 수 있는 것이 아닙니다. 믿음은 하나님의 은혜로운 선물입니다. 어떤 사람은 거짓 믿음을 참믿음이라고 착각하기도 합니다.

마태복음 13장에 나오는 '씨 뿌리는 자 비유'에 등장하는 세 가지 경우가 있습니다. **첫째 경우는 딱딱한 마음입니다.** "뿌릴새 더러는 길가에 떨어지매 새들이 와서 먹어 버렸고"(마 13:4). 교회에 오기는 하지만 그때 들은 말씀이 뿌리를 맺지 못합니다. 교회에 출석한다고 참믿음을 가진 것은 아닙니다. **둘째 경우는 약한 마음입니다.** "더러는 흙이 얕은 돌밭에 떨어지매 흙이 깊지 아니하므로 곧 싹이 나오나, 해가 돋은 후에 타서 뿌리가 없으므로 말랐고"(마 13:5-6). 이들은 말씀을 들을 때 즉시 기쁨으로 받습니다. 그러나 그 속에 뿌리가 없어 잠시 견디다가 말씀으로 말미암아 환난이나 박해가 일어날 때에는 곧 넘어지는 자들입니다. 이런 자들은 복음을 받고 쉬이 즐거워하고, 과도하게 기뻐하고, 죄에 대해 상당히 슬퍼하는 것 같습니다. 하지만, 환난이나 박해 같은 어려운 상황에서 넘어지고 맙니다. 오래가지 못합니다. 이는 참믿음이 아니라 거짓 믿음입니다.

답: 예수 그리스도를 믿는 믿음은 구원의 은혜이고, 이로써 우리는 구원을 얻으려고 복음이 전하는 예수 그리스도를 영접하고 그분만을 의지합니다.

묵상 † 기도

1. 믿음은 도깨비 방망이와 어떻게 다를까요?
2. 거짓 믿음에는 어떤 것이 있나요?

하나님, 참믿음을 갖고 싶습니다. 거짓을 물리치게 도와주옵소서! 아멘!

거짓 믿음(2)

● 성경: 마 13:1-7 ● 찬송: 373장 "고요한 바다로"

제86문: 예수 그리스도를 믿는 믿음이 무엇입니까?

믿음에도 참과 거짓이 있습니다. 우리는 그냥 '믿음'이 아니라 '참믿음'을 가져야 합니다. 거짓 믿음도 있고 기독교 이단도 많습니다. 씨 뿌리는 자 비유에 나타난 마지막 잘못된 믿음을 봅시다. **셋째 경우는, 나뉜 마음입니다.** "더러는 가시떨기 위에 떨어지매 가시가 자라서 기운을 막았고"(마 13:7). 이런 사람은 교회에서 말씀을 듣지만 세상의 염려와 재물의 유혹에 말씀이 막혀 결실하지 못합니다. 이런 사람의 마음은 처음에는 딱딱하지도 않고 약하지도 않았습니다. 좋은 마음처럼 보입니다. 씨에서 싹이 나고 그 싹이 잘 자라는 것처럼 보입니다. 상당 기간, 좋은 땅에 떨어진 씨와 차이가 없어 보입니다. 문제는 가시떨기도 함께 자라고 있다는 것입니다. 가시 같은 세상의 염려와 재물의 유혹이 닥쳐오면 이기지 못하고 질식하여 죽고 맙니다. 성령 하나님이 주신 구원받는 믿음이 아니라, 스스로 만든 거짓 믿음은 가시처럼 날카로운 시험을 견뎌 내지 못합니다. '세상의 염려'와 '재물의 유혹'이 날이 갈수록 강해지면서 그 영혼을 덮쳐 질식시켜 버립니다. 이런 사람은 염려를 없애고 재물을 더 벌어들일 수 있는 방법을 찾습니다. 그들은 자신도 모르는 사이에 두 가지 신을 섬깁니다. 세상 염려와 욕심의 가시떨기가 그 씨앗의 기운을 막아 결실하지 못하게 합니다.

답: 예수 그리스도를 믿는 믿음은 구원의 은혜이고, 이로써 우리는 구원을 얻으려고 복음이 전하는 예수 그리스도를 영접하고 그분만을 의지합니다.

묵상 + 기도

1. 우리 가운데는 거짓 믿음을 가진 자가 있습니다. 어떤 사람인가요?
2. 당신의 믿음은 참인가요, 아니면 거짓인가요?

하나님, 세상의 염려와 재물의 유혹으로부터 저를 구원해 주옵소서. 아멘!

 # 거짓 믿음(3)

● 성경: 약 2:18-22 ● 찬송: 545장 "이 눈에 아무 증거 아니 뵈어도"

제86문: 예수 그리스도를 믿는 믿음이 무엇입니까?

그 대상과 내용이 잘못된 거짓 믿음도 있습니다. 참믿음은 구원하는 믿음입니다. 구원을 위한 본질적 믿음과 비본질적 믿음을 구별할 수 있어야 합니다. 예수님이 마구간에서 태어나셨다는 사실을 믿는 것도 중요하겠지만, 그 믿음만으로는 구원을 얻을 수 없습니다. 사탄도 하나님이 한 분이심을 믿고 떨지만(약 2:19), 그 믿음이 그를 구원하지 못합니다. 구원 얻는 믿음은 은혜 언약의 효력을 토대로 칭의와 성화와 영생을 위해 오직 그리스도만 영접하고, 받아들이고, 의지하는 것(웨스트민스터 신앙고백 14:2)입니다.

참믿음은 사상이나 생각을 굳게 믿고 실현하려는 '신념'(信念)과 다릅니다. 참믿음은 옳고 그름을 분별하지 않고 무작정 믿는 '맹신'(盲信)과 다릅니다. 참믿음의 대상은 살아 계시고 참되신 하나님이고, 참믿음의 내용은 그분의 약속입니다. 참믿음은 '지(知)·정(情)·의(意)'로 설명할 수 있습니다. 믿음은 구원을 얻으려고 "복음이 전하는 예수 그리스도"를 아는 것(知)입니다. 믿음은 "영접"하는 것(情)입니다. 믿음은 "그분만을 의지"하는 것(意)입니다. 이렇게 믿음은 하나님과 그분이 우리를 위해 행하신 놀라운 구원과 그 적용에 관한 지식입니다. 믿음은 감정적으로 동의하는 것입니다. 믿음은 의지적으로 신뢰하며 삶의 방향을 바꾸는 것입니다. 그래서 믿음의 '지·정·의'는 '지식과 동의와 신뢰'로 균형 있게 구성됩니다. 이것은 서로 분리할 수 없고 단지 구별될 뿐입니다.

답: 예수 그리스도를 믿는 믿음은 구원의 은혜이고, 이로써 우리는 구원을 얻으려고 복음이 전하는 예수 그리스도를 영접하고 그분만을 의지합니다.

 묵상 + 기도

1. 믿음은 신념이나 맹신과 어떻게 다릅니까?
2. 나의 믿음은 삶에서 어떻게 드러나고 있는지 생각해 보세요.

하나님, 예수님을 무작정 믿기보다는, 하나님이 주신 지·정·의를 통해 믿고 싶습니다. 아멘!

회개와 믿음, 동전의 양면

● 성경: 행 2:38   ● 찬송: 326장 "내 죄를 회개하고"

제87문: 생명에 이르는 회개가 무엇입니까?

예수님은 "회개하라. 천국이 가까이 왔느니라"(마 3:2)라고 하셨습니다. 오순절에 베드로도 "회개하여 각각 예수 그리스도의 이름으로 세례를 받고 죄 사함을 받으라"(행 2:38)라고 외쳤습니다. 정말 우리는 회개해야 합니다. 그런데 믿음이 먼저입니까? 회개가 먼저입니까? 웨스트민스터 소요리문답은 '믿음'(86문)을 먼저 다루고 '회개'(87문)를 뒤에 다룹니다. 믿음이 먼저입니다. 하지만, 회개할 때 죄인은 자기 죄를 깨닫고 하나님의 자비를 알고 자기 죄를 미워하며 하나님께 돌아가서 굳은 결심으로 순종하게 됩니다. 그런 면에서 '믿음'과 '회개'는 동전의 양면과 같습니다. 회개가 없는 믿음은 불가능하며, 믿음 없는 회개도 있을 수 없습니다. 참믿음이 있는 사람은 회개합니다. 회개하지 않는 사람은 참믿음을 가졌다고 보기 어렵습니다. 믿음과 회개는 분리할 수 없는 하나입니다. 이 둘은 성령 하나님의 효과적인 부르심(소요리문답 제31문)에 의해 중생한 사람에게 나타나는 결과입니다. '중생'이 택함받은 자의 무의식 가운데 발생한다면, '믿음과 회개'는 택함받은 자의 의식 수준에서 나타납니다. '칭의'가 죄인의 신분을 바꾼다면, '회개'는 죄인의 상태를 변화시킵니다. '믿음'이 예수 그리스도를 구원자로 영접하는 것이라면, '회개'는 그분에게로 돌아가는 것입니다.

답: 생명에 이르는 회개는 구원의 은혜이고, 이로써 죄인이 자기 죄를 바로 알고, 그리스도 안에 있는 하나님의 자비를 깨달아, 자기 죄를 슬퍼하고 미워하고, 그 죄에서 떠나 하나님께로 돌아가고 굳은 결심과 노력으로 새롭게 순종합니다.

1. 회개는 우리가 스스로 할 수 있는 것인가요?
2. 믿음과 회개의 관계를 묵상해 보세요.

하나님, 제 죄를 바로 알고 이 죄에서 떠나 자비로우신 하나님께 돌아가기 원합니다. 아멘!

40주차 모임

믿음

● 성경: 약 2:18-22 ● 찬송: 545장 "이 눈에 아무 증거 아니 뵈어도"

함께 읽어 봅시다

제86문: 예수 그리스도를 믿는 믿음이 무엇입니까?
답: 예수 그리스도를 믿는 믿음은 구원의 은혜이고, 이로써 우리는 구원을 얻으려고 복음이 전하는 예수 그리스도를 영접하고 그분만을 의지합니다.

함께 나누어 봅시다

1. '믿음의 기원', '믿음의 작용', '믿음의 모습'에 대해 말해 보세요.

2. '믿음의 내용', '믿음의 수단', '믿음의 결과'에 대해 아는 대로 말해 보세요.

3. 거짓 믿음과 참믿음을 구분할 수 있나요? 어떤 것이 거짓 믿음인지, 예를 들어 말해 봅시다.

함께 기도합시다

예수 그리스도와 복음에 대한 믿음을 더 굳건하게 해 달라고, 구원의 은혜를 누리게 해 달라고 기도합시다.

회개란 무엇인가?

● 성경: 행 2:37-38 ● 찬송: 498장 "저 죽어 가는 자 다 구원하고"

제87문: 생명에 이르는 회개가 무엇입니까?

'회개'는 자동차가 유턴(U-turn)하는 것과 같습니다. 자신의 삶을 완전히 되돌리는 것을 '회심' 혹은 '회개'라고 할 수 있습니다. 이 회개도 믿음과 같이 "구원의 은혜"입니다. 회개는 인간 스스로 만들어 낼 수 없습니다. 성령님이 말씀으로 사람의 마음속에 믿음을 불러일으키시고 회개하게 하시는 은혜가 있어야 합니다. 성령 하나님이 오신 오순절에, 베드로가 예수님을 십자가에 못 박으라고 소리쳤던 회중을 향해 설교했을 때 "그들이 이 말을 듣고 마음에 찔려 베드로와 다른 사도들에게 물어 이르되, 형제들아! 우리가 어찌할꼬"(행 2:37)라고 외쳤습니다. 그들이 말씀을 듣고 성령님이 임재하셨을 때 그들은 마음으로 "자기 죄를 바로 알게" 되었습니다. 그때 베드로는 "회개하라"라고 선포했습니다.

만약 성령님이 주시는 회개가 아니고 인간 스스로 가지는 죄에 관한 지식과 슬픔이라면 하나님께 돌아가려는 마음이 생기지 않습니다. 하지만, 성령님이 "그리스도 안에 있는 하나님의 자비를 깨닫는" 믿음을 주실 때는 회개할 마음도 동시에 주십니다. 하나님을 믿는 참믿음은 우리를 회개로 나아가게 합니다. "자기 죄를 슬퍼하고 미워하고, 그 죄에서 떠나 하나님께 돌아가고 굳은 결심과 노력으로 새롭게 순종하게 합니다." 이것이 생명에 이르는 회개입니다.

답: 생명에 이르는 회개는 구원의 은혜이고, 이로써 죄인이 자기 죄를 바로 알고, 그리스도 안에 있는 하나님의 자비를 깨달아, 자기 죄를 슬퍼하고 미워하고, 그 죄에서 떠나 하나님께 돌아가고 굳은 결심과 노력으로 새롭게 순종합니다.

1. 생명에 이르는 회개란 무엇입니까?
2. 회개에서 하나님의 일과 인간의 일은 어떻게 작용하나요?

하나님, 저의 죄를 회개하고 하나님께 나아갑니다. 저를 받아 주세요. 아멘!

생명에 이르는 회개

● 성경: 롬 10:4; 요일 1:10 ● 찬송: 519장 "구주께서 부르되"

제87문: 생명에 이르는 회개가 무엇입니까?

생명에 이르는 회개를 하는 자의 모습은 다릅니다. 첫째, 자신의 죄가 위험하고 더럽고 추악하며, 하나님의 거룩한 본성과 의로우신 율법에 배치되는 것을 보고 느낍니다. 둘째, 죄를 뉘우치는 자에게는 그리스도 안에 있는 하나님의 자비가 주어짐을 알고 믿습니다. 셋째, 자기의 죄를 슬퍼하고 미워하며 그 모든 죄를 버리고 하나님께로 돌아서고 하나님의 계명이라는 모든 길에서 그분과 동행하려는 목표를 세우고 매진합니다. 바로 이것이 생명에 이르는 회개입니다.

회개는 그리스도 안에서 값없이 주시는 은혜로, 구원을 향한 것이고 복음적 은혜(웨스트민스터 신앙고백 15:1)입니다. 그렇다고 우리가 아무것도 하지 않아도 그런 일이 일어날 것이라고 생각해서는 안 됩니다. 회개는 모든 죄인에게 필수적이며, 회개하지 않고는 누구도 죄 용서를 기대할 수 없습니다. 회개는 구체적이어야 하고 우리가 애써서 해야 하는 것입니다. 하나님과 당사자에게 죄를 고백하고 사죄를 구해야 하며 죄를 버리고 자비를 얻어야 합니다. 형제나 교회에 걸림돌이 되는 죄에 대해 사적으로나 공적으로 죄를 고백하고 애통해야 합니다. 가해자는 피해자에게 진심으로 용서를 구하고, 피해자는 가해자를 사랑으로 받아들이고 그와 화해해야 합니다. 어떤 교회는 한번 죄 용서를 받은 사람은 이제 다시는 죄를 짓지 않는다고 가르칩니다. 다시 회개할 죄가 없다고 말합니다. 이는 잘못입니다. 루터가 그리스도인은 '의인이면서 동시에 죄인'(simul iustus et peccator)이라고 말한 것은 옳습니다.

답: 생명에 이르는 회개는 구원의 은혜이고, 이로써 죄인이 자기 죄를 바로 알고, 그리스도 안에 있는 하나님의 자비를 깨달아, 자기 죄를 슬퍼하고 미워하고, 그 죄에서 떠나 하나님께로 돌아가고 굳은 결심과 노력으로 새롭게 순종합니다.

묵상 † 기도

1. 자기의 모든 죄를 버리고 하나님과 동행하기로 결단하셨습니까?
2. 사적으로나 공적으로 고백해야 할 죄가 있나요?

하나님, 저는 의인으로 부름받았지만, 여전히 죄 가운데 있습니다. 용서해 주십시오. 아멘!

 # 회개와 죄 용서의 바른 관계

● 성경: 눅 13:3, 5 ● 찬송: 535장 "주 예수 대문 밖에"

제87문: 생명에 이르는 회개가 무엇입니까?

회개는 죄 사함을 위해 필수적입니다. 하지만, 회개가 죄를 보상하는 근거나 용서의 원인은 아닙니다(웨스트민스터 신앙고백 15:3). 죄 용서의 근거는 오직 예수 그리스도의 대속의 죽음뿐입니다. 만약 회개가 죄 용서의 근거라고 한다면 살인죄를 저지른 사람이 눈물로 회개하기만 하면 형벌을 받지 않아도 된다는 뜻이 됩니다. 로마 천주교회는 회개를 죄에 대한 보상 행위로 간주합니다. 그래서 죄인이 고행이나 고해성사(회개 행위)를 통해 죗값을 치를 수 있다고 가르칩니다. 그들에게 회개는 죄 용서의 원인입니다.

하지만, 성경은 그렇게 말하지 않습니다. 회개 자체는 속죄를 이룰 수 없습니다. 죄가 사해지려면 값을 치러야 합니다. 죗값은 사망입니다(롬 6:23). 오직 하나님만이 이 문제를 해결하실 수 있습니다. 하나님은 예수 그리스도를 십자가에 못 박아 죽임으로 우리의 죗값을 대신 치르셨습니다. 십자가 대속의 죽음이 속죄의 유일한 근거입니다. 회개는 이 속죄를 근거로 하나님께 돌아가려는 마음의 상태와 표현입니다. 죄 사함은 하나님이 그리스도 안에서 은혜로 베푸시는 행위입니다(호 14:1, 4; 롬 3:24; 엡 1:7). 회개는 그리스도께서 이루신 속죄를 받는 수단입니다. 회개는 모든 죄인에게 반드시 필요하며, 회개 없이는 누구도 죄 사함을 기대할 수 없습니다(눅 13:3, 5; 행 17:30-31).

답: 생명에 이르는 회개는 구원의 은혜이고, 이로써 죄인이 자기 죄를 바로 알고, 그리스도 안에 있는 하나님의 자비를 깨달아, 자기 죄를 슬퍼하고 미워하고, 그 죄에서 떠나 하나님께로 돌아가고 굳은 결심과 노력으로 새롭게 순종합니다.

묵상 † 기도

1. 죄 용서의 근거는 무엇입니까?
2. 나의 죗값을 담당하시려고 십자가에서 죽으신 예수님을 대할 때, 어떤 생각이 드나요?

주님의 죽으심으로 제가 새 생명을 얻었습니다. 감사합니다. 아멘!

284일 회개 없는 죄 용서?

● 성경: 눅 23:34; 행 2:38 ● 찬송: 76장 "창조의 주 아버지께"

제87문: 생명에 이르는 회개가 무엇입니까?

마르틴 루터(1483-1546)가 1517년 10월 31일 비텐베르크(Wittenberg) 교회 정문에 95개조 반박문을 붙이면서 종교개혁이 시작되었습니다. 95개조 반박문 1번이 회개에 관한 것입니다. "1. … 예수 그리스도께서 '회개하라, 천국이 가까웠느니라'라고 전파하셨을 때, 그분은 신자의 전 생애가 회개하는 것이 되어야 한다고 가르치신 것이었습니다." 이는 면죄(벌)부를 사면 죄를 용서받을 수 있다고 잘못 가르친 로마교회의 거짓 교리를 비판한 것입니다. 죄 용서는 오직 그리스도의 대속의 죽음에 근거할 뿐, 인간의 회개라는 노력으로 얻는 것이 아닙니다. 하지만, 회개하지 않고는 누구도 죄 용서받기를 기대할 수 없습니다. 하나님은 죄를 용서하시기 위해 우리로 하여금 반드시 회개하게 하십니다.

교회가 용서를 남발하는 경향이 없지 않습니다. 예수님도 "아버지, 저들을 사하여 주옵소서"(눅 23:34)라고 말씀하셨지만, 이는 회개 없는 용서를 뜻하지 않습니다. 그들이 회개할 때 죄를 용서받습니다. "**회개하여** 각각 예수 그리스도의 이름으로 세례를 받고 **죄 사함을 받으라**"(행 2:38). 한 번 회개하고 나면 그것으로 끝일까요? 예수 그리스도의 십자가와 속죄를 의지하고 믿는 신자는 자신의 죄를 발견할 때마다 은혜의 보좌 앞에 나아가 지속적으로 회개하는 삶을 살아갑니다. 이런 회개의 삶은 전 인생을 통해 계속됩니다.

답: 생명에 이르는 회개는 구원의 은혜이고, 이로써 죄인이 자기 죄를 바로 알고, 그리스도 안에 있는 하나님의 자비를 깨달아, 자기 죄를 슬퍼하고 미워하고, 그 죄에서 떠나 하나님께로 돌아가고 굳은 결심과 노력으로 새롭게 순종합니다.

묵상 + 기도

1. 회개하고 예수님의 속죄의 은혜를 받았다면, 이제 더 이상 회개할 필요가 없나요?
2. 철저한 회개 없이, 죄 용서를 기대할 때는 없나요?

하나님, 저의 죄를 발견할 때마다 예수님의 대속하심을 의지하여 은혜의 보좌 앞으로 나아가게 하소서. 아멘!

285일 거짓 회개

● 성경: 렘 31:18-19   ● 찬송: 276장 "아버지여 이 죄인을"

제87문: 생명에 이르는 회개가 무엇입니까?

바른 회개는 사람 스스로의 힘에서 나오지 않습니다. 참된 회개는 하나님으로부터 옵니다. 예레미야 선지자는 이렇게 말했습니다. "주는 나의 하나님 여호와이시니 나를 이끌어 돌이키소서. 그리하시면 내가 돌아오겠나이다. 내가 돌이킨 후에 뉘우쳤고 내가 교훈을 받은 후에 내 볼기를 쳤사오니, 이는 어렸을 때의 치욕을 지므로 부끄럽고 욕됨이니이다"(렘 31:18-19). 보십시오. 예레미야는 먼저 하나님께 자신을 돌이켜 달라고 요청합니다. 이렇게 하나님이 우리를 먼저 돌이키실 때 회개할 수 있습니다. 이것이 참회개의 원리입니다. 거짓 회개는 하나님으로부터 오지 않습니다. 회개하듯 잠시 눈물과 콧물을 흘릴 수는 있습니다. 하지만, 그런다고 참회개는 아닙니다.

거짓 회개와 참회개를 어떻게 구분할 수 있을까요? 다음과 같은 사람은 참으로 회개한 것이 아닙니다. 첫째, 복음을 들어 알지만, 죄를 확실히 알지 못하고 그리스도를 사랑하지 않으며, 그리스도인의 삶이 없는 자입니다. 둘째, 죄를 깊이 깨닫고 구원을 향한 강렬한 열망도 있지만, 구원이 자신의 행위에 달려 있다고 믿는 자입니다. 셋째, 새로운 삶을 살기 원하지만 죄에 대한 분명한 지식도 없고 자신의 의지만을 믿는 자입니다. 이런 자는 삶의 중심이 하나님이 아니라 자기 자신입니다. 하나님은 그의 삶에서 주변으로 밀려나 있습니다. 이런 자의 회개는 거짓입니다.

답: 생명에 이르는 회개는 구원의 은혜이고, 이로써 죄인이 자기 죄를 바로 알고, 그리스도 안에 있는 하나님의 자비를 깨달아, 자기 죄를 슬퍼하고 미워하고, 그 죄에서 떠나 하나님께로 돌아가고 굳은 결심과 노력으로 새롭게 순종합니다.

묵상 + 기도

1. 안타깝게도 교회 안에도 거짓 회개가 있습니다. 예를 들면 어떤 경우인가요?
2. 거짓 회개와 참된 회개를 구분할 수 있는 기준이 무엇입니까?

하나님, 내 삶의 중심에 하나님을 모시기 원합니다. 하나님만이 저의 주님이십니다. 아멘!

하나님의 뜻대로 하는 근심

● 성경: 고후 7:9-11 ● 찬송: 82장 "성부의 어린양이"

제87문: 생명에 이르는 회개가 무엇입니까?

자신의 죄를 알고 슬퍼하고 미워하는 것은 기분 좋은 일이 아닙니다. 자신의 죄에 눈감고 싶고 그 죄책을 피하고 싶고 무시하고 싶은 것이 사실입니다. 하지만, 구원에 이르게 하는 회개는 근심하기를 두려워하지 않습니다.

고린도교회에는 수많은 문제가 있었습니다. 바울은 고린도 교회의 여러 가지 죄를 지적했습니다. 분쟁과 파당(고전 1장), 아버지의 아내를 취한 음행의 문제(고전 5장), 세상 법정에 성도들이 서로 송사한 문제(고전 6장), 우상에게 바친 제물의 문제(고전 8장), 우상 숭배 문제(고전 10장), 여성의 지위에 관한 문제(고전 11장), 성령의 은사 문제(고전 12-14장), 부활을 의심하는 문제(고전 15장) 등입니다. 죄를 지적받은 고린도 교회 성도는 근심이 가득했습니다. 하지만, 그 근심은 구원에 이르는 회개를 이루었습니다. "너희가 근심함으로 회개함에 이른 까닭이라 … 하나님의 뜻대로 하는 근심은 후회할 것이 없는 구원에 이르게 하는 회개를 이루는 것이요"(고후 7:9-10).

에스라가 바벨론 포로 이후 예루살렘으로 돌아온 백성에게 모세의 율법 책을 읽어 주고 설명했습니다. "백성이 율법의 말씀을 듣고 다 우는지라"(느 8:9). 그들이 울며 근심한 것은 자신의 죄를 알게 되었기 때문입니다. 하지만, 느헤미야와 에스라는 백성에게 슬퍼하지 말고 기뻐하라고 말합니다. 왜냐하면 회개하는 자에게는 하나님이 평안을 주시기 때문입니다. 회개는 슬퍼하게 하지만, 구원에 이르게 합니다.

답: 생명에 이르는 회개는 구원의 은혜이고, 이로써 죄인이 자기 죄를 바로 알고, 그리스도 안에 있는 하나님의 자비를 깨달아, 자기 죄를 슬퍼하고 미워하고, 그 죄에서 떠나 하나님께로 돌아가고 굳은 결심과 노력으로 새롭게 순종합니다.

묵상 † 기도

1. 죄를 생각하고 기억하는 것은 슬픔을 줍니다. 세상 근심은 사망을 이루지만, 하나님의 뜻대로 하는 근심은 어떤 결과를 낳나요?
2. 근심과 회개의 관계를 묵상해 보세요.

하나님, 저의 죄를 직시할 용기를 주세요. 용서의 하나님을 바라보게 해 주세요. 구원에 이르는 회개를 하게 해 주세요. 아멘!

넷째 주 모임

회개

• 성경: 고후 7:9-10 • 찬송: 276장 "아버지여 이 죄인을"

함께 읽어 봅시다

제87문: 생명에 이르는 회개가 무엇입니까?

답: 생명에 이르는 회개는 구원의 은혜이고, 이로써 죄인이 자기 죄를 바로 알고, 그리스도 안에 있는 하나님의 자비를 깨달아, 자기 죄를 슬퍼하고 미워하고, 그 죄에서 떠나 하나님께로 돌아가고 굳은 결심과 노력으로 새롭게 순종합니다.

함께 나누어 봅시다

1. '믿음과 회개'의 상관관계에 대해 자신의 생각을 말해 보세요.

2. "의인이면서 동시에 죄인"(simul iustus et peccator)이라는 루터의 말에 대해 생각해 보세요. 무슨 뜻일까요?

3. 회개 없는 죄 용서가 가능하지 않은 이유는 무엇일까요?

함께 기도합시다

참된 회개의 영을 주셔서 죄를 깨닫고 돌아서서 하나님을 향하도록, 하나님의 자비에 힘입어 말씀에 순종하는 삶을 살아갈 수 있도록 기도합시다.

은혜의 수단

● 성경: 행 2:41-42, 46-47 ● 찬송: 203장 "하나님의 말씀은"

제88문: 그리스도께서 우리에게 구속의 은덕을 끼치는 데 쓰시는 통상적인 방도는 무엇입니까?

지금까지는 하나님께서 우리를 구원하시기 위해 여러 가지 '내적 수단'(inward means)을 사용하셨음을 배웠습니다. 이런 구원에 이르는 은혜의 수단은 인간이 능동적으로 사용할 수 없습니다. 하나님이 인간 가운데 행하시는 은혜의 방법입니다. 구원의 서정(ordo salutis), 곧 소명, 칭의, 입양, 성화, 영화로 하나님의 구원하심이 나타납니다. 이런 구원의 과정을 위해 우리가 할 수 있는 것은 아무것도 없습니다. 하나님은 이런 내적 수단을 사용하십니다.

그뿐만 아니라 하나님은 '외적 수단'(outward means)도 사용하십니다. "그리스도께서 우리에게 구속의 은덕을 끼치는 데 쓰시는 통상적인 방도는 그분이 정하신 것인데, 특히 말씀과 성례와 기도입니다. 이 모든 것이 택함받은 사람들에게 구원을 위하여 효력 있게 됩니다." 유아 시기에 죽었거나 정신지체아로서 선택된 하나님의 백성은 통상적으로 '내적 수단'을 통해 구원의 은혜를 받지만, 보통의 경우 그리스도께서 구속의 은덕(The Benefits of Redemption)을 나누어 주시기 위해 사용하시는 방법은 '외적 수단'입니다. 그것이 말씀과 성례와 기도입니다. 이 말씀과 성례와 기도는 하나님이 택한 백성을 구원하는 데 효력 있게 사용됩니다. 지금 우리 교회와 성도는 이 '외적 수단'을 잘 사용해야 합니다. 그래야 구원에 이르고, 구원받은 자로서 특권을 누릴 수 있습니다.

답: 그리스도께서 우리에게 구속의 은덕을 끼치는 데 쓰시는 통상적인 방도는 그분이 정하신 것인데, 특히 말씀과 성례와 기도입니다. 이 모든 것이 택함받은 사람들에게 구원을 위하여 효력 있게 됩니다.

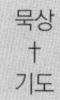

1. 그리스도께서 택한 자들을 위해 은혜를 주시려고 사용하시는 통상적인 방법은 무엇인가요?
2. 구원의 은혜를 주시기 위한 '내적 수단'과 '외적 수단'이 어떻게 구분되나요?

하나님이 은혜를 베푸시는 내적 수단 이외에 외적 수단이 있네요. 이 수단을 잘 사용하기 원합니다. 아멘!

은혜의 수단을 잘못 사용함

● 성경: 롬 2:28-29   ● 찬송: 215장 "내 죄 속해 주신 주께"

제88문: 그리스도께서 우리에게 구속의 은덕을 끼치는 데 쓰시는 통상적인 방도는 무엇입니까?

소위 '은혜의 방편'(말씀·성례·기도)이라고 부르는, 그리스도께서 우리에게 구속의 은덕을 끼치는 데 쓰시는 통상적인 방도는 두 가지 경우에 오용될 수 있기 때문에 조심해야 합니다. 첫 번째는 로마 천주교회의 입장입니다. 로마 천주교회는 외적인 수단이 합법적으로 오류 없이 시행되면 자동적으로 내적 수단도 동시에 적용된다고 믿습니다. 예를 들면, 유아 세례를 받으면 내적으로도 중생한다고 여깁니다. 이런 관점은 매우 위험합니다. 이는 유대인들이 외적 할례를 받으면 내적으로 효력이 있다고 믿는 것과 같습니다. "무릇 표면적 유대인이 유대인이 아니요, 표면적 육신의 할례가 할례가 아니니라. 오직 이면적 유대인이 유대인이며, 할례는 마음에 할지니, 영에 있고 율법 조문에 있지 아니한 것이라"(롬 2:28-29).

두 번째는 외적 수단을 아예 인정하지 않는 사람들입니다. 이런 사람들은 형식과 형태에는 성령님이 일하시지 않는다고 봅니다. 그들은 내적 수단만 따릅니다. 이런 이유로 구세군은 예배만 하고 세례나 성찬을 거부합니다. 신비주의에서는 외적 수단보다는 내적 수단을 의지합니다. 개인적이고 주관적인 체험, 꿈과 하늘로부터의 직접적인 계시를 중요하게 여깁니다. 하나님은 은혜를 주실 때 어떤 방법에 얽매이는 분은 아닙니다. 하지만, 대개 통상적인 방법을 사용하십니다. 그것이 말씀과 성례와 기도입니다. 교회는 말씀의 바른 선포와 성례의 바른 시행과 바른 기도를 통해 하나님이 주시는 은혜를 누려야 합니다.

답: 그리스도께서 우리에게 구속의 은덕을 끼치는 데 쓰시는 통상적인 방도는 그분이 정하신 것인데, 특히 말씀과 성례와 기도입니다. 이 모든 것이 택함받은 사람들에게 구원을 위하여 효력 있게 됩니다.

묵상 + 기도

1. 은혜의 수단을 잘못 사용하는 두 가지 경우는 무엇입니까?
2. 하나님은 은혜의 수단과 관련해서 어떻게 일하실까요?

하나님, 말씀과 성례와 기도로 제 속사람이 거듭나기를 원합니다. 아멘!

290일 수단에 매이지 않으시는 성령님

● 성경: 행 8:18-20   ● 찬송: 251장 "놀랍다 주님의 큰 은혜"

제88문: 그리스도께서 우리에게 구속의 은덕을 끼치는 데 쓰시는 통상적인 방도는 무엇입니까?

우리의 구원은 성부 하나님의 작정에 따른 성자 하나님의 구속을 성령 하나님이 적용시켜 주심으로 이루어집니다. 그러면 구원을 위해 우리 인간은 아무것도 하지 않고 뒷짐 지고 서 있기만 해도 된다는 말인가요? 인간은 지·정·의가 있고 인격을 가진 존재입니다. 성령 하나님은 예수 그리스도께서 이루신 구속을 우리에게 적용하실 때 내적으로도, 외적으로도 일하십니다. 성령님은 구원을 위해 '도구'(방법 혹은 방도, means) 사용하기를 좋아하십니다. 이것이 하나님의 섭리입니다. 하나님은 당신의 택한 백성을 구원하시려고 할 때 누구를 구원할지 선택하셨을 뿐만 아니라, 그 방법까지도 결정하셨다는 것을 우리는 잊지 말아야 합니다.

물론 성령님은 그 '도구'에 제한을 받거나 지배받지 않으십니다. 성령님은 자유롭게 일하십니다. 그뿐만 아니라, 도구(말씀·성례·기도) 자체는 우리를 구원할 수 없습니다. 말씀과 성례와 기도는 우리가 하나님의 은혜를 얻어 내는 방법이 아니라, 그리스도께서 우리에게 은혜를 주시는 방법입니다. 하나님은 은혜의 방편 없이도 우리를 구원하실 수 있습니다. 하지만, 하나님은 그렇게 하지 않으시고 은혜의 방법을 주셨습니다. 우리는 하나님이 주신, 은혜 받는 방법을 부지런히 사용할 수 있고 또 그렇게 해야 합니다.

답: 그리스도께서 우리에게 구속의 은덕을 끼치는 데 쓰시는 통상적인 방도는 그분이 정하신 것인데, 특히 말씀과 성례와 기도입니다. 이 모든 것이 택함받은 사람들에게 구원을 위하여 효력 있게 됩니다.

묵상 † 기도

1. 은혜의 수단은 우리가 가만히 있기만 해도 자동적으로 작동하는 것인가요?
2. 하나님의 구원은 어떻게 이루어지나요? 은혜의 수단과 관련해 정리해 보세요.

저의 구원과 성숙을 위해 여러 방법으로 일하시는 하나님께 감사드립니다. 아멘!

291일 성령의 말씀 사역

● 성경: 시 19:7 ● 찬송: 203장 "하나님의 말씀은"

제89문: 말씀이 어떻게 구원을 위하여 효력 있게 됩니까?

　어떤 사람은 성령 하나님을 하나의 '힘'과 '능력' 정도로만 생각합니다. 어떤 부흥강사는 성령님을 하나님으로 여기지 않는 듯한 말을 쏟아냅니다. 손을 앞으로 내밀면서 "성령 받으라!"라고 말합니다. 목사가 성령님을 성도들에게 나누어 줄 수 있다는 말입니까? 그런 말과 행동은 성령 하나님을 모독하는 것입니다. 하나님의 이름을 망령되이 부르는 죄입니다. 성령님은 하나님이십니다. 성령님은 단순한 능력과 힘이 아닙니다. 성령님이 하시는 가장 중요한 사역은 우리 주 예수 그리스도의 구속을 우리에게 적용하시는 것입니다.

　성령님이 우리 마음속에 오시면 우리가 믿고 회개합니다. 성령님은 우리가 예수 그리스도를 영접하고 그분만을 의지하게 합니다(소요리문답 제86문). 성령님은 우리가 죄를 바로 알고 그리스도 안에 있는 하나님의 자비를 깨달아, 죄를 슬퍼하고 미워하고 그 죄에서 떠나 하나님께로 돌아가고 굳은 결심과 노력으로 새롭게 순종하도록 합니다(소요리문답 제87문). 이렇게 성령님은 내적으로 구원 사역을 놀랍게 이루십니다. 이 일은 신비롭게 일어납니다. 성령님이 하시는 일을 우리가 다 이해할 수 없습니다. 성령님은 외적으로 일반적 수단을 사용하십니다. 성령님은 "말씀의 낭독, 특별히 강설을 효력 있는 방도로 쓰십니다. 성령님은 말씀을 통해 죄인을 설복하고 회개시키며, 거룩함과 위로로 그들을 세워서 믿음으로 구원에 이르게 합니다."

답: 하나님의 성령께서 말씀의 낭독, 특별히 강설을 효력 있는 방도로 쓰셔서, 죄인을 설복하고 회개시키며, 거룩함과 위로로 그들을 세워서 믿음으로 구원에 이르게 합니다.

묵상 † 기도

1. 성령에 대한 오해를 생각해 보고 그 예를 들어 보세요.
2. 성령님이 하시는 일 가운데 가장 중요한 것이 무엇인가요?

성령 하나님! 저의 구원을 위해 이렇게 놀라운 일을 행해 주시니, 감사합니다. 성령 하나님이 인격적인 분임을 믿습니다. 아멘!

설교

● 성경: 행 8:26-40 ● 찬송: 285장 "주의 말씀 받은 그날"

제89문: 말씀이 어떻게 구원을 위하여 효력 있게 됩니까?

성부 하나님은 성자 하나님의 구속을 성령 하나님을 통해 말씀으로 적용하십니다. 성경에는 "[하나님이, 예수께서, 성령이] 이르시되"라는 말이 수없이 (1,200회 이상) 등장합니다. 삼위 하나님의 특징은 '말씀하시는 것'이라고 해도 될 정도입니다. 하나님은 이적으로도 일하실 수 있는 분이지만, 통상적으로 말씀으로 일하십니다. 성령 하나님은 말씀을 읽는 것과 말씀을 설교하는 것, 두 가지 방법을 사용하십니다.

모든 성도가 성경을 소유하고 읽기 시작한 것은 인쇄술이 발달한 종교개혁 전후입니다. 구약 시대와 신약 시대에는 성경을 직접 읽을 수 있는 사람이 몇 되지 않았습니다. 제사장만이 성경을 읽고 가르칠 수 있었습니다. 중세 시대에는 사제와 수도승만이 성경을 직접 읽을 수 있었습니다. 예배 순서에 '성경 낭독' 시간이 있었습니다. 사제가 구약 성경 몇 장, 신약 성경 몇 장을 읽으면 성도들은 그때 유일하게 성경 말씀을 들을 수 있었습니다. 수도원의 수도승은 매일 성경을 소리 내어 반복해서 읽는 방법을 개발했습니다. 그것을 '렉티오 디비나'(Lectio Divina)라고 부릅니다.

지금은 누구나 원하면 직접 하나님의 말씀을 읽을 수 있습니다. 하지만, 그 말씀을 깨닫는 것은 쉽지 않습니다. 통상적으로 말씀은 설명되어야 합니다. 에티오피아 내시가 성경을 읽고 있었지만 무슨 뜻인지 깨닫지 못했습니다. 그때 빌립이 그에게 말씀을 설명해 주었습니다. "빌립이 입을 열어 이 글에서 시작하여 예수를 가르쳐 복음을 전하니"(행 8:35). 이것을 우리는 '설교'(說敎) 혹은 '강설'(講說)이라고 부릅니다.

답: 하나님의 성령께서 말씀의 낭독, 특별히 강설을 효력 있는 방도로 쓰셔서, 죄인을 설복하고 회개시키며, 거룩함과 위로로 그들을 세워서 믿음으로 구원에 이르게 합니다.

1. 성령 하나님은 말씀을 가지고 어떻게 일하시나요?
2. 지금 우리는 성경을 직접 읽을 수 있는데, 말씀을 깨닫기 위해 설교가 필요한 이유는 무엇일까요?

하나님, 설교를 통해서 예수님을 배우고 복음을 듣기 원합니다. 아멘!

293일 설교와 회개

● 성경: 느 9:1-3 ● 찬송: 203장 "하나님의 말씀은"

제89문: 말씀이 어떻게 구원을 위하여 효력 있게 됩니까?

옛날 여름 수련회가 생각납니다. 저녁에 촛불을 하나씩 켜고 둘러앉아 자신의 죄를 종이에 기록하고 그 종이를 촛불에 태우는 의식을 하기도 했습니다. 그런 식으로 죄가 없어질까요? 어떤 사람은 죗값을 치르려고 40일간 금식합니다. 그러나 참회개는 그 이상입니다. 회개는 옛 사람이 죽고 새 사람으로 사는 것입니다. 인간으로서는 불가능하고, 성령님만이 죄인을 회개시킬 수 있습니다. "특별히 강설을 효력 있는 방도로 쓰셔서, 죄인을 설복하고 회개시키며, 거룩함과 위로로 그들을 세워서 믿음으로 구원에 이르게 합니다."

구약 시대에 제사장 에스라가 말씀을 읽고 설교하자 백성이 회개했습니다(느 8:8-9). "이스라엘 자손이 다 모여 금식하며 굵은베 옷을 입고 티끌을 무릅쓰며, 모든 이방 사람들과 절교하고 서서 자기의 죄와 조상들의 허물을 자복하고"(느 9:1-2). 하나님은 설교를 회개의 도구로 쓰십니다. 그들은 과거 조상의 죄까지 하나씩 살피며 회개합니다. "그들은 순종하지 아니하고 주를 거역하며 주의 율법을 등지고 주께로 돌아오기를 권면하는 선지자들을 죽여 주를 심히 모독하였나이다"(느 9:26). 악에 대한 하나님의 심판은 당연하다고도 고백합니다. "그러나 우리가 당한 모든 일에 주는 공의로우시니, 우리는 악을 행하였사오나 주께서는 진실하게 행하셨음이니이다"(느 9:33). 성령님은 설교를 놀랍게 사용하십니다.

답: 하나님의 성령께서 말씀의 낭독, 특별히 강설을 효력 있는 방도로 쓰셔서, 죄인을 설복하고 회개시키며, 거룩함과 위로로 그들을 세워서 믿음으로 구원에 이르게 합니다.

묵상 † 기도

1. 심리 치료나 금욕으로 죄 문제를 해결할 수 있을까요? 그렇지 않다면, 그 이유는 무엇인가요?
2. 참회개는 죄에 대한 심각한 근심으로 나타납니다. 죄를 대하는 당신의 태도는 어떠한가요?

하나님, 설교를 통해 제 죄를 깨닫고 회개하게 하소서. 아멘!

42주차 모임

은혜의 수단: 말씀

● 성경: 고전 1:21　● 찬송: 622장 "거룩한 밤"

함께 읽어 봅시다

제88문: 그리스도께서 우리에게 구속의 은덕을 끼치는 데 쓰시는 통상적인 방도는 무엇입니까?

답: 그리스도께서 우리에게 구속의 은덕을 끼치는 데 쓰시는 통상적인 방도는 그분이 정하신 것인데, 특히 말씀과 성례와 기도입니다. 이 모든 것이 택함받은 사람들에게 구원을 위하여 효력 있게 됩니다.

제89문: 말씀이 어떻게 구원을 위하여 효력 있게 됩니까?

답: 하나님의 성령께서 말씀의 낭독, 특별히 강설을 효력 있는 방도로 쓰셔서, 죄인을 설복하고 회개시키며, 거룩함과 위로로 그들을 세워서 믿음으로 구원에 이르게 합니다.

함께 나누어 봅시다

1. 하나님이 우리의 구원을 위하여 사용하시는 '내적 수단'과 '외적 수단'을 정리해 보십시오.

2. 은혜의 수단을 잘못 사용하는 예를 찾아보고 말해 보세요.

3. 목사의 설교가 성령께서 사용하시는 은혜의 수단이라는 말을 경험하고 있나요? 최근에 설교를 들으면서 하나님의 특별한 위로와 감동을 받은 적이 있다면, 그 내용을 나누어 보세요.

함께 기도합시다

말씀과 성례와 기도를 통해 하나님의 은혜를 풍성히 누리게 하시고, 죄인이 회개하고 성도들이 거룩하게 세워지는 역사가 우리 교회 안에서 일어나도록 기도합시다.

295일 성경 읽기의 중요성

● 성경: 행 16:14   ● 찬송: 199장 "나의 사랑하는 책"

제89문: 말씀이 어떻게 구원을 위하여 효력 있게 됩니까?

예배 순서에 '교독문'을 낭독하는 시간이 있습니다. 성경을 개인이 소유할 수 없었던 시절에는 그때가 일반 성도가 성경 말씀을 듣는 유일한 시간이었습니다. 지금은 개인이 집에서도 얼마든지 성경을 읽을 수 있습니다. 그래도 예배 시간에 성경 읽는 전통은 아직도 남아 있습니다. 예배 시간에 성경을 공적으로 읽는 순서는 성경 읽기의 중요성을 교육한다는 의미가 있습니다.

기독교인은 반드시 성경을 읽어야 합니다. 1년에 적어도 한 번 성경 전체를 정독하려면 하루에 세 장씩 읽고 주일에는 다섯 장씩 읽거나, 아니면 매일 네 장씩(맥체인 성경 읽기) 읽으면 됩니다. 또 여러 다양한 번역 성경을 참고할 수 있습니다. 영어 성경(ESV, NIV, NASB, KJV)도 도움이 됩니다. 개인적으로 성경을 매일 읽을 뿐만 아니라, 온 가족이 한자리에 모여 성경을 함께 읽는 것도 중요합니다. 매일 가정 예배(가정 경건회)를 드리십시오. 가정은 언약의 기본 단위입니다. 하나님은 아브라함과 그 가족과 언약을 맺으셨습니다. 이 언약 신앙의 특징은 언약의 말씀이 대를 이어 선포되고 전해진다는 것입니다. 물론 예외도 있습니다. 미성숙한 아기와 혹은 신체적 장애로 인해 이해력이 부족한 자는 말씀의 공급이 없어도 성령 하나님의 특별한 구원하심이 적용됩니다(웨스트민스터 신앙고백 10:3).

답: 하나님의 성령께서 말씀의 낭독, 특별히 강설을 효력 있는 방도로 쓰셔서, 죄인을 설복하고 회개시키며, 거룩함과 위로로 그들을 세워서 믿음으로 구원에 이르게 합니다.

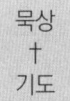

1. 예배 시간에 '교독문' 읽는 순서는 왜 있을까요? 그 의미가 무엇일까요?
2. 당신은 성경을 어떻게 읽고 공부하고 있나요?

하나님, 성경을 매일 읽으며 하나님의 음성을 듣고 싶습니다. 아멘!

296일 목사의 설교

● 성경: 고전 1:17 ● 찬송: 170장 "내 주님은 살아 계셔"

제89문: 말씀이 어떻게 구원을 위하여 효력 있게 됩니까?

하나님은 아담과 하와와 함께 에덴동산을 거닐며 대화하셨습니다. 그런데 타락 이후 인간은 하나님과 직접 만날 수도, 대화할 수도 없었습니다. 이스라엘 백성은 모세에게 요구했습니다. "당신이 우리에게 말씀하소서. 우리가 들으리이다. 하나님이 우리에게 말씀하시지 말게 하소서"(출 20:19). 이스라엘 백성에게는 제사장(레위인)과 선지자가 하나님의 말씀을 선포하며 가르쳤습니다. 타락한 제사장과 거짓 선지자의 등장으로 이스라엘은 영적 암흑기를 맞이했지만, 하나님은 계속 직분자를 통해 말씀하셨습니다.

신약 시대에도 마찬가지입니다. 목사는 성례를 집례하기도 하지만 그보다 더 중요한 것은 설교자의 역할을 하는 것입니다. 바울은 디모데 목사에게 "그리스도께서 나를 보내심은 세례를 베풀게 하려 하심이 아니요, **오직 복음을 전하게 하려 하심이로되**"(고전 1:17)라고 말했습니다. 말씀이 성례보다 중요합니다. 말씀이 없으면 성례는 무력합니다. 성례는 말씀에 의존합니다. 목사의 설교는 중요합니다. 바울은 이렇게 말합니다. "그러므로 믿음은 들음에서 나며 들음은 **그리스도의 말씀**으로 말미암았느니라"(롬 10:17). 설교자는 사도들이 전해 준(사도적 전통) 그리스도와 그분의 말씀을 전하는 자입니다. 목사는 설교할 때 복음만 전해야지, 이런저런 잡다한 이야기를 동원해 성도를 설득하거나 억지 감동을 주려고 해서는 안 됩니다. 성령님은 복음을 능력 있게 전하기 위해 설교를 사용하십니다.

답: 하나님의 성령께서 말씀의 낭독, 특별히 강설을 효력 있는 방도로 쓰셔서, 죄인을 설복하고 회개시키며, 거룩함과 위로로 그들을 세워서 믿음으로 구원에 이르게 합니다.

묵상
†
기도

1. 개신교인은 성례전주의자들이 아닙니다. 그래도 종종 성례에 대한 미신을 가진 성도들이 있습니다. 설교와 성례의 관계를 설명해 보세요.
2. 로마서 10:17에 의하면 우리의 믿음은 어떻게 생겨나요?

하나님, 설교를 통해 일하시는 하나님의 섭리를 깨닫습니다. 우리에게 주시는 말씀을 새겨듣겠습니다. 아멘!

설교가 나눔?

● 성경: 고전 1:21 ● 찬송: 622장 "거룩한 밤"

제89문: 말씀이 어떻게 구원을 위하여 효력 있게 됩니까?

목사의 설교는 연설도 아니고 강연도 아닙니다. 설교는 하나님께서 택한 백성에게 주시는 생명의 양식입니다. 설교는 인간적 설득과 다릅니다. 설교는 감동을 주려는 간증이 아닙니다. 설교는 선포입니다. 물론 설교자가 말씀을 선포할 때 하나님의 설득과 감동이 있을 수 있지만, 설교는 인간적 수단과는 구별됩니다.

바울은 고린도 교회 성도에게 쓴 편지에서 설교에 대해 이렇게 변론합니다. "하나님의 지혜에 있어서는 이 세상이 자기 지혜로 하나님을 알지 못하므로 하나님께서 **전도의 미련한 것**으로 믿는 자들을 구원하시기를 기뻐하셨도다"(고전 1:21). 여기서 '전도'는 '선포'(kērugma: proclaim)입니다. '선포'라는 미련한 방법이 '설교'입니다. 종종 "전도의 미련한 것으로"라는 구절을 잘못 해석해서 전도는 미련하게 해도 된다는 것으로 이해하기도 합니다. 하지만, 그렇지 않습니다. 어떤 위협 아래서도 복음을 담대히 전해야 하는 것은 맞지만, 무모하거나 미련한 방법으로 전도하는 것은 옳지 않습니다. 당시 헬라인에게는 '설교'가 미련해 보이는 방법이었습니다. 바울은 그래서 '설교의 미련한 방법으로'라고 말한 것입니다. 종종 설교를 시작하기 전에 "오늘 나눌 설교의 제목은"이라는 말을 합니다. 그러나 설교는 목사가 경험한 내용을 성도들에게 나누어 주는 것이 아니라, 하나님의 말씀을 선포하고 전달하는 것입니다.

답: 하나님의 성령께서 말씀의 낭독, 특별히 강설을 효력 있는 방도로 쓰셔서, 죄인을 설복하고 회개시키며, 거룩함과 위로로 그들을 세워서 믿음으로 구원에 이르게 합니다.

묵상 + 기도

1. 설교는 설득력이 있어야 하고 감동을 주어야 하지 않을까요? 그것이 설교의 핵심일까요?
2. 설교는 나눔과 다릅니다. 설교의 본질은 무엇입니까?

하나님, 이번 주일에도 목사님 설교를 통해 저에게 진리의 말씀을 선포해 주시옵소서. 아멘!

설교는 복음을 전해 구원에 이르게 한다

● 성경: 롬 10:17 ● 찬송: 267장 "주의 확실한 약속의 말씀 듣고"

제89문: 말씀이 어떻게 구원을 위하여 효력 있게 됩니까?

인간이 죄를 깨닫고 회개하고, 거룩해지고 위로를 받고 구원에 이르는 과정은 어떻게 진행되나요? 이 모든 과정은 믿음으로 됩니다. "사람이 마음으로 믿어 의에 이르고 입으로 시인하여 구원에 이르느니라"(롬 10:10). 성경을 읽을 때, 혹은 성경을 해설하는 설교를 들을 때 우리에게 구원이 주어집니다. 그리스도의 말씀을 듣고 마음으로 믿어 입으로 시인하는 신앙고백을 하게 될 때 우리는 구원에 이르게 됩니다. "그러므로 믿음은 들음에서 나며, 들음은 그리스도의 말씀으로 말미암았느니라"(롬 10:17). 믿음은 들음에서 납니다. 아무것이나 들어도 믿음이 생길까요? 그렇지 않습니다. '그리스도의 말씀'을 들어야 합니다. 그리스도의 말씀을 듣는 방법은 성경 낭독과 성경 해설, 곧 설교입니다. 설교는 죄인을 구원하는 힘이 있습니다.

그렇다면 설교자가 매우 중요해 보입니다. 설교자가 중요한 것은 그 사람이 중요하기 때문이 아니라, 설교자가 담는 그리스도의 말씀이 중요하기 때문입니다. 설교자는 질그릇이고, 그 질그릇 안에 있는 보배는 복음입니다. "우리가 이 보배를 질그릇에 가졌으니"(고후 4:7). 인간 설교자는 구원의 근본 원인자가 아닙니다. 성령 하나님이 설교자를 사용하실 뿐입니다. 영광은 하나님께만 있습니다(Soli Deo gloria).

답: 하나님의 성령께서 말씀의 낭독, 특별히 강설을 효력 있는 방도로 쓰셔서, 죄인을 설복하고 회개시키며, 거룩함과 위로로 그들을 세워서 믿음으로 구원에 이르게 합니다.

1. 설교의 목적이 무엇입니까?
2. 설교자는 어떤 의미에서 중요합니까?

하나님, 설교를 통해 복음을 듣고 구원에 이르게 하시니 감사합니다. 아멘!

299일 불신은 설교자의 책임?

● 성경: 눅 8:18   ● 찬송: 276장 "아버지여 이 죄인을"

제89문: 말씀이 어떻게 구원을 위하여 효력 있게 됩니까?

설교자가 복음을 전하지만, 복음을 듣는다고 해서 다 구원받지 못하는 것은 무엇 때문일까요? 그럴 때 목사의 설교를 비난하기 쉽습니다. "내용은 좋은데 감동이 없어!"라든가 "우리 목사님 설교는 너무 어려워!", 혹은 "목사님의 설교는 머리에만 호소하고 가슴까지는 닿지 않아!"라고 비평하기도 합니다. 그 말이 맞을 수도 있습니다. 설교자가 바른 말씀과 복음을 전하지 않기 때문에 구원이 일어나지 않기도 합니다. 당연히 목사는 복음을 잘 전해야 합니다.

복음이 제대로 전해지는데도 그 복음을 믿지 않는 사람이 있습니다. 예수님도 복음을 전했지만, 믿지 않고 의심하는 자가 많았습니다. 예수님을 떠난 사람들도 많았습니다. 예수님의 복음을 들은 사람들 중에서 소수(제자)만 믿음으로 구원에 이릅니다. 하나님이 택한 백성은 복음을 믿고 구원에 이르지만, 그렇지 않은 사람은 믿지 않고 멸망을 선택합니다. 이것은 복음과 설교에 문제가 있기 때문이 아닙니다. "그들이 듣지 아니하였느냐? 그렇지 아니하니 … 순종하지 아니하고 거슬러 말하는 백성…"(롬 10:18-21). 듣고도 순종하지 않고 멸망하는 자가 있습니다. 그들의 마음은 모두 길가, 돌밭, 가시덤불입니다. 믿음의 열매를 맺지 못해 구원에 이르지 못합니다. "그러므로 너희가 어떻게 들을까 스스로 삼가라"(눅 8:18).

답: 하나님의 성령께서 말씀의 낭독, 특별히 강설을 효력 있는 방도로 쓰셔서, 죄인을 설복하고 회개시키며, 거룩함과 위로로 그들을 세워서 믿음으로 구원에 이르게 합니다.

묵상 † 기도

1. 설교를 듣고도 그 말씀을 믿지 않는 자들이 있습니다. 왜 그럴까요?
2. 복음을 듣고도 멸망의 길을 가는 사람이 있다면, 그 일의 책임은 누구에게 있나요?

하나님, 말씀을 비판하기보다 그 말씀이 그러한지 묵상하고 공부하게 하시며, 잘 듣고 잘 믿게 하옵소서. 아멘!

300일 설교에 대한 태도(1): 부지런함

● 성경: 신 6:4-9   ● 찬송: 589장 "넓은 들에 익은 곡식"

제90문: 하나님의 말씀을 어떻게 읽고 들어야 그것이 구원을 위하여 효력 있게 됩니까?

하나님의 말씀을 어떻게 들어야 그것이 구원을 위하여 효력 있게 되는지에 대해 배워 봅시다. 소요리문답은 이 질문에 이렇게 답합니다. "하나님의 말씀이 구원을 위하여 효력 있게 되려면, 우리는 부지런함과 준비와 기도로써 말씀에 집중하며, 그 말씀을 믿음과 사랑으로 받아들이고, 우리의 마음에 간직하고 우리의 생활에서 실천해야 합니다." 말씀은 죽은 영혼에 믿음을 일으킬 뿐만 아니라, 약한 믿음을 강하게 하는 역할도 합니다. 말씀의 능력을 경험하려면, 말씀에 대한 태도가 매우 중요합니다.

하나님은 언약 백성에게 말씀을 듣는 자세로 먼저 '부지런함'을 언급합니다. 가나안 땅 진입을 앞두고 모압 땅에서 언약을 갱신한 것에서 이를 배울 수 있습니다. "이스라엘아, 들으라. 우리 하나님 여호와는 오직 유일한 여호와이시니, 너는 마음을 다하고 뜻을 다하고 힘을 다하여 네 하나님 여호와를 사랑하라. 오늘 내가 네게 명하는 이 말씀을 너는 마음에 새기고 네 자녀에게 **부지런히** 가르치며"(신 6:4-7). 하나님에 대한 사랑은 "이 말씀을 … 마음에 새기"는 방식으로 나타납니다. 그 태도는 "마음을 다하고 뜻을 다하고 힘을 다하"는 것입니다. 그리고 자녀에게 그 말씀을 "가르치"는 방식으로도 하나님에 대한 사랑이 나타나는데, 그때의 태도 역시 '부지런함'입니다. 말씀을 듣고 배우는 데 게으른 것은 죄입니다.

답: 하나님의 말씀이 구원을 위하여 효력 있게 되려면, 우리는 부지런함과 준비와 기도로써 말씀에 집중하며, 그 말씀을 믿음과 사랑으로 받아들이고, 우리의 마음에 간직하고 우리의 생활에서 실천해야 합니다.

묵상 + 기도

1. 말씀을 읽거나 들을 때 우리는 어떤 자세로 임해야 할까요?
2. '부지런함'으로 말씀을 대해야 한다는 원칙의 성경적 근거는 무엇입니까?

하나님, 마음과 뜻과 힘을 다하는 부지런함으로 말씀을 듣고 공부하고 가르치게 하소서. 아멘!

43주차 모임

효력 있는 말씀

- 성경: 벧전 2:2 - 찬송: 195장 "성령이여 우리 찬송 부를 때"

함께 읽어 봅시다

제90문: 하나님의 말씀을 어떻게 읽고 들어야 그것이 구원을 위하여 효력 있게 됩니까?

답: 하나님의 말씀이 구원을 위하여 효력 있게 되려면, 우리는 부지런함과 준비와 기도로써 말씀에 집중하며, 그 말씀을 믿음과 사랑으로 받아들이고, 우리의 마음에 간직하고 우리의 생활에서 실천해야 합니다.

함께 나누어 봅시다

1. 나는 주일 설교를 잘 듣기 위해 어떤 준비를 하나요?

2. 나는 설교를 듣는 자세가 어떤가요?

3. 나는 들은 설교를 어떻게 실천하나요?

함께 기도합시다

하나님 말씀이 나의 삶을 온전히 이끌어 가도록, 하나님 말씀을 읽고 듣고 지키고 행하는 복된 삶을 살아갈 수 있도록 기도합시다.

설교에 대한 태도(2)
: 준비와 기도

● 성경: 벧전 2:2　● 찬송: 195장 "성령이여 우리 찬송 부를 때"

제90문: 하나님의 말씀을 어떻게 읽고 들어야 그것이 구원을 위하여 효력 있게 됩니까?

매 주일 예배 시간에 우리는 설교를 듣습니다. 성도는 하나님의 아들과 딸로 입양된 사람입니다. 착한 자녀라면 아버지의 말씀에 관심을 기울입니다. 주일 예배에서 하나님을 만나고 설교를 통해 그분의 말씀을 듣기 위해서는 성도도 미리 준비해야 합니다.

첫째, 예배 참석을 소홀히 해서는 안 됩니다. "모이기를 폐하는 어떤 사람들의 습관과 같이 하지 말고"(히 10:25). 특수한 상황이 아니라면, 예배 참석에 최우선순위를 두어야 합니다. 둘째, 기도로 준비해야 합니다. 말씀을 사모하는 간절함은 기도로 나타납니다. 이런 기도의 태도는 엄마의 젖을 애타게 찾는 젖먹이의 모습에서 배울 수 있습니다. "갓난아기들같이 순전하고 신령한 젖을 사모하라. 이는 그로 말미암아 너희로 구원에 이르도록 자라게 하려 함이라"(벧전 2:2). 시편 기자처럼 "주의 말씀의 맛이 내게 어찌 그리 단지요. 내 입에 꿀보다 더 다니이다"(시 119:103)라고 고백하는 사람은 설교 말씀도 사모합니다. 토요일이면 주일 말씀을 잘 듣기 위해 기도하고, 주일에는 교회에 일찍 와서 조용히 앉아 설교 본문을 찾아 읽고 간절히 기도하십시오. 특별히 목사가 성령님의 지혜로 말씀을 잘 전할 수 있도록 기도하십시오. 셋째, 말씀 듣는 데 집중하기 위해 공책과 필기도구(연필과 색연필)를 준비하십시오. 성경책에 줄을 긋거나 공책에 설교를 메모하면 설교를 이해하는 데 도움이 됩니다.

답: 하나님의 말씀이 구원을 위하여 효력 있게 되려면, 우리는 부지런함과 준비와 기도로써 말씀에 집중하며, 그 말씀을 믿음과 사랑으로 받아들이고, 우리의 마음에 간직하고 우리의 생활에서 실천해야 합니다.

묵상 + 기도

1. 설교를 잘 듣기 위해 성도는 일주일 동안 어떻게 준비해야 할까요?
2. 설교를 잘 듣기 위해 성도는 무엇을 위해, 어떻게 기도해야 할까요?

하나님, 설교를 잘 듣기 위해 미리 준비하고 설교자를 위해 기도하겠습니다. 아멘!

303일 설교에 대한 태도(3): 실천

● 성경: 약 1:21-24   ● 찬송: 573장 "말씀에 순종하여"

제90문: 하나님의 말씀을 어떻게 읽고 들어야 그것이 구원을 위하여 효력 있게 됩니까?

설교를 듣는 성도는 "그 말씀을 믿음과 사랑으로 받아들이고, 자신의 마음에 간직"해야 합니다. 믿음 없이 들은 말씀은 열매를 맺지 못합니다. 가짜 믿음도 있습니다. 말씀을 듣지만, 곧 잊어버리거나 사탄에게 빼앗깁니다. 역시 열매를 맺지 못합니다. 참믿음을 가진 성도는 말씀을 듣고 행하여 열매를 맺습니다. 열매 맺는 믿음을 가진 성도는 사랑으로 말씀을 받고 마음속에 고이 간직합니다. "너희 영혼을 능히 구원할 바 마음에 심어진 말씀을 온유함으로 받으라"(약 1:21). 참믿음의 사람은 말씀을 듣고 행합니다. "생활에서 실천합니다."

야고보는 말합니다. "너희는 말씀을 행하는 자가 되고 듣기만 하여 자신을 속이는 자가 되지 말라"(약 1:22). 만약 말씀을 듣고도 행하지 않으면, 거울로 자신의 얼굴을 보고 곧 잊어버리는 자와 같습니다(약 1:23-24). 거울에 비친 자기의 얼굴을 보고 있는 동안에는 '아, 내가 이렇게 잘생겼구나'라고 생각하는데 뒤돌아서는 순간 그 생김새를 잊어버리고 맙니다. 다시 떠올리지 못합니다. 말씀을 믿는다고 하면서 행함이 없는 사람이 그와 같습니다. 말씀을 듣고 행하는 자가 지혜로운 자입니다(마 7:15-27). 말씀을 행하는 것은 반석 위에 집을 짓는 것으로 비유됩니다. 만약 듣기만 하고 실천하지 않으면 모래 위에 집을 짓는 것과 같습니다. 그 집은 나중에 홍수가 나고 바람이 불면 무너져 버립니다.

답: 하나님의 말씀이 구원을 위하여 효력 있게 되려면, 우리는 부지런함과 준비와 기도로써 말씀에 집중하며, 그 말씀을 믿음과 사랑으로 받아들이고, 우리의 마음에 간직하고 우리의 생활에서 실천해야 합니다.

1. 설교를 듣고 실천하지 않으면 어떤 문제가 생기나요?
2. 마태는 말씀을 듣고 행하는 자를 무엇에 비유했나요? 나는 반석 위에 집을 짓는 자인가요, 모래 위에 집을 짓는 자인가요?

하나님, 설교를 듣고 실천하는 지혜로운 자가 되고 싶습니다. 아멘!

304일 설교와 성례

• 성경: 벧전 3:21　• 찬송: 228장 "오 나의 주님 친히 뵈오니"

제91문: 성례가 어떻게 효력 있는 구원의 방도가 됩니까?

웨스트민스터 소요리문답 제89-90문에서 은혜의 수단인 '말씀'에 대해 배웠습니다. 이제 은혜의 두 번째 수단인 '성례'에 대해 살펴보기 전에, 말씀과 성례의 관계를 정리해 봅시다. 성령님이 구원을 효력 있게 하기 위해 사용하시는 도구가 '말씀과 성례'인데, 개신교회는 이것을 예배 가운데 어떻게 실현하고 있을까요?

출석하는 교회 예배당의 모습을 생각해 보세요. 제일 먼저 눈에 띄는 것이 무엇인가요? 그렇습니다. '설교단'입니다. 예배당 앞쪽 제일 높은 곳에 있습니다. 말씀, 곧 설교가 가장 중요하다는 뜻입니다. 성령님은 말씀으로 우리 마음에 믿음을 일으키기 때문입니다. 그리고 뭐가 보이나요? 강단 밑에 작은 설교단처럼 보이는 것이 있습니다. 어떤 교회는 이것을 '소(小)강단'으로 사용하기도 합니다. 하지만, 이것은 강단과 구별되는 '성찬대'입니다. 성찬을 할 때 떡과 포도주를 놓는 곳입니다. 그리고 '세례반'(洗禮盤, baptisterium)이 있습니다. 세례반은 세례를 줄 때 필요한 물을 담아 두는 곳입니다. 세례반은 앞에 설치하지 않고, 실제로 세례를 줄 때 장로님이 손으로 들고 사용하기도 합니다. '성찬대와 세례반'은 교회가 성례를 행하는 데 사용하는 도구입니다. '설교'가 믿음을 일으킨다면 '성례'는 믿음을 강화합니다. 성례는 설교 없이는 무의미합니다. 설교가 먼저이고 그다음이 성례입니다. 설교가 '선언서' 낭독이라면, 성례는 그 서류가 참이라는 것을 표시(sign)하고 증명하는 도장(seal)과 같습니다. 말씀을 확실하게 표하고 보증하는 것이 성례입니다.

답: 성례가 효력 있는 구원의 방도가 되는 것은 성례 자체에나 성례를 행하는 사람에게 어떤 덕이 있어서가 아니고, 오직 그리스도의 복 주심과 믿음으로 성례를 받는 사람 속에서 그리스도의 성령께서 일하심으로 됩니다.

묵상 † 기도

1. 교회는 은혜의 방편을 어떻게 사용하고 있나요?
2. 설교와 성례의 관계를 설명해 보세요.

하나님, 설교 외에도 은혜의 방편으로 성례를 주시니 감사합니다. 아멘!

성례는 복지다!

● 성경: 요 10:10 ● 찬송: 227장 "주 앞에 성찬 받기 위하여"

제91문: 성례가 어떻게 효력 있는 구원의 방도가 됩니까?

성령님은 믿음을 설교를 통해 일으키고 성례를 통해 강하게 하십니다. 설교는 신자뿐만 아니라 불신자에게도 선포됩니다. 하지만, 성례는 신자에게만 해당됩니다. 불신자에게는 성례가 불필요합니다. 성례가 믿음을 일으키지는 않기 때문입니다. 이미 생겨난 믿음을 강화하는 것이 성례입니다. 설교가 생명을 살리는 것이라면, 성례는 살아난 생명에게 풍성한 삶을 제공하는 것입니다. 예수님이 세상에 오신 것은 죽은 백성을 살릴 뿐만 아니라 풍성한 삶을 살게 하시기 위함입니다. "내가 온 것은 양으로 생명을 얻게 하고 더 풍성히 얻게 하려는 것이라"(요 10:10). 그런 의미에서 성례는 신자의 영적 복지(well-being)를 위해 존재합니다. 성도는 성례를 통해 그리스도께서 이루신 구속과 그 은혜로운 유익(benefits of grace)을 체험할 수 있습니다.

잊지 말아야 할 것이 있습니다. 성례는 말씀과 떨어져 홀로 있으면 의미가 없고 구원을 위해 꼭 필요하지도 않다는 점입니다. 로마 천주교회는 말씀과 동떨어져 있어도 성례가 효력 있다고 믿지만, 이는 옳지 않습니다. '표'의 내용에 해당하는 말씀이 없으면 '도장'에 해당하는 성례도 의미가 없습니다. 마치 백지에 도장만 찍는 셈입니다. 유명한 신학자 아우구스티누스는 이런 말을 했습니다. "성례를 받지 않았다고 크게 문제가 되지는 않습니다. 단지 성례를 잘못 행하는 것이 문제입니다."

답: 성례가 효력 있는 구원의 방도가 되는 것은 성례 자체에나 성례를 행하는 사람에게 어떤 덕이 있어서가 아니고, 오직 그리스도의 복 주심과 믿음으로 성례를 받는 사람 속에서 그리스도의 성령께서 일하심으로 됩니다.

묵상 † 기도

1. 설교와 구별되는 성례의 의미는 무엇입니까?
2. 성례는 어떨 때 그 의미가 분명해집니까?

하나님, 저의 영적인 유익을 위해 성례를 주시니 감사합니다. 아멘!

306일 성례와 효력

● 성경: 고전 1:17   ● 찬송: 229장 "아무 흠도 없고"

제91문: 성례가 어떻게 효력 있는 구원의 방도가 됩니까?

로마 천주교회의 예배에서는 설교가 아주 짧습니다. 그 대신 성례 시간은 깁니다. 성례가 예배의 핵심입니다. 로마 천주교회에서는 "성례 자체에나 성례를 행하는 사람에게 어떤 덕이 있어서" 성례가 효력이 있는 구원의 수단(방도)이 된다고 믿습니다. 믿음이 없는 사람도 성찬의 빵을 먹고 세례를 받으면 구원에 이르는 효과가 있다고 가르칩니다. 성례를 행하는 사제가 능력이 있기 때문에 성례가 효력이 있다고 말합니다. 이는 성례에 대한 잘못된 교리입니다. 성례를 잘못 사용하면 미신이고 우상 숭배가 됩니다.

개신교회에서도 성례를 잘못 사용하는 경우가 있습니다. 성례가 무슨 뜻인지 모르고 참여하는 경우입니다. 성찬에서 예수님의 죽음만 생각하여 울기만 하고 장례식 분위기를 만들면 반쪽짜리 성례가 됩니다. 성찬은 하나님이 십자가에서 이루신 구속을 우리에게 베푸셨음을 빵과 포도주를 먹고 마시며 기억하는 잔치입니다. 세례도 마찬가지입니다. 세례가 할례처럼 새 언약의 표라는 사실을 알고 있는 사람들이 얼마나 될까요? (이 점은 이 책의 뒷부분에서 자세히 배울 것입니다.) 중요한 것은 말씀입니다. 바른 지식 없이 성례에 참여하면 효과가 없습니다. 성례는 그 자체에 효력이 있지 않습니다. 그러므로 성례에 참여한다고 해서 자동적으로 구원에 이르는 효과가 나타나는 것이 아닙니다. 목사는 성례를 행하기 전에 반드시 그 의미를 가르쳐야 합니다. 그래야 성례가 성례다워집니다.

답: 성례가 효력 있는 구원의 방도가 되는 것은 성례 자체에나 성례를 행하는 사람에게 어떤 덕이 있어서가 아니고, 오직 그리스도의 복 주심과 믿음으로 성례를 받는 사람 속에서 그리스도의 성령께서 일하심으로 됩니다.

1. 성례에 대한 어떤 오해들이 있을까요?
2. 말씀과의 관계에서 성례를 어떻게 이해해야 할까요? 나는 성례의 올바른 의미를 알고 성례에 참여하나요?

하나님, 성례는 그 자체로 효력 있지 않음을 알고 이를 미신적으로 행하지 않게 하소서. 말씀을 믿음으로 성례에 참여하게 하소서. 아멘!

 # 성례와 성령

● 성경: 고전 12:3   ● 찬송: 230장 "우리의 참되신 구주시니"

제91문: 성례가 어떻게 효력 있는 구원의 방도가 됩니까?

하이델베르크 요리문답을 만든 울시누스(Z. Ursinus, 1534-1583)는 성령님, 말씀, 성례의 관계를 이렇게 정리했습니다. "성령은 효과적인 원인이며 말씀과 성례는 수단적 원인입니다. 성령께서는 말씀과 성례와 관계없이 우리 속에 믿음을 일으킬 수도 있습니다. 그러나 말씀과 성례는 성령님을 떠나서는 아무것도 행할 수 없습니다." 그렇습니다. 말씀과 성례는 성령 하나님이 주로 사용하시는 은혜의 도구입니다. 말씀과 성례는 성령님의 일하심 없이는 아무런 능력을 발휘할 수 없습니다.

성령님은 그리스도의 구속을 우리에게 적용해 주시는 하나님이십니다. 성부 하나님이 작정하셔서 성자 하나님을 구속주로 보내시고 새 창조자이신 성령 하나님을 보내셔서 말씀과 성령으로 우리에게 구원을 이루십니다. 그러므로 우리는 은혜의 방편 자체를 미신적으로 받아들이면 안 됩니다. 수단을 마법처럼 맹신해서는 안 됩니다. 성령의 도구로 쓰임받는 직분자를 신격화해서도 안 됩니다. 직분자도 질그릇같이 나약하고 흠결이 있습니다. 도구는 성령 하나님의 손에 들릴 때 효력이 있을 뿐입니다. 이 성령님은 나 홀로 하나님이 아니시고 "그리스도의 성령"(빌 1:19)이십니다. 성령님은 말씀과 성례를 사용하셔서 우리를 그리스도의 십자가로 이끄십니다. "성령으로 아니하고는 누구든지 예수를 주시라 할 수 없느니라"(고전 12:3).

답: 성례가 효력 있는 구원의 방도가 되는 것은 성례 자체에나 성례를 행하는 사람에게 어떤 덕이 있어서가 아니고, 오직 그리스도의 복 주심과 믿음으로 성례를 받는 사람 속에서 그리스도의 성령께서 일하심으로 됩니다.

묵상
†
기도

1. 성령님, 말씀, 성례의 관계에 대해 설명한 울시누스의 말을 소리 내어 읽어 보세요.
2. 성령님과 성례의 관계에 대해 묵상해 보세요.

하나님, 은혜의 방편을 미신적으로 받아들이지 않겠습니다. 성령님께서 성례를 은혜의 도구로 사용하옵소서. 아멘!

44주차 모임

성례

● 성경: 요 10:10 ● 찬송: 227장 "주 앞에 성찬 받기 위하여"

함께 읽어 봅시다

제91문: 성례가 어떻게 효력 있는 구원의 방도가 됩니까?

답: 성례가 효력 있는 구원의 방도가 되는 것은 성례 자체에나 성례를 행하는 사람에게 어떤 덕이 있어서가 아니고, 오직 그리스도의 복 주심과 믿음으로 성례를 받는 사람 속에서 그리스도의 성령께서 일하심으로 됩니다.

함께 나누어 봅시다

1. 예배당 안에 있는 '설교단'과 '성찬대'를 구분할 수 있나요? 각각 무슨 의미가 있는지, 배운 바를 복습해 보세요.

2. 성례는 어떻게 성도에게 효력이 있게 되나요?

3. 성령님은 성례를 통해서 성도에게 어떻게 일하시나요? 최근에 성찬이나 세례 시간에 성령의 역사를 경험한 적이 있다면, 나누어 보세요.

함께 기도합시다

성례에 참여할 때마다 그리스도의 복 주심과 성령의 일하심을 누리도록 기도합시다.

성례가 무엇입니까?

- 성경: 엡 1:9
- 찬송: 227장 "주 앞에 성찬 받기 위하여"

제92문: 성례가 무엇입니까?

성례가 무엇일까요? '사크라멘툼'(라: sacramentum, 영: sacrament)을 우리말로 '성례'(聖禮), 곧 거룩한 예식이라는 뜻으로 번역했지만, 본래 '사크라멘툼'에는 '약속' 혹은 '맹세'라는 의미가 있습니다. 라틴어 성경(Vulgata)에서는 "그 뜻의 비밀을 우리에게 알리신 것이요"(엡 1:9)라고 할 때의 그 '비밀'(헬: mysterion)을 '사크라멘툼'으로 번역했습니다. 이 비밀은 "신령한 복"(엡 1:3), 즉 '그리스도와 그분의 속량'(엡 1:7)입니다. 라틴어 성경이 왜 '비밀'을 '사크라멘툼'으로 번역했을까요? 옛 언약은 하나님의 약속 혹은 맹세입니다. 하나님은 언약을 통해 약속하거나 맹세하십니다. 새 언약의 신령한 복이 바로 '비밀'의 핵심입니다. 하나님이 언약 백성에게 언약의 핵심(비밀)을 외적으로 보여 주시고 그들이 경험하도록 주신 것이 바로 '사크라멘툼'입니다.

'사크라멘툼'은 '사크라'(sacra〈sacer: '거룩한')와 '멘툼'(mentum〈mens: '결심')이 합쳐진 단어입니다. 로마 군인이 일정 훈련을 마치고 정식으로 수료식을 할 때 군사령관은 군인에게 '약속'을 주고 군인은 군사령관에게 충성을 '맹세'했는데, 이것을 '사크라멘툼'이라 불렀습니다. 이처럼 '성례'도 하나님 나라의 군인이 되게 하고(세례) 더 나아가 군인으로 살아갈 때 하나님의 약속과 맹세를 재차 확인하고 확신하게 하는(성찬) 역할을 합니다. '사크라멘툼', 곧 성례는 하나님이 우리에게 복을 내리시는 은혜의 수단입니다.

답: 성례는 그리스도께서 세우신 거룩한 예식이고 이 예식 가운데 그리스도와 새 언약의 유익이 눈에 보이는 표로써 믿는 사람에게 표시되고 인 쳐지며 적용됩니다.

1. '성례'라는 말의 의미를 설명해 보세요.
2. '사크라멘툼'이라는 단어의 뜻을 생각해 보세요.

하나님, 성례를 통해 하나님의 언약을 기억하고 하나님의 약속과 맹세를 확인할 수 있게 해 주세요. 아멘!

 31０일

성례는 새 언약의 표와 인

● 성경: 히 12:24   ● 찬송: 232장 "유월절 때가 이르러"

제92문: 성례가 무엇입니까?

성례라는 단어 '사크라멘툼'(sacramentum)에서 언약적 요소(약속과 맹세)를 발견할 수 있습니다. 성례는 예수 그리스도의 새 언약과 밀접하게 연결됩니다. 종교 개혁가들은 이 성례를 "그리스도와 새 언약의 유익이 눈에 보이는 표(sign)로써 믿는 사람에게 표시되고 인(seal) 쳐지며 적용"되는 것으로 이해했습니다. '말씀'은 눈에 보이지 않는(invisible) 은혜의 수단이지만, '성례'는 눈에 보이는(visible) 은혜의 수단입니다. 성례는 무엇을 보여 주나요? 그리스도와 새 언약의 약속입니다. 새 언약의 중보자이신 그리스도는 택한 백성을 대신해 죽으셨습니다(히 12:24). '이것을 믿는 자는 구원을 얻는다'(요 1:12; 3:16)는 것이 새 언약의 내용입니다. 그리스도와 그분이 십자가에서 이루신 속량을 증언하고 선포하여 새 언약을 분명하게 표하고 인 치는 것이 바로 '성례'입니다. '표'(標)는 도로 표지판을 생각하면 됩니다. 옛 언약의 백성 된 표시로 할례를 했다면, 새 언약의 표시로 세례를 행함으로 하나님 나라의 백성 됨을 나타냅니다. '인'(印)은 도장과 같습니다. 서류에 도장을 찍음으로 그 서류가 사실이고 확실함을 보증하는 것입니다.

성례는 예수 그리스도께서 십자가 위에서 단번의 제사로 우리의 죄를 용서하시고 의롭다 하시고 우리를 입양하셔서 하나님의 가족으로 삼으셨다는 것을 표하고 인 치는 것입니다. 얼마나 복되고 영광스러운 예식인지요!

답: 성례는 그리스도께서 세우신 거룩한 예식이고 이 예식 가운데 그리스도와 새 언약의 유익이 눈에 보이는 표로써 믿는 사람에게 표시되고 인 쳐지며 적용됩니다.

 묵상 † 기도

1. 성례의 역할과 말씀의 역할은 어떻게 다른가요?
2. 새 언약의 표와 인이라는 의미를 설명해 보세요.

하나님, 예수 그리스도의 새 언약의 표와 인으로서 성례를 행하게 하시니, 감사합니다. 아멘!

# 3월 11일 성례를 주신 이유

● 성경: 고전 2:13 ● 찬송: 187장 "비둘기같이 온유한"

제92문: 성례가 무엇입니까?

성례는 사람이 만든 것일까요? 아닙니다. 그리스도께서 세우신 것입니다. 예수님은 왜 성례를 주셨을까요? 말씀만으로는 충분하지 않기 때문일까요? 그렇지 않습니다. 하나님의 말씀이 부족해서가 아니라 인간이 부족해서입니다. 인간은 본질상 진노의 자녀이기 때문에 하나님을 믿고 그분의 말씀을 신뢰하는 일이 저절로 되지 않습니다. 인간은 자신이 가진 지식과 지혜를 대단한 것으로 여기고 하나님의 지혜를 거절하는 무모함과 미련함을 가지고 있습니다. 때로는 '하나님이 어디 계시냐?'(말 2:17)라며 대들기도 합니다. 인간의 지혜로는 하나님을 알 수 없습니다. 인간이 하나님을 알고 그분의 은혜를 받는 방법도 그분이 결정하십니다. 우리 쪽에서는 아무런 길이 없습니다. 하나님이 길을 가르쳐 주시고 방법을 주셔야 합니다. "사람의 지혜가 가르친 말로 아니하고 오직 성령께서 가르치신 것으로 하니, 영적인 일은 영적인 것으로 분별하느니라"(고전 2:13).

하나님은 영적인 구원을 사람이 이해하고 보고 느끼고 경험할 수 있도록 성례를 주셨습니다. 인간의 무지와 약함을 아시고 주신 은혜의 수단이 바로 성례입니다. 우리는 빵을 먹고 포도주를 마시면서 예수님의 십자가 죽음과 대속의 은혜를 더 분명하게 경험합니다. 우리는 물로 세례를 받으면서, 물로 몸을 씻는 것처럼 예수님이 그분의 피로 우리의 죄를 씻으셨다는 것을 경험합니다. 참 친절하신 하나님이십니다.

답: 성례는 그리스도께서 세우신 거룩한 예식이고 이 예식 가운데 그리스도와 새 언약의 유익이 눈에 보이는 표로써 믿는 사람에게 표시되고 인 쳐지며 적용됩니다.

묵상 + 기도

1. 왜 하나님은 성례를 주셨을까요? 말씀만으로는 부족하기 때문일까요?
2. 우리는 성례를 통해 어떤 것을 경험합니까?

하나님, 무지하고 연약한 저를 위해 성례를 주셨군요. 정말 감사합니다. 아멘!

성례 = 세례와 성찬

● 성경: 갈 3:27; 고전 10:16-17 ● 찬송: 601장 "하나님이 정하시고"

제93문: 신약의 성례가 무엇입니까?

　신약의 성례는 몇 개인가요? 그렇습니다. 두 개입니다. 세례와 성찬입니다. 구약의 성례에는 번제, 소제, 속죄제, 속건제, 화목제, 유월절, 오순절, 초막절, 속죄일, 그리고 각종 청결 의식이 있고, 마지막으로 할례 의식이 있습니다. 이 모든 것도 하나님이 친히 정하신 것입니다. 옛 언약의 성례는 예수 그리스도께서 오심으로 그 역할을 다했습니다.

　로마 천주교회는 성례를 무려 일곱 개나 정했습니다. 세례와 성찬 이외에도 견진성사(성령의 기름 부음. 입교에 해당), 고해성사(죄를 사제에게 고백함), 혼인성사(결혼), 종유성사(죽음을 앞둔 환자에게 기름을 붓는 것), 신품성사(성직자 임직)도 성례에 포함시킵니다. 성경적인 성례의 기준은 두 가지입니다. 첫째, 그리스도께서 만드신 것이어야 합니다. 둘째, 눈에 보이는 복음이어야 합니다. 이 두 가지 모두 충족되어야 성례입니다. 결혼·임직·임종·견진은 첫째 기준에서 벗어나기에 성례에서 제외됩니다. 이 네 가지는 예수님이 세우신 것이 아닙니다. '고해성사'는 예수님이 제자들에게 죄 사함의 권세를 주신 것에서 비롯되었지만, 두 번째 기준, 곧 복음을 가시적으로 보여 주는 것이 아니기에 성례가 아닙니다.

　'세례'는 하나님이 십자가 위에서 이루신 속량을 성령님이 우리에게 적용해 주심으로 우리가 믿어 의롭게 된다는 것을 선포하고, '성찬'은 십자가의 죽음이 우리에게 생명과 기쁨을 준다는 것을 선포합니다.

답: 신약의 성례는 세례와 성찬입니다.

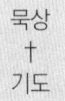

1. 구약의 성례가 왜 중단되고 신약의 성례가 새롭게 만들어졌나요?
2. 성경에서 인정하는 성례의 두 가지 기준을 설명해 보세요.

하나님, 세례와 성찬을 통해 복음을 눈에 보이도록 선포해 주시니 감사합니다. 아멘!

 ## 313일 '할례→세례' / '유월절→성만찬'

● 성경: 요 6:47-58 ● 찬송: 150장 "갈보리산 위에"

제93문: 신약의 성례가 무엇입니까?

신약의 성례인 '세례와 성찬'의 그림자에 해당하는 구약의 성례는 무엇일까요? 네, 그렇습니다. 바로 '할례와 유월절'입니다. 할례(割禮)는 언약을 믿음으로 의롭게 된 표로 주신 것입니다. 아브라함이 (언약을) 믿음으로 의롭게 된 내용이 창세기 15장에 나오고, 믿어 의롭게 된 것을 할례로 표시하고 인 친 것이 창세기 17장에 나옵니다. 이 할례가 새 언약의 시대에는 세례로 대체됩니다. 세례는 새 언약의 약속을 믿는 성도에게 행하는 표와 인입니다. 언약의 표와 인이라는 점에서는 할례와 세례가 같습니다.

유월절(逾越節)은 이스라엘이 이집트의 종살이에서 벗어나 자유롭게 된 것을 기념하는 구약의 성례입니다. 유월절은 양을 죽여 피를 뿌리고 온 가족이 집에 모여 하나님 앞에서 식사를 하는 성례입니다. 이집트의 멍에로부터 자유로워진 이스라엘이 유월절 잔치를 즐긴 것처럼, 새 언약의 시대에는 죄의 멍에로부터 자유로워진 세례받은 성도가 성만찬에서 영적 양식을 먹습니다. 이 성찬이 새 언약의 백성 된 표와 인입니다.

구약의 '할례, 유월절'과 신약의 '세례, 성만찬'은 의미가 상통합니다. 하지만, 차이점도 있습니다. 구약의 성례는 모두 피를 흘려야 합니다. 이 피는 예수님의 십자가의 피를 상징합니다. 그러나 신약의 성례를 행하는 데는 더 이상 피가 필요 없습니다. 예수님이 십자가 위에서 피를 흘려 구원을 단번에 다 이루셨기 때문입니다. 새 언약의 시대에 우리에게 주신 성례는 이제 세례와 성만찬뿐입니다.

답: 신약의 성례는 세례와 성찬입니다.

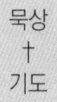 묵상 † 기도

1. 세례와 성찬에 해당하는 구약의 성례가 각각 무엇인지 말해 보고, 그 의미를 비교해 보세요.
2. 구약의 성례와 신약의 성례는 어떤 점에서 다른가요?

하나님, 예수님의 새 언약의 피로 구원받게 해 주셔서 참으로 감사합니다. 아멘!

314일 세례가 무엇입니까?

● 성경: 엡 1:9 ● 찬송: 352장 "십자가 군병들아"

제94문: 세례가 무엇입니까?

성례, 곧 '사크라멘툼'(sacramentum)은 본래 로마 군대에서 사용하는 용어였습니다. 군사령관이 신병을 선발해서 훈련한 후 정식 군인으로 만들어 군대에 연합시킬 때 사용한 단어입니다. 세례는 성례입니다. "세례는 성부와 성자와 성령의 이름 안으로 연합시키는 물로 씻는 성례입니다." 사크라멘툼의 의미를 생각하면, 세례는 '하나님이 죄인을 불러 구원하시고 하나님 나라의 군대로 연합시키는 예식'이라고 할 수 있습니다. 군인이 되는 의식에서 군사령관과 신병은 서로 맹세를 합니다. 군사령관은 신병의 안전한 군 생활을 약속하고 신병은 사령관에게 절대 충성을 맹세합니다. 그런 의미에서 '세례'는 새로운 삶을 시작하는 의식으로 '사크라멘툼'(=성례)이라고 부르기에 적절합니다. 세례라는 성례를 통해 신자가 새로운 삶으로 들어온 것을 표시하고 인 칩니다. 즉 성부와 성자와 성령 하나님의 이름 안으로(in) 연합되는 성례가 바로 세례입니다.

한 사람이 교회에 와서 교인이 되는 과정을 그려 봅시다. 먼저 교회의 예배에 참석합니다. 복음을 듣고 믿음이 생깁니다. 교인이 되려는 마음이 생깁니다. 그러면 일정 기간 동안 교리 교육을 받습니다. 그 후 바른 믿음의 고백과 삶의 변화가 있는지 살펴서 그에게 세례 예식을 합니다. 이제 그는 그리스도의 교회에 연합되어 성도가 됩니다. 이것이 세례의 의미입니다.

답: 세례는 성부와 성자와 성령의 이름 안으로 연합시키는 물로 씻는 성례입니다. 세례는 우리가 그리스도에게 접붙여짐과 은혜 언약의 유익에 참여함과 주님의 것이 되기로 약속함을 표시하고 인 칩니다.

1. 사크라멘툼의 역사적 의미와 세례를 연결해서 설명해 보세요.
2. 우리 교회의 세례는 그런 의미를 충분히 드러내고 있나요?

하나님, 저는 세례를 통해 그리스도의 교회에 연합되었습니다. 그리스도의 군사로 살게 된 것입니다. 감사합니다. 아멘!

45주차 모임

신약의 성례

● 성경: 엡 1:9 ● 찬송: 227장 "주 앞에 성찬 받기 위하여"

함께 읽어 봅시다

제92문: 성례가 무엇입니까?
답: 성례는 그리스도께서 세우신 거룩한 예식이고 이 예식 가운데 그리스도와 새 언약의 유익이 눈에 보이는 표로써 믿는 사람에게 표시되고 인 쳐지며 적용됩니다.

제93문: 신약의 성례가 무엇입니까?
답: 신약의 성례는 세례와 성찬입니다.

함께 나누어 봅시다

1. 성례라는 단어인 '사크라멘툼'(sacramentum)의 본래 의미와 성경적 쓰임새를 이야기해 보세요.

2. 보이지 않는 언약의 표와 인이 '말씀'이라면, 보이는 언약의 표와 인은 '성례'입니다. 그 차이점과 공통점에 대해 말해 보세요.

3. 신약의 성례인 세례와 성만찬의 의미와 역할은 무엇인가요?

함께 기도합시다

성례(세례와 성만찬)를 통해 믿음을 굳세게 해 주시고, 그리스도께서 주신 새 언약의 유익을 누리게 해 달라고 기도합시다.

316일 성부·성자·성령의 이름 안으로

● 성경: 마 28:19   ● 찬송: 226장 "성령으로 세례 받아"

제94문: 세례가 무엇입니까?

세례에 대한 예수님의 명령은 마태복음 마지막 부분에 나옵니다. "그러므로 너희는 가서 모든 민족을 제자로 삼아 아버지와 아들과 성령의 이름으로 세례를 베풀고"(마 28:19). 세례는 예수님이 제자들에게, 곧 교회에 명령하신 성례입니다. 세례는 삼위일체 하나님의 이름으로 베풉니다. 'in the name of ~'를 우리말로는 '~ 이름으로' 혹은 '~ 이름 안으로'로 번역합니다. 직역하면 '~ 이름 안에서'입니다. 물로 씻어 더러운 것을 없애는 것처럼, 세례는 그리스도의 피와 성령으로 우리 영혼의 더러운 것, 곧 우리의 모든 죄를 씻어 주신다는 약속을 표시하고 인 치는 것입니다. 이 죄 씻음은 성부와 성자와 성령 하나님의 일하심으로(in), 삼위 하나님 안에서(in), 그리고 죄인이 삼위일체 하나님 안으로(in) 연합될 때 가능합니다.

세례를 통해 성부 하나님은 영원한 은혜 언약을 우리와 맺어 주심을 선언하시고 인 쳐 주십니다. 성자 하나님은 그분의 보혈로써 우리를 씻어 우리의 모든 죄를 깨끗하게 하심을 보증하십니다. 하나님은 우리를 그분의 죽음과 부활에 연합시켜 주셔서 우리를 죄에서 해방하시고 하나님 앞에서 의롭다 하십니다. 성령 하나님은 이 세례로써 그분이 우리 안에 거하기 원하시고 우리를 그리스도의 살아 있는 지체로 만들기 원하신다는 것을 우리에게 확신시켜 주십니다. 또 성령님은 우리가 그리스도 안에서 소유한 것, 즉 죄를 씻는 것과 매일 새로운 삶을 누리는 것을 우리에게 적용시키십니다.

답: 세례는 성부와 성자와 성령의 이름 안으로 연합시키는 물로 씻는 성례입니다. 세례는 우리가 그리스도에게 접붙여짐과 은혜 언약의 유익에 참여함과 주님의 것이 되기로 약속함을 표시하고 인 칩니다.

묵상 + 기도

1. 삼위일체 하나님의 이름으로 세례를 받는 이유가 무엇입니까?
2. 삼위일체 하나님이 우리의 죄 씻음에 각각 어떻게 관여하시나요?

하나님, 성부와 성자와 성령의 이름으로 세례를 받는 것에 엄청난 복음이 들어 있음을 알게 되었습니다. 감사드립니다. 아멘!

 # 317일 세례가 표시하고 인 치는 것

● 성경: 롬 6:4　● 찬송: 224장 "정한 물로 우리 죄를"

제94문: 세례가 무엇입니까?

　세례는 어떤 것을 표시하고 인 칩니까? "세례는 우리가 그리스도에게 접붙여짐과 은혜 언약의 유익에 참여함과 주님의 것이 되기로 약속함을 표시하고 인 칩니다." 첫째, 세례는 우리가 참포도나무에 접붙여진 가지처럼 그리스도의 몸에 연합되었음을 표시하고 인 치는 것입니다. 그리스도로부터 영적인 영양분과 힘을 공급받게 된다는 뜻입니다. 둘째, 세례는 은혜 언약의 유익에 참여함을 표시하고 인 치는 것입니다. "은혜 언약의 유익"은 무엇일까요? 많은 유익이 있습니다. 먼저 그리스도의 생애와 죽음을 통해 얻으신 구속입니다. 그리고 성령님이 그리스도께서 얻으신 구속을 우리에게 적용해 주시는 것입니다. 그것은 소명 · 칭의 · 입양 · 성화 같은 것들입니다. 셋째, 세례는 주님의 것이 되기로 약속함을 표시하고 인 친다는 의미도 있습니다. 이는 거룩한 주님의 몸인 교회의 회원이 된다는 뜻으로, 교인은 권리와 책임을 동시에 가집니다. 세례는 하나님의 언약의 표와 인이기도 하지만, 세례자의 믿음의 고백으로서의 표와 인이기도 합니다. 그래서 세례식에는 수세자의 약속이 있습니다. "여러분은 자신이 하나님 앞에서 심판을 피할 수 없는 죄인이이며 … 구원하실 이는 오직 예수 그리스도 뿐인 줄 알고, 그를 믿으며 그에게만 의지하기로 서약합니까? 여러분은 지금 성령의 은혜를 의지하여 … 교회의 관할과 치리에 순종하고, 교회의 덕을 세우는 일에 힘쓰며, 교인으로서의 의무와 권리를 바르게 행사하기로 서약합니까?"

답: 세례는 성부와 성자와 성령의 이름 안으로 연합시키는 물로 씻는 성례입니다. 세례는 우리가 그리스도에게 접붙여짐과 은혜 언약의 유익에 참여함과 주님의 것이 되기로 약속함을 표시하고 인 칩니다.

 묵상 † 기도

1. 세례는 세 가지를 표시하고 인 치는 예식입니다. 무엇인지 말해 보세요.
2. 수세자의 약속을 소리 내어 읽어 보고 그 의미를 묵상해 보세요.

하나님, 세례를 받을 때 교회에 대한 권리와 의무를 바르게 행사하기로 약속한 것을 기억합니다. 이를 잘 행하게 하옵소서. 아멘!

 **31일 세례의 대상**

• 성경: 행 2:38-39   • 찬송: 150장 "갈보리산 위에"

제95문: 세례는 어떤 사람에게 베풉니까?

"세례는 보이는 교회 밖에 있는 사람에게 베풀지 않고 누구든지 그리스도를 믿고 주님께 순종하겠다고 고백할 때에 비로소 베풀어야 합니다." 소요리문답은 왜 이렇게 대답할까요? 중세 일천 년 동안 로마 천주교회가 세례를 잘못 사용했던 역사와 관련이 있습니다. 로마 천주교회에서는 세례를 통해 구원을 사람에게 주입한다고 (infuse) 믿습니다. 사제가 공적으로 세례를 베풀면, 주사기로 약물을 몸에 주입하는 것처럼 은혜가 주입된다고 가르쳤습니다. 이것은 복음을 심각하게 왜곡한 것입니다. 이렇게 믿는 신자들은 세례를 사회적 유익을 위한 장식품으로만 여깁니다. 세례 받은 것뿐 아니라 천주교인이라는 명칭도 사회적 장식품으로만 여기며 로마 천주교회에 다니는 사람들이 많습니다. 주일에 성당 예배에 참석하는 사람의 숫자가 재적 교인의 1/4정도밖에 되지 않는 것은 그런 이유 때문이기도 합니다. 종교 개혁가들은 그리스도의 의가 믿는 자에게 전가된다고 (impute) 믿었습니다.

만약 개신교회도 교회 출석도 잘 하지 않고 믿음의 고백도 없고 순종의 삶도 살지 않는 사람에게 세례를 쉽게 준다면 큰 문제입니다. 세례 교인의 숫자를 늘리기 위해 세례 교육을 간단히만 하고 세례를 주는 경우도 종종 있는데, 이는 큰 잘못입니다.

답: 세례는 보이는 교회 밖에 있는 사람에게 베풀지 않고 누구든지 그리스도를 믿고 주님께 순종하겠다고 고백할 때에 비로소 베풀며, 보이는 교회의 회원의 유아들이 받습니다.

 묵상 † 기도

1. 왜 보이는 교회 밖에 있는 자들에게는 세례를 베풀면 안 되나요?
2. 세례는 어떤 사람에게 베풀어야 하나요?

하나님, 그리스도의 의가 우리에게 전가되었다는 것이 기쁘고 감사합니다. 아멘!

유아세례

- 성경: 창 17:7　● 찬송: 226장 "성령으로 세례 받아"

제95문: 세례는 어떤 사람에게 베풉니까?

　세례는 신앙고백을 한 사람에게만 베풀어야 할까요? 아닙니다. "보이는 교회의 회원의 유아들도" 세례를 받을 수 있습니다. 세례가 은혜 언약의 표와 인이기 때문입니다. 유아는 자신의 죄와 비참과 믿음을 고백할 수 없습니다. 하지만, 믿는 자의 자녀는 새 언약의 복을 받는 범위 안에 포함됩니다. 그것을 어떻게 알 수 있느냐고요? 구약의 할례에서 그 원리를 찾을 수 있습니다. 할례는 믿음의 표와 인이 아니라, 언약의 표와 인입니다. 하나님이 아브라함을 찾아와 언약을 맺으셨습니다. 언약을 맺음으로 아브라함은 하나님의 소유가 되고, 하나님은 아브라함의 든든한 주인이 되셨습니다. 놀라운 것은 이 언약이 아브라함뿐만 아니라 그의 자녀와 대대 후손과도 관련이 있다는 사실입니다. "내가 내 언약을 나와 너 및 **네 대대 후손 사이에 세워서** 영원한 언약을 삼고 너와 네 후손의 하나님이 되리라"(창 17:7).

　하이델베르크 요리문답도 이 점을 분명하게 정리합니다. "…유아들도 어른들과 마찬가지로 하나님의 언약과 교회에 속하였고, 또한 어른들 못지않게 유아들에게도 그리스도의 피에 의한 속죄와 믿음을 일으키시는 성령이 약속되었기 때문입니다. 그러므로 유아들도 언약의 표인 세례를 통하여 그리스도의 교회에 연합되고 불신자의 자녀와 구별되어야 합니다. 이런 일이 구약에서는 할례를 통하여 이루어졌으나, 신약에서는 그 대신 세례가 제정되었습니다"(하이델베르크 요리문답 제74문).

답: 세례는 보이는 교회 밖에 있는 사람에게 베풀지 않고 누구든지 그리스도를 믿고 주님께 순종하겠다고 고백할 때에 비로소 베풀며, 보이는 교회의 회원의 유아들이 받습니다.

묵상 † 기도

1. 성례가 언약의 표와 인이라는 것과 관련해서, 유아세례의 근거를 생각해 보세요.
2. 구약 시대에 유아가 할례를 받은 것과 하이델베르크 요리문답 제74문을 생각할 때, 유아세례의 의미는 무엇인가요?

언약을 통해, 믿는 자의 자녀에게도 하나님의 은혜가 영향을 준다는 것이 귀하고 소중합니다. 하나님, 감사합니다. 아멘!

320일 성경에 유아세례가 나오나요?

● 성경: 행 16:31-33 ● 찬송: 141장 "호산나 호산나"

제95문: 세례는 어떤 사람에게 베풉니까?

적지 않은 그리스도인이 자녀의 유아세례를 거부합니다. 유아세례가 성경에 직접적으로 나오지 않는다는 이유 때문입니다. 하지만, 간접적인 증거는 많습니다. 예를 들어, 빌립보 간수는 예수님을 믿고 바울에게 "자기와 그 온 가족이 다 세례를"(행 16:33) 받습니다. 구약 시대에는 남자에게만 할례를 베풀고 여자는 제외했지만, 신약 시대에는 남자뿐만 아니라 여자에게도 세례를 베풀었습니다. 성경에 이에 관한 명시적인 명령은 없지만, 이는 초대교회 안에서 자연스럽게 받아들여진 통례입니다. 초대교회에서는 유아세례가 너무나 당연했기 때문에 굳이 "유아에게 세례를 베풀라"라는 말을 하지 않았을 뿐입니다. 또 성경에는 유아세례가 없었다는 증거도 없습니다.

유아세례는 언약의 표와 인으로서, 구원이 인간에게 달려 있지 않고 하나님의 은혜로만 가능하다는 것을 잘 보여 줍니다. 하나님이 죄인에게 오셔서 말을 걸고 언약을 맺으셨습니다. 이에 언약 백성은 놀라운 복을 받았습니다. 이 복이 자녀에게도 주어졌습니다. 심지어 이 언약의 복은 당사자의 가족 구성원뿐만 아니라 언약의 말씀이 선포되는 가정(household) 안에서 살아가는 종들에게도 주어졌습니다(창 17:12). 언약 백성의 자녀에게 유아세례를 주어 그가 언약의 복을 받은 자임을 표시하는 것은 당연합니다. 물론 유아세례가 그 아이의 구원을 보증하지는 않습니다.

답: 세례는 보이는 교회 밖에 있는 사람에게 베풀지 않고 누구든지 그리스도를 믿고 주님께 순종하겠다고 고백할 때에 비로소 베풀며, 보이는 교회의 회원의 유아들이 받습니다.

묵상 † 기도

1. 개신교회 안에 유아세례를 반대하는 무리가 있습니다. 그들의 논리는 무엇이며 그 허점은 무엇인가요?
2. 유아세례로 누릴 수 있는 하나님의 은혜는 무엇인가요?

하나님의 언약과 그 복이 저의 자녀에게도 주어짐을 믿습니다. 감사합니다. 아멘!

주의 만찬

● 성경: 고전 11:20-34   ● 찬송: 227장 "주 앞에 성찬 받기 위하여"

제96문: 주님의 성찬이 무엇입니까?

(성) 만찬은 누구의 소유일까요? 우리일까요? 아닙니다. "주의 만찬"(고전 11:20)입니다. 분쟁과 분파가 있었던 고린도 교회에서는 성만찬이 자신들의 것인 양 행동했습니다. 친한 사람끼리 먼저 와서 음식을 먹어 버려서, 나중에 온 사람은 성만찬의 음식을 먹지 못하는 경우가 생겼습니다. 성만찬이 인간의 힘을 과시하는 도구로 사용되었으니 어처구니없습니다. 주의 만찬은 주님의 것입니다. 그러므로 주님이 정하신 대로 시행되어야 합니다.

주의 만찬이 무엇일까요? 주의 만찬은 "그리스도께서 정하신 대로 떡(빵)과 포도주를 주고받음으로써 그의 죽으심을 나타내 보이는 성례입니다." 성만찬은 예수님이 제자들을 초대해 자신의 몸과 피를 통해 복을 주신다는 새 언약을 눈으로 보고 온몸으로 경험하도록 주신 성례입니다. 주의 성찬이 있는 날이면 강단 앞 성찬대 위에 빵과 포도주가 놓여 있습니다. 그것을 장로들이 성도에게 나누어 줍니다. 성도는 빵과 포도주를 먹고 마십니다. 예수님이 제자들에게 성찬 예식을 만들어 주신 것을 본 딴 형태입니다(마 26:26-28; 눅 22:19-20). 빵은 예수님의 몸을 의미하고, 포도주는 예수님의 피를 상징합니다. 이 성찬에는 세례 받은 그리스도인만 참석할 수 있습니다.

답: 주님의 성찬은 그리스도께서 정하신 대로 떡과 포도주를 주고받음으로써 그의 죽으심을 나타내 보이는 성례입니다. 주님의 성찬을 합당하게 받는 사람은 물질적이고 육신적인 태도가 아니라 믿음으로 받고, 그리스도의 몸과 피에 참여하여서 주님의 모든 유익을 받고 신령한 양식을 먹고 은혜 안에서 장성합니다.

묵상 + 기도

1. 성찬은 누구의 것입니까?
2. 성찬식에 참여할 때마다 주님의 새 언약을 온몸으로 경험하려면 어떻게 해야 하나요?

성만찬은 우리 주님이 만드셨기에 주님의 것입니다. 제 마음대로 성찬에 참여하지 않고 주님의 뜻에 따라 참여하겠습니다. 아멘!

46주차 모임

성례: 세례

- 성경: 행 2:38-39
- 찬송: 224장 "정한 물로 우리 죄를"

함께 읽어 봅시다

제94문: 세례가 무엇입니까?

답: 세례는 성부와 성자와 성령의 이름 안으로 연합시키는 물로 씻는 성례입니다. 세례는 우리가 그리스도에게 접붙여짐과 은혜 언약의 유익에 참여함과 주님의 것이 되기로 약속함을 표시하고 인 칩니다.

제95문: 세례는 어떤 사람에게 베풉니까?

답: 세례는 보이는 교회 밖에 있는 사람에게 베풀지 않고 누구든지 그리스도를 믿고 주님께 순종하겠다고 고백할 때에 비로소 베풀며, 보이는 교회의 회원의 유아들이 받습니다.

함께 나누어 봅시다

1. 세례는 구약의 어떤 성례와 연관이 있나요? 세례에 나타난 새 언약의 풍성한 의미에 대해 서로 나누어 보세요.

2. 세례는 구원과 어떤 관계가 있을까요?

3. 유아세례를 베푸는 이유에 대해 말해 봅시다.

함께 기도합시다

교회에서 세례식이 열릴 때마다 나 자신도 그리스도의 구속을 다시 기억하고 확신하게 해 달라고 기도합시다.

 # 살과 피를 먹어

- 성경: 고전 10:16   - 찬송: 228장 "오 나의 주님 친히 뵈오니"

제96문: 주님의 성찬이 무엇입니까?

로마 시대에 그리스도인에 대한 어이없는 모함과 오해가 있었습니다. 그것은 '그리스도인들이 비밀리에 카타콤에 모여 영아를 죽인 후 그 살을 먹고 피를 마신다'는 것입니다. 성찬식에서 "받아서 먹으라. 이것은 내 몸이니라"(마 26:26)라고 하고, "너희가 다 이것을 마시라 … 나의 피 곧 언약의 피니라"(마 26:27-28)라고 하기 때문에, 이방인들이 오해한 것입니다.

빵과 포도주를 주고받는 것은 예수님의 죽으심을 나타내 보이는 것입니다. 피 흘림이 없이는 죄 사함도 없습니다. 구약 시대에는 죄를 용서받기 위해 속죄제사를 드렸습니다. 정결한 양의 머리에 손을 얹고 자신의 죄를 고백하고 난 후 자신의 손으로 양을 죽입니다. 양의 살을 찢고 피를 흘려 제사를 지내면 죄를 용서받습니다. 그리고 죄에서 멀어지겠다고 다짐합니다. 이 구약의 속죄제사는 예수 그리스도의 완전한 제사를 예표하는 그림자입니다. 우리 죄를 사해 주시기 위해 예수 그리스도께서 오셔서 십자가 위에서 영원한 속죄제사를 드리셨습니다. 이제 구약의 속죄제사 제도는 없어졌습니다. 예수님이 살이 찢기고 피를 흘리심으로써 우리 죄를 대신하는 대속의 제사를 드리셨습니다. 단번에 드린 이 영원한 속죄제사로 인해 우리는 죄를 용서받고 하나님의 자녀가 됩니다. 성찬은 바로 이 놀라운 신비를 우리가 잊지 않고 기억하도록 합니다.

답: 주님의 성찬은 그리스도께서 정하신 대로 떡과 포도주를 주고받음으로써 그의 죽으심을 나타내 보이는 성례입니다. 주님의 성찬을 합당하게 받는 사람은 물질적이고 육신적인 태도가 아니라 믿음으로 받고, 그리스도의 몸과 피에 참여하여서 주님의 모든 유익을 받고 신령한 양식을 먹고 은혜 안에서 장성합니다.

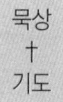

묵상 † 기도

1. 고대 로마 시대에 그리스도인은 어떤 오해를 받았나요? 왜 그랬나요?
2. 성찬식에서 빵과 포도주가 의미하는 것은 무엇인가요?

성만찬을 통해, 예수 그리스도께서 우리의 죄를 용서해 주셨음을 다시 기억하고 확신하게 되니 감사합니다. 아멘!

성만찬의 과거와 미래

● 성경: 고전 11:25-26   ● 찬송: 231장 "우리 다 같이 무릎 꿇고서"

제96문: 주님의 성찬이 무엇입니까?

성만찬은 과거를 기억하고 미래를 기대하게 합니다. 예수님은 성만찬을 행하시며 "이 잔은 내 피로 세운 새 언약이니 이것을 행하여 마실 때마다 나를 기념하라"(고전 11:25)라고 하셨습니다. '기념'(紀念)은 '과거의 어떤 뜻 깊은 일이나 훌륭한 인물 등을 오래도록 잊지 않고 마음에 간직한다'는 뜻입니다. 이스라엘 백성은 유월절을 지키면서 출애굽을 기억하고 기념했습니다(출 12:14). 성만찬은 예수님이 십자가 위에서 우리의 죄를 사하기 위해 죽으셨던 과거를 잊지 않고 기억하는 시간입니다.

성만찬은 미래를 기대하게 합니다. "이 떡을 먹으며 이 잔을 마실 때마다 주의 죽으심을 그가 오실 때까지 전하는 것이니라"(고전 11:26). 예수님은 죽으시고 부활하시고 승천하셔서 지금은 하늘에 계십니다. 하늘에서 그냥 계시지 않고 우리와 택한 사람의 구원을 위해 지금도 일하시며 기도하십니다. 예수님은 후에 세상에 다시 오실 것입니다. 세상을 심판하기 위해 다시 오실 것을 우리는 성만찬을 통해 기대할 수 있습니다. 예수 그리스도의 십자가 은혜로 구원받아 의인이 된 하나님 나라 백성은 세상 사람에게 핍박을 받습니다. 그럴 때 그리스도인은 절망하지 않고, 세상을 심판하기 위해 다시 오실 예수님을 기대합니다.

답: 주님의 성찬은 그리스도께서 정하신 대로 떡과 포도주를 주고받음으로써 그의 죽으심을 나타내 보이는 성례입니다. 주님의 성찬을 합당하게 받는 사람은 물질적이고 육신적인 태도가 아니라 믿음으로 받고, 그리스도의 몸과 피에 참여하여서 주님의 모든 유익을 받고 신령한 양식을 먹고 은혜 안에서 장성합니다.

묵상 † 기도

1. 과거와 관련해서 성만찬은 어떤 의미가 있나요?
2. 미래와 관련해서 성만찬은 어떤 의미가 있나요?

성만찬에 참여함으로써 과거와 미래의 예수 그리스도를 기억하고 기대합니다. 감사합니다. 아멘!

# 성찬과 미사의 차이

● 성경: 고전 11:27   ● 찬송: 232장 "유월절 때가 이르러"

제96문: 주님의 성찬이 무엇입니까?

소요리문답은 우리가 성만찬에 어떻게 참여해야 하는지 분명하게 가르칩니다. "주님의 성찬을 합당하게 받는 사람은 물질적이고 육신적인 태도가 아니라, 믿음으로" 받아야 합니다. 하이델베르크 요리문답 제80문은 이 내용을 잘 정리합니다. 주의 만찬은 예수 그리스도께서 친히 십자가 위에서 단번에 이루신 유일한 제사에 의해 우리의 모든 죄가 완전히 사해졌음을 확증합니다. 그리고 성령에 의해 우리는 그리스도에게 연합되었으며, 그의 참된 몸은 지금 하늘에 있고, 하나님 우편에서 우리의 경배를 받으심을 확증합니다. 그러나 로마 천주교회는 사제들이 지금도 매일 제사, 곧 미사를 드려야 산 자나 죽은 자가 구원을 얻을 수 있다고 가르칩니다. 로마 천주교회는 그리스도가 빵과 포도주 안에 존재하기 때문에 미사에서 공손한 예의를 갖추어야 한다고 가르칩니다. 그래서 무릎을 꿇고 빵을 받습니다. 그러므로 미사는 근본적으로 예수 그리스도의 단번의 제사와 고난을 부인하는 것이며 저주받을 우상 숭배입니다.

로마 천주교회의 미사는 성찬을 물질적이고 육신적인 태도로 대하도록 합니다. 우리는 복음을 믿음으로 성만찬을 새 언약의 표와 인으로서 받아들입니다. 이것이 오늘 성만찬을 통해 성도에게 주시는 주님의 은혜입니다.

답: 주님의 성찬은 그리스도께서 정하신 대로 떡과 포도주를 주고받음으로써 그의 죽으심을 나타내 보이는 성례입니다. 주님의 성찬을 합당하게 받는 사람은 물질적이고 육신적인 태도가 아니라 믿음으로 받고, 그리스도의 몸과 피에 참여하여서 주님의 모든 유익을 받고 신령한 양식을 먹고 은혜 안에서 장성합니다.

묵상 ✝ 기도

1. 주의 만찬이 확증하는 두 가지 사실은 무엇인가요?
2. 로마 천주교회의 미사가 복음적이지 않은 이유는 무엇인가요?

하나님, 성만찬의 의미를 잘 깨닫고 참여하게 해 주세요. 아멘!

 326일

미사와 제사

● 성경: 히 10:10   ● 찬송: 233장 "자비로 그 몸 찢기시고"

제96문: 주님의 성찬이 무엇입니까?

　로마 천주교회는 성만찬을 '미사'(missa)라고 부릅니다. 실제로는 미사가 예배 전체를 가리키는 용어가 되었습니다. 이는 예배가 성만찬 중심인 것과 관련이 있습니다. '미사'라는 말은 예배 형태에서 유래했습니다. 초대교회에는 두 종류의 예배가 있었습니다. 1부 예배에는 불신자도 참석해 설교를 들을 수 있었습니다. 2부 예배에는 오직 신자만 참여합니다. 바로 이 2부 예배가 성만찬입니다. 1부 예배를 마칠 때 예배 인도자는 이렇게 말합니다. "이테 **미사** 에스트"(ite, missa est: '가시오! 해산하시오'). 예배를 마쳤으니 이제 가도 된다는 뜻입니다. 이 말 중간에 있는 단어 '미사'(missa: 해산[dismissal])만 살아남아 사용되었는데, 그것이 '미사'의 기원입니다.

　로마 천주교회의 미사는 일종의 제사입니다. 성직자는 제사장입니다. 성직자가 휘황찬란한 옷을 입는 것은 구약의 제사장 복장을 흉내 낸 것입니다. 천주교회에서는 사제(司祭)가 빵과 포도주를 높이 들고 축복하면 예수님의 몸과 피로 변한다고 가르칩니다. 이른바 화체설(化體說)입니다. 예배드릴 때 예수님의 살과 피를 먹음으로써 그리스도의 의가 신자에게 주입된다(infuse)고 믿습니다. 사제는 성도를 등지고 앞쪽을 바라보며 제사를 드립니다. 하지만, 이러 제사가 계속 반복될 필요는 없습니다. 왜냐하면 예수님께서 단번에 영원한 제사를 드리셨기 때문입니다(히 10:10, 12).

답: 주님의 성찬은 그리스도께서 정하신 대로 떡과 포도주를 주고받음으로써 그의 죽으심을 나타내 보이는 성례입니다. 주님의 성찬을 합당하게 받는 사람은 물질적이고 육신적인 태도가 아니라 믿음으로 받고, 그리스도의 몸과 피에 참여하여서 주님의 모든 유익을 받고 신령한 양식을 먹고 은혜 안에서 장성합니다.

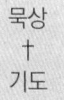 묵상 † 기도

1. '미사'라는 말의 의미는 무엇인가요?
2. 화체설의 오류는 무엇인가요?

하나님, 그리스도 예수께서 단번에 드리신 제사로 저의 죄가 사해졌음을 믿습니다. 감사합니다. 아멘!

327일 성찬은 만찬

● 성경: 눅 23:28 ● 찬송: 600장 "교회의 참된 터는"

제96문: 주님의 성찬이 무엇입니까?

성만찬은 우리가 무엇을 하나님께 드리는 시간(제사)이 아니라, 오히려 하나님으로부터 신령한 양식을 받는 기회(만찬)입니다. 하늘로부터 영적 양식을 받아먹고 은혜를 누리기에 기쁘고 즐거운 시간입니다. 우리는 성만찬에서 빵과 포도주를 "믿음으로 받고 그리스도의 몸과 피에 참여하여서 주님의 모든 유익을 받고 신령한 양식을 먹고 은혜 안에서 장성합니다." 성만찬에서 우리는 예수님의 고난과 십자가 죽음을 기억해야 하지만, 사실은 우리 자신의 죄와 비참을 더 생각해야 합니다. 예수님의 고난을 연민의 정으로 바라봐서는 안 됩니다. 예수님은 울고 있는 예루살렘의 여자들에게 말씀하셨습니다. "예루살렘의 딸들아 나를 위하여 울지 말고 너희와 너희 자녀를 위하여 울라"(눅 23:28). 우리는 성만찬에서 예수님이 십자가에서 죽으셔야 할 만큼 우리의 죄가 비참하다는 것을 보고 울어야 합니다.

하지만, 예수님은 우리의 죄와 비참을 위해 대신 죽으셨다가 부활하셔서 죽음을 이기셨습니다. 더 나아가서, 믿는 우리에게 그리스도께서 얻으신 의를 전가(impute)시켜 주셨습니다. 성만찬은 예수님이 구속의 죽음으로 얻은 의를 하나님이 우리에게 나누어 주신 것을 기념하고 누리는 시간입니다. 성만찬은 '만찬'(晩餐, supper) 시간입니다. 성찬대는 식탁입니다. 빵을 먹고 몸이 자라고 포도주를 마시며 기뻐하는 것처럼, 예수님이 우리를 위해 행하신 놀라운 구속의 은혜를 성찬 예식에서 누릴 수 있습니다.

답: 주님의 성찬은 그리스도께서 정하신 대로 떡과 포도주를 주고받음으로써 그의 죽으심을 나타내 보이는 성례입니다. 주님의 성찬을 합당하게 받는 사람은 물질이고 육신적인 태도가 아니라 믿음으로 받고, 그리스도의 몸과 피에 참여하여서 주님의 모든 유익을 받고 신령한 양식을 먹고 은혜 안에서 장성합니다.

묵상 † 기도

1. 성만찬에서 우리가 예수님의 죽으심과 함께 생각해야 할 것은 무엇인가요?
2. 성찬을 만찬(supper)이라고 부르는 의미를 생각해 보세요.

하나님, 성만찬을 통해 하나님이 주신 기쁨을 누리게 하옵소서. 아멘!

327일 성만찬은 그리스도와의 연합

● 성경: 요 6:53-54; 고전 10:16-17 ● 찬송: 547장 "나 같은 죄인까지도"

제96문: 주님의 성찬이 무엇입니까?

십자가에 달리신 그리스도의 몸을 먹고 그가 흘리신 피를 마신다는 것은, 믿는 마음으로 그리스도의 모든 고난과 죽음을 받아들이는 것입니다(하이델베르크 요리문답 제76문). 성만찬은 우리 안에 거하시는 성령으로 말미암아 우리가 그리스도의 거룩한 몸에 더욱더 연합됨을 의미합니다. 그리스도의 몸과 피를 상징하는 빵과 포도주를 먹고 마심으로 수찬자(受饌者)는 그리스도의 몸과 피를 먹습니다. 그리스도가 우리 안으로 들어와 소화되어 우리의 것이 됨을 빵과 포도주로 체험합니다. "내가 진실로 진실로 너희에게 이르노니 인자의 살을 먹지 아니하고 인자의 피를 마시지 아니하면 너희 속에 생명이 없느니라. 내 살을 먹고 내 피를 마시는 자는 영생을 가졌고 마지막 날에 내가 그를 다시 살리리니"(요 6:53-54). 비록 그리스도는 하늘에 계시고 우리는 땅에 있다 할지라도 우리는 "그의 살 중의 살이요, 그의 뼈 중의 뼈"이며 마치 우리 몸의 지체들이 한 영혼에 의해 살고 다스림을 받는 것처럼, 우리도 한 성령에 의해서 영원히 살고 다스림을 받습니다.

그런 의미에서 성만찬은 그리스도와의 연합을 머리로만이 아니라, 실제로 온몸으로 체험할 수 있다는 점에서 특별합니다. 그리스도와의 수직적 연합은 성만찬에 함께 참여하는 교회 지체들과의 상호 연합적 의미로 나아갑니다. "떡이 하나요, 많은 우리가 한 몸이니, 이는 우리가 다 한 떡에 참여함이라"(고전 10:17).

답: 주님의 성찬은 그리스도께서 정하신 대로 떡과 포도주를 주고받음으로써 그의 죽으심을 나타내 보이는 성례입니다. 주님의 성찬을 합당하게 받는 사람은 물질적이고 육신적인 태도가 아니라 믿음으로 받고, 그리스도의 몸과 피에 참여하여서 주님의 모든 유익을 받고 신령한 양식을 먹고 은혜 안에서 장성합니다.

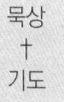

묵상 + 기도

1. 성만찬에서 예수님의 몸과 피를 먹고 마신다는 말은 무슨 뜻인가요?
2. 그리스도 안에서 성도 상호 간의 연합이 성만찬에서 어떻게 경험되나요?

성만찬에 참여함으로써 그리스도와의 연합을, 그리고 성도 상호 간의 연합을 경험하게 하소서. 아멘!

47주차 모임

성례: 성만찬

- 성경: 고전 11:23-29   • 찬송: 232장 "유월절 때가 이르러"

함께 읽어 봅시다

제96문: 주님의 성찬이 무엇입니까?

답: 주님의 성찬은 그리스도께서 정하신 대로 떡과 포도주를 주고받음으로써 그의 죽으심을 나타내 보이는 성례입니다. 주님의 성찬을 합당하게 받는 사람은 물질적이고 육신적인 태도가 아니라 믿음으로 받고, 그리스도의 몸과 피에 참여하여서 주님의 모든 유익을 받고 신령한 양식을 먹고 은혜 안에서 장성합니다.

함께 나누어 봅시다

1. 성만찬에 대해 그동안 오해한 것이 있었다면, 이야기해 봅시다.

2. 성만찬의 유익에 대해 나누어 보세요.

3. 개신교의 성만찬과 로마 천주교회의 미사는 어떤 차이가 있나요?

함께 기도합시다

성만찬을 통해 하나님이 주시는 유익과 은혜를 누리게 해 달라고 기도합시다.

330일 성찬을 합당하게 받으려면

● 성경: 마 9:9-13   ● 찬송: 426장 "이 죄인을 완전케 하시옵고"

제97문: 주님의 성찬을 합당하게 받으려면 어떻게 하여야 합니까?

누가 성만찬에 참여할 수 있나요? 성도가 아닌 자는 성만찬에 참여할 수 없습니다. 세례를 받았거나 입교한 성도만 성만찬에 참여할 수 있습니다. 교인이라고 무조건 성만찬에 참여할 수 있는 것도 아닙니다. 성만찬의 참여 자격은 어떻게 될까요?

하이델베르크 요리문답 제81문은 "누가 주의 상에 참여할 수 있습니까?"라는 질문에 이렇게 대답합니다.

첫째, "자기의 죄 때문에 자신에 대해 참으로 슬퍼하는 사람"입니다. 즉 그리스도의 의를 전가받은 성도이지만 여전히 죄와의 싸움에서 넘어져 성만찬 참여에 대한 준비가 부족하다고 느끼며 슬퍼하는 사람이면 성만찬에 참여할 자격이 있습니다. 행위가 완전한 자만 성만찬에 참여할 수 있는 것이 아닙니다.

둘째, "그리스도의 고난과 죽음에 의해 자기의 죄가 사하여지고 남아 있는 연약성도 가려졌음을 믿는 사람"입니다. 그리스도께서 우리의 죄와 죄책을 없애고 우리의 질병을 치료할 수 있는 분이라는 것을 믿는 자가 성만찬에 참여할 수 있습니다.

셋째, "자신의 믿음이 더욱 강하여지고, 돌이킨 삶을 살기를 간절히 소원하는 사람"입니다. 그리스도께서 자신의 죄를 위해 죽으셨다는 것을 믿고 회개한 사람은 바른 삶을 살아가기를 원합니다. 더 이상 죄에 빠지지 않고 거룩하게 살 것을 소원합니다. 그러므로 죄인도 성만찬에 참여할 수 있지만, 그 죄인은 믿고 회개하고 새롭게 살려는 소원이 있는 자입니다. 그런 자가 성만찬에 참여할 수 있습니다.

답: 주님의 성찬에 합당하게 참여하려는 사람은 주님의 몸을 분별하는 지식이 있는지, 주님을 양식으로 삼는 믿음이 있는지, 회개와 사랑과 새로운 순종이 있는지 스스로 살펴야 합니다. 그렇지 아니하면 합당치 않게 나아옴으로 자기에게 임할 심판을 먹고 마시게 됩니다.

묵상 + 기도

1. 성찬에는 완전한 자만 참여할 수 있나요?
2. 죄인도 성찬에 참여할 수 있을까요? 어떻게 하면 참여할 수 있나요?

하나님, 저는 하나님의 뜻대로 살고 싶은 죄인입니다. 성만찬에 참여하여 하나님의 은혜를 받고 싶습니다. 아멘!

 # 성찬에 참여할 수 없는 사람

● 성경: 고전 11:28-29; 마 23:25-28 ● 찬송: 444장 "겟세마네 동산에서"

제97문: 주님의 성찬을 합당하게 받으려면 어떻게 하여야 합니까?

성만찬에 참여할 수 없는 사람은 다음과 같습니다. 첫째, "주님의 몸을 분별하는 지식이" 없는 자입니다. 둘째, "주님을 양식으로 삼는 믿음이" 없는 자입니다. 셋째, "회개와 사랑과 새로운 순종이" 없는 자입니다. 성만찬은 은혜의 방편인데 왜 이런 사람은 참여할 수 없을까요? 로마 천주교회는 성만찬에 참여하기만 하면 지식과 믿음과 상관없이 자동적으로 은혜가 주입된다고 믿습니다. 하지만, 성만찬 자체는 자동적으로 은혜를 제공하지 않습니다. 오직 믿음이 있는 자에게만 효력이 있습니다.

먼저 주님의 몸을 분별하는 지식이 없는 자는 성찬에 참여하지 말아야 합니다. "사람이 자기를 살피고 그 후에야 이 떡을 먹고 이 잔을 마실지니, 주의 몸을 분별하지 못하고 먹고 마시는 자는 자기의 죄를 먹고 마시는 것이니라"(고전 11:28-29). "주님의 몸을 분별하는 지식"이라는 말은 어떤 신비한 지식을 뜻하지 않습니다. 예수 그리스도가 왜 십자가 위에서 살 찢으시고 피 흘리셔서 죽으셨는지 그 의미를 아는 지식을 말합니다. 그 의미를 알고 믿어야 합니다. 이 믿음이 없는 자는 성만찬에 참여하지 말아야 합니다. 혹시 복음에 대한 지식이 분명하지 않은 세례 교인이 있다면, 그를 성만찬에 참여시킬 것이 아니라, 교리 공부를 시켜야 할 것입니다. 그것이 그의 영혼을 위해 좋습니다.

답: 주님의 성찬에 합당하게 참여하려는 사람은 주님의 몸을 분별하는 지식이 있는지, 주님을 양식으로 삼는 믿음이 있는지, 회개와 사랑과 새로운 순종이 있는지 스스로 살펴야 합니다. 그렇지 아니하면 합당치 않게 나아옴으로 자기에게 임할 심판을 먹고 마시게 됩니다.

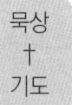
1. 어떤 사람이 성찬에 참여할 수 없나요?
2. 그리스도의 몸을 분별한다는 것과 그렇지 못하다는 것의 의미는 무엇인가요?

하나님, 예수님이 저를 죄와 사망에서 구원하시기 위해 십자가에서 죽으셨음을 믿습니다. 아멘!

332일 믿음이 없는 자

• 성경: 요 6:35, 48-51, 56 • 찬송: 317장 "내 주 예수 주신 은혜"

제97문: 주님의 성찬을 합당하게 받으려면 어떻게 하여야 합니까?

"주님을 양식으로 삼는 믿음이" 없는 자도 성찬에 참여하지 말아야 합니다. 예수님을 불신하는 무리는 예수님에게 표적을 요구했습니다. 그들은 모세가 광야에서 백성을 위해 내려 주었던 만나와 같은 표적을 원했습니다. 예수님은 그들의 잘못을 교정하셨습니다. 만나는 모세가 준 것이 아니라, 하나님이 하늘에서 내려 주신 생명의 떡이라고 말입니다. "예수께서 이르시되, 나는 생명의 떡이니 내게 오는 자는 결코 주리지 아니할 터이요, 나를 믿는 자는 영원히 목마르지 아니하리라"(요 6:35). 그 말을 들은 유대인들이 수군거립니다. 그때 예수님이 이렇게 외치셨습니다. "내가 곧 생명의 떡이니라. 너희 조상들은 광야에서 만나를 먹었어도 죽었거니와 이는 하늘에서 내려오는 떡이니 사람으로 하여금 먹고 죽지 아니하게 하는 것이니라. 나는 하늘에서 내려온 살아 있는 떡이니 사람이 이 떡을 먹으면 영생하리라. 내가 줄 떡은 곧 세상의 생명을 위한 내 살이니라"(요 6:48-51). 유대인들은 이 말씀의 의미를 이해하지 못했습니다. "어떻게 자기 살을 주어 먹게 하겠느냐"며 서로 다투었습니다.

예수님의 살은 참된 양식이고 그 피는 참된 음료입니다. "내 살을 먹고 내 피를 마시는 자는 내 안에 거하고 나도 그의 안에 거하나니"(요 6:56). 예수님에 대한 이러한 지식과 믿음이 없는 자는 성만찬에 참여하지 말아야 합니다.

답: 주님의 성찬에 합당하게 참여하려는 사람은 주님의 몸을 분별하는 지식이 있는지, 주님을 양식으로 삼는 믿음이 있는지, 회개와 사랑과 새로운 순종이 있는지 스스로 살펴야 합니다. 그렇지 아니하면 합당치 않게 나아옴으로 자기에게 임할 심판을 먹고 마시게 됩니다.

묵상 † 기도

1. 이스라엘 백성이 광야에서 먹었던 만나의 참된 의미는 무엇인가요?
2. 예수님이 자신을 "하늘에서 내려온 살아 있는 떡"이라고 하신 의미를 묵상해 보세요.

생명의 떡이신 예수님만을 제 양식으로 삼겠습니다. 아멘!

회개, 사랑, 새로운 순종이 없는 자

● 성경: 롬 7:24   ● 찬송: 258장 "샘물과 같은 보혈은"

제97문: 주님의 성찬을 합당하게 받으려면 어떻게 하여야 합니까?

성만찬에 합당하지 않은 태도로 나아와 빵과 포도주를 먹고 마시게 되면 자기에게 임할 심판을 쌓는 결과를 초래합니다. 교회는 이런 교인이 성찬에 참여하여 죄를 짓지 않도록 미리 교육하고 조치를 취해야 합니다. 그것이 당사자에게도 좋습니다. "회개와 사랑과 새로운 순종이" 없는 교인은 성만찬에 참여하지 못하도록 해야 합니다. 그를 창피하게 만들거나 골탕 먹이려는 것이 아니라, 그의 영적 복지와 구원을 위해서입니다.

신자라고 하면서도 회개와 그에 따른 삶이 없고, 사랑과 새로운 순종의 모습이 보이지 않으면, 그런 사람들은 성만찬에 참여할 수 없습니다. 그들은 더 이상 신자가 아닙니다. 이름만 그리스도인일 뿐입니다. 그런 자들이 성만찬에 참여하는 것은 죄입니다.

그런데 오해하지 말아야 합니다. 완전한 자만이 성찬 참여 자격이 있다는 말이 아닙니다. 오히려 반대입니다. "오호라, 나는 곤고한 사람이로다. 이 사망의 몸에서 누가 나를 건져 내랴"(롬 7:24). 바울도 회개와 사랑과 새로운 순종의 삶을 살기 시작했지만, 온전한 삶이 쉽지 않다고 고백합니다. 아직 완전하지 않지만, 그래도 회개와 사랑과 새로운 순종의 삶을 살고자 하는 소망을 가지고 자신의 부족함을 성만찬을 통해 그리스도 안에서 해결하려는 사람은 성만찬에 참여할 수 있습니다.

답: 주님의 성찬에 합당하게 참여하려는 사람은 주님의 몸을 분별하는 지식이 있는지, 주님을 양식으로 삼는 믿음이 있는지, 회개와 사랑과 새로운 순종이 있는지 스스로 살펴야 합니다. 그렇지 아니하면 합당치 않게 나아옴으로 자기에게 임할 심판을 먹고 마시게 됩니다.

묵상 ✝ 기도

1. 합당하지 않은 태도로 성만찬에 참여하는 사람은 어떤 결과를 초래하나요?
2. 완전한 사람만 성만찬에 참여할 수 있을까요?

하나님, 제 죄를 회개하고 하나님만 사랑하고 새롭게 순종하고 싶습니다. 아멘!

# 334일 기도가 무엇인가요?

● 성경: 요 15:7 ● 찬송: 35장 "큰 영화로신 주"

제98문: 기도가 무엇입니까?

'기도'(祈禱)는 한자어로 '빌 기(祈)'와 '빌 도(禱)'입니다. 우리말 '기도'에 담긴 의미는 '비나이다. 비나이다'인 셈입니다. 우리는 기도할 때 종종 일방적으로 '~ 주십시오. ~ 주십시오'라고 하나님께 쏟아붓습니다. 천지신명께 열심히 기도하면 응답받는다는 전통적인 사상이 반영된 것입니다. '지성이면 감천이다'라는 식입니다. 마치 '단식투쟁'과 '철야농성'을 하는 것처럼 금식기도와 철야기도를 하는 사람들도 있습니다.

본래 기도는 언약 백성이 언약의 하나님과 대화하는 방법입니다. 기도를 뜻하는 히브리어(아마르, amar)나 헬라어(프로슈코마이, proseuchomai), 그리고 라틴어(오라러, orare) 모두 '누구와 말하다'라는 뜻입니다. "너희가 내 안에 거하고 내 말이 너희 안에 거하면 무엇이든지 원하는 대로 구하라. 그리하면 이루리라"(요 15:7). 기도는 언약, 곧 약속에 대한 믿음의 반응입니다. 기도는 죄인인 인간이 은혜로 입양되어, 거룩하신 하나님 아버지를 만나게 된 것을 감사하는 수단입니다. 일방적으로 쏟아 내는 기도는 언어폭력일 뿐입니다.

기도는 "그리스도의 이름으로 하나님께 올리는 것"입니다. 기도는 우리 스스로 하나님께 올릴 수 없습니다. 반드시 그리스도의 이름으로만 가능합니다. 우리의 죄를 속량하시고, 죄로 죽었던 우리를 성령으로 다시 살리신 중보자 그리스도께서 우리의 기도를 하나님께 올려 드리십니다.

답: 기도는 그리스도의 이름으로 우리의 소원을 하나님께 올리는 것인데, 그분의 뜻에 맞는 것을 구하고, 우리의 죄를 고백하고 그분의 자비하심을 깨달아서 감사하는 것입니다.

묵상
†
기도

1. 잘못된 기도에는 어떤 것들이 있을까요?
2. 성경이 말하는 기도의 의미를 배운 대로 말해 보고 묵상해 보세요.

하나님, 하나님과 대화하고 싶습니다. 기도 시간에 제 말만 쏟아놓는 것이 아니라, 하나님의 말씀을 잘 듣기 원합니다. 아멘!

335일 기도는 그분의 뜻에 맞아야 합니다

● 성경: 마 6:33 ● 찬송: 157장 "겟세마네 동산에서 최후 기도"

제98문: 기도가 무엇입니까?

　기도는 우리의 소원을 하나님께 올리는 것입니다. 하나님은 전능하셔서 무슨 소원이든지 들어주실 수 있습니다. 하지만, 우리의 소원이 좋지 않은 것이라면 어떻게 하실까요? 그것까지 들어주실까요? 아닙니다. 우리의 소원은 하나님의 뜻에 맞는 것이어야 합니다. "그러므로 염려하여 이르기를 무엇을 먹을까, 무엇을 마실까, 무엇을 입을까"(마 6:31) 하면서 기도하지 말아야 합니다. 이런 기도는 하나님을 모르는 사람들이나 하는 것입니다. 물론 우리도 '일용할 양식'을 위해 기도할 수 있습니다. 문제는 욕심입니다. 일용할 양식을 구하는 기도가 아니라, 탐욕에 뿌리를 둔 기도는 잘못된 것입니다.

　제자들은 예수님께 기도를 가르쳐 달라고 요청했습니다. 그런 자세는 좋습니다. 우리는 어떻게 기도해야 할지 모릅니다. 그런 의미에서 주님이 가르쳐 주신 기도는 좋은 기도의 지침입니다.

　우리는 어떻게 기도해야 하나요? "그런즉 너희는 먼저 그의 나라와 그의 의를 구하라. 그리하면 이 모든 것을 너희에게 더하시리라"(마 6:33). 하나님의 나라와 하나님의 의를 구해야 합니다. 이것이 우리가 기도할 때 소원해야 할 것입니다. 이와 같은 기도의 모습을 예수님의 겟세마네 기도에서 발견할 수 있습니다. "내 아버지여, 만일 할 만하시거든 이 잔을 내게서 지나가게 하옵소서. 그러나 나의 원대로 마시옵고 아버지의 원대로 하옵소서"(마 26:39).

답: 기도는 그리스도의 이름으로 우리의 소원을 하나님께 올리는 것인데, 그분의 뜻에 맞는 것을 구하고, 우리의 죄를 고백하고 그분의 자비하심을 깨달아서 감사하는 것입니다.

묵상 + 기도

1. 나는 하나님의 뜻대로 기도하고 있나요? 혹시 내 욕심대로 하나님께 구하고 있지는 않나요?
2. 내 삶에서 하나님의 나라와 하나님의 의를 구한다는 것은 무슨 의미일까요?

하나님, 하나님 아버지의 뜻에 맞는 기도를 하고 싶습니다. 아멘!

336일

48주차 모임

성만찬 참여 자격

● 성경: 요 6:35   ● 찬송: 317장 "내 주 예수 주신 은혜"

함께 읽어 봅시다

제97문: 주님의 성찬을 합당하게 받으려면 어떻게 하여야 합니까?

답: 주님의 성찬에 합당하게 참여하려는 사람은 주님의 몸을 분별하는 지식이 있는지, 주님을 양식으로 삼는 믿음이 있는지, 회개와 사랑과 새로운 순종이 있는지 스스로 살펴야 합니다. 그렇지 아니하면 합당치 않게 나아옴으로 자기에게 임할 심판을 먹고 마시게 됩니다.

함께 나누어 봅시다

1. 성만찬에 참여하지 말아야 하는 세 가지 경우를 이야기해 보세요. 그중에서 나는 어떤 부분에서 약한지 나누어 봅시다.

2. 양심에 거리끼는 일을 했거나 행실이 깨끗하지 못한 사람은 성만찬에 참여할 수 없나요?

3. 성만찬에 참여할 자격이 있는 '믿음이 있는 자'란 어떤 사람을 말하나요?

함께 기도합시다

내 죄를 회개하고 주님을 사랑하고 말씀에 순종하게 하셔서, 주님의 성찬에 참여하기에 합당한 사람이 되게 하소서.

337일 기도는 겸손과 감사로

● 성경: 눅 18:13　● 찬송: 312장 "너 하나님께 이끌리어"

제98문: 기도가 무엇입니까?

하나님이 기뻐하시고 들으시는 기도는 어떤 기도일까요? "하나님의 뜻에 맞는 것을 구하고, 우리의 죄를 고백하고 그분의 자비하심을 깨달아서 감사하는" 기도입니다. 우리는 기도할 때 하나님께 담대히 나아갈 수 있습니다. 하지만, 마치 당연하다는 듯이 당당한 자세를 가질 수는 없습니다. 우리는 자신의 부족과 비참을 철저히 깨달아 하나님의 위엄 앞에서 겸손히 구해야 합니다. 우리가 하나님 앞에 나아가 기도하며 그분과 대화할 수 있는 이유는 오직 그리스도 때문입니다. 거룩하신 하나님과 더러운 인간 사이에서 중보자의 역할을 하신 그리스도가 계시기에 하나님과 기도할 수 있습니다. 그리스도의 속량으로 말미암아 우리가 입양되었기에 하나님과 대화할 수 있습니다. 하지만, 우리는 여전히 연약하고 죄의 영향 아래 있습니다.

우리는 기도할 때 죄를 고백해야 합니다. 우리 자신의 부족과 비참을 철저하고도 분명하게 알아야 합니다. 우리는 종종 기도할 때 불만을 늘어놓거나 하나님의 뜻과는 상관없는 자신의 뜻과 소원을 나열합니다. 하나님이 들어주시면 좋고 아니어도 어쩔 수 없다는 식으로 '비나이다. 비나이다'를 반복하고 마치는 때도 있습니다. 이런 기도는 바른 것이 아닙니다. 세리의 기도에서 배웁시다. "세리는 멀리 서서 감히 눈을 들어 하늘을 쳐다보지도 못하고 다만 가슴을 치며 이르되, 하나님이여, 불쌍히 여기소서! 나는 죄인이로소이다, 하였느니라"(눅 18:13).

답: 기도는 그리스도의 이름으로 우리의 소원을 하나님께 올리는 것인데, 그분의 뜻에 맞는 것을 구하고, 우리의 죄를 고백하고 그분의 자비하심을 깨달아서 감사하는 것입니다.

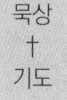

1. 우리는 어떤 자세로 기도에 임해야 할까요?
2. 기도할 때 먼저 무엇을 인정하고 고백해야 하나요?

하나님, 저는 부족하고 비참합니다. 저는 죄인입니다. 저를 불쌍히 여겨 주세요. 아멘!

338일 기도는 감사

● 성경: 눅 17:11-19　● 찬송: 396장 "우리 주님 밤새워"

제98문: 기도가 무엇입니까?

　기도의 또 다른 측면은 감사입니다. 기도는 "하나님의 자비하심을 깨달아서 감사하는 것입니다." 종종 우리는 우리가 가진 것을 당연한 것으로 여깁니다. 부족할 때는 아쉬워하지만, 풍족할 때는 하나님의 은혜를 잊어버리기 일쑤입니다. 예수님이 나병환자 열 명을 낫게 하셨습니다. 제사장에게 가서 보이라는 예수님의 명령을 듣고 순종한 나병환자들은 가는 길에 병이 다 나았습니다. 얼마나 기뻤을까요? 여러분 같으면 어떻게 했을 것 같나요? 예수님께 당장 달려가 무릎을 꿇고 "감사합니다. 감사합니다. 감사합니다"라고 했겠지요. 그러나 나병환자 열 명 중에서 한 사람만 예수님께 돌아와 큰 소리로 하나님께 영광을 돌리며 감사했습니다. 다른 아홉 명은 감사하기는커녕 돌아오지도 않았습니다. 예수님께 감사한 한 사람은 사마리아 출신이고, 다른 아홉 명은 유대인입니다.

　우리는 긍휼하심을 받고 때를 따라 돕는 은혜를 얻기 위하여 은혜의 보좌 앞에 담대히 나아갈 수 있습니다(히 4:16). 전능하신 하나님께 무슨 문제든지 가지고 나아가 의논할 수 있습니다. 기도는 하나님을 외면하지 않고 그분께 가까이 다가가 대화하는 것입니다. 우리는 기도를 통해 하나님을 인정하고 그분의 자비를 깨달아서 감사할 수 있습니다.

답: 기도는 그리스도의 이름으로 우리의 소원을 하나님께 올리는 것인데, 그분의 뜻에 맞는 것을 구하고, 우리의 죄를 고백하고 그분의 자비하심을 깨달아서 감사하는 것입니다.

묵상 † 기도

1. 기도는 하나님께 감사하는 것이라고 합니다. 그 의미를 생각해 보세요.
2. 지금까지 하나님이 내게 주신 은혜를 생각해 보고, 하나님께 감사하는 기도를 기록해 보세요.

하나님이 제게 주신 사랑은 너무나 큽니다. 그 사랑에 감사하는 기도를 늘 올려 드리게 하소서. 아멘!

기도의 방법: 주기도문

● 성경: 마 6:9-13   ● 찬송: 635장 "하늘에 계신"

제99문: 우리의 기도를 지도하시려고 하나님께서 우리에게 주신 법칙은 무엇입니까?

우리는 하나님께 어떻게 기도해야 할까요? 사실 우리는 어떻게 기도해야 할지를 잘 모릅니다. 하나님과 어떻게 대화해야 할지 모릅니다. 무엇이 좋은 것인지도 모릅니다. 그래서 때로는 하나님께 뱀을 달라고 기도하기도 합니다. 그것이 위험한 것인지도 모르기 때문입니다. 그럴 경우에 하나님은 뱀을 주지 않으시고 우리에게 좋은 것을 주시는 친절하신 분입니다. 우리는 기도하는 법을 배워야 합니다. 하나님이 우리에게 주신 기도의 법칙은 무엇입니까?

하나님의 모든 말씀이 우리가 어떻게 기도해야 하는지 잘 가르쳐 줍니다. 성경의 여러 곳에서 기도하는 방법을 배울 수 있습니다. 그중 그리스도께서 제자들에게 가르쳐 주신 기도, 곧 우리가 일반적으로 '주기도문'이라고 부르는 기도가 제일 좋은 지침입니다.

"하늘에 계신 우리 아버지여, 이름이 거룩히 여김을 받으시오며, 나라가 임하시오며, 뜻이 하늘에서 이루어진 것같이 땅에서도 이루어지이다. 오늘 우리에게 일용할 양식을 주시옵고, 우리가 우리에게 죄지은 자를 사하여 준 것같이 우리 죄를 사하여 주시옵고, 우리를 시험에 들게 하지 마시옵고, 다만 악에서 구하시옵소서. 나라와 권세와 영광이 아버지께 영원히 있사옵나이다. 아멘!"

답: 하나님의 모든 말씀이 우리의 기도를 지도하기에 유용합니다. 다만 특별한 법칙은 그리스도께서 제자들에게 가르쳐 주신 기도, 곧 일반적으로 '주님께서 가르치신 기도'라 부르는 것입니다.

묵상 + 기도

1. 기도하는 법을 왜 배워야 할까요? 기도하는 법은 누구에게, 어디에서 배우는 것이 가장 좋을까요?
2. 예수님이 제자들에게 가르쳐 주신 기도를, 그 뜻을 생각하며 천천히 읽어 보세요.

하나님, 기도의 방법을 가르쳐 주셔서 감사합니다. 주기도문으로 기도하며 하나님을 깊이 묵상하게 하소서. 아멘!

하늘에 계신 우리 아버지

● 성경: 눅 11:13   ● 찬송: 76장 "창조의 주 아버지께"

제100문: 주님께서 가르치신 기도의 머리말이 우리에게 가르치는 것은 무엇입니까?

주기도문에는 제일 처음에 기도의 대상인 "하늘에 계신 우리 아버지"가 나옵니다. 누구를 향해 기도하는지를 분명히 밝히고 있습니다. 기도에는 우리가 소원을 말하는 대상이 있습니다. 그리스도인은 하나님께 기도합니다. 그런데 주기도문에는 '하나님'이 아니라, '아버지'가 등장합니다. 이것은 우리가 기도할 때 "자녀들이 아버지에게 나아가듯이" 하라는 뜻입니다. 자녀는 아버지에게 "모든 거룩한 공경심과 확신을 가지고" 나아갑니다. 어린아이가 자신을 돌보아 주는 아버지를 전능하고 믿음직한 세계 최고의 아버지로 믿고 확신하는 것과 같습니다. 또 하늘에 계신 우리 아버지는 자녀를 도와줄 마음과 능력이 무한하고 무궁하고 불변하십니다. 그 아버지는 땅에 있는 아버지와 달리 '하늘에 계신 아버지'이십니다. '하늘'은 전능하심을 의미합니다. 자녀 된 우리는 '하늘에 계신 아버지'가 우리의 몸과 영혼에 필요한 모든 것을 채워 주실 것을 기대할 수 있습니다.

정말 우리는 하나님께 입양되어 하늘 아버지의 자녀가 되었습니다. 예수님은 친아들이고 우리는 입양된 자녀입니다. 자녀가 육신의 아버지에게 무언가를 요구하면 아버지는 거절하지 않고 좋은 것을 주십니다. 이처럼 하늘 아버지도 우리의 기도를 들어주기 원하십니다. "너희가 악할지라도 좋은 것을 자식에게 줄 줄 알거든, 하물며 너희 하늘 아버지께서 구하는 자에게 성령을 주시지 않겠느냐?"(눅 11:13) 우리가 하나님을 '아빠 아버지'라고 부를 수 있음이 얼마나 좋은지요!

답: "하늘에 계신 우리 아버지"라는 기도의 머리말은, 자녀들이 아버지에게 나아가듯이 우리로 하여금 모든 거룩한 공경심과 확신을 가지고 도와줄 능력과 마음이 있는 하나님께 나아갈 것을 가르칩니다. 또한 우리가 다른 사람과 함께 기도하고 다른 사람을 위하여 기도할 것을 가르칩니다.

묵상 † 기도

1. '하늘에 계신 아버지'와 '땅의 아버지'는 어떤 차이가 있을까요?
2. 우리는 어떻게 하나님의 자녀가 되었나요?

하나님을 아버지라고 부를 수 있게 해 주셔서 정말 감사합니다. 아멘!

이름이 거룩히 여김을 받으시오며

● 성경: 요 12:28   ● 찬송: 19장 "찬송하는 소리 있어"

제101문: 첫째 간구로 우리는 무엇을 구합니까?

첫째 간구는 하나님의 이름에 대한 내용입니다. 그렇지만 '아버지, 아버지의 이름이 거룩히 여김을 받으십시오!' 또는 '하나님! 제발 하나님의 이름을 거룩하게 하세요. 하나님의 명예를 좀 생각하세요!'라는 뜻은 아닙니다. 하나님의 이름은 이미 거룩합니다. "이름이 거룩히 여김을 받으시오며"라고 기도할 때 우리는 "하나님을 영화롭게 하도록" 하나님의 뜻과 명령에 복종하겠다는 각오와 의지를 다잡아야 합니다. 우리의 마음과 행동의 변화를 촉구하는 간구인 것입니다. 이것은 "하나님께서 모든 것을 자기의 영광만을 위하여 친히 처리하여 주시기를 구하는" 기도입니다. 여기서 하나님의 "이름"은 삼위일체 하나님을 의미합니다. 하나님은 기도의 원인이고 과정이고 목적입니다. 기도란, 하나님(성부)께 그리스도의 이름(성자)으로 성령의 도우심(성령)으로 우리의 소원을 그분의 뜻에 맞게 구하는 것입니다(소요리문답 제178문).

하이델베르크 요리문답 제122문이 이 구절의 의미를 잘 정리했습니다. "무엇보다도 먼저 우리로 하여금 주님을 바르게 알게 하여 주옵시며, 주께서 행하시는 모든 일에서 주님을 거룩히 여기고 경배하고 찬송하게 하옵소서. 주께서 행하시는 일에는 주님의 전능과 지혜와 선하심과 의와 자비와 진리가 환히 빛나옵나이다. 또한 우리의 모든 삶을 지도하시고 우리의 생각과 말과 행동을 주장하셔서, 주님의 이름이 우리 때문에 더럽혀지지 않고 오히려 영예롭게 되고 찬양을 받게 하옵소서."

답: "이름이 거룩히 여김을 받으시오며"라는 첫째 간구로 우리는 하나님께서 자기를 알리시는 모든 일에서 우리와 다른 사람으로 하여금 하나님을 영화롭게 하도록 하시고, 하나님께서 모든 것을 자기의 영광만을 위하여 친히 처리하여 주시기를 구합니다.

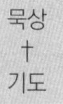

1. "이름이 거룩히 여김을 받으시오며"라고 기도하면서 우리가 각오해야 할 일은 무엇인가요?
2. 하나님의 이름을 더럽히는 행동이 무엇인지 생각해 보세요.

하나님, 오직 삼위 하나님께만 찬양과 영광을 올려 드리기 원합니다. 아멘!

342일 솔리 데오 글로리아

● 성경: 시 100:3-4 ● 찬송: 59장 "하나님 아버지 어둔 밤이 지나"

제101문: 첫째 간구로 우리는 무엇을 구합니까?

"이름이 거룩히 여김을 받으시오며"에서 '거룩하다'는 '구별되다'라는 뜻입니다. 영이신 하나님은 피조물과 구별되는 존재이십니다. 어떤 이들은 하나님의 이름이 다른 이방 신들의 이름과 비슷하고, 하나님도 여러 신들 가운데 하나일 뿐이라고 주장합니다. 지금도 이슬람의 신 '알라'(Allah)와 기독교의 '하나님'(God)이 같다고 주장하는 사람들이 많습니다. 기독교의 '하나님'과 한국의 전통 신인 '하늘 신'을 같은 신이라고 믿기도 합니다.

하지만, 하나님은 인간이 만들어 낸 신들과는 전혀 다른 거룩한 신이십니다. 거룩하신 하나님의 사역과 그분의 백성의 삶은 다른 종교와 구별될 수밖에 없습니다. 그런데 우리의 현실을 보면, 그렇지 않아 보입니다. 기독교, 불교, 이슬람, 힌두교가 4대 종교로 대등하게 서 있는 것 같습니다. 사회에서는 신자가 불신자와 분명하게 구별되지 않는 것 같습니다.

그리스도인은 기도해야 합니다. "아버지의 이름이 거룩히 여김을 받으시옵소서"라고 기도해야 합니다. 아들의 역할은 아버지의 이름이 더럽혀지지 않게 할 뿐만 아니라, 아버지의 이름이 영광스럽게 되도록 하는 것입니다. 신자가 하나님께 영광을 돌리지 않는다면 누가 하겠습니까? 영광은 오직 하나님께만 있습니다. Soli Deo Gloria!

답: "이름이 거룩히 여김을 받으시오며"라는 첫째 간구로 우리는 하나님께서 자기를 알리시는 모든 일에서 우리와 다른 사람으로 하여금 하나님을 영화롭게 하도록 하시고, 하나님께서 모든 것을 자기의 영광만을 위하여 친히 처리하여 주시기를 구합니다.

묵상 † 기도

1. 인간이 만들어 낸 신들과 비교할 때, 하나님은 어떻게 구별되시나요?
2. 거룩하신 하나님의 자녀로서 거룩한 삶을 살기 위해, 오늘 내가 실천할 일은 무엇인가요?

아버지 하나님, 아버지의 이름이 영광스럽게 되도록 힘쓰겠습니다. 도와주십시오. 아멘!

49주차 모임

기도

● 성경: 요 15:7   ● 찬송: 35장 "큰 영화로신 주"

함께 읽어 봅시다

제98문: 기도가 무엇입니까?

답: 기도는 그리스도의 이름으로 우리의 소원을 하나님께 올리는 것인데, 그분의 뜻에 맞는 것을 구하고, 우리의 죄를 고백하고 그분의 자비하심을 깨달아서 감사하는 것입니다.

제99문: 우리의 기도를 지도하시려고 하나님께서 우리에게 주신 법칙은 무엇입니까?

답: 하나님의 모든 말씀이 우리의 기도를 지도하기에 유용합니다. 다만 특별한 법칙은 그리스도께서 제자들에게 가르쳐 주신 기도, 곧 일반적으로 '주님께서 가르치신 기도'라 부르는 것입니다.

제100문: 주님께서 가르치신 기도의 머리말이 우리에게 가르치는 것은 무엇입니까?

답: "하늘에 계신 우리 아버지"라는 기도의 머리말은, 자녀들이 아버지에게 나아가듯이 우리로 하여금 모든 거룩한 공경심과 확신을 가지고 도와줄 능력과 마음이 있는 하나님께 나아갈 것을 가르칩니다. 또한 우리가 다른 사람과 함께 기도하고 다른 사람을 위하여 기도할 것을 가르칩니다.

함께 나누어 봅시다

1. 나는 그동안 어떻게 기도해 왔나요? 한자어 '기도'(祈禱)의 의미와 성경이 가르치는 기도의 의미가 어떻게 다른지 설명해 봅시다.

2. 기도할 때 주기도문을 어떻게 활용할 수 있을까요?

3. 기도하면서 "아버지"라고 부를 때 어떤 마음이 드나요?

함께 기도합시다

하나님의 자녀로서 기도할 수 있는 특권이 주어졌음에 감사하며, 다른 사람을 위해서도 진심으로 중보할 수 있도록 하나님의 마음을 품게 해 달라고 구합시다.

나라가 임하시오며

● 성경: 마 6:33 ● 찬송: 19장 "찬송하는 소리 있어"

제102문: 둘째 간구로 우리는 무엇을 구합니까?

소요리문답은 세 종류의 나라를 소개합니다. "우리는 사탄의 나라가 멸망하고, 은혜의 나라가 흥왕하여서 우리와 다른 사람들이 거기 들어가 지켜 주심을 받고 영광의 나라가 속히 오게 하여 주시기를 구해야" 합니다. "사탄의 나라"는 지금도 우리 주변에 있습니다. 우리는 과거에 사탄의 나라 안에, 곧 사탄의 지배 아래 있었습니다. "은혜의 나라"는 그리스도의 속죄로 인해 입양된 하나님 나라의 백성이 사는 곳입니다. 그리스도의 통치가 이루어지는 나라입니다. 교회를 통해 은혜의 나라가 가장 잘 드러나고 더 확장되고 흥왕합니다. "영광의 나라"는 나중에 완전하게 우리에게 선물로 주어질 나라입니다.

하이델베르크 요리문답 제123문이 잘 정리합니다. "주님의 말씀과 성령으로 우리를 통치하시사, 우리가 점점 더 주님께 순종하게 하옵소서. 주님의 교회를 보존하시고 흥왕케 하옵시며, 마귀의 일들과 주님께 대항하여 스스로를 높이는 모든 세력들, 그리고 주님의 거룩한 말씀에 반대하는 모든 악한 의논들을 멸하여 주옵소서. 주님의 나라가 온전히 이루어져 주께서 만유의 주가 되실 때까지 그리하옵소서."

답: "나라가 임하시오며"라는 둘째 간구로 우리는 사탄의 나라가 멸망하고, 은혜의 나라가 흥왕하여서 우리와 다른 사람들이 거기 들어가 지켜 주심을 받고 영광의 나라가 속히 오게 하여 주시기를 구합니다.

묵상 † 기도

1. 소요리문답에 의하면, 몇 가지 종류의 나라가 있나요?
2. "나라가 임하시오며"라는 기도의 의미를 묵상해 보세요.

하나님, 저의 왕이 되셔서 저를 온전히 다스려 주옵소서. 제가 순종하겠나이다. 아멘!

345일 하나님 나라의 특징

● 성경: 눅 17:21 ● 찬송: 208장 "내 주의 나라와"

제102문: 둘째 간구로 우리는 무엇을 구합니까?

"나라가 임하시오며"라고 기도할 때, 그 '나라'는 어떤 나라입니까? 당연히 '하나님 나라'입니다. 사탄의 나라와 구별되는 하나님 나라입니다. 그런데 '하나님 나라'는 이미 임한 것이 아니던가요? "하나님의 나라는 볼 수 있게 임하는 것이 아니요, 또 여기 있다 저기 있다고도 못하리니, 하나님의 나라는 너희 안에 있느니라"(눅 17:20-21). 그렇습니다. 하나님의 나라는 이미 임했습니다(already). 하지만, 아직 완전히 임한 것은 아닙니다(not yet).

둘째 간구는 하나님께 모든 우주 만물을 다스려 달라고 간청하는 것일까요? 아닙니다. 하나님은 이미 온 우주를 통치하고 계십니다. 이 기도는 '은혜의 나라'가 임하기를 구하는 것입니다. 이미 임한 '은혜의 나라'가 풍성하게 임하기를 바라는 기도입니다. 하나님의 영이 우리를 온전히 통치하셔서 하나님의 이름을 높이고 영광을 돌려 드리도록 해 달라는 기도입니다. 즉 우리 스스로 하나님 나라의 법에 순종하고 하나님을 경배하도록 해 달라는 뜻입니다. 물론 '은혜의 나라'는 세상 나라와 다른 영적인 나라입니다. 서로 싸우고 죽이기를 일삼는 세상 나라들과 다릅니다. "우리의 싸우는 무기는 육신에 속한 것이 아니요, 오직 어떤 견고한 진도 무너뜨리는 하나님의 능력이라"(고후 10:4).

답: "나라가 임하시오며"라는 둘째 간구로 우리는 사탄의 나라가 멸망하고, 은혜의 나라가 흥왕하여서 우리와 다른 사람들이 거기 들어가 지켜 주심을 받고 영광의 나라가 속히 오게 하여 주시기를 구합니다.

묵상
†
기도

1. 하나님 나라는 어떤 방식으로 우리 가운데 존재하나요?
2. 은혜의 나라는 이 세상 나라들과 어떻게 다른가요? 묵상해 보세요.

하나님, 하나님의 나라가 제 안에, 우리 가정과 교회 안에, 우리나라와 온 세상에 더 풍성하게 임하기를 기도합니다. 아멘!

하나님 나라와 교회

● 성경: 롬 12:1-2　　● 찬송: 635장 "하늘에 계신"

제102문: 둘째 간구로 우리는 무엇을 구합니까?

　하나님 나라에 대해 좀 살펴볼까요? 특별히 하나님 나라와 교회와의 관계를 정리해 봅시다. 두 가지 잘못된 접근 방식이 있습니다. 첫째, 하나님 나라를 교회로 축소시키는 경우입니다. 교회가 하는 모든 일이 하나님 나라의 일이라고 여기기도 합니다. 교회의 고유 역할인 복음의 파수와 전파에 만족하지 못하고 교회가 문화·복지·의료 영역에까지 발을 넓힙니다. 교회와 하나님 나라의 정체성에 혼돈이 일어납니다. 이런 현상을 복음주의 교회에서 종종 발견할 수 있습니다. 둘째, 교회를 하나님 나라로 확장시키는 경우입니다. 정치·경제·사회·문화 영역의 일을 교회의 일이라고 생각합니다. 대체로 진보적인 교회에서 취하는 형태입니다. 하지만, 이 접근 또한 성경적이지 않습니다.

　하나님 나라와 교회의 기능과 역할은 구별됩니다. 하나님 나라는 그리스도인이 살아가는 모든 삶의 영역입니다. 정치·경제·사회·문화의 영역이 하나님 나라 안에 각각 큰 동심원을 이루고 있습니다. 교회는 작은 동심원으로 하나님 나라에 포함됩니다. 하지만, 교회는 다른 영역과는 구별되는 독특한 특징을 갖습니다. 그것은 교회가 하나님 나라 확장을 위한 전초 기지와 같은 역할을 한다는 것입니다. 즉 교회는 복음의 파수와 전파를 통해 하나님 나라 백성을 교육하고 변화시켜 전 삶의 영역에 영향을 미치도록 합니다. 이것이 개혁 신앙적 관점으로, 균형 잡힌 성경적 입장입니다.

답: "나라가 임하시오며"라는 둘째 간구로 우리는 사탄의 나라가 멸망하고, 은혜의 나라가 흥왕하여서 우리와 다른 사람들이 거기 들어가 지켜 주심을 받고 영광의 나라가 속히 오게 하여 주시기를 구합니다.

---

1. 하나님 나라와 교회의 관계에 관한, 두 가지 잘못된 관점을 설명해 보세요.
2. 하나님 나라와 교회의 관계에 관한, 균형 잡힌 성경적 관점을 설명해 보세요.

하나님, 하나님의 나라가 교회를 통해 이 세상에 이루어지기 원합니다. 아멘!

347일 뜻이 하늘에서 이루어진 것같이 땅에서도 이루어지이다

● 성경: 마 7:21   ● 찬송: 139장 "오 영원한 내 주 예수"

제103문: 셋째 간구로 우리는 무엇을 구합니까?

셋째 간구도 하나님을 위한 간구가 아니라 우리 자신을 위한 간구입니다. '하나님이 하늘에서 결심하신 그 뜻을 이 땅에서 실천하시기 바랍니다'라는 식의 기도가 아닙니다. 이 간구도 하나님의 뜻이 우리를 통해 이 땅에서 이루어지기를 원한다는 의미입니다.

첫째 간구, "이름이 거룩히 여김을 받으시오며"는 하나님의 영광이 분명하게 드러남으로 성취됩니다. 둘째 간구, "나라가 임하시오며"는 첫째 간구가 구체적으로 이루어지는 수단입니다. 하나님의 통치가 이 세상에서 이루어지고 하나님 나라가 임하면 그분의 영광이 드러납니다. 셋째 간구, "뜻이 하늘에서 이루어진 것같이 땅에서도 이루어지이다"는 둘째 간구를 위한 수단입니다. 하나님 나라를 통치하는 수단은 그분의 뜻(법)입니다. 그래서 "우리는 하나님께서 은혜를 베풀어 주셔서, 우리로 하여금 기꺼운 마음으로 하늘에서 천사들이 하듯이 모든 일에서 주님의 뜻을 알고 순종하고 열복하게 하여 주시기를 구합니다."

하이델베르크 요리문답 제124문이 셋째 간구의 의미를 정리한 것을 보겠습니다. "우리와 모든 사람들이 자기 자신의 뜻을 버리고, 유일하게 선하신 주님의 뜻에 불평 없이 순종하게 하옵소서. 그리하여 각 사람이 자신의 직분과 소명을 하늘의 천사들처럼 즐거이, 그리고 충성스럽게 수행하게 하옵소서."

답: "뜻이 하늘에서 이루어진 것같이 땅에서도 이루어지이다"라는 셋째 간구로 우리는 하나님께서 은혜를 베풀어 주셔서, 우리로 하여금 기꺼운 마음으로 하늘에서 천사들이 하듯이 모든 일에서 주님의 뜻을 알고 순종하고 열복(悅服)하게 하여 주시기를 구합니다.

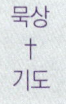

묵상 + 기도

1. 첫째, 둘째, 셋째 간구의 의미를 연결해서 그 상관관계를 생각해 보세요.
2. 하나님의 뜻이 우리를 통해 이루어지기를 바란다는 간구의 의미를 묵상해 보세요.

하나님, 아버지의 뜻이 이루어지도록 그 뜻에 순종하며 살겠습니다. 도와주십시오. 아멘!

감추어진 뜻과 나타난 뜻

● 성경: 신 29:29 ● 찬송: 224장 "정한 물로 우리 죄를"

제103문: 셋째 간구로 우리는 무엇을 구합니까?

하나님의 뜻은 두 가지로 구분할 수 있습니다. 하나는 '감추어진 뜻'이고, 다른 하나는 '나타난 뜻'입니다. 모세는 이렇게 말했습니다. "감추어진 일은 우리 하나님 여호와께 속하였거니와 나타난 일은 영원히 우리와 우리 자손에게 속하였나니, 이는 우리에게 이 율법의 모든 말씀을 행하게 하려 하심이니라"(신 29:29).

하나님은 모든 일을 그분의 뜻의 결정대로 하십니다(엡 1:11). 이 하나님의 뜻은 감추어져 있기 때문에 사람이 알 수 없습니다. 하지만, 사람은 그 뜻을 궁금해합니다. 그런 궁금증을 해결해 주려는 사람이 점성술가, 역술가, 점쟁이입니다. 사탄도 광명의 천사로 가장해서 앞날의 일을 예언하기도 합니다. 우리는 잘 분별해야 합니다. 이사야 선지자는 이렇게 말합니다. "어떤 사람이 너희에게 말하기를 주절거리며 속살거리는 신접한 자와 마술사에게 물으라 하거든, 백성이 자기 하나님께 구할 것이 아니냐? 산 자를 위하여 죽은 자에게 구하겠느냐 하라. 마땅히 율법과 증거의 말씀을 따를지니"(사 8:19-20).

"뜻이 하늘에서 이루어진 것같이 땅에서도 이루어지이다"에서 의미하는 '뜻'은 '나타난 뜻'입니다. 기록된 하나님의 뜻인 성경 말씀이 이루어지기를 바라는 것입니다. 우리는 하나님의 뜻에 순종해야 하는데, 나타난 뜻은 너무도 분명합니다. 우리는 하나님의 뜻을 몰라서 순종하지 못하는 것이 아니라, 믿음이 없어서 불순종하는 것이 대부분입니다. 우리는 하나님의 뜻이 이루어지기를 기도해야 합니다.

답: "뜻이 하늘에서 이루어진 것같이 땅에서도 이루어지이다"라는 셋째 간구로 우리는 하나님께서 은혜를 베풀어 주셔서, 우리로 하여금 기꺼운 마음으로 하늘에서 천사들이 하듯이 모든 일에서 주님의 뜻을 알고 순종하고 열복(悅服)하게 하여 주시기를 구합니다.

묵상 † 기도

1. 하나님의 뜻을 두 가지로 구분하고 각 특징을 말해 보세요.
2. 하나님의 '나타난 뜻'에 순종하려면 어떻게 해야 할까요?

하나님, 하나님께서 감추어 두신 뜻을 알고자 애쓰지 말고, 하나님께서 제게 나타내신 뜻에 순종하게 해 주세요. 아멘!

 **349일** 하나님의 뜻대로

● 성경: 눅 22:42 ● 찬송: 139장 "오 영원한 내 주 예수"

제103문: 셋째 간구로 우리는 무엇을 구합니까?

하나님 나라의 국민은 하나님 나라의 법을 따라야 합니다. 그래야 좋은 국민입니다. 법을 지켜야 국민으로서의 권리도 누릴 수 있습니다. 국민이 법을 지키면 서로 안전하고 편하게 살아갈 수 있습니다. 하지만, 문제는 국민이 연약한 죄인이라는 것입니다. 하나님의 뜻대로 살려고 하지 않습니다. 그래서 우리는 기도해야 합니다. 자기 마음대로 살면 멸망합니다. "나더러 주여 주여 하는 자마다 다 천국에 들어갈 것이 아니요, 다만 하늘에 계신 내 아버지의 뜻대로 행하는 자라야 들어가리라"(마 7:21).

우리보다 앞서 가셨고 우리를 온전하게 하시는 예수님을 바라볼 필요가 있습니다. 예수님도 앞에 있는 기쁨을 위하여 십자가를 참으사 부끄러움을 개의치 아니하셨습니다(히 12:2). 예수님은 아버지의 뜻을 행하는 것을 자신의 양식으로 여기셨습니다(요 4:34). 예수님이 세상에 온 것은 "내 뜻을 행하려 함이 아니요, 나를 보내신 이의 뜻을 행하"(요 6:38)기 위함입니다. 예수님의 삶을 보면 예수님은 아버지의 뜻에 순종하기 위해 애쓰셨습니다. 예수님은 이를 위해 아버지께 기도하셨습니다. 예수님의 마지막 감람산 기도를 들어 보십시오. "아버지여! 만일 아버지의 뜻이거든 이 잔을 내게서 옮기시옵소서. 그러나 내 원대로 마시옵고 아버지의 원대로 되기를 원하나이다"(눅 22:42). 우리도 예수님처럼 이렇게 기도해야 합니다.

답: "뜻이 하늘에서 이루어진 것같이 땅에서도 이루어지이다"라는 셋째 간구로 우리는 하나님께서 은혜를 베풀어 주셔서, 우리로 하여금 기꺼운 마음으로 하늘에서 천사들이 하듯이 모든 일에서 주님의 뜻을 알고 순종하고 열복(悅服)하게 하여 주시기를 구합니다.

 묵상 † 기도

1. 왜 하나님의 뜻을 행하는 것이 우리에게 복이 될까요?
2. 예수님은 하나님의 뜻에 순종하기 위해 어떻게 사셨습니까?

하나님, 아버지의 뜻을 행하며 살려고 노력하겠습니다. 저를 도와주옵소서. 아멘!

350일

50주차 모임

첫째, 둘째, 셋째 간구

● 성경: 마 6:9-10   ● 찬송: 635장 "하늘에 계신"

함께 읽어 봅시다

제101문: 첫째 간구로 우리는 무엇을 구합니까?

답: "이름이 거룩히 여김을 받으시오며"라는 첫째 간구로 우리는 하나님께서 자기를 알리시는 모든 일에서 우리와 다른 사람으로 하여금 하나님을 영화롭게 하도록 하시고, 하나님께서 모든 것을 자기의 영광만을 위하여 친히 처리하여 주시기를 구합니다.

제102문: 둘째 간구로 우리는 무엇을 구합니까?

답: "나라가 임하시오며"라는 둘째 간구로 우리는 사탄의 나라가 멸망하고, 은혜의 나라가 흥왕하여서 우리와 다른 사람들이 거기 들어가 지켜 주심을 받고 영광의 나라가 속히 오게 하여 주시기를 구합니다.

제103문: 셋째 간구로 우리는 무엇을 구합니까?

답: "뜻이 하늘에서 이루어진 것같이 땅에서도 이루어지이다"라는 셋째 간구로 우리는 하나님께서 은혜를 베풀어 주셔서, 우리로 하여금 기꺼운 마음으로 하늘에서 천사들이 하듯이 모든 일에서 주님의 뜻을 알고 순종하고 열복(悅服)하게 하여 주시기를 구합니다.

함께 나누어 봅시다

1. 하나님의 이름이 거룩히 여김을 받으시고, 하나님의 나라가 임하고, 하나님의 뜻이 하늘에서처럼 땅에서도 이루어지기를 기도하는 것은 "하나님, 그렇게 되면 좋겠습니다"라고 막연히 바라는 것이 아닙니다. 더 적극적으로 "하나님, 저를 통해서 그 일을 이루시옵소서"라고 간구하는 것입니다. 이 사실에서 자신이 깨달은 내용을 이야기해 봅시다.

2. 하나님 나라를 위해, 내가 지금 여기에서 무엇을 할 수 있을까요?

3. 기도와 순종은 어떤 관계인가요?

함께 기도합시다

하나님의 영광을 위해 하나님의 뜻에 적극적으로 순종할 수 있도록 기도합시다.

351일 오늘 우리에게 일용할 양식을 주시옵고

● 성경: 신 8:17-18 ● 찬송: 557장 "에덴의 동산처럼"

제104문: 넷째 간구로 우리는 무엇을 구합니까?

"오늘 우리에게 일용할 양식을 주시옵고"라는 넷째 간구는 우리에게 필요한 모든 물질·건강·지위·안녕에 관한 내용입니다. 우리가 가지고 누리는 이생의 좋은 것은 당연한 것이 아닙니다. 우리가 노력하고 애써서 얻은 것이 아닙니다. 세상의 힘과 능력의 상징인 바벨론의 느부갓네살 왕은 이렇게 말했습니다. "이 큰 바벨론은 내가 능력과 권세로 건설하여 나의 도성으로 삼고 이것으로 내 위엄의 영광을 나타낸 것이 아니냐?"(단 4:30) 이는 하나님을 모르는 사람의 전형적인 생각입니다. 사람은 가난에서 벗어나 형편이 좋아지면 곧 하나님의 은혜를 잊어버립니다. 자신의 능력과 의를 자랑합니다. 가나안 땅에 들어가 행복한 삶을 살게 될 때 이스라엘 백성은 이렇게 생각할 것이라고 모세가 예상합니다. "그러나 네가 마음에 이르기를 내 능력과 내 손의 힘으로 내가 이 재물을 얻었다 말할 것이라. 네 하나님 여호와를 기억하라. 그가 네게 재물 얻을 능력을 주셨음이라"(신 8:17-18).

그렇습니다. 누군가의 믿음을 눈으로 볼 수는 없습니다. 하지만, 재물에 대한 그의 생각과 자세는 잘 보입니다. 우리가 누리는 이생의 좋은 것은 하나도 빠짐없이 하나님이 값없이 주시는 선물입니다. "넷째 간구로 우리는 이생의 좋은 것들 가운데서 충분한 분깃을 하나님의 값없이 주시는 선물로 받고 그와 아울러 하나님의 복 주심을 누리기를 구합니다."

답: "오늘 우리에게 일용할 양식을 주시옵고"라는 넷째 간구로 우리는 이생의 좋은 것들 가운데서 충분한 분깃을 하나님의 값없이 주시는 선물로 받고 그와 아울러 하나님의 복 주심을 누리기를 구합니다.

묵상 † 기도

1. 이생의 좋은 것들은 누가, 어떻게 주신 것인가요?
2. 넷째 간구를 통해 배워야 하는 것은 무엇입니까?

하나님, 제가 가진 모든 것은 하나님이 주신 것이고, 앞으로도 하나님이 제 필요를 채워 주실 것이기에, 늘 감사하겠습니다. 아멘!

# 일용할 양식

● 성경: 잠 30:8-9 ● 찬송: 587장 "감사하는 성도여"

제104문: 넷째 간구로 우리는 무엇을 구합니까?

사람은 재산이 많으면 행복할 것이라고 생각합니다. 정말 그럴 것 같아 보이기도 합니다. 그러나 과연 그럴까요? 성경은 뭐라고 말하나요? "곧 헛된 것과 거짓말을 내게서 멀리하옵시며 나를 가난하게도 마옵시고 부하게도 마옵시고 오직 필요한 양식으로 나를 먹이시옵소서. 혹 내가 배불러서 하나님을 모른다, 여호와가 누구냐 할까 하오며, 혹 내가 가난하여 도둑질하고 내 하나님의 이름을 욕되게 할까 두려워함이니이다"(잠 30:8-9).

하나님은 우리에게 자족하는 마음을 가르치십니다. 우리는 "양식"을 달라고 기도할 수 있습니다. 하지만, 탐심으로 기도하면 안 됩니다. 염려함으로 기도하면 안 됩니다. "삼가 모든 탐심을 물리치라. 사람의 생명이 그 소유의 넉넉한 데 있지 아니하니라"(눅 12:15). 양식을 위해 기도할 때 "일용할"이라는 단어를 기억해야 합니다. 하나님이 주시는 "충분한 분깃"을 위해 기도해야 합니다. 우리는 "먹을 것과 입을 것이 있은즉 족한 줄로"(딤전 6:8) 알아야 합니다.

하이델베르크 요리문답 제125문을 봅시다. "우리의 몸에 필요한 모든 것들을 내려 주시며, 그리하여 오직 주님이 모든 좋은 것의 근원임을 깨닫게 하시고, 주님의 복 주심이 없이는 우리의 염려나 노력, 심지어 주님의 선물들조차도 우리에게 아무 유익이 되지 못함을 알게 하옵소서. 그러므로 우리로 하여금 어떤 피조물도 의지하지 않고 오직 주님만 신뢰하게 하옵소서."

답: "오늘 우리에게 일용할 양식을 주시옵고"라는 넷째 간구로 우리는 이생의 좋은 것들 가운데서 충분한 분깃을 하나님의 값없이 주시는 선물로 받고 그와 아울러 하나님의 복 주심을 누리기를 구합니다.

묵상 † 기도

1. 잠언 30:8-9를 기도하는 마음으로 읽어 보세요. 어떻게 하면 자족하는 마음을 가질 수 있을까요?
2. 우리는 양식을 구하는 기도를 할 수 있습니다. 하지만, 어떤 점을 주의해야 할까요?

하나님, 오늘 저에게 필요한 재물과 능력을 주옵소서. 그러나 그 재물과 능력을 의지하지 않고 주님만 신뢰하게 하소서. 아멘!

353일 우리 죄를 사하여 주시옵고

● 성경: 시 51:1-2, 7, 9 ● 찬송: 82장 "성부의 어린양이"

제105문: 다섯째 간구로 우리는 무엇을 구합니까?

"우리가 우리에게 죄지은 자를 사하여 준 것같이 우리 죄를 사하여 주시옵고"라는 기도는 우리가 다른 사람을 먼저 용서해야 우리도 하나님께 용서받을 수 있다는 말씀으로 해석될 위험이 있습니다. 사실은 그렇지 않습니다. 여기서 "우리"는 믿음으로 예수 그리스도 안에서 모든 죄책을 탕감받은 자들입니다. 이미 예수 그리스도 안에서 죄와 그 책임을 용서받은 그리스도인입니다.

하지만, 비록 죄를 용서받았지만 여전히 죄로부터 자유롭지 않습니다. 성도도 종종 죄에 빠집니다. 죄의 권세는 아직도 왕성합니다. 성경에서 사탄은 성도 주변에서 성도를 잡아먹으려고 어슬렁거리는 사자로 비유됩니다. 사탄은 예수님의 수제자 베드로를 한순간에 넘어뜨렸습니다. 이렇게 죄에 빠진 성도는 하나님께 용서를 구해야 합니다. "우리가 우리에게 죄지은 자를 사하여 준 것같이."

과거 죄 가운데 있을 때에는 다른 사람을 용서할 수 없었는데 이제 우리의 모든 더러운 죄를 주님께 용서받았기 때문에 우리는 우리에게 죄지은 자를 용서해 줄 수 있습니다. 우리는 다섯째 간구로 "하나님께서 그리스도를 보시고 우리의 모든 죄를 값없이 용서하여 주시기를 구합니다. 주님의 은혜로 말미암아 우리가 다른 사람들을 진심으로 용서할 수 있기 때문에 더욱 담대히 그렇게 구할 수 있습니다."

답: "우리가 우리에게 죄지은 자를 사하여 준 것같이 우리 죄를 사하여 주시옵고"라는 다섯째 간구로 우리는 하나님께서 그리스도를 보시고 우리의 모든 죄를 값없이 용서하여 주시기를 구합니다. 주님의 은혜로 말미암아 우리가 다른 사람들을 진심으로 용서할 수 있기 때문에 더욱 담대히 그렇게 구할 수 있습니다.

묵상 † 기도

1. 다섯 번째 간구는, 우리가 다른 사람을 용서해야만 우리도 하나님께 용서를 받을 수 있다는 뜻인가요?
2. 또다시 죄에 빠진 성도가 하나님께 용서를 구할 때, 담대할 수 있는 이유는 무엇인가요?

하나님, 제가 엄청난 죄를 용서받았으니 저도 다른 사람의 죄를 용서하고 싶습니다. 도와주세요. 아멘!

하루에 일곱 번이라도 용서해야

● 성경: 눅 17:4   ● 찬송: 276장 "아버지여 이 죄인을"

제105문: 다섯째 간구로 우리는 무엇을 구합니까?

　우리가 다섯째 간구를 하는 이유가 또 한 가지 있습니다. 용서는 용서받은 자의 증거이기 때문입니다. 하나님께 죄 용서받은 사람인지를 어떻게 확인할 수 있을까요? 그가 다른 사람의 죄를 용서하는가에서 그 진위를 알 수 있습니다. 하나님께 죄를 용서받은 사람은 다른 사람의 죄를 용서할 수 있고 또 그렇게 합니다. 그는 더 나아가서 자신의 죄를 하나님께 용서해 달라고 또다시 간구할 수 있습니다.

　하나님은 우리에게 용서하라고 명령하십니다. "만일 하루에 일곱 번이라도 네게 죄를 짓고 일곱 번 네게 돌아와 내가 회개하노라 하거든, 너는 용서하라"(눅 17:4). 용서는 쉽지 않습니다. 하루에 일곱 번 회개하는 사람이 있을까요? 있다면, 그 사람도 대단한 사람입니다. 어떻게 자신의 잘못에 대해 일곱 번이나 회개할 수 있을까요? 하지만, 반복되는 회개는 입에 발린 거짓된 회개일 가능성도 있습니다. 진심이 의심스럽습니다. 하루에 일곱 번이나 나에게 와서 "내가 회개하노라"라고 말하는 사람이 있습니다. 우리는 그를 용서해야 할까요? 그의 진의가 의심스럽더라도 하나님은 우리에게 그를 용서하라고 하십니다. 왜요? 우리가 용서받은 자이기 때문입니다. 하나님께 용서받고 다른 사람을 용서하는 사람은 자신의 죄에 대해 하나님께 용서해 달라고 다시 기도할 수 있습니다.

답: "우리가 우리에게 죄지은 자를 사하여 준 것같이 우리 죄를 사하여 주시옵고"라는 다섯째 간구로 우리는 하나님께서 그리스도를 보시고 우리의 모든 죄를 값없이 용서하여 주시기를 구합니다. 주님의 은혜로 말미암아 우리가 다른 사람들을 진심으로 용서할 수 있기 때문에 더욱 담대히 그렇게 구할 수 있습니다.

묵상 † 기도

1. 내가 다른 사람을 용서하는 것과 내가 하나님께 용서를 구하는 것이 어떻게 연관되나요?
2. 내가 다른 사람을 용서할 수 있다는 것은 무슨 뜻입니까?

하나님, 제가 하나님께 용서받은 자임을 확신합니다. 저도 남을 용서하며 살겠습니다. 아멘!

7×70번 용서

- 성경: 마 18:21-35   • 찬송: 150장 "갈보리산 위에"

제105문: 다섯째 간구로 우리는 무엇을 구합니까?

우리는 하나님께 값없이 첫값을 용서받았습니다. 그러므로 다른 사람의 죄에 대해서도 값없이 용서해 주어야 합니다. 그렇게 이웃을 용서하는 사람은 하나님께 용서받은 성도임이 틀림없습니다. 그와 반대로 다른 사람을 용서하지 않는 사람은 하나님께 참된 용서를 받은 것인지 의심이 듭니다.

예수님은 천국의 용서법을 가르치셨습니다(마 18:21-35). 1만 달란트 빚진 자가 주인에게 빚을 탕감받습니다. 1달란트는 6,000데나리온입니다. 1만 달란트는 60,000,000데나리온입니다. 이 액수는 노동자가 164,383년을 일해야 갚을 수 있는 금액입니다. 1데나리온을 요즘 노동자 하루 품삯 10만 원으로 계산하면 1만 달란트는 6,000,000,000,000원입니다. 6조 원은 엄청난 금액입니다. 1만 달란트는 100데나리온에 비해 60만 배나 많은 돈입니다. 비교 불가입니다. 하지만, 1만 달란트 탕감받은 종은 자신에게 100데나리온 빚진 동료를 옥에 가둡니다. 주인이 그 소식을 듣고 탕감받은 종을 불러 야단칩니다. "악한 종아, 네가 빌기에 내가 네 빚을 전부 탕감하여 주었거늘, 내가 너를 불쌍히 여김과 같이 너도 네 동료를 불쌍히 여김이 마땅하지 아니하냐?"(마 18:32-33) 이 비유는 예수님이 제자들에게 일곱 번을 일흔 번까지라도 용서하라는 말씀을 가르치며 주신 것입니다. 죄 용서를 받기 위해 기도하는 자는 이웃을 용서하기로 결심하는 자입니다. 이 두 가지는 분리되지 않습니다.

답: "우리가 우리에게 죄지은 자를 사하여 준 것같이 우리 죄를 사하여 주시옵고"라는 다섯째 간구로 우리는 하나님께서 그리스도를 보시고 우리의 모든 죄를 값없이 용서하여 주시기를 구합니다. 주님의 은혜로 말미암아 우리가 다른 사람들을 진심으로 용서할 수 있기 때문에 더욱 담대히 그렇게 구할 수 있습니다.

묵상 + 기도

1. 완악한 마음으로 다른 사람을 용서하지 않는 사람은, 하나님과의 관계에서 어떤 사람일까요?
2. 나는 하나님께 용서받은 사람답게 다른 사람들을 용서하고 있나요?

하나님, 하나님께서 저의 큰 죄를 용서해 주신 것을 잊지 않고 저도 다른 사람의 죄를 용서해 주고 싶습니다. 아멘!

# 불쌍한 죄인

● 성경: 시 143:2　● 찬송: 269장 "그 참혹한 십자가에"

제105문: 다섯째 간구로 우리는 무엇을 구합니까?

　다섯째 간구는 우리가 담대히 하나님께 나아가 죄 용서를 간구할 수 있지만, 무한한 은혜를 받은 성도로서 무조건 죄를 용서해 달라고 떼를 쓸 수만은 없다는 것을 가르칩니다. 첫째-넷째 간구 모두가 그렇듯이, 다섯째 간구는 하나님께 용서를 구하는 기도이면서 동시에 우리 자신에게 다른 사람을 용서할 것을 요청하며, 우리가 그렇게 하기로 결심하고 순종하게 해 달라는 기도이기도 합니다. "너희가 사람의 잘못을 용서하면 너희 하늘 아버지께서도 너희 잘못을 용서하시려니와, 너희가 사람의 잘못을 용서하지 아니하면 너희 아버지께서도 너희 잘못을 용서하지 아니하시리라"(마 6:14-15). 이 말씀은 우리가 다른 사람을 용서하는 것을 조건으로 하나님이 우리를 용서하신다는 의미가 아닙니다. 산상수훈은 예수님이 제자들에게 하신 말씀으로서 용서의 은혜를 이미 받은 제자들을 향한 것입니다. 더구나 이 말씀은 다섯째 간구(마 6:12) 뒤에 나오고 있으니 그 의미가 더 분명합니다.

　하이델베르크 요리문답 제126문은 다섯째 간구를 이렇게 정리합니다. "하나님으로부터 죄와 죗값을 용서받을 때 주의 은혜의 증거가 우리 안에 있어서 우리가 이웃을 용서하기로 굳게 결심하는 것처럼, 그리스도의 보혈을 보시사, 우리의 모든 죄과와 아직도 우리 안에 있는 부패를 불쌍한 죄인인 우리에게 돌리지 마옵소서."

답: "우리가 우리에게 죄지은 자를 사하여 준 것같이 우리 죄를 사하여 주시옵고"라는 다섯째 간구로 우리는 하나님께서 그리스도를 보시고 우리의 모든 죄를 값없이 용서하여 주시기를 구합니다. 주님의 은혜로 말미암아 우리가 다른 사람들을 진심으로 용서할 수 있기 때문에 더욱 담대히 그렇게 구할 수 있습니다.

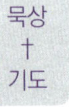
1. 하나님께서 내 죄를 값없이 용서해 주셨음을 깨닫고, 이 사실을 깊이 묵상해 보세요.
2. 아직도 내가 용서하지 못하고 있는 사람은 누구인가요?

하나님, 나를 값없이 용서해 주신 하나님의 사랑으로, 내게 잘못하는 사람들을 품게 하소서. 아멘!

357일

51주차 모임

넷째, 다섯째 간구

● 성경: 마 6:11-13   ● 찬송: 635장 "하늘에 계신"

함께 읽어 봅시다

제104문: 넷째 간구로 우리는 무엇을 구합니까?

답: "오늘 우리에게 일용할 양식을 주시옵고"라는 넷째 간구로 우리는 이생의 좋은 것들 가운데서 충분한 분깃을 하나님의 값없이 주시는 선물로 받고 그와 아울러 하나님의 복 주심을 누리기를 구합니다.

제105문: 다섯째 간구로 우리는 무엇을 구합니까?

답: "우리가 우리에게 죄지은 자를 사하여 준 것같이 우리 죄를 사하여 주시옵고"라는 다섯째 간구로 우리는 하나님께서 그리스도를 보시고 우리의 모든 죄를 값없이 용서하여 주시기를 구합니다. 주님의 은혜로 말미암아 우리가 다른 사람들을 진심으로 용서할 수 있기 때문에 더욱 담대히 그렇게 구할 수 있습니다.

함께 나누어 봅시다

1. '일용할 양식'이라는 말에서 '일용할'이라는 단어의 의미를 깊이 새겨 봅시다. 그리고 하나님이 내게 주신 분깃이 무엇인지 생각해 봅시다.

2. 누군가가 나에게 하루에 일곱 번이나 죄를 지었다고 할 때 그를 쉽게 용서할 수 있을까요? 나는 하루에 죄를 몇 번이나 짓나요?

3. 일만 달란트 빚진 자와 백 데나리온 빚진 자 비유를 다섯째 간구와 연결해서 설명해 보세요.

_____

_____

함께 기도합시다

하나님이 내게 주신 분깃에 감사하며, 하나님이 나를 용서하신 것처럼 나도 다른 사람을 진심으로 용서하고, 사탄에게 시험당할 때 나를 붙들어 주시도록 기도합시다.

시험에 들게 하지 마시옵고 악에서 구하시옵소서

● 성경: 마 26:40-41 ● 찬송: 342장 "너 시험을 당해"

제106문: 여섯째 간구로 우리는 무엇을 구합니까?

예수님은 여섯째 간구로 "우리를 시험에 들게 하지 마시옵고 다만 악에서 구하시옵소서"라고 기도할 것을 가르치십니다. 이 기도에는 그리스도인도 시험에 들 수 있고 악에 빠질 수 있다는 것이 전제되어 있습니다. 구원받고 죄 용서받아 거룩하게 된 그리스도인도 시험에 빠지고 악을 행할 수 있습니까? 그렇습니다. 우리의 구원은 이 세상에서 시작되었지만 아직 완성되지는 않았습니다. 하나님은 크신 섭리 가운데 우리의 구원을 이루실 것이라고 약속하셨습니다.

하나님은 당신의 자녀를 사탄의 시험과 공격 가운데 두십니다. 예수님은 십자가에 못 박혀 죽으시기 전날 밤, 겟세마네 동산에서 제자들에게 말씀하셨습니다. "너희가 나와 함께 한 시간도 이렇게 깨어 있을 수 없더냐? 시험에 들지 않게 깨어 기도하라. 마음에는 원이로되 육신이 약하도다"(마 26:40-41).

왜 우리는 그리스도인으로서 "시험에 들게 하지 마시옵고 다만 악에서 구하시옵소서"라고 기도해야 할까요? 우리의 육신이 약하기 때문입니다. 다윗은 밧세바와 간음하고 남편 우리아를 죽였습니다(삼하 11장). 베드로는 예수님을 세 번이나 모른다고 부인했습니다(막 14:66-72). 우리도 예외가 아닙니다. 우리가 시험에 빠지지 않도록, 또 우리를 악에서 구해 주시기를 기도해야 합니다.

답: "우리를 시험에 들게 하지 마시옵고 다만 악에서 구하시옵소서"라는 여섯째 간구로 우리는 하나님께 우리를 지켜 주셔서 우리가 죄에 이르는 시험을 당하지 않게 하시고, 시험을 당할 때에는 우리를 붙드시고 구원하여 주시기를 구합니다.

묵상 † 기도

1. 왜 그리스도인이라도 시험에 들게 하지 마시고 악에서 구해 달라고 기도해야 하나요?
2. 나는 어떤 시험에 잘 걸려들고, 어떤 죄의 유혹에 약한가요?

하나님, 저를 시험에 들게 하지 마시고 죄에서 구원하여 주옵소서. 아멘!

하나님도 우리를 시험하시나요?

• 성경: 약 1:13-14 • 찬송: 343장 "시험받을 때에"

제106문: 여섯째 간구로 우리는 무엇을 구합니까?

하나님은 인간을 시험(temptation)하시나요? 하나님은 우리를 시험하지 않으십니다. 말하자면 악의적으로 인간을 유혹하지 않는다는 뜻입니다. 인간을 미혹시켜 악을 행하도록 유인하는 존재는 사탄입니다. 사람이 시험을 받는 것은 자신의 욕심 때문입니다. "사람이 시험을 받을 때에 내가 하나님께 시험을 받는다 하지 말지니, 하나님은 악에게 시험을 받지도 아니하시고 친히 아무도 시험하지 아니하시느니라. 오직 각 사람이 시험을 받는 것은 자기 욕심에 끌려 미혹됨이니"(약 1:13-14).

하나님도 인간을 시험(test)하신 적이 있습니다. 하나님은 아브라함과 욥을 시험하셨습니다. 하나님은 선한 목적을 위해 시험하십니다. 사탄의 활동을 허용하심으로 시험하십니다. 하지만, 시험의 결과에 대한 책임은 인간에게 있지 하나님에게 있지 않습니다. 하나님은 왜 우리를 시험하십니까? 첫째, 하나님 자신의 영광과 우리의 궁극적인 선을 위해서입니다. 둘째, 사탄이 우리를 유혹하여 길을 잃게 만들어 우리가 죄인임을 깨닫게 하시거나 사탄과 그의 영향력으로부터 우리가 도망치도록 하시려는 것입니다. "그들이 우리에게서 나갔으나 우리에게 속하지 아니하였나니, 만일 우리에게 속하였더라면 우리와 함께 거하였으려니와 그들이 나간 것은 다 우리에게 속하지 아니함을 나타내려 함이니라"(요일 2:19).

우리는 하나님이 주시는 '시험'에는 합격해야 하고, 사탄이 주는 '시험'에는 빠지지 않아야 합니다.

답: "우리를 시험에 들게 하지 마시옵고 다만 악에서 구하시옵소서"라는 여섯째 간구로 우리는 하나님께 우리를 지켜 주셔서 우리가 죄에 이르는 시험을 당하지 않게 하시고, 시험을 당할 때에는 우리를 붙드시고 구원하여 주시기를 구합니다.

묵상 + 기도

1. 내 욕심 때문에 사탄의 시험에 넘어간 적이 있나요?
2. 하나님이 때로 우리를 테스트하시는 이유는 무엇인가요?

하나님, 하나님의 시험을 잘 감당하고 승리하게 하소서. 아멘!

사탄의 공격에 어떻게 맞서야 할까?

● 성경: 벧전 5:8   ● 찬송: 369장 "죄 짐 맡은 우리 구주"

제106문: 여섯째 간구로 우리는 무엇을 구합니까?

성도는 특별히 "죄에 이르는 시험을 당하지 않도록" 기도해야 합니다. 요즘 인터넷상에서 언어폭력과 성적 유혹에 대한 위험이 심각합니다. 유혹 방법도 교묘합니다. 그런 시험을 받을 때 죄에 빠지지 않도록 간절히 기도해야 합니다. 그럴 때 이렇게 기도해야 합니다. "다만 악에서 구하시옵소서!" 시험을 당하더라도 이겨 낼 수 있기를 간구해야 합니다. 왜 그렇습니까? 사탄의 공격은 집요하기 때문입니다. "근신하라, 깨어라, 너희 대적 마귀가 우는 사자같이 두루 다니며 삼킬 자를 찾나니"(벧전 5:8).

하이델베르크 요리문답 제127문은 이렇게 정리합니다. "우리 자신만으로는 너무나 연약하여 우리는 한순간도 스스로 설 수 없사오며, 우리의 불구대천 원수인 마귀와 세상과 우리의 육신은 끊임없이 우리를 공격하나이다. 그러하므로 주의 성령의 힘으로 우리를 친히 붙드시고 강하게 하셔서, 우리가 이 영적 전쟁에서 패하여 거꾸러지지 않고, 마침내 완전한 승리를 얻을 때까지 우리의 원수에 대해 항상 굳세게 대항하게 하시옵소서."

시험당할 때 우리는 혼자가 아닙니다. 하나님께서 함께 계십니다. 시험당할 때 하나님의 도우심을 구하십시오. 하나님의 살아 계심과 도우심을 믿는다면, 당연히 도움을 요청해야 하지 않겠습니까? 하나님은 우리가 시험당할 즈음에 또한 피할 길을 내사 우리로 하여금 능히 감당하게 하시는 분(고전 10:13)임을 믿고 기도합시다.

답: "우리를 시험에 들게 하지 마시옵고 다만 악에서 구하시옵소서"라는 여섯째 간구로 우리는 하나님께 우리를 지켜 주셔서 우리가 죄에 이르는 시험을 당하지 않게 하시고, 시험을 당할 때에는 우리를 붙드시고 구원하여 주시기를 구합니다.

묵상 † 기도

1. 성경은 우리를 공격하고 유혹하려는 사탄을 어떤 식으로 묘사하나요? 그런 사탄의 공격을 경험한 적이 있나요?
2. 하나님이 살아 계신다는 것을 믿는다면 어려움을 당할 때 어떻게 해야 할까요?

하나님, 시험당할 때 제게 피할 길을 주셔서 그 시험을 능히 감당하게 하소서. 아멘!

나라와 권세와 영광이 아버지께 영원히 있사옵나이다

● 성경: 롬 11:36 ● 찬송: 19장 "찬송하는 소리 있어"

제107문: 주님께서 가르치신 기도의 맺음말은 우리에게 무엇을 가르칩니까?

우리는 종종 "힘내라!"라고 격려합니다. 우리 속에 힘이 있다고 믿기 때문입니다. '교육'(Education)이라는 말은 라틴어 '에두카레'(educare), 곧 '끄집어내다'라는 동사에서 왔습니다. 인간 속에 힘과 능력이 있으니, 그 잠재력을 끄집어내 잘 계발하는 것을 교육이라고 본 것입니다. 하지만, 모든 좋은 것은 인간 속에 있지 않고 하나님으로부터 옵니다. "나라와 권세와 영광이 아버지께 영원히 있사옵나이다. 아멘"이라는 기도의 맺음말은 우리가 기도할 담력을 오직 하나님께로부터 얻는다는 것을 가르칩니다. 우리는 스스로 담력을 개발할 수 없습니다. 담력은 하나님께로만 얻을 수 있습니다. 기도해야 할 이유가 여기에 있습니다.

'나라'는 하나님 나라입니다. 하나님의 통치가 이루어지는 곳입니다. '권세'는 나라의 통치를 위해 반드시 필요한 권위와 힘입니다. '영광'은 마땅히 받을 만한 칭찬입니다. '아버지'라는 말은 우리가 하나님의 자녀이기에 하나님께 친근히 무엇이든 구할 수 있음을 의미합니다. '영원히'는 인간의 시간과 공간을 뛰어넘는 하나님의 통치 기간과 영역을 뜻합니다.

하이델베르크 요리문답 제128문은 이렇게 정리합니다. "주님은 우리의 왕이시고 만물에 대한 권세를 가진 분으로서 우리에게 모든 좋은 것을 주기 원하시며 또한 주실 수 있는 분이기 때문에 우리는 이 모든 것을 주님께 구하옵니다. 이로써 우리가 아니라, 주님의 거룩한 이름이 영원히 영광을 받으시옵소서."

답: "나라와 권세와 영광이 아버지께 영원히 있사옵나이다. 아멘"이라는 주님께서 가르치신 기도의 맺음말은 우리로 하여금 기도할 담력을 오직 하나님께로부터 얻고, 나라와 권세와 영광을 하나님께 돌림으로써 기도할 때에 하나님을 찬송할 것을 가르칩니다. 우리의 기도를 들어주시리라는 소원과 확신의 표시로 우리는 "아멘"이라고 합니다.

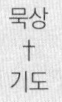

1. 우리는 주님께 기도할 담력을 어디에서 얻을 수 있나요?
2. 예수님이 가르쳐 주신 기도문의 맺음말은 어떤 의미인가요?

하나님, 나라와 권세와 영광은 오직 하나님께만 있습니다. 하나님을 찬양합니다. 아멘!

 # 362일 논리적인 기도

- 성경: 마 6:9 ● 찬송: 635장 "하늘에 계신"

제107문: 주님께서 가르치신 기도의 맺음말은 우리에게 무엇을 가르칩니까?

　헬라어 성경으로 보면, 주기도문의 마지막 문장에 "왜냐하면"이라는 부사가 포함되어 있습니다. 예전 개역한글 성경은 '왜냐하면'을 "대개"(大蓋)라고 번역했습니다. 여기서 '대개'는 '왜 그런가 하면'이라는 뜻입니다. "대개 나라와 권세와 영광이…" 그런데 어떤 이단이 교회가 주기도문에 '대개'라는 단어를 넣었다고 비난했습니다. 그래서 그런지 개역개정 성경에서는 '대개'를 빼 버렸습니다. 하지만, 이는 아쉬운 번역입니다.

　어쨌든 "[대개] 나라와 권세와 영광이 아버지께 영원히 있사옵나이다"라는 구절은 앞에 소개한 여섯 가지 기도의 근거를 설명합니다. 우리는 하나님의 이름이 거룩히 여김을 받고, 하나님 나라가 임하시고, 하나님의 뜻이 이루어지고, 하루하루 필요한 양식을 주셔서 하나님을 위해 살게 해 주시고, 다른 사람을 용서하고, 시험에 들지 않을 뿐만 아니라 악에서 구원해 달라고 기도해야 합니다. 그렇게 기도할 수 있는 근거가 무엇이냐고요? 바로 '나라와 권세와 영광이 아버지께 영원히 존재하기' 때문입니다. 우리는 종종 기도를 열정과 감동, 감정적 차원에서만 생각합니다. 하지만, 예수님이 주기도문 마지막에 '왜냐하면'이라는 단어를 넣으신 것은 기도의 논리적 측면을 보여 줍니다. 주기도문의 시작에서도 "'그러므로' 너희는 이렇게 기도하라"(마 6:9)라고 하십니다. '그러므로'라는 단어를 사용하신 논리가 돋보입니다.

답: "나라와 권세와 영광이 아버지께 영원히 있사옵나이다. 아멘"이라는 주님께서 가르치신 기도의 맺음말은 우리로 하여금 기도할 담력을 오직 하나님께로부터 얻고, 나라와 권세와 영광을 하나님께 돌림으로써 기도할 때에 하나님을 찬송할 것을 가르칩니다. 우리의 기도를 들어주시리라는 소원과 확신의 표시로 우리는 "아멘"이라고 합니다.

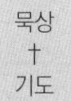
묵상 ┼ 기도

1. 주기도문의 마지막 구절은 어떤 부사로 시작하나요? 그 이유는 무엇인가요?
2. 기도가 논리적이어야 하는 이유는 무엇일까요? 내 기도는 감정적인가요, 논리적인가요?

하나님께 기도할 때 논리적으로도 기도하고 싶습니다. 도와주옵소서. 아멘!

주기도문, 하나님의 영광을 위하여

363일

● 성경: 마 6:33   ● 찬송: 635장 "하늘에 계신"

제107문: 주님께서 가르치신 기도의 맺음말은 우리에게 무엇을 가르칩니까?

주기도문의 마지막 부분인 "나라와 권세와 영광이 아버지께 영원히 있사옵나이다"는 간구가 아닙니다. 이것은 송영(頌榮, doxology)입니다. 하나님을 높여 드리는 노래이며 찬양입니다. 그와 동시에 이것은 기도의 이유이며, 근거이자, 목적입니다. 기도자가 주기도문의 이 마지막 송영을 기억한다면 엉뚱한 내용으로 기도하는 것을 피할 수 있습니다.

"**나라**"는 앞에 제시된 첫째, 둘째, 셋째 기도를 대표합니다. 하나님의 이름이 거룩히 여김을 받으시고 하나님 나라가 임하시고 하나님의 뜻이 이루어지기를 기도했는데, 그 기도는 사실 기도자 본인을 통해 이루어질 것입니다. 성도가 기도함으로 나라가 세워지고 확장되면 그것은 우리의 나라가 아니라 하나님의 나라입니다. "**권세**"는 그다음 셋째, 넷째, 다섯째 기도를 대표합니다. 일용할 양식을 주시는 능력, 죄를 용서할 수 있는 힘, 시험에 들지 않게 하고 악에서 구원해 주실 수 있는 권세는 하나님께 있습니다. 하나님이 우리 기도를 들어 주시는 이유와 근거는 우리 안에 무엇이 있기 때문이 아니고, 우리가 어떤 각오를 했기 때문이 아니고, 오직 하나님과 그분의 능력 때문임을 고백하는 것입니다. "**영광**"은 주기도문의 전체를 포괄하는 개념입니다. 기도의 목적이 무엇인지를 잘 보여 줍니다. 기도의 목적과 방법, 그리고 동기조차 '하나님의 영광'이어야 함을 정확하게 표현해 줍니다.

답: "나라와 권세와 영광이 아버지께 영원히 있사옵나이다. 아멘"이라는 주님께서 가르치신 기도의 맺음말은 우리로 하여금 기도할 담력을 오직 하나님께로부터 얻고, 나라와 권세와 영광을 하나님께 돌림으로써 기도할 때에 하나님을 찬송할 것을 가르칩니다. 우리의 기도를 들어주시리라는 소원과 확신의 표시로 우리는 "아멘"이라고 합니다.

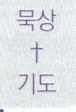

묵상 + 기도

1. 주기도문의 마지막 부분이 송영으로 끝나는 이유는 무엇일까요?
2. 나라와 권세가 아버지께 영원히 있다는 고백은 주기도문 전체와 어떻게 관련되나요?

하나님, 하나님께 찬양과 경배를 드립니다. 오직 하나님의 영광을 위해서만 살게 하소서. 아멘!

진실로 진실로

● 성경: 고후 12:9   ● 찬송: 644장 "아멘"

제107문: 주님께서 가르치신 기도의 맺음말은 우리에게 무엇을 가르칩니까?

주기도문의 마지막은 "아멘!"입니다. 하나님이 "우리의 기도를 들어주시리라는 소원과 확신의 표시로 우리는 '아멘'이라고 합니다." '아멘'은 '참되고 확실하다'는 뜻입니다. 예수님은 자주 "진실로 진실로 너희에게 이르노니"(요 6:47)라고 하셨습니다. "진실로 진실로"라는 말의 헬라어가 바로 '아멘 아멘'(amen amen)입니다. '아멘'은 우리의 기도를 들어 달라는 간절한 소원과 하나님이 우리의 기도를 들어주실 것이라는 확신을 의미합니다.

하나님은 신자의 기도를 들으십니다. 하지만, 그 기도 응답은 하나님의 방법대로 보내십니다. 예수님의 겟세마네 기도는 응답되지 않았지만, 하나님은 천사를 보내셔서 예수님에게 힘을 주셨습니다. 바울은 육체의 가시를 제거해 달라고 세 번이나 기도했지만, 하나님은 그 기도에 응답하지 않으셨습니다. 그 대신 하나님은 바울에게 말씀하셨습니다. "내 은혜가 네게 족하도다. 이는 내 능력이 약한 데서 온전하여짐이라 하신지라. 그러므로 도리어 크게 기뻐함으로 나의 여러 약한 것들에 대하여 자랑하리니, 이는 그리스도의 능력이 내게 머물게 하려 함이라"(고후 12:9).

우리는 기도를 "아멘"으로 마무리하지만, 우리의 소원이 그대로 응답되지 않을 수도 있음을 압니다. 확실한 것은 하나님께서 반드시 우리 기도를 들으시고 우리를 가장 좋은 길로 인도해 주신다는 것입니다.

답: "나라와 권세와 영광이 아버지께 영원히 있사옵나이다. 아멘"이라는 주님께서 가르치신 기도의 맺음말은 우리로 하여금 기도할 담력을 오직 하나님께로부터 얻고, 나라와 권세와 영광을 하나님께 돌림으로써 기도할 때에 하나님을 찬송할 것을 가르칩니다. 우리의 기도를 들어주시리라는 소원과 확신의 표시로 우리는 "아멘"이라고 합니다.

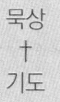

1. '아멘'의 뜻은 무엇입니까?
2. '아멘'에는 소원과 확신의 의미가 있는데, 실제 우리의 기도에 어떻게 적용되나요?

하나님, 제가 기도한 대로 응답해 주지 않으셔도, 하나님의 선하심을 신뢰합니다. 저를 가장 좋은 길로 인도해 주심을 확신합니다. 아멘!

52주차 모임

아멘

● 성경: 마 6:13   ● 찬송: 635장 "하늘에 계신"

함께 읽어 봅시다

제107문: 주님께서 가르치신 기도의 맺음말은 우리에게 무엇을 가르칩니까?

답: "나라와 권세와 영광이 아버지께 영원히 있사옵나이다. 아멘"이라는 주님께서 가르치신 기도의 맺음말은 우리로 하여금 기도할 담력을 오직 하나님께로부터 얻고, 나라와 권세와 영광을 하나님께 돌림으로써 기도할 때에 하나님을 찬송할 것을 가르칩니다. 우리의 기도를 들어주시리라는 소원과 확신의 표시로 우리는 "아멘"이라고 합니다.

함께 나누어 봅시다

1. "나라와 권세와 영광이 아버지께 영원히 있사옵나이다"는 기도가 아니라 송영입니다. 주기도문이 송영으로 끝나는 이유는 무엇인가요? 나는 기도할 때 무엇으로 마무리하나요?

2. 개역한글 성경에는 주기도문에 "대개"라는 단어가 있지만, 개역개정 성경에는 빠져 있습니다. 주기도문에서 이 '대개'는 무슨 뜻인가요? 이 단어가 사용된 것이 주기도문에 어떤 의미가 있나요?

3. 나는 '아멘'이라는 말을 어떻게 사용하고 있나요?

함께 기도합시다

열정과 확신을 가지고 하나님께 기도하되, 입에서 나오는 대로 중언부언하는 것이 아니라 말씀에 근거하여 논리적으로도 기도할 수 있게 해 달라고 구합시다.

이레서원 추천 도서

▌〈일상을 변화시키는 말씀〉 시리즈

1. 『하나님께 소리치고 싶을 때: 욥기』• 크레이그 바르톨로뮤(송동민 역) • 7,000원
2. 『십자가와 보좌 사이: 요한계시록』• 매튜 에머슨(김광남 역) • 7,000원
3. 『신비를 엿보다: 다니엘』• 바바라 륭 라이(송동민 역) • 7,000원
4. 『무대 뒤에 계신 하나님: 에스더』• 웨인 바크후이젠(송동민 역) • 8,000원
5. 『왕을 버리다: 사사기』• 데이비드 벨드먼(김광남 역) • 8,000원
6. 『기도의 심장: 누가복음』• 크레이그 바르톨로뮤(송동민 역) • 8,000원
7. 『소외된 이들의 하나님: 룻기』• 캐롤린 C. 제임스(이여진 역) • 9,000원
8. 『함께 세상으로: 사도행전』• 마이클 와겐맨(이여진 역) • 8,000원

▌영적 성장

1. 『요한계시록 40일 묵상 여행』• 이필찬 • 12,000원
2. 『365 힐링 묵상』• 류호준 • 14,000원
3. 『복음과 생명』• 서형섭 • 21,000원
4. 『마르바 던의 위로』• 마르바 던(김병국 역) • 14,000원
5. 『고귀한 시간 낭비 '예배'』• 마르바 던(김병국, 전의우 역) • 9,000원
6. 『말씀 앞에 서는 용기: 구약 인물의 실패에서 배우다』• 한주원 • 12,000원
7. 『다시 시작하는, 엄마 수업』• 하재성 • 15,000원
8. 『우울증, 슬픔과 함께 온 하나님의 선물』• 하재성 • 14,000원
9. 『강박적인 그리스도인』• 하재성 • 14,000원
10. 『5가지 친밀한 관계』• 레스 패럿 3세 외(서원희 역) • 13,500원
11. 『하이 콜링』• 모리스 로버츠(황영철 역) • 13,000원
12. 『아름다운 '안녕'』• 매릴린 매킨타이어(오현미 역) • 12,000원

소요리문답과 함께하는
365 교리 묵상